Texte détérioré — reliure défectueuse

NF Z 43-120-11

LE
MOINE,

PAR LEWIS.

LE MOINE.

IMPRIMERIE DE P. BAUDOUIN
rue Mignon, 2.

LE MOINE,

Par Lewis,

Traduit de l'Anglais,

PAR

L'ABBÉ MORRELLET.

Paris.

A. CADEAU, LIBRAIRE ÉDITEUR,
25, Quai des Augustins.

1838.

LE MOINE.

CHAPITRE PREMIER.

> « Si quelqu'un vous paraît excessivement ver-
> « tueux, si vous rencontrez un homme qui,
> « déchaîné contre les vices dont il est peut-être
> « exempt, ne compatit point aux faiblesses d'au-
> « trui, ressouvenez-vous de mes paroles. Croyez
> « que cet homme, en apparence si parfait, cache
> « sous des dehors séduisans un cœur gonflé d'or-
> « gueil et de luxure. »
> (*Prophétie de la Bohémienne.*)

Il y avait à peine cinq minutes que la cloche du couvent sonnait, et déjà l'église des Dominicains était si pleine d'auditeurs qu'on pouvait à peine s'y retourner. N'allez pas vous imaginer que la dévotion, ou le désir de s'instruire, fut le motif d'un si grand empressement : chercher quelques sentimens de piété vraie parmi un peuple aussi superstitieux que celui de Madrid, ce serait peine perdue. Chacun avait ses raisons pour venir à l'église, raisons secrètes dont il serait difficile d'obtenir l'aveu, et qui n'avaient aucune conformité avec les apparences. Les femmes y venaient, en général, pour se montrer, et les hommes pour les voir ; quelques-uns pour entendre le prédicateur, qui jouissait d'une grande célébrité ; d'autres pour passer le temps en attendant l'heure de la comédie ; en un mot, une moitié de Madrid s'attendait à rencontrer là l'autre moitié. Les seules personnes qui désiraient réellement d'entendre le sermon étaient quelques dévotes sexagénaires, et environ une demi-douzaine de prédicateurs rivaux qui se disposaient à le critiquer, et même à le tourner en ridicule, s'il était possible. Quant au reste de l'auditoire, le révérend Père pouvait, à son choix, prêcher bien ou mal ; prêcher même ou ne pas prêcher, c'était là le moindre de leurs soucis.

Quoi qu'il en soit, et quel que fût le motif particulier de chaque individu, il est au moins certain que jamais l'église des Dominicains n'avait obtenu une plus nombreuse assemblée. Tous les coins étaient remplis, toutes les chaises occupées. Les statues mêmes, placées pour l'ornement entre les colonnes de la nef, étaient ce jour-là utiles au public ; on voyait des enfans vivans suspendus sur les ailes des chrérubins. Saint Dominique, saint François, saint Marc, portaient chacun un spectateur, et sainte Agathe se trouvait chargée d'un double fardeau. Il n'y a donc pas lieu de s'étonner si, malgré toute leur diligence, nos deux arrivantes, en entrant dans l'église, regardèrent inutilement à droite et à gauche, et ne trouvèrent plus une seule place vacante.

Cependant la plus âgée des deux continua de se porter en avant, faisant fort peu d'attention aux murmures de mécontentement qui s'élevaient contre elle. On lui criait en vain de tous côtés : — Je vous assure, madame, qu'il n'y a point de place ici. — Mais, Segnora, ne poussez donc pas si fort ; vous culbutez tout le monde. — Encore un coup, madame, vous ne pouvez pas passer par là. Bon Dieu, qu'il y a des gens insupportables ! La chère tante était obstinée : elle travailla avec tant d'activité de ses pieds, de ses genoux et de ses coudes, qu'elle se trouva en assez peu de temps au milieu de l'église, et à dix pas tout au plus de la chaire. Sa compagne l'avait suivie en silence, profitant, d'un air timide, de chaque pied de terrain que gagnait sa conductrice. — Sainte Vierge, s'écria la vieille, quelle chaleur ! je voudrais qu'on m'expliquât ce que tout cela veut dire : pourquoi cette foule insupportable ? Pas une chaise vacante, et pas un homme assez galant pour nous offrir la sienne ! Je croyais qu'à Madrid on était plus poli.

Ce propos excita l'attention de deux jeunes gens qui, penchés en avant sur le dossier de leur chaise, et le dos tourné contre le septième pilier, à compter depuis le portail, causaient ensemble, et avaient l'air de se faire mutuellement quelques confidences. Tous les deux étaient fort bien mis. Entendant cet appel fait à leur politesse par une voix de femme, ils tournèrent un peu la tête, et cherchèrent des yeux celle qui venait de parler. Elle avait levé son voile pour mieux distinguer le monde qui l'environnait. Voyant que cette dame avait les cheveux roux et les yeux louches, les deux jeunes gens reprirent leur première attitude, et continuèrent leur conversation.

—Retournons au logis, ma chère tante, je vous en prie, dit l'autre; la chaleur est insupportable ; il y a tant de monde ici que cela fait peur.

La voix de celle qui prononça ces mots était remarquable par son extrême douceur. Les deux jeunes gens tournèrent la tête de nouveau ; mais ils ne se contentèrent pas cette fois de jeter un coup d'œil ; tous deux firent involontairement un mouvement de surprise en apercevant celle qui venait de parler.

Cette voix était celle d'une femme qui paraissait jeune,

et dont tout l'ensemble était bien propre à faire naître le plus vif désir de voir son visage. Malheureusement, le voile noir dont il était couvert n'était point transparent; mais la foule l'avait un peu dérangé, en sorte qu'il était possible d'apercevoir un cou qui ne le cédait point en beauté à celui de la Vénus de Médicis. Blanc comme la neige, il était ombragé par une forêt de cheveux châtains qui descendaient en boucles jusqu'à sa ceinture. Sa taille était légère et flexible comme celle d'une nymphe des bois, son sein était soigneusement voilé. Elle portait à son bras un chapelet à gros grains. Sa robe blanche, qu'ornait une ceinture bleue, laissait voir un pied mignon, dont un soulier mordoré dessinait agréablement la forme. Telle était la femme à laquelle le plus jeune des deux s'empressa d'offrir sa chaise; exemple que l'autre fut obligé d'imiter envers la dame aux yeux louches.

Celle-ci accepta l'offre avec de grandes démonstrations de reconnaissance, mais sans se faire prier. La jeune l'accepta également, mais sans autres complimens qu'une révérence. Don Lorenzo (tel était le nom du jeune homme) se procura une autre chaise, et se plaça près d'elle; mais ce ne fut qu'après avoir dit à l'oreille quelques paroles à son ami, qui, entendant à demi-mot, se plaça de son côté près de la vieille dame, et entra avec elle en grande conversation.

— Vous êtes sans doute mademoiselle, arrivée depuis peu de temps à Madrid, dit Lorenzo à sa belle voisine; tant de charmes y auraient déjà fait du bruit, si ce n'était pas aujourd'hui votre première apparition; la jalousie des femmes et les hommages des personnes de mon sexe auraient déjà attiré sur vous l'attention générale.

Il attendit une réponse; mais comme ce qu'il avait dit n'était pas une interrogation directe, la jeune personne ne répondit point. Après quelques instants de silence, il reprit :

— En soupçonnant que vous êtes étrangère à Madrid, ai-je fait, mademoiselle, une fausse conjecture ?

La jeune personne hésita ; après quelques instants d'indécision, elle se détermina à lui répondre tout bas : — Non, monsieur.

— Comptez-vous y rester long-temps ?

— Oui, monsieur.

— Je m'estimerais fort heureux, s'il était en mon pouvoir de vous y procurer quelque agrément. Je suis bien connu à Madrid, et ma famille a du crédit à la cour. Si vous me permettez de vous y rendre quelque service, ce sera tout à la fois m'honorer et m'obliger.

A moins que cette jeune personne, dit-il en lui-même, n'ait fait vœu de ne jamais répondre que par monosyllabes, elle doit à présent me dire quelque chose.

Lorenzo fut trompé dans son attente ; elle ne lui répondit que par une profonde inclination de tête.

Il s'aperçut alors que sa voisine n'aimait pas la conversation. Mais cette taciturnité provenait-elle d'orgueil, de discrétion, de timidité, ou d'un défaut de vivacité, c'est ce dont il ne pouvait encore s'éclaircir.

Après quelques instants de silence : — On voit, mademoiselle, que vous connaissez peu nos usages, puisque vous continuez à porter votre voile. Permettez-vous que je vous en débarrasse ?

Au même instant Lorenzo avança la main vers le voile : elle l'arrêta.

— Non, monsieur, je n'ôte jamais mon voile en public.

— Et quand vous l'ôteriez, ma nièce, quel mal y aurait-il, je vous prie ? dit Léonelle (c'était le nom de la vieille) ; ne voyez-vous pas que toutes les autres dames ont ôté le leur ? J'ai déjà mis le mien de côté, et assurément, si j'expose mon visage aux regards du public, il me semble que vous pouvez bien aussi exposer le vôtre.

Allons, mon enfant, ôtez votre voile; je vous réponds que personne ne s'enfuira en vous voyant.

— Ma chère tante, ce n'est pas l'usage en Murcie.

— En Murcie! et qu'importe? Vous ne cesserez donc pas de nous parler de ce triste pays? Si c'est la coutume à Madrid, cela doit nous suffire. Otez donc votre voile; obéissez-moi sur-le-champ, Antonia; vous savez que je n'aime point la contradiction.

La nièce ne répondit point; mais elle ne s'opposa plus aux efforts de don Lorenzo, qui, fort de l'approbation de la tante, se hâta d'enlever le voile. La plus jolie figure se présenta alors à son admiration; ce qu'on peut appeler une vraie tête de séraphin. Cependant, elle était plus jolie que belle; le charme provenait moins de la régularité de ses traits que de l'air de douceur et de sensibilité répandu sur toute sa physionomie : elle paraissait âgée tout au plus de quinze ans. Chaque partie de son visage, prise séparément, n'était point parfaite, mais le tout était adorable. Sa peau n'était pas totalement exempte de taches; ses yeux n'étaient pas fort grands; ses paupières n'étaient pas extraordinairement longues; mais ses lèvres avaient la fraîcheur de la rose; son cou, sa main, son bras, tout était parfait; ses yeux étaient doux et brillans comme le ciel. Un sourire fin, qu'on voyait errer sur ses lèvres, annonçait en elle une aimable vivacité que comprimait visiblement son excessive timidité. L'embarras de la modestie se peignait dans tous ses regards, et lorsqu'ils rencontraient par hasard ceux de Lorenzo, aussitôt on les voyait retomber sur son rosaire. Ses joues se coloraient; elle disait alors son chapelet avec beaucoup d'attention, comme on peut le croire.

Lorenzo tenait les yeux fixés sur elle avec un mélange de surprise et d'admiration. Léonelle crut devoir faire quelques excuses sur la timidité puérile de sa nièce.

— C'est une enfant, dit-elle, qui n'a jamais vu le monde;

elle a été élevée dans un vieux château de la Murcie, et n'a jamais eu d'autre société que celle de sa mère, qui, Dieu lui fasse paix, n'a pas le sens commun, quoiqu'elle soit ma sœur et de père et de mère.

— Et elle n'a pas le sens commun ! dit don Christova avec un feint étonnement ; cela me paraît fort extraordinaire.

— Oh! c'est un fait, monsieur; et cependant voyez comme certaines gens ont du bonheur ! Un jeune seigneur, d'une des premières maisons de Madrid, s'avisa de trouver que ma sœur avait de l'esprit et qu'elle était jolie. Pure chimère! ma sœur avait à la vérité des prétentions à tout cela ; mais moi qui la connais, je sais fort bien qu'elle n'avait ni esprit ni beauté, et j'ose me flatter que si j'avais pris pour plaire la moitié autant de peines.... Mais ce n'est pas ce dont il s'agit. Je disais donc, monsieur, qu'un jeune seigneur devint amoureux d'elle, et l'épousa à l'insu de son père. Leur union resta secrète pendant près de trois ans; mais enfin le vieux marquis, fort mécontent en apprenant cette nouvelle, prit aussitôt la poste pour Cordoue, résolu de faire arrêter Elvire, et de l'envoyer si loin qu'on n'en entendît jamais parler. Quel tapage il fit, grand Dieu, lorsqu'en arrivant il trouva qu'elle s'était échappée, qu'elle était allée rejoindre son mari, et qu'ils venaient de s'embarquer l'un et l'autre pour les Indes occidentales ! Il jura, tempêta contre nous tous, comme s'il eût été possédé du malin esprit ; il fit jeter mon père dans une prison; mon père ! qui, j'ose le dire, était bien le plus honnête cordonnier qu'on pût trouver dans Cordoue; et quand il nous quitta, il eut la cruauté de nous enlever le petit garçon de ma sœur, un enfant de deux ans, que, dans la promptitude de sa fuite, elle avait été forcée de nous laisser. J'ai tout lieu de présumer qu'il en a fort mal agi avec le pauvre enfant ; car nous avons reçu, peu de mois après, la nouvelle de sa mort.

—C'était, madame, un méchant vieillard que ce marquis-là, dit don Christoval.

— Un grossier, un homme sans discernement! Croiriez-vous, monsieur, qu'il eut l'insolence de me dire, lorsque je m'efforçais de l'apaiser : — Retirez-vous, sorcière. Je voudrais, pour punir le comte, que votre sœur vous ressemblât.

— Voilà un propos fort ridicule, s'écria don Christoval. Je ne doute pas que le comte, au contraire, n'eût été fort aise d'échanger, s'il eût été possible, une sœur pour l'autre.

—Ah! monsieur, vous êtes réellement trop poli. Cependant, je ne suis pas fâchée, d'après l'événement, qu'il ait donné la préférence à ma sœur. La pauvre Elvire n'a pas eu fort à se féliciter des suites de cette union. Après treize mortelles années de séjour en Amérique, son mari mourut; elle revint en Espagne, sans argent, sans ressource, sans asile où elle pût reposer sa tête. Antonia, que vous voyez, était le seul enfant qui lui restât. Son beau-père, toujours irrité contre le comte, s'était remarié pendant leur absence; il avait eu de sa seconde femme un fils qu'on dit être aujourd'hui un fort aimable jeune homme. Le vieux marquis refusa de voir ma sœur à son retour; cependant il lui assigna une modique pension, moyennant qu'elle irait vivre avec son enfant en Murcie, dans un vieux château qui avait été jadis l'habitation favorite de son fils aîné, et que, pour cette raison, le vieux marquis laissait tomber en ruine. Ma sœur accepta la proposition, et se rendit en Murcie, où elle est restée jusqu'à la fin du mois dernier.

— Et quelle affaire l'a conduite à Madrid? dit Lorenzo, qui avait écouté avec le plus vif intérêt le récit de Léonelle.

— Hélas! monsieur son beau-père vient de mourir; l'intendant du château de Murcie a refusé de lui payer plus long-temps sa pension. Elle vient d'arriver à Madrid dans l'intention d'adresser ses sollicitations au jeune marquis ; mais je crains qu'elle n'ait pris une peine inutile. Vous n'avez jamais trop d'argent, vous autres jeunes seigneurs, et vous n'êtes jamais disposés à vous en dessaisir en faveur des femmes, lorsqu'elles sont un peu âgées. J'avais conseillé à ma sœur de charger Antonia d'aller présenter ses demandes; mais elle a rejeté mon conseil. Elle est si obstinée ! Antonia, avec sa jolie petite figure, aurait pu obtenir tout ce qu'elle aurait demandé.

— Et pourquoi, dit don Christoval d'un ton ironiquement passionné, s'il faut une jolie figure, votre sœur n'a-t-elle pas recours à vous?

— Monsieur, vous me rendez confuse. Je ne sais pas si ma sœur aurait pu songer à cet expédient; mais, quant à moi, je connais le danger de pareilles commissions, et je n'oserais jamais m'exposer.... Les hommes sont aujourd'hui si méchans !

— Vous avez donc, madame, une grande aversion pour les hommes ?

— Monsieur, jusqu'à présent. je n'ai pas lieu....

— Mais s'il arrivait qu'à présent un jeune homme aimable vous proposât, par exemple, le mariage, auriez-vous la cruauté de rejeter ses offres?

— Un jeune homme aimable? Je verrais alors, monsieur, ce que j'aurais à faire.

En disant ces mots, elle voulut jeter à don Christoval un regard tendre et significatif; mais, grâce à l'obliquité de ses yeux, ce fut Lorenzo qui le reçut. Il fit une profonde révérence en signe de remercîment.

— Puis-je vous demander, dit-il, le nom du jeune seigneur auprès duquel donna Elvire se propose de faire des démarches?

— Le marquis de Las Cisternas.

— Cisternas ! je le connais beaucoup. Il n'est pas en ce moment à Madrid; mais on l'attend incessamment. C'est un excellent jeune homme; et si l'aimable Antonia me permet d'être auprès de lui son avocat, je crois pouvoir lui rapporter d'heureuses nouvelles.

Antonia leva sur lui ses beaux yeux bleus, et le remercia par un agréable sourire. Léonelle fit des remercîmens beaucoup plus bruyans, et accepta son offre avec les assurances de la plus vive reconnaissance. — Mais, Antonia, pourquoi ne parlez-vous pas, mon enfant? Répondez aux civilités de monsieur. Auriez-vous la bonté de m'expliquer, continua-t-elle en s'adressant à don Christoval, à quelle occasion tant de monde se trouve aujourd'hui rassemblé dans cette église?

— Ignorez-vous, madame, que le père Ambrosio, prieur de ce couvent, fait ici un sermon tous les jeudis? Tout Madrid retentit de ses louanges, et comme il n'a encore prêché que trois fois, tout le monde accourt pour l'entendre. Quoi! le bruit de sa renommée n'est pas parvenu jusqu'à vous!

— Hélas! monsieur, je ne suis arrivée que d'hier à Madrid, et nous sommes si peu instruits à Cordoue de ce qui se passe dans le reste du monde, que le nom d'Ambrosio n'y est pas encore parvenu.

— Ce nom est ici dans toutes les bouches; hommes et femmes, jeunes et vieux, n'en parlent qu'avec enthousiasme. Nos grands d'Espagne le comblent de présens; leurs femmes ne veulent que lui pour confesseur; il est connu par toute la ville sous le nom de l'homme de Dieu.

— Il est sans doute, monsieur, d'une illustre origine, dit Léonelle.

— C'est ce qu'on ne sait point. Le dernier prieur des Dominicains le trouva, comme il était encore enfant, à la porte de son couvent. On fit d'inutiles recherches pour découvrir qui l'avait laissé là; il a été élevé dans le monastère. On a remarqué en lui dès son enfance beaucoup de goût pour l'étude et la vie retirée, et aussitôt qu'il a été en âge, il a prononcé ses vœux. Personne depuis n'est venu le réclamer, et l'on ignore encore le secret de sa naissance. Les moines, charmés d'entretenir le crédit que donnent à leur couvent les talens de cet homme, n'ont pas hésité à publier que c'est un présent qui leur a été fait par la sainte Vierge. Il faut avouer que la singulière austérité de sa vie donne à cette fable un air de probabilité. Il est à présent âgé d'une trentaine d'années. Toutes les heures de sa jeunesse ont été consacrées à l'étude, dans un isolement absolu de la société et dans de continuelles mortifications. Nommé prieur de sa communauté, il y a environ trois semaines, il n'avait jamais franchi les murs de son couvent; il ne les franchit même à présent que pour se rendre à la chaire de cette église, où tout Madrid accourt, comme vous voyez, pour l'entendre. On le dit fort savant et fort éloquent. Il n'a pas, dans tout le cours de sa vie, transgressé un seul des réglemens de son ordre; on n'aperçoit pas la plus légère tache sur son caractère, et quant à son vœu de chasteté, on assure, madame, qu'il ne sait pas même quelle différence il y a entre un homme et une femme : aussi est-il déjà regardé comme un saint par le commun peuple.

— Si l'on est saint à ce prix, dit Antonia, je puis bien me flatter aussi d'être une sainte.

— Miséricorde! s'écria Léonelle, de quelle question vous occupez-vous là, ma nièce? Ces sortes de sujets ne sont point de la compétence d'une jeune personne. Ne devez-vous pas ignorer qu'il existe dans le monde ce qu'on appelle des hommes? ne devez-vous pas imaginer que tout le monde est du même sexe que vous? Toute la différence est que les uns ont de la barbe, et que les autres n'en ont point; ceux-ci la gorge rebondie, ceux-là.....

Léonelle eût probablement continué d'instruire sa petite nièce par le moyen de ces ingénieuses distinctions, si un murmure de contentement, qui se répandit en ce moment par toute l'église, n'eût annoncé l'arrivée du prédicateur.

Donna Léonelle se leva de dessus sa chaise pour le mieux voir, et Antonia imita son exemple.

Le prédicateur était un fort bel homme ; sa figure était extrêmement agréable, sa taille haute et son aspect imposant ; un nez aquilin, un œil noir et brillant, d'épais sourcils fort rapprochés, étaient les traits les plus remarquables de sa physionomie ; ses cheveux étaient d'un brun clair. Quoiqu'il ne fût encore qu'à la fleur de l'âge, l'étude et les veilles avaient presque totalement décoloré ses joues. Son front serein paraissait être le siége de la candeur et de la vertu ; tous ses traits exprimaient le contentement intérieur d'une âme également exempte de soins et de crimes : il salua l'auditoire d'un air fort humble. On remarquait encore dans son regard vif et pénétrant une sorte de sévérité qui commandait la vénération, et dont peu de personnes pouvaient soutenir l'aspect. Tel était Ambrosio, prieur des Dominicains, et surnommé l'homme de Dieu.

Antonia sentit en le voyant un plaisir inexprimable. Elle attendait impatiemment que le moine vînt à parler, et quand il parla, le son de sa voix pénétra jusqu'au cœur de la jeune fille. Les autres auditeurs, quoique moins vivement émus, n'entendirent point le prédicateur sans intérêt : tous étaient attentifs, et le plus profond silence régnait jusque dans les chapelles les plus reculées. Lorenzo lui-même ne put résister au charme ; il oublia qu'Antonia était assise auprès de lui, et n'eut d'attention que pour le prédicateur.

Ambrosio développa en termes clairs, simples et énergiques, les beautés de la religion ; il expliqua, avec autant de clarté que de précision, quelques articles obscurs des saintes écritures ; il déclama contre les vices de l'humanité, dépeignit les châtimens qui leur étaient réservés dans l'autre monde, et sa voix, alors tout à la fois distincte et profonde, devint terrible comme celle de la tempête. Pas un seul auditeur qui ne fît, en frémissant, un retour sur sa vie passée ; chacun crut entendre rouler le tonnerre sur sa tête, et voir sous ses pieds l'abîme de l'éternité. Mais lorsque, par une brusque transition, Ambrosio vint à peindre la douce sérénité d'une conscience pure, les récompenses promises aux ames vertueuses, l'auditoire reprit insensiblement courage ; on vit reparaître sur tous les visages l'espoir et la confiance en la miséricorde infinie de Dieu. On attendait avec impatience chaque parole consolante qui sortait de la bouche du prédicateur, et bientôt, en écoutant sa voix mélodieuse, chacun se crut transporté dans ces heureuses régions qu'il dépeignait à l'imagination avec des couleurs si brillantes.

Quoique le sermon eût été fort long, il ne se trouva personne qui ne regrettât d'en entendre déjà la péroraison. Après que le moine eut cessé de parler, on gardait encore le silence, mais, le charme venant insensiblement à se rompre, l'admiration générale éclata ; on se porta en foule autour de la chaire comme il en sortait; on le complimenta, on le combla de bénédictions, on se jeta à ses pieds, on baisa respectueusement le bas de sa robe. Le saint homme traversa la foule lentement, et les mains croisées sur sa poitrine, jusqu'à la porte qui conduisait de l'église à son couvent. Après avoir monté quelques marches, se tournant vers ceux qui le suivaient, il leur adressa quelques mots de reconnaissance et d'exhortation. Tandis qu'il parlait, il laissa tomber, comme par hasard, le rosaire qu'il tenait en sa main. La multitude s'en saisit, et chacun s'efforça d'en avoir un grain, pour le conserver comme une précieuse relique. On ne se serait pas disputé plus vivement le chapelet du grand saint Dominique. Souriant de voir leur empressement, le religieux leur donna sa bénédiction et les quitta. L'humanité la plus profonde se peignait en ce moment dans tous ses traits. Était-elle aussi dans son cœur ?

Antonia le suivit des yeux tant qu'il lui fut possible. Il

lui sembla, quand la porte se referma sur lui, qu'elle venait de perdre un objet essentiel à son bonheur, et ses yeux, à son insu, se mouillèrent de larmes.

— Il est totalement séparé du monde, dit-elle tout bas; peut-être ne le verrai-je plus ?

Comme elle portait son mouchoir à ses yeux, Lorenzo observa son attendrissement.

— Êtes-vous contente, lui dit-il, de notre prédicateur, et pensez-vous que l'on se soit fait à Madrid une trop haute idée de ses talens ?

Le cœur d'Antonia était rempli d'admiration pour l'homme de Dieu; elle se trouvait disposée à parler de lui. Lorenzo d'ailleurs n'était plus pour elle un inconnu.

— Oh! cet homme, répondit-elle, a surpassé toutes mes espérances. Je n'avais encore aucune idée du pouvoir de l'éloquence; mais dès qu'il a parlé, sa voix m'a inspiré tant d'intérêt, tant d'estime, je pourrais même dire d'affection, que je suis moi-même étonnée de la vivacité de mes sentimens.

— Vous êtes jeune, reprit Lozenro en souriant; il est naturel que votre cœur sente vivement ces premières impressions; que, simple et sans artifice comme vous paraissez l'être, vous ne soupçonniez point les autres de dissimulation, et que, ne voyant le monde qu'à travers le prisme de votre propre innocence, tout ce qui vous environne vous paraisse digne de votre estime; mais il faut vous attendre à voir se dissiper ces séduisantes illusions, à découvrir dans ceux qui excitent le plus votre admiration des sentimens quelquefois avilissans, à trouver même des ennemis dans ceux qui vous montrent le plus de bienveillance.

— Hélas! monsieur, répondit Antonia, les infortunes de mes parens ne me fournissent que trop d'exemples de fausseté et de perfidie; cependant je ne puis croire que le trait de sympathie qui me porte involontairement vers ce digne religieux, doive m'inspirer des craintes pour l'avenir.

— Je ne le crois pas plus que vous. Le père Ambrosio jouit d'une excellente réputation. Un homme d'ailleurs qui a passé toute sa vie entre les murs d'un couvent ne peut avoir trouvé l'occasion de mal faire, quand même il en aurait eu la volonté; mais à présent que, par les devoirs de son état, il va se trouver obligé de sortir de temps en temps de sa retraite, de voir un peu le monde, qui lui est encore inconnu, il faut voir comment il soutiendra cette épreuve.

— Oh! j'espère qu'il la soutiendra glorieusement.

— Je l'espère aussi, mademoiselle, et l'intérêt que vous prenez à ses succès, s'il en était instruit, serait sans doute pour lui un grand motif d'encouragement. Tout annonce d'ailleurs qu'il est né pour faire exception à la règle générale, et l'envie chercherait en vain à noircir son caractère.

— Vous me faites, monsieur, beaucoup de plaisir en me donnant cette assurance. Je suis charmée de pouvoir me livrer sans crainte au penchant qu'il m'inspire, et j'aurais été bien fâchée si vous m'eussiez conseillé de résister à ce sentiment. Ma tante, monsieur dit que le père Ambrosio est un homme irréprochable; engagez, je vous prie, maman à le choisir pour notre confesseur.

— Pour notre confesseur? reprit Léonelle : c'est ce que je ne ferai point, soyez-en sûre. Je ne l'aime point, moi, votre père Ambrosio; il a l'air trop sévère : son regard me fait trembler de la tête aux pieds. S'il était mon confesseur, je n'aurais pas le courage, en vérité, de tout lui dire, et alors, bon Dieu! où en serions-nous? Le tableau qu'il nous a fait de l'enfer m'a causé une si grande frayeur, que je n'en reviens point; et quand il a parlé des pécheurs, j'ai cru qu'il allait tous nous manger.

— Vous avez raison, segnora, reprit don Christoval;

un excès de sévérité est, dit-on, le seul défaut d'Ambrosio. J'ai ouï dire que, dans l'administration intérieure de son couvent, il a déjà donné, à l'égard des autres religieux, quelques preuves de l'inflexibilité de son caractère. Mais la foule commence à se dissiper. Voulez-vous nous permettre, mesdames, de vous accompagner jusqu'à votre demeure ?

— O ciel ! s'écria Léonelle en faisant semblant de rougir, je ne voudrais pas, monsieur, pour tout au monde, souffrir que vous prissiez tant de peine. Ma sœur est si scrupuleuse, qu'elle me ferait une grande heure de réprimande, si elle me voyait rentrer accompagnée par un cavalier inconnu. D'ailleurs, je désirerais, monsieur, que vous voulussiez bien différer encore quelque temps vos propositions....

— Mes propositions ? Je vous assure, segnora....

— Oui, monsieur, je veux bien croire que votre empressement est sincère, et je sens quelle peut être votre impatience ; mais réellement je désire que vous me donniez un peu de répit. Ce serait de ma part un procédé peu délicat, que d'accepter, dès la première entrevue, l'offre de votre main.

— Madame, je vous donne ma parole d'honneur....

— Allons, monsieur, ne me pressez pas, si vous m'aimez. Je regarderai votre condescendance pour mes volontés comme une preuve de votre amour. Vous recevrez demain matin de mes nouvelles : c'est tout ce que je puis vous accorder aujourd'hui. Adieu. Mais je voudrais, messieurs, savoir le nom de l'un et de l'autre.

— Mon ami, répondit Lorenzo, est le comte d'Ossorio ; et moi, l'on me nomme Lorenzo de Médina.

— Don Lorenzo, j'informerai ma sœur de vos offres obligeantes, et vous ferai connaître le résultat de notre conversation. Où puis-je vous adresser une lettre ?

— Au palais de Médina ; c'est le lieu de ma résidence.

— Il suffit. Adieu, messieurs ; et vous, monsieur le comte, modérez, je vous prie, l'excessive ardeur de votre passion. Cependant, pour vous prouver qu'elle ne me déplaît point, et que mon intention n'est pas de vous désespérer, recevez cette marque de mon affection, et pensez quelquefois à Léonelle.

En disant ces mots, elle lui tendit une main sèche et ridée, que don Christoval baisa ; mais ce fut de si mauvaise grâce et avec une répugnance si marquée, que Lorenzo eut toutes les peines du monde à ne pas éclater de rire. Léonelle alors se hâta de sortir de l'église : l'aimable Antonia la suivit en silence. Quand elle fut arrivée au portail, elle tourna involontairement la tête, et ses regards se portèrent vers Lorenzo. Celui-ci, qui ne la perdait pas de vue, lui fit un grand salut, montrant, par quelques signes, qu'il regrettait de la quitter : elle lui rendit le salut, et se retira promptement.

— Ainsi, dit Christoval à son ami lorsqu'ils furent seuls, vous m'avez procuré une charmante intrigue ! Pour favoriser vos desseins sur Antonia, j'ai fait obligeamment quelques honnêtetés à la tante, et après une heure au plus, je me trouve à deux doigts du mariage. Comment me récompenserez-vous, mon cher, de ce que j'ai souffert pour vous servir : d'avoir pu baiser, en votre nom, la main de cette vieille sorcière ? Depuis ce moment-là j'ai un goût d'ail tout autour des lèvres, je ne sais quelle odeur de cuisine : je suis sûr qu'au Prado l'on me prendra pour une omelette ambulante.

— J'avoue, mon cher comte, que vous vous êtes trouvé dans une situation assez périlleuse ; cependant, je suis si éloigné de la croire insupportable, que je vous prierai probablement de ne pas négliger les dons qu'un heureux hasard vient de vous offrir.

— Un heureux hasard ! Je vois, mon cher, que vous en tenez déjà pour la petite Antonia.

—Je ne puis vous exprimer combien elle m'a paru charmante. Depuis la mort de mon père, mon oncle, le duc de Médina, m'a fait connaître qu'il désirerait de me voir marié. J'ai jusqu'à présent évité de remplir ses vues, et feint de ne point les comprendre ; mais, à vous dire vrai, depuis que j'ai vu cette aimable enfant....

— J'imagine, Lorenzo, que vous ne serez pas assez fou pour vouloir faire votre femme de la petite-fille du très-honnête cordonnier de Cordoue ?

— Arrêtez, Christoval, vous oubliez qu'elle est aussi petite-fille du feu marquis de Las Cisternas ; mais, sans disputer sur la naissance et sur les titres, je puis vous assurer que jamais femme ne m'a aussi vivement intéressé.

— Cela est possible : vous ne pouvez cependant songer à l'épouser.

— Et pourquoi donc, mon cher comte? Je suis riche assez pour elle et pour moi, et vous savez que, sur cet article, mon oncle a une façon de penser fort au-dessus du vulgaire. D'après ce que j'ai vu de Raymond de Las Cisternas, je suis bien assuré qu'il s'empressera de reconnaître Antonia pour sa nièce : sa naissance ne pourra donc être un obstacle à l'accomplissement de mes vœux. Je pourrai, sans inconvenance, lui faire ouvertement l'offre de ma main : chercher à l'obtenir à d'autres conditions, c'est ce que je suis incapable de faire. J'avoue que je vois en elle tout ce qui peut me rendre heureux dans la possession d'une femme : elle est jeune, douce, aimable, sensible, et je suis bien assuré qu'elle a de l'esprit.

— Comment le savez-vous? elle ne dit point autre chose que oui et non.

— Il est vrai; mais vous m'avouerez aussi qu'elle dit toujours oui et non fort à propos. D'ailleurs, mon ami, ne voyez-vous pas que tout parle en elle, ses yeux, son embarras, sa modestie, sa candeur?....

— Oh! oui, je n'y songeais pas ; je vois que vous avez

raison. Voulez-vous que nous nous donnions rendez-vous ce soir à la comédie? nous pourrons parler de tout cela plus à notre aise.

— Cela ne m'est pas possible aujourd'hui; je ne suis arrivé que d'hier au soir à Madrid, et je n'ai encore pu voir ma sœur. Vous savez que son couvent est dans cette rue, et j'y allais lorsque, voyant la foule se porter à cette église, j'y suis entré par curiosité. Je vais suivre ma première intention, et probablement je passerai la soirée au parloir.

— Votre sœur est dans un couvent, dites-vous? Mais, en effet, je l'avais oublié; l'aimable donna Agnès! Je suis vraiment étonné, don Lorenzo, que vous ayiez pu consentir à claquemurer une si charmante fille dans la triste enceinte d'un cloître.

— Moi, don Christoval! pouvez-vous me soupçonner d'une semblable barbarie? Vous devez vous rappeler qu'elle a pris le voile volontairement; qu'elle-même a désiré, je ne sais d'après quelles particularités, se séparer du monde. J'ai tout fait pour la détourner de cette résolution; mes tentatives ont été vaines, et j'ai perdu ma sœur.

— Oh! vous avez de quoi vous consoler, Lorenzo. Il revenait, si j'ai bonne mémoire, à donna Agnès une portion d'héritages de dix mille piastres, dont la moitié rentre ainsi dans vos mains. Par saint Iago, je voudrais avoir cinquante sœurs pareilles, je consentirais de tout mon cœur à les perdre au même prix.

— Quoi! reprit Lorenzo, d'un air irrité, me soupçonneriez-vous assez vil pour avoir pu influencer les résolutions de ma sœur? Pensez-vous que la déshonorante intention de me rendre maître de sa fortune?....

— Adieu, adieu, don Lorenzo; vous voilà déjà tout en feu, prêt à vous fâcher pour un mot. Puisse l'aimable Antonia adoucir cet excès de susceptibilité! autrement il faudrait avoir à chaque instant l'épée à la main. Pour prévenir une tragique catastrophe, je vous quitte. Adieu, modérez ces dispositions inflammables, et ressouvenez-vous, quand il s'agira, pour vous obliger, de faire l'amour à quelque vieille femme, que vous pouvez compter sur mes services.

En disant ces mots, il sortit précipitamment de l'église.

— Que cet homme, dit en lui-même Lorenzo, a été mal élevé ! Est-il possible qu'avec un excellent cœur, Christoval ait un jugement si peu solide ?

La journée était alors fort avancée.

Cependant les lampes de l'église n'étaient point encore allumées. Les faibles lueurs du crépuscule perçaient avec peine la gothique obscurité de ce vaste édifice. Entraîné par ses réflexions, occupé d'Antonia, dont l'absence lui était déjà pénible ; de sa sœur, dont les propos de Christoval lui retraçaient le douloureux sacrifice, Lorenzo se livra à une foule d'idées mélancoliques, que nourrissait encore l'aspect religieux des objets dont il était environné. Toujours appuyé contre le septième pilier, il respirait avec une sorte de volupté l'air frais qui circulait entre les longues colonnades. Bientôt les rayons de la lune, passant à travers les vitraux, teignirent de mille diverses couleurs les voûtes et les énormes pilastres qui soutenaient la coupole. Le profond silence qui régnait en ce lieu n'était interrompu que par le bruit de quelques portes que l'on fermait dans le couvent des Dominicains. Lorenzo s'assit sur une chaise qui se trouvait près de lui, et s'abandonna à ses rêveries. Antonia était le principal objet de ses pensées ; il songeait aux obstacles qui pourraient traverser leur union, aux moyens qu'il emploierait pour les surmonter. Naturellement méditatif, la tristesse même de ses réflexions n'était pas pour lui sans quelque douceur. Il s'endormit, et bientôt des rêves analogues à sa situation vinrent présenter à son imagination des scènes plus vives.

Lorenzo rêva qu'il venait d'être transporté tout-à-coup au lieu même où il se trouvait réellement, c'est-à-dire, dans l'église des Dominicains ; mais ce lieu n'était plus si sombre ni solitaire. Un grand nombre de lampes d'argent éclairaient la nef et les aîles de l'église, que remplissaient également la voix mélodieuse de l'orgue, et le chant religieux du chœur. L'autel était décoré comme aux fêtes les plus solennelles, et entouré de la plus brillante compagnie. Au pied de l'autel était Antonia, parée de la robe nuptiale et de tous les charmes de la modestie virginale.

Partagé entre l'espoir et la crainte, Lorenzo considérait attentivement ce spectacle. Aussitôt une porte s'ouvre, et il voit entrer, suivi d'un grand nombre de moines du même ordre, le prédicateur qu'il avait écouté avec tant d'admiration. Ambrosio s'approche d'Antonia :

— Je ne vois point, dit-il, votre futur époux ; où est-il ?

Antonia regarde tout autour de l'église. Lorenzo fait involontairement quelques pas en avant ; elle l'aperçoit, rougit, et lui fait signe d'approcher. Le jeune homme court se jeter à ses pieds. Après l'avoir considéré quelques instans : Oui, s'écria-t-elle, oui, voilà l'époux qui m'est destiné.

En disant ces mots, elle se prête à se jeter dans ses bras ; mais, avant qu'il puisse la recevoir, un inconnu se précipite entre eux. Sa forme est gigantesque, son teint basané, ses yeux ardens et terribles ; sa bouche vomit des torrens de feu, et sur son front est écrit en caractères lisibles : orgueil, luxure, inhumanité.

Antonia pousse un cri perçant. Le monstre la prend dans ses bras, et sautant avec elle sur l'autel, la tourmente de ses odieuses caresses ; elle fait de vains efforts pour se soustraire à ses embrassemens. Lorenzo vole à son secours ; mais en ce moment un grand coup de tonnerre se fait entendre : l'église parait s'écrouler ; les moines prennent la fuite ; les lampes s'éteignent : l'autel s'engloutit, et l'on voit à sa place un gouffre d'où sortent des tourbillons de flammes et de fumée. Le monstre, en poussant un cri effrayable, s'y plonge, et cherche à entraîner la jeune fille avec lui ; mais, animée d'une vertu surnaturelle, elle se dégage de ses bras, lui laissant sa robe nuptiale. Un nuage brillant paraît et l'enlève, tandis que, les bras étendus vers Lorenzo, elle lui crie : Nous nous reverrons, ami, dans un autre séjour. L'église alors retentit du son de mille voix harmonieuses; le nuage perce la voûte, et va se perdre dans l'immensité du ciel.

Fatigué de la suivre des yeux, Lorenzo se trouva, à son réveil, étendu sur le pavé de l'église. Les lampes étaient alors allumées; et comme il entendait dans le lointain quelques voix qui psalmodiaient, il eut beaucoup de peine à se persuader que ce qu'il avait vu n'était qu'un songe. Cependant, mieux éveillé, il reconnut son erreur. Les lampes de l'église avaient été allumées durant son sommeil, et les chants qu'il entendait étaient ceux des moines qui récitaient leur office au petit chœur.

Lorenzo, totalement remis, se leva, dans l'intention de se rendre au couvent de sa sœur; mais avant qu'il eût atteint le portail, il fut étonné de voir entrer dans l'église un homme enveloppé dans un manteau, et qui, se glissant furtivement le long du mur, paraissait prendre beaucoup de précautions pour n'être point aperçu. Cet air de mystère, ces précautions mêmes, excitèrent la curiosité de Lorenzo. Je m'en vais, disait-il; il ne convient point d'épier les secrets d'autrui. Et tout en se faisant à lui-même cette leçon, il ne s'en allait point, et se cachait derrière une colonne pour observer ce que ferait l'inconnu.

Celui-ci continua d'avancer en marchant sur le bout du pied. A la fin, Lorenzo le vit tirer de sa poche une lettre, et la placer, avec beaucoup de promptitude, au bas du piédestal d'une statue colossale de saint Dominique, qui se trouvait sur un des côtés de la nef. Se retirant alors précipitamment, il alla se cacher dans le lieu le plus obscur de l'église, à une assez grande distance de la statue.

— Voici, dit en lui-même Lorenzo, si je ne me trompe, quelque intrigue amoureuse. Ne prévoyant pas que je puisse être d'aucune utilité à ces pauvres amans, je ferai aussi bien de m'en aller.

Ce n'est pas qu'auparavant il eût songé à être utile; mais c'était une manière adroite d'excuser à ses propres yeux son indiscrète curiosité. Il se disposa donc, pour la seconde fois, à sortir de l'église, et déjà il avait gagné le portail : mais il était apparemment écrit dans le ciel qu'il ne ferait point ce soir là de visite à sa sœur. En descendant quelques marches pour se rendre dans la rue, une personne qui les montait le heurta avec tant de violence que tous les deux furent presque renversés du coup. Lorenzo mit l'épée à la main.

— A quel propos, monsieur, venez-vous vous jeter sur moi si rudement?

— Ah! c'est vous, Médina, dit l'autre, qu'à sa voix Lorenzo reconnut bientôt pour être don Christoval; félicitez-vous mon cher, de n'avoir pas encore quitté l'église. Entrons, entrons; elles vont venir toutes, et nous les verrons.

— Elles vont venir! Et qui donc?

— La vieille poule et ses petits poulets; tout est en chemin. Rentrons, vous dis-je, et je vais vous expliquer tout cela.

Ils rentrèrent l'un et l'autre dans l'église, et allèrent se cacher précisément derrière la statue de saint Dominique.

— A présent, dit Lorenzo, puis-je prendre la liberté de vous demander ce que signifient cette grande précipitation, ces transports?

— Une aventure délicieuse. L'abbesse de Sainte-Claire et tout son jeune troupeau sont en chemin pour se rendre ici. Vous devez savoir que le très-dévot Ambrosio a fait vœu, ce dont le ciel soit loué, de ne jamais sortir des murs de son couvent. Cependant tous nos couvens de femmes les plus distingués le veulent pour confesseur. Les religieuses sont donc obligées de se rendre elles-mêmes aux Dominicains; car il faut bien, si la montagne ne veut pas s'approcher de Mahomet, que Mahomet s'approche de la montagne. Mais pour échapper aux regards indiscrets des curieux, tels que vous et moi, la prieure de Sainte-Claire ne mène ses religieuses à confesse que la nuit. Elles vont être introduites par une petite porte particulière qui donne dans la chapelle de la Vierge, et que vous voyez d'ici. De là, elles se rendront dans cette autre chapelle, où se trouve le confessionnal d'Ambrosio. La vieille portière de Sainte-Claire, qui m'honore d'une amitié spéciale, vient de m'assurer qu'elles allaient arriver dans l'espace de quelques minutes. N'est-ce point là une bonne aventure pour vous, monsieur l'amoureux? Nous allons voir quelques-uns des plus jolis minois qui soient dans Madrid.

— Vous allez voir, Christoval, que vous ne verrez rien ; car les religieuses de Sainte-Claire sont toujours voilées.

— Excepté, mon cher Médina, quand elles entrent dans une église : alors elles ôtent leur voile par respect pour la sainteté du lieu ; et l'église est en ce moment assez éclairée pour que nous puissions les voir bien distinctement. Croyez que je suis mieux instruit que vous. Silence, les voici. Voyez vous-même, et soyez convaincu.

— Fort bien, dit en lui-même Lorenzo, je découvrirai peut-être à qui s'adressent les vœux de ce mystérieux étranger.

Don Christoval avait à peine cessé de parler, lorsque l'abbesse de Sainte-Claire parut, suivie d'une longue file de religieuses. Toutes, en entrant, levèrent leur voile. L'abbesse traversa la nef les mains croisées sur sa poitrine, et fit une grande révérence comme elle passait devant la statue de saint Dominique, patron de cette église. Les autres nonnes l'imitèrent, et plusieurs passèrent sans satisfaire la curiosité de Lorenzo. Il commençait à désespérer de voir ses doutes éclaircis, lorsqu'une jeune religieuse, qui se trouvait dans les derniers rangs, en se prosternant devant saint

Dominique, feignit de laisser tomber son rosaire ; mais en le ramassant, elle tira avec beaucoup de dextérité la lettre de dessous le pied de la statue, la cacha dans son sein, et reprit son rang à la procession.

— Elle est jolie, dit tout bas Christoval, qui, à l'aide d'un rayon de lumière, avait pu voir son visage, et je suis bien surpris, s'il n'y a pas ici quelque amourette sous jeu.

— C'est Agnès, par le ciel! s'écria Lorenzo.

— Quoi! votre sœur? Ah! diable, l'affaire devient plus grave que je ne l'imaginais.

— Une intrigue clandestine avec ma sœur! j'espère que quelqu'un va m'en faire raison à l'instant même.

L'honneur espagnol ne pardonne point une offense de cette nature. Toute la procession était entrée dans la chapelle du confessionnal : l'inconnu, sortant alors du lieu où il s'était tenu caché, gagnait promptement le portail; mais avant qu'il pût l'atteindre, il se sentit arrêté par Médina, qui s'était posté sur son passage : il fit un pas en arrière, en enfonçant son chapeau sur ses yeux.

— Ne cherchez pas à m'éviter, s'écria Lorenzo; je veux savoir qui vous êtes, et quel est le contenu de cette lettre.

— Le contenu, reprit l'inconnu; et de quel droit me faites-vous cette question.

— Je vous le dirai une autre fois. En ce moment, répondez à mes demandes, ou mettez-vous en garde.

— J'aime mieux accepter votre dernière proposition, dit l'autre. Allons, monsieur, je suis en garde.

Tous les deux avaient en effet mis l'épée à la main, et Lorenzo attaquait en furieux; mais Christoval, qui était plus de sang-froid, se précipita entre eux et les sépara en s'écriant:

— Arrêtez, Médina, arrêtez. Y songez-vous? Est-ce ici le lieu de vider votre querelle? Voulez-vous donc vous battre dans une église?

L'inconnu resserra son épée.

— Médina! dit-il du ton de la surprise. Grand Dieu!

est-il possible? Auriez-vous, Lorenzo, totalement oublié Raymond de Las Cisternas?

Lorenzo, également surpris, avait peine à reconnaître son ami, et, dans l'incertitude, refusait de lui donner la main. Il le reconnut enfin.

— Quoi! marquis, dit-il, vous à Madrid! Que veux dire tout ceci? Comment se fait-il que vous vous trouviez engagé dans une correspondance clandestine avec ma sœur, dont les affections......?

— Se sont depuis long-temps déclarées en ma faveur, reprit Raymond en l'interrompant. Mais ce lieu-ci n'est pas convenable pour une explication : veuillez, Lorenzo, m'accompagner à mon hôtel, et là je vous raconterai toutes mes aventures. Quelle est la personne qui vous accompagne.

— Un homme, répondit Christoval, que vous vous rappellerez peut-être d'avoir vu autrefois, mais ailleurs qu'à l'église.

— C'st, je crois, le comte d'Ossorio.

— Précisément, marquis.

— Vous pouvez nous accompagner, don Christoval, je suis tout disposé à vous mettre dans la confidence, bien assuré de votre discrétion.

— Vous avez de moi trop bonne opinion; mais j'évite autant que je puis de me charger du poids d'une confidence. Allez donc sans façon de votre côté, et je vais aller du mien : veuillez seulement me dire votre demeure.

— Comme de coutume, à l'hôtel de Las Cisternas; mais ressouvenez-vous que je suis à Madrid incognito, et que si vous désirez me voir, vous devez me demander sous le nom d'Alphonzo d'Alvarada.

— Fort bien. Adieu, messieurs, dit en les quittant don Christoval.

— Alphonzo d'Alvarada, reprit d'un air étonné Lorenzo; quoi! marquis, vous portez ce nom?

— Oui, Lorenzo, et vous avez raison d'en être surpris:

mais si votre sœur ne vous a rien appris de ses aventures et des miennes, j'ai à vous raconter des choses qui vous surprendront encore davantage : venez donc à mon hôtel à l'instant même.

Les religieuses devant retourner à leur couvent par la porte de la chapelle, le portier des Dominicains se disposa à fermer les autres pour la nuit ; Raymond et Lorenzo se retirèrent, et prirent le chemin du palais de Las Cisternas.

— Hé ! bien, Antonia, dit la tante aussitôt qu'elle fut sortie de l'église, que pensez-vous de ces deux cavaliers ? Don Lorenzo me paraît être réellement un jeune homme fort obligeant : il a eu pour vous beaucoup d'attentions, et l'on ne sait pas ce que cela peut devenir. Quant à don Christoval, c'est, je vous assure, un phénix en politesse. Il est galant, bien élevé, sensible, pathétique. J'avoue que si quelqu'un pouvait me faire enfreindre le vœu que j'ai fait de vivre fille, ce serait don Christoval. Vous voyez, ma nièce, que tout arrive exactement comme je l'avais prévu. Dès l'instant que je parais à Madrid, voyez comme je suis entourée d'admirateurs. Lorsque j'ai levé mon voile, avez-vous remarqué, Antonia, quel effet cette vue a produit sur ce jeune comte ; et quand je lui ai présenté ma main, avez-vous observé avec quelle ardeur il l'a baisée ! Si jamais il exista au monde un amour réel, c'est celui que j'ai pu lire alors dans tous les traits de don Christoval.

Antonia n'avait pas jugé que Christoval fût aussi amoureux qu'il plaisait à sa tante de le croire ; cependant elle eut la discrétion de ne la point détromper. Comme l'histoire, soit ancienne, soit moderne, ne fournit aucun exemple d'une semblable méprise de la part d'une femme, nous avons cru ce trait digne d'être ici consigné dans nos annales.

La vieille dame continua donc à bercer sa vanité des plus douces illusions. Comme elles entraient dans la rue Saint-Iago, où était leur logement, elles furent étonnées de voir un groupe de monde rassemblé précisément en face de leur porte. Après avoir essayé vainement d'entrer, elles se placèrent sur le côté opposé de la rue. Bientôt elles virent le groupe se former en cercle, et aperçurent au milieu une femme d'une grandeur extraordinaire, qui tournait fort rapidement sur ses talons avec des gestes frénétiques. Sa robe était composée de pièces de diverses couleurs, tant en soie qu'en laine, arrangées cependant avec une sorte de symétrie. Sa tête était couverte d'une espèce de turban orné de feuilles de vigne et de fleurs des champs. Son visage était hâlé par le soleil et son teint olivâtre. Elle avait les yeux effarés, et portait à sa main un long bâton de bois noir, avec lequel elle traçait sur la terre des figures bizarres ; ensuite elle se mettait à danser avec tous les symptômes du délire et de la folie. Sa danse finie, elle tourna de nouveau sur elle-même, et, après quelques instants, chanta la ballade suivante :

LA BOHÉMIENNE.

Qui veut rire, qui veut pleurer ?
  Qu'on m'écoute en silence.
Venez tous, venez admirer
  Ma profonde science.
Jeunes garçons, venez savoir
  Votre bonne aventure ;
Fillettes, je vous ferai voir
  Vos maris en peinture.

Premier ministre du destin,
  Je commande aux orages ;
J'habite du soir au matin
  Le sommet des nuages.
A ma voix Phébé tour à tour
  Pâlit ou se colore ;
Et je préside chaque jour
  Au lever de l'Aurore.

Vous qu'Amour a blessé d'un trait,
  Venez à ma boutique,

Je possède l'heureux secret
  Du charme sympathique.
Des tendres caprices du cœur
  Je préserve une belle ;
D'un mari j'assure l'honneur,
  La recette est nouvelle.

Pour fixer l'éclat du printemps
  Sur un joli visage,
Je sais, quand il me plaît, du temps
  Arrêter le ravage.
Je sais réparer, rajeunir,
  Changer la brune en blonde ;
Et pour lire dans l'avenir,
  Je suis la seule au monde.

— Ma chère tante, dit Antonia, quand la bohémienne eut fini, cette femme n'est-elle pas folle ?

— Non, ma chère enfant ; elle n'est que méchante : c'est une sorte d'aventurière dont l'unique occupation est de dire à tout venant sa bonne aventure, et de voler honnêtement l'argent des sots ; c'est tout simplement de la canaille. Si j'étais roi d'Espagne, je ferais brûler vive chacune de ces créatures, qui, dans l'espace de trois semaines, se trouverait encore dans mon royaume.

Léonelle prononça tout haut ces derniers mots ; ils furent entendus de la bohémienne, qui, perçant aussitôt la foule, s'avança vers les deux dames, les salua trois fois, à la manière orientale, et s'adressant à Antonia : Gentille segnora, lui dit-elle, je puis vous prédire ce qui vous arrivera : donnez-moi votre main ; ne craignez rien, gentille segnora.

— Ma chère tante, dit Antonia, pour cette fois seulement, voulez-vous me permettre de savoir ma bonne aventure ?

— Sottise que cela, mon enfant ; elle ne vous dira que des menteries.

— Qu'importe? laissez-moi du moins écouter ce qu'elle dira ; ma chère tante, je vous en prie.

— Soit, Antonia, puisque vous avez cela si fort à cœur. Ecoutez, bonne femme, vous nous direz la bonne aventure à toutes les deux. Voilà de l'argent, commencez par moi.

En disant ces mots, elle ôta son gant et lui présenta sa main. La bohémienne la regarda un instant, et dit :

— Vous voulez savoir votre bonne aventure, ma chère dame? Vous êtes si vieille que je n'y sais point de remède. Cependant, pour gagner votre argent, je veux vous donner quelques avis. Étonnés de votre vanité puérile, vos amis vous taxeront de démence; ils s'affligeront de vous voir employer d'inutiles artifices pour attirer à vous le cœur d'un jeune amant. Croyez-moi, ma chère dame, vous ne pouvez jamais, quoi que vous fassiez, avoir moins de cinquante et un ans, et les hommes se prennent rarement d'amour pour des yeux louches. Mettez donc de côté le rouge et le blanc qui vous plâtrent les joues; songez à votre Créateur, et non pas à l'amour, à vos fautes passées, et point à celles que vous voudriez commettre encore, et dites-vous à vous-même que la faux du temps aura bientôt moissonné le peu de cheveux roux qui ombragent votre tête.

L'auditoire fit de grands éclats de rire à mesure que la bohémienne prononçait une de ces sentences. Les cinquante et un ans, les yeux louches, le rouge et le blanc, et les cheveux roux, passèrent successivement de bouche en bouche. Léonelle, étouffant de colère, fit à la devineresse les reproches les plus amers. Celle-ci les écouta avec un sourire de mépris. Se tournant ensuite vers Antonia : A vous maintenant, lui dit-elle, mon aimable enfant, donnez-moi votre main, et laissez-moi voir les décrets du destin.

Antonia ôta son gant, à l'imitation de Léonelle, et présenta sa jolie main à la prophétesse, qui, après l'avoir examinée quelques instants avec des marques de surprise et de pitié, prononça son oracle en ces termes :

— Que vois-je, grand Dieu, dans cette main? Jeune, chaste, douce et belle, parfaite d'esprit comme de corps, vous pourriez faire le bonheur d'un tendre époux. Mais, hélas! j'aperçois là une ligne de destruction. Un homme libidineux, de concert avec un rusé démon, complétera votre ruine, et chassée de ce monde par les chagrins, votre ame prendra bientôt son vol vers le ciel. Cependant, pour différer, autant, qu'il est possible, vos souffrances, rappelez-vous ce que je vais vous dire : « Si quelqu'un vous « paraît excessivement vertueux ; si vous rencontrez un « homme, qui, déchaîné contre les vices dont il est peut- « être exempt, ne compatit point aux faiblesses d'autrui, « ressouvenez-vous de mes paroles, croyez que cet homme, en apparence si parfait, cache sous des dehors séduisans « un cœur gonflé d'orgueil et de luxure.

— Je vous quitte, aimable fille, avec les larmes aux yeux. Que ma prédiction ne vous afflige point : soumettez-vous plutôt à votre destinée. Attendez les chagrins avec résignation, et n'aspirez qu'après le bonheur réservé dans un meilleur monde aux ames pures et innocentes. »

Après avoir dit ces mots, la bohémienne tourna encore trois fois sur elle-même, et sortit précipitamment de la rue. La porte d'Elvire se trouvant alors débarrassée, Léonelle entra, fort mécontente de la bohémienne, de sa nièce et de tout le peuple de Madrid; mais toujours fort contente d'elle-même et de son charmant Christoval. Les prédictions de la devineresse avaient aussi affecté Antonia; mais cette impression fut bientôt effacée, et dans l'espace de quelques heures elle eut totalement oublié l'aventure.

CHAPITRE II.

—

« Oh! si vous aviez une seule fois goûté la millième partie des plaisirs que l'on goûte quand on aime et quand on est aimé, quel serait votre repentir! Vous diriez en soupirant : Combien, hélas! j'ai perdu de temps! Il est perdu tout le temps qui ne fut pas consacré à l'amour. »

LE TASSE.

Le sermon fini, Ambrosio fut reconduit par ses religieux jusqu'à la porte de sa cellule. Là, il les congédia avec l'air d'un homme qui sent sa supériorité, c'est-à-dire, avec une apparente humilité, à travers laquelle perçait visiblement la réalité de son orgueil.

Dès qu'il fut seul, il s'y livra sans réserve. Son cœur se gonfla en songeant à l'enthousiasme que son discours venait d'exciter, et son imagination lui présenta les plus brillantes perspectives. Il regardait, d'un air triomphant, tout autour de lui : sa vanité lui disait tout haut, qu'il était fort

CHAPITRE II.

« Oh ! si vous aviez une seule fois goûté la millième partie des plaisirs que l'on goûte quand on aime et quand on est aimé, quel serait votre repentir ! Vous diriez en soupirant : Combien, hélas ! j'ai perdu de temps ! Il est perdu tout le temps qui ne fut pas consacré à l'amour. »

LE TASSE.

Le sermon fini, Ambrosio fut reconduit par ses religieux jusqu'à la porte de sa cellule. Là, il les congédia avec l'air d'un homme qui sent sa supériorité, c'est-à-dire, avec une apparente humilité, à travers laquelle perçait visiblement la réalité de son orgueil.

Dès qu'il fut seul, il s'y livra sans réserve. Son cœur se gonfla en songeant à l'enthousiasme que son discours venait d'exciter, et son imagination lui présenta les plus brillantes perspectives. Il regardait, d'un air triomphant, tout autour de lui : sa vanité lui disait tout haut, qu'il était fort au-dessus de ses confrères et même du reste des hommes. Quel autre, se disait-il à lui-même, a, comme moi, subi l'épreuve rigoureuse de la jeunesse? Quel autre en est, comme moi, sorti pur et sans tache? Quel autre a triomphé de la violence de ses passions, des mouvemens presque irrésistibles d'un tempérament ardent et impétueux? Quel autre a eu le courage de renoncer totalement au monde et de s'en séparer pour la vie entière? Il est bien clair que je chercherais en vain mon pareil; j'étais capable, moi seul, d'une semblable résolution : Non, la religion ne peut se vanter d'avoir un autre Ambrosio. Quel effet profond mon discours n'a-t-il pas produit sur tout l'auditoire? Comme ils m'ont entouré à ma sortie! Comme ils m'ont comblé d'éloges et de bénédictions en me nommant la colonne principale, la pierre angulaire de l'église! A présent que me reste-t-il à faire? Rien, si ce n'est de veiller aussi scrupuleusement sur la conduite des autres que j'ai veillé sur la mienne. Cependant ne serait-il pas encore possible que quelque puissante tentation m'écartât tout-à-coup du droit chemin? Ne suis-je pas un homme, et, comme tel, sujet à l'erreur, à la fragilité? Non, je me sens fort; et je puis hardiment m'exposer au danger. Je vois déjà les plus jolies femmes de Madrid accourir à mon confessionnal. Il faut bien que j'accoutume mes yeux à cette vue : aucune ne m'offrira sûrement autant d'attraits que vous, ô mon aimable *Madone*.

En disant ces mots, il arrêta ses regards sur une charmante image de la vierge, qu'il voyait suspendue au mur opposé de sa cellule. Il était depuis deux ans possesseur de cette jolie peinture, qui chaque jour était l'objet de son culte et de ses pieuses adorations. Il s'arrêta, la contempla avec délices.

— Cette physionomie est charmante, dit-il, rien de plus gracieux que la tournure de cette tête. Quelle douceur, mais aussi quelle majesté dans ces yeux divins! Comme cette joue délicate repose mollement sur sa main! La rose a moins de fraîcheur; oui, son incarnat est moins vif, et la blancheur du lis n'égale point celle de cette jolie main. Hé bien! Ambrosio, si l'original de ce portrait existait dans le monde! s'il existait pour toi seul! s'il t'était permis de parfiler dans tes doigts ces boucles de cheveux dorés, de presser contre tes lèvres les trésors de ce sein de neige; comment pourrais-tu résister à la tentation? Ne te croirais-tu pas assez payé de trente ans de souffrance par un seul baiser de cette bouche, et pourrais-tu t'arracher tout-à-coup.. Insensé que je suis! jusqu'où me laissai-je entraîner par une dévote admiration pour cette peinture? Arrière! loin de moi toute idée impure! J'ai renoncé aux femmes pour la vie. Jamais d'ailleurs il n'exista une mortelle aussi parfaite que ce portrait. Et s'il en existait une, l'épreuve serait peut-être trop forte pour une vertu commune; mais celle d'Ambrosio est ferme et ne craint point la tentation. Tentation, ai-je dit; je ne serais pas même tenté. Non, cette figure qui me charme, quand je la considère comme un être idéal et d'une nature supérieure, ne m'inspirerait que du dégoût, si c'était une femme réelle, une mortelle, une faible pécheresse. Ce n'est pas la beauté féminine qui me cause cet enthousiasme; c'est apparemment l'habileté du peintre que j'admire, ou plutôt c'est un ange, c'est la divinité que j'adore. Toute passion n'est-elle pas morte dans mon sein? Ne me suis-je pas placé au-dessus de la fragilité humaine? Ne crains rien, Ambrosio; prends confiance en la force de la vertu. Vois d'un œil hardi le monde qui vient à toi. Exempt des vices de l'humanité, tu peux défier toutes les subtilités des esprits de ténèbres; ils ne prévaudront jamais contre toi.

Ici quelqu'un frappa doucement à sa porte. Profondément occupé de ses idées, Ambrosio ne répondit point. On frappa de nouveau.

— Qui est là? dit-il à la fin.

— C'est Rosario, répondit une voix douce.
— Ah ! c'est vous ; entrez, entrez, mon fils.

La porte s'ouvrit, et Rosario entra portant à sa main une petite corbeille.

Rosario était un jeune novice qui devait faire profession dans trois mois. L'existence de ce jeune homme était enveloppée d'une sorte d'obscurité qui excitait pour lui l'intérêt et piquait la curiosité. Son goût pour la retraite, sa profonde mélancolie, son exactitude à remplir les devoirs de son état, le sacrifice volontaire qu'il faisait à Dieu de sa liberté et d'un rang distingué dans la société, tout concourait à lui concilier l'estime et l'affection de la communauté entière. Rosario paraissait craindre d'être reconnu avant qu'il eût prononcé ses vœux ; la tête constamment enveloppée dans son capuchon, il ne laissait jamais voir qu'une partie de son visage ; cependant on pouvait aisément distinguer, par le peu qu'on en voyait, qu'il était d'une jolie figure. Rosario était le seul nom sous lequel il fût connu dans le couvent. Personne ne connaissait au juste les événemens de sa vie antérieurs à son entrée en religion. Quand on lui faisait sur cela des questions, il gardait un profond silence. Un étranger s'étant présenté au couvent dans un superbe équipage, avait engagé les moines à recevoir le jeune homme en qualité de novice, et payé les sommes nécessaires. Le lendemain il était revenu au couvent avec Rosario, et depuis ce moment on n'avait plus entendu parler de lui.

Rosario ne se mêlait point dans la compagnie des autres religieux ; il répondait à leurs civilités, mais avec beaucoup de réserve, et montrait un goût décidé pour la solitude. Les religieux, persuadés que quelques raisons ou intérêts de famille avaient déterminé le jeune homme à prendre l'habit monastique, le laissaient en pleine liberté suivre ses goûts. Cependant il paraissait distinguer le prieur. Jamais il n'approchait Ambrosio qu'avec l'air de la vénération; il recherchait même sa compagnie, et ne négligeait aucun moyen de gagner son affection. En conversant avec lui, son cœur paraissait se dilater ; on voyait même alors une sorte de gaîté se répandre sur ses manières et dans ses discours ; Ambrosio, de son côté, se sentait porté à distinguer cet aimable jeune homme. Avec lui seul il se départait quelquefois de sa sévérité habituelle ; il lui parlait d'un ton plus doux qu'à tous les autres ; quelquefois même il prenait plaisir à lui donner de sages instructions. Le jeune novice écoutait ses leçons avec beaucoup de docilité. Chaque jour Ambrosio était plus charmé de la vivacité de son esprit, de la simplicité de ses manières et de la droiture de son cœur ; enfin on peut dire qu'il avait pour lui toute l'affection d'un père.

Rosario plaça, en entrant, sa corbeille sur la table. — Pardon, dit-il, mon révérend père, si ma visite en ce moment vous est importune ; je viens vous demander une grâce. Un de mes meilleurs amis est tombé dangereusement malade ; daignez, mon père, vous ressouvenir de lui dans vos prières. S'il est un homme sur la terre dont les vœux doivent être exaucés, je ne doute pas que les vôtres ne soient efficaces pour la guérison de mon ami.

— Tout ce qui dépend de moi, mon fils, je suis prêt à le faire pour vous. Quel est le nom de votre ami ?

— Vincentio della Ronda.

— Cela suffit, je ne l'oublierai pas. Puisse notre saint patron obtenir du Tout-Puissant ce que vous désirez ! Qu'avez-vous là dans votre corbeille, Rosario ?

— Ce sont quelques fleurs, révérend père ; j'ai cru qu'elles pouvaient vous être agréables. Voulez-vous me permettre de les arranger dans votre cellule ?

— Votre attention me charme, mon fils.

Tandis que Rosario distribuait les fleurs dans de petits vases placés de distance en distance, le prieur soutint la conversation.

— Je ne vous ai pas aperçu aujourd'hui à l'église, Rosario ?

— J'y étais cependant, révérend père; je suis trop reconnaissant de vos bontés pour avoir négligé d'être témoin de votre triomphe.

— Hélas! Rosario, il n'y a pas là de quoi triompher. Le saint Esprit a parlé par ma bouche; lui seul a tout fait. Vous avez donc été passablement content de mon discours?

— Passablement, dites-vous? Je pense que vous vous êtes surpassé. Jamais vous n'aviez encore déployé autant d'éloquence, si ce n'est peut-être un certain jour.....

Ici Rosario poussa involontairement un soupir.

— Et quel est ce jour ? reprit Ambrosio.

— Lorsque vous prêchâtes en l'absence de votre prédécesseur, qui venait de tomber malade.

— Quoi! vous assistâtes à ce sermon! Mais il y a plus de deux ans. Je ne vous connaissais pas encore, Rosario.

— Il est vrai, mon père; et plût à Dieu que la mort m'eût enlevé de ce monde la veille de ce jour mémorable! Elle m'aurait sauvé bien des chagrins.

— Des chagrins, Rosario, à votre âge!

— Oh oui, mon père! des chagrins, des souffrances, qui exciteraient votre compassion ou peut-être votre colère si vous les connaissiez. Des souffrances qui font à la fois le tourment et le charme de ma vie. Cependant mon ame, dans cette retraite, recouvrerait peut-être sa première tranquillité, si elle n'était pas encore agitée par la crainte. O Dieu! je ne crois pas qu'il existe un sentiment plus cruel que la crainte. J'ai tout abandonné, mon père : j'ai renoncé pour toujours au monde et à ses plaisirs; il ne me reste plus d'autre consolation que votre amitié, et je crains de la perdre. Si je la perds: je frémis d'avance en songeant à l'excès de mon désespoir.

— Vous craignez de perdre mon amitié, Rosario, c'est, je vous assure, une crainte chimérique. Avez-vous vu dans ma conduite quelque chose qui puisse la justifier ? Sachez mieux me connaître. Confiez-moi, mon enfant, le sujet de vos peines, et croyez que si je puis les adoucir.....

— Oui, vous le pouvez, mon révérend père ; cependant je n'ose vous les faire connaître. Vous me blâmeriez, vous cesseriez peut-être de m'aimer ; vous me banniriez peut-être de votre présence.

— N'écoutez point ces vaines alarmes, je vous en prie, je vous en conjure.....

— Hélas ! mon père, j'aurais à vous révéler des secrets... mais la cloche nous appelle à vêpres ; donnez-moi, de grace, votre bénédiction, et je vais vous quitter.

En disant ces mots, Rosario se jeta à genoux et reçut la bénédiction qu'il demandait. Portant alors la main du prieur à ses lèvres, il se leva et sortit promptement de la cellule. Bientôt après Ambrosio descendit au petit chœur, cherchant inutilement à deviner, d'après le commencement de confidence que lui venait de faire Rosario, quelle pouvait être la cause de ses chagrins, qu'il croyait cependant ne pouvoir attribuer qu'au souvenir mal effacé de quelque passion malheureuse.

Après les vêpres, tous les moines se retirèrent à leur cellule ; le prieur seul resta dans la chapelle où devaient se rendre les religieuses du couvent voisin : il n'attendit pas long-temps. A peine avait-il eu le temps de se placer à son confessionnal, lorsque l'abbesse de Sainte-Claire arriva avec sa suite. Chacune des religieuses fut entendue à son tour ; toutes les autres, avec l'abbesse, attendaient dans la sacristie. Ambrosio écouta attentivement toutes les confessions, fit des remontrances, exhorta, enjoignit des pénitences ; tout se passait en un mot comme il est d'usage, lorsqu'un accident vint tout-à-coup occasionner du trouble parmi le troupeau des pieuses cénobites.

Une des jeunes religieuses, occupée apparemment à considérer la figure du révérend père, laissa tomber par mégarde, à ses pieds une lettre qu'elle tenait cachée dans son sein. Sa confession finie, elle se retirait sans s'apercevoir de sa perte. Ambrosio vit le papier, le ramassa, et imaginant que c'était quelque lettre écrite à cette jeune personne par ses parens, il s'empressa de la lui rendre.

— Ma sœur, ma sœur, lui cria-t-il, vous avez laissé tomber quelque chose.

Comme le papier se trouvait en ce moment presque tout à fait ouvert dans la main d'Ambrosio, son œil lut involontairement à la lueur d'une forte lampe qui brûlait près de lui, les deux ou trois premiers mots de la lettre. Il tressaillit d'étonnement. La religieuse s'était retournée à sa voix ; elle aperçut sa lettre dans les mains du moine, et poussant un cri d'effroi, elle accourut pour la recevoir.

— Arrêtez, lui dit Ambrosio d'un ton sévère ; je dois prendre connaissance de cette lettre.

— Quoi ! vous voulez... Ah ciel, je suis perdue ! s'écriat-elle douloureusement en joignant ensemble ses deux mains. Pâle et tremblante, elle fut obligée de jeter, pour se soutenir, ses deux bras autour d'un des piliers qui supportaient la voûte de la chapelle, tandis que le prieur lisait la lettre suivante :

« Tout est prêt pour votre évasion, ma chère Agnès. La nuit prochaine je vous attendrai à minuit à la porte du jardin, dont je me suis procuré la clé, et quelques heures suffiront pour vous conduire en lieu de sûreté. Bannissez les vains scrupules ; il ne vous est pas permis de rejeter les moyens de salut qui vous sont offerts, pour vous et pour l'innocente créature que vous portez dans votre sein. Souvenez-vous que vous aviez promis d'être à moi, long-temps avant l'époque de vos vœux religieux. Songez que bientôt vous ne pourrez plus cacher votre état aux yeux pénétrans de vos compagnes, et que la fuite est le seul moyen qui vous reste pour éviter l'effet de leur malveillance. Adieu, mon Agnès, ma chère, mon unique épouse. Ne manquez pas de vous trouver au jardin demain à minuit. »

Après avoir lu, Ambrosio jeta sur l'imprudente religieuse un regard de colère et de mépris.

— Mon devoir m'oblige, dit-il, à remettre cette lettre aux mains de votre abbesse.

Au même instant il se disposa à sortir de la chapelle.

Ces mots furent un coup de foudre pour Agnès. Frappée du danger de sa situation, elle courut après lui, et de toute sa force le retint par la robe.

— Ambrosio, digne Ambrosio, s'écria-t-elle avec l'accent du désespoir, je me jette à vos pieds; je les baigne de mes larmes. Mon père, ayez compassion de ma jeunesse. Regardez d'un œil indulgent la faiblesse d'une femme; daignez m'aider à cacher ma faute. Je l'expierai; j'en ferai pénitence tout le reste de ma vie, et votre bonté aura ramené une ame dans les voies du ciel.

— Prétendez-vous que je puisse être complaisamment le confident du crime? Souffrirai-je que le couvent de Sainte-Claire devienne un lieu de prostitution? que l'église du Christ nourrisse dans son sein la honte et la débauche? Malheureuse! l'indulgence ici ferait de moi votre complice; votre crime deviendrait le mien. Vous vous êtes livrée aux coupables désirs d'un séducteur; vous avez, par votre impureté, déshonoré le saint habit que vous portez, et vous osez réclamer ma compassion! Laissez-moi, cessez de me retenir. Où est madame l'abbesse, ajouta-t-il en élevant la voix?

— Mon père, ô mon père! écoutez-moi un seul moment; ne m'accusez ni d'impureté, ni de débauche, ni de prostitution. Long-temps avant que je prisse le voile, Raymond était maître de mon cœur; il m'inspira la tendresse la plus pure, la plus irréprochable : il était sur le point de devenir mon légitime époux. Je suis coupable d'un seul instant d'égarement, et bientôt je vais devenir mère. O mon père! prenez pitié de moi; prenez pitié de l'innocente créature dont l'existence est unie à la mienne. Si vous dévoilez mon imprudence à l'abbesse, nous sommes perdues toutes deux. Le plus cruel châtiment est prononcé par les lois de Sainte-Claire contre mes pareilles. Respectable Ambrosio, que la pureté de votre conscience ne vous rende pas insensible aux peines, au repentir d'un être plus faible que vous! Quelque autre vertu réparera ma faute : n'exigez pas la perfection dans les autres; ayez pitié de moi, révérend père; rendez-moi cette lettre, et ne me condamnez pas à un malheur éternel.

— Tant de hardiesse me confond, reprit Ambrosio. Que je cèle votre crime, moi, chef d'un ordre à jamais respectable! moi, que vous avez trompé par une fausse confession! Non, ma fille, non; je veux vous rendre un meilleur office; je veux, en dépit de vous-même, vous détourner de la voie de perdition. La pénitence et la mortification peuvent encore expier votre offense, et la sévérité sauvera peut-être votre ame. Holà, mère Sainte-Agathe!

— Mon père, par tout ce qu'il y a de sacré, par tout ce qui vous est cher, je vous supplie, je vous conjure....

— Cessez, vous dis-je, je ne vous écoute plus. Où est madame l'abbesse? mère Sainte-Agathe, où êtes-vous?

La porte de la sacristie s'ouvrit, et la mère Sainte-Agathe parut, suivie de ses religieuses.

— Homme cruel! s'écria Agnès en cessant de le retenir.

Agnès désolée se frappa la poitrine, déchira son voile, et se précipita la face contre terre avec tout le délire du désespoir. Les religieuses, la voyant en cet état, demeurèrent muettes d'étonnement. Le moine présenta à l'abbesse le papier fatal, en l'informant de quelle manière il était tombé dans ses mains. — C'est à vous, ajouta-t-il, à décider quelle peine mérite la coupable.

A mesure que l'abbesse lisait la lettre, la colère se peignait sur son visage. Un crime de cette nature, commis dans son couvent, et découvert par Ambrosio lui-même, par l'homme le plus respecté de tout Madrid! Quelle idée allait-il se former de la régularité de sa maison! Des paroles auraient mal exprimé la fureur de l'abbesse; elle gardait le silence, et se contentait de jeter sur la malheureuse Agnès des regards menaçans.

— Qu'on l'emmène au couvent, dit-elle à quelques-unes de ses religieuses.

Deux des plus anciennes s'approchèrent d'Agnès, la relevèrent de vive force, et se disposèrent à sortir avec elle de la chapelle; mais en ce moment, retrouvant son courage, Agnès se dégagea de leurs mains.

— Quoi! s'écria-t-elle avec l'accent de la plus profonde douleur, tout espoir est donc perdu pour moi! Déjà vous me traînez au supplice! O Raymond! Raymond! où êtes-vous! Jetant alors sur le moine un regard terrible:
— Écoutez-moi, lui dit-elle, homme vain, orgueilleux, insensible; écoutez-moi, cœur de fer. Vous auriez pu me sauver, me rendre au bonheur et à la vertu; vous ne l'avez pas voulu. Vous êtes le destructeur de mon ame; vous êtes mon meurtrier, et ma mort et celle de mon enfant retomberont sur votre tête. Insolent dans votre facile vertu, vous avez dédaigné les prières d'un cœur pénitent; mais Dieu sera ce que vous n'avez point été, miséricordieux envers moi. Où est donc le mérite de cette vertu si vantée? quelles tentations avez-vous surmontées? Lâche! vous ne devez votre salut qu'à la fuite; vous ne vîtes jamais en face la séduction. Mais le jour de l'épreuve arrivera; laissez venir les passions impétueuses: vous sentirez alors que la faiblesse est l'apanage de l'humanité; vous frémirez en jetant un coup d'œil rétrograde sur vos crimes; vous implorerez avec terreur la miséricorde de Dieu. Oh! pensez à votre cruauté; souvenez-vous de la malheureuse Agnès, et désespérez du pardon.

L'énergie avec laquelle elle proféra ces derniers mots ayant épuisé sa force, elle tomba sans connaissance dans les bras d'une de ses compagnes qui se trouvait près d'elle. Elle fut à l'instant transportée hors de la chapelle, et suivie par toutes les autres.

Ambrosio n'avait point écouté ces reproches sans émotion ; une voix secrète lui disait qu'il avait traité cette jeune fille avec trop de sévérité. Il retint donc l'abbesse pendant quelques instans.

— La violence de son désespoir, dit-il, prouve au moins qu'elle n'est pas familiarisée avec le vice. Peut-être qu'en y mettant un peu moins de rigueur, qu'en mitigeant pour elle la pénitence usitée, l'on pourrait....

— Mitiger, mon père ? c'est ce que je ne ferai pas, vous pouvez en être assuré. Les lois de notre ordre son strictes : elles sont un peu tombées en désuétude ; le crime d'Agnès me fait voir la nécessité de les faire revivre. Je vais notifier à toute la communauté mes intentions, et Agnès sentira pleinement la rigueur de ces lois : je prétends m'y conformer à la lettre. Adieu, mon père.

En disant ces mots, elle sortit précipitamment de la chapelle.

— J'ai fait mon devoir, dit en lui-même Ambrosio; et après quelques instans passés en méditations, il se rendit au réfectoire, ou la cloche l'appelait.

Après le souper, Ambrosio, rentré dans sa cellule, regardait par la fenêtre, et cherchait en vain à se distraire de sa dernière aventure. Tous les religieux s'étaient retirés ; la soirée était belle ; la lune brillait de tout son éclat. Ambrosio se détermina à descendre pour prendre le frais quelques instans dans le jardin. Il n'était point, dans tout Madrid, un jardin plus beau ni mieux décoré que celui des Dominicains, on y voyait de grands carrés de fleurs les plus recherchées ; mais si artistement rangées, qu'elles paraissaient n'avoir été plantées que par la main de la nature; des fontaines d'eau vive, coulant dans des bassins de marbre blanc, répandaient au loin une perpétuelle rosée et la plus délicieuse fraîcheur ; les murs étaient tapissés de jasmins, de vignes et de chèvrefeuilles ; la beauté de la nuit ajoutait encore à celle du lieu ; les eaux réfléchissaient l'azur du ciel et les rayons argentés de la lune ; un zéphyr léger et frais portait à travers toutes les allées l'odeur des orangers en fleurs, et l'on entendait d'un bocage voisin le chant du rossignol. C'est vers ce bocage qu'Ambrosio dirigeait ses pas.

Au fond de cet asile champêtre se trouvoit une grotte faite à l'imitation d'un ermitage ; les murs étaient formés d'un tissu de racines d'arbres, de lierre et de mousse ; sur chaque côté de la grotte étaient des siéges de gazon ; une cascade naturelle, se précipitant du haut d'un rocher voisin, traversait la grotte vers le milieu. Plongé dans une douce rêverie, le moine s'approcha de ce réduit solitaire ; le calme de toute la nature s'était déjà communiqué à son cœur, que pénétrait alors une douce et voluptueuse langueur.

En entrant dans l'ermitage, il fut étonné de trouver la place déjà prise ; une personne était à demi couchée sur un des bancs, la tête posée sur sa main, dans une attitude mélancolique. Le moine reconnut Rosario ; il l'observa en silence, et sans entrer. Après quelques instans, le jeune homme leva la tête, et tint ses regards douloureusement fixés sur le mur opposé.

— Oui, dit-il avec un soupir plaintif, je sens tout l'avantage de la situation. Heureux qui peut penser comme toi ! heureux qui peut, comme toi, ne voir qu'avec dégoût toute l'espèce humaine, s'ensevelir pour jamais dans quelque solitude impénétrable, et oublier qu'il existe au monde des êtres qui méritent d'être aimés. O Dieu ! que la misanthropie me serait d'un grand secours !

— Voilà de singulières idées, Rosario, dit en entrant le prieur.

— Vous ici, révérend père, s'écria le novice. Au même instant il se leva, et se hâta de rabattre son capuchon sur son visage. Le prieur se plaça sur le banc, et obligea Rosario à se rasseoir près de lui.

— Vous ne devez pas vous livrer à ces sombres pensées, lui dit-il. Comment pouvez-vous appeler à votre secours la misanthropie, qui, de tous les sentimens, est le plus triste et le plus condamnable?

— Connaissez-vous ces vers, révérend père? Je ne les ai lus que depuis hier matin, et déjà je les sais par cœur. Je ne puis vous dissimuler que j'envie les sentimens de celui qui les a faits. Ces vers sont écrits dans un endroit assez obscur de cette grotte, sur une pierre de marbre. Peut-être ne les avez-vous pas remarqués. Voulez-vous que je vous les récite?

— Voyons, Rosario.

Le jeune homme récita de mémoire, et avec un accent mélancolique, les vers suivans :

INSCRIPTION DANS UN ERMITAGE.

Ici je m'établis. Ce réduit solitaire
Convient à mes chagrins; j'y veux vivre et mourir.
Si quelque jour un homme à mes yeux vient s'offrir,
Il saura que des siens je hais la race entière.
Bravant de ses destins l'inflexible rigueur,
Rosalbe aux coups du sort se soustrait par la fuite.
Je ne veux désormais vivre qu'avec mon cœur.
Adieu, parens, amis; je vais me faire ermite.

Assez et trop long-temps on m'a vu parmi vous;
Je vous fais mes adieux sans regrets, sans faiblesse.
Les hommes sont égaux; ils se ressemblent tous.
Sous le chaume j'ai vu la fraude et la bassesse;
J'ai vu dans vos cités, parmi vos demi-dieux,
Le vice triomphant et la vertu proscrite.
J'ai vu des êtres vils, malfaisans, furieux,
Des hommes! — Et bientôt je me suis fait ermite.

Loin du faste des cours, des civiques horreurs,
Je puis vivre en ces lieux sans exciter l'envie,

Gémir sur vos forfaits, déplorer vos erreurs,
Et consacrer à Dieu mes soupirs et ma vie,
J'ai retrouvé la vie dans ce désert affreux;
Des fous et des méchans j'y crains peu les poursuites.
Voulez-vous être enfin meilleurs et plus heureux?
Hommes, imitez-moi, faites-vous tous ermites.

— S'il était possible à l'homme dit le prieur, de se concentrer tellement en lui-même, qu'il pût conserver, quoique totalement séparé de l'espèce humaine, le contentement dont se vante ici Rosalbe, j'avoue que sa situation serait préférable à celle de l'homme qui vit au milieu de la corruption et des folies mondaines; mais c'est ce qui ne peut jamais arriver. Cette inscription n'a été placée ici que pour l'ornement de la grotte; et les sentimens et l'ermite, tout est également imaginaire. L'homme est né pour la société; et celui-là même qui est le plus détaché du monde, ne peut cependant l'oublier totalement, ni s'accoutumer à en être totalement oublié. Dégoûté des vices ou de la sottise des hommes, le misantrope s'en sépare; il se fait ermite, il s'ensevelit vivant dans le creux d'un rocher. Tant que son cœur est enflammé par la haine, il peut s'accommoder de sa situation; mais quand son animosité vient à se refroidir; lorsque le temps a pu adoucir ses chagrins et cicatriser ses blessures, croyez-vous que le contentement puisse être encore le compagnon de sa solitude, Non, non, Rosario. Cessant d'être soutenu par la violence de sa passion, il sent toute la monotonie de son existence, et son ame reste tout entière en proie à l'ennui. Regardant autour de lui, il se trouve seul dans l'univers; il sent renaître dans son cœur l'amour de la société; il désire de retourner vers ce monde qu'il avait juré de haïr toute sa vie. La nature n'a plus de charmes à ses yeux, parce qu'il n'a près de lui personne qui partage son admiration pour elle. Appuyé contre quelque morceau de rocher, il regarde d'un œil morne la plus belle chute d'eau; il voit, sans en être ému, la renaissance de la verdure au printemps, la douce clarté des astres de la nuit, l'éclat majestueux du soleil levant. Chaque soir il retourne lentement à sa cellule, où personne n'attend son arrivée, où il ne trouve qu'une nourriture malsaine et sans saveur; il se jette désespéré sur un lit de mousse, ne goûte qu'un sommeil pénible, et ne s'éveille que pour recommencer une journée aussi triste, aussi monotone que la précédente.

— Vous m'étonnez, mon père! Quoi! s'il arrivait que des circonstances vous contraignissent à une solitude absolue, vous croyez qu'alors les devoirs de la religion, la conscience d'une vie employée saintement, ne suffiraient pas pour communiquer à votre cœur ce calme?....

— Non, Rosario, je suis convaincu que cet espoir serait illusoire, que toute ma force serait insuffisante pour me sauver de la mélancolie et du dégoût. Si vous saviez quel est mon plaisir lorsqu'après un jour passé à l'étude, je me retrouve le soir au milieu de mes confrères; lorsqu'après quelques heures de solitude, je revois quelques créatures humaines! Et c'est en cela que consiste, à mon avis, le principal avantage de nos institutions monastiques : elles mettent l'homme à l'abri des tentations; elles lui procurent le loisir nécessaire pour le service de Dieu; elles lui sauvent l'aspect des vices dont le monde est infecté, sans cependant le priver des avantages les plus précieux de la société. Et vous, Rosario, vous pouvez envier le sort d'un ermite! vous pouvez vous aveugler ainsi sur le bonheur de votre situation! Réfléchissez un moment : ce couvent est devenu votre asile; votre régularité, votre douceur, vos talens, vous ont mérité parmi nous l'estime universel; vous êtes séparé du monde, que vous faites profession de haïr, et cependant vous trouvez habituellement chez nous la société de plusieurs hommes véritablement estimables.

O mon père! dit Rosario, c'est là surtout ce qui cause

mon tourment. Il eût été plus heureux pour moi d'avoir à vivre avec des méchans, de n'avoir jamais entendu prononcer le nom de vertu. C'est ma vénération profonde pour tout ce qui tient à la religion, c'est la tendre sensibilité de mon ame, qui causent ma peine et m'entraînent irrésistiblement vers ma perte. Plût au ciel que je n'eusse jamais vu les murs de ce couvent !

— Je ne vous comprends pas, Rosario : ce n'est pas là ce que vous me disiez tantôt : vous m'assuriez que mon amitié était pour vous un bien si précieux ! Si vous n'eussiez jamais vu les murs de ce couvent, vous n'auriez pu me voir, ou du moins me connaître. Est-ce là, Rosario, votre désir ?

— Mon désir ! s'écria le novice en se levant et saisissant avec vivacité la main du prieur; non, non, ce n'est pas là mon désir. Et cependant, hélas ! il serait à souhaiter pour moi que je n'eusse jamais vu ni vous ni les murs de ce couvent.

En disant ces mots Rosario sortit précipitamment de la grotte. Ambrosio resta à sa place, étonné de la conduite inexplicable de ce jeune homme ; il fut tenté de croire que son esprit était dérangé ; cependant la tranquillité de son maintien, son langage, une sorte de liaison qu'on remarquait dans ses idées, démentaient cette conjecture. Après quelques minutes, Rosario rentra, reprit sa place sur le banc et sa première attitude. La tête posée sur une de ses mains, il essuyait de l'autre quelques larmes qui coulaient de ses yeux.

Ambrosio le considérait avec la plus vive compassion. Tous deux gardèrent pendant quelques instants le silence. Un rossignol était venu se placer sur un oranger devant la porte de l'ermitage. L'oiseau se mit à chanter ; au son de sa voix touchante et mélodieuse, Rosario leva la tête, et parut l'écouter attentivement.

— C'est ainsi dit-il avec un profond soupir, que ma

pauvre sœur, aux derniers jours de sa vie, écoutait le chant du rossignol. Infortunée Matilde ! elle repose maintenant dans le silence du tombeau, et son cœur n'est plus gros de soupirs.

— Quoi ! vous auriez une sœur, Rosario ?

— Oui, c'est la vérité, j'avais une sœur. Hélas ! je ne l'ai plus ; au printemps de sa vie, elle a succombé sous le poids des chagrins !

— Et de quelle nature étaient ces chagrins ?

— Ils n'exciteront point votre pitié, Ambrosio. Vous ne connaissez pas la force irrésistible des sentimens auxquels son cœur fut en proie. Un amour malheureux fut la cause de son infortune; la passion la plus pure et la plus vive pour un homme vertueux, pour un homme, ou plutôt pour un Dieu ! Talens, beauté, sagesse, vertu solide, réputation, tout se trouvait réuni dans la personne de Francisque. Le cœur le plus insensible se serait animé en l'approchant ; ma sœur le vit ; elle osa l'aimer ; elle l'aima sans espoir ?

— Si son amour était si bien placé, pourquoi l'aima-t-elle sans espoir.

— Avant qu'il la connût, mon père, Francisque était déjà engagé : il avait donné sa foi à la plus belle des épouses. Cependant ma sœur continua de l'aimer; elle aima même son épouse à cause de lui. Un matin, ayant trouvé moyen de s'échapper de la maison paternelle, déguisée sous des habits grossiers, elle alla s'offrir en qualité de domestique chez celui qu'elle aimait, et fut acceptée. Continuellement en sa présence, elle s'efforça de gagner son affection ; elle y réussit. Les hommes vertueux sont toujours reconnaissans. Bientôt Francisque s'aperçut de ses attentions ; il y fut sensible, et distingua Matilde du reste de ses serviteurs.

— Et vos parens n'ont-ils point fait de recherches pour découvrir ce qu'était devenu leur fille fugitive ?

— Ma sœur s'était elle-même décelée avant qu'ils pussent en avoir de nouvelles. Son amour s'accrut au point qu'il ne lui fut plus possible de le tenir caché. Cependant ce n'était pas la personne de Francisque qu'elle désirait ; tous les vœux de ma sœur se bornaient à obtenir une place dans son cœur. Dans un moment d'oubli, elle lui avoua sa tendresse. Quel fut le résultat de cette imprudence ? Amant idolâtre de sa femme, et croyant qu'un regard de pitié jeté sur une autre serait un vol fait à son affection conjugale, il chassa Matilde de sa présence, et lui défendit de jamais reparaître devant lui. Le cœur navré par cet excès de sévérité, ma pauvre sœur revint à la maison paternelle, et mourut dans l'espace de quelques mois.

— Malheureuse fille ! son destin fut assurément trop cruel, et Francisque trop sévère.

— Le pensez-vous, mon père ? s'écria vivement le novice ; pensez-vous que Francisque fut trop sévère ?

— Oui, sans doute, je le pense ; et j'ai sincèrement pitié de Matilde.

— Vous Ambrosio, vous avez pitié de ma sœur ! ô mon père ! ayez donc aussi pitié de moi.

— Que voulez-vous dire ?

— Oui, reprit Rosario d'un ton plus doux, je réclame votre pitié ; car mes souffrances sont encore plus vives. Ma sœur avait au moins un ami, un ami fidèle, qui compatissait à ses peines et ne lui reprochait point la vivacité de ses sentimens ; et moi.... je n'ai point d'ami. Le monde entier ne m'offre pas un cœur qui soit sensible à mes tourmens.

Ambrosio fut touché de ces derniers mots ; il prit la main de Rosario, et la pressa tendrement.

— Vous n'avez point d'ami, dites-vous ; et qui suis-je donc ? pourquoi refusez-vous de me confier vos secrets, et que pouvez-vous craindre ? Ma sévérité ? je n'en ai jamais fait usage avec vous. La dignité de mon habit ? oubliez que je suis un religieux, votre prieur. Ne voyez en moi, je l'exige, que votre ami, que votre père. Je puis bien prendre avec vous ce dernier titre, car je vous aime comme mon enfant. Votre société me procure plus de plaisir que celle de tout autre; et lorsque je remarque l'étendue de votre esprit et de vos connaissances, je me réjouis comme le ferait un père en voyant les perfections de son fils. Mettez donc de côté toutes ces craintes, et parlez-moi enfin à cœur ouvert.

—Mais peut-être vous me haïrez, mon père, vous me détesterez à cause de ma faiblesse; peut-être ne retirerai-je d'autre fruit de ma confidence que la perte de votre estime.

—Comment puis-je vous rassurer? Réfléchissez sur ma conduite passée, sur la tendresse que je vous ai toujours témoignée. Vous haïr, Rosario! cela n'est plus en mon pouvoir; renoncer à votre société, ce serait me priver moi-même de mon plus grand plaisir. Confiez-moi donc ce qui vous afflige, et je vous jure ici solennellement...

—Hé! bien, jurez-moi, reprit Rosario, que quelque soit mon secret, vous ne m'obligerez point à sortir de ce couvent, que mon noviciat ne soit expiré.

— Je vous le jure; et comme notre divin Sauveur tiendra la promesse qu'il a faite aux hommes, de même je tiendrai celle que je vous fais. Expliquez-moi seulement ce mystère, et comptez sur mon indulgence.

— Je vous obéis. Sachez donc.... mais je tremble. Je réclame votre pitié, respectable Ambrosio; ayez égard à la faiblesse de l'humanité. Mon père, continua-t-il en se jetant aux pieds du moine, et couvrant sa main de baisers, mon père..... je suis une femme.

Ces mots furent prononcés à basse voix. Le moine tressaillit. Posternée devant lui, la jeune fille, que nous n'appellerons plus Rosario, semblait attendre en silence la décision de son juge. La surprise d'un côté, la crainte de l'autre, les tinrent quelques instants dans la même attitude, immobiles, comme s'ils avaient été touchés par la verge de quelque magicien. Dès qu'Ambrosio fut un peu revenu de son étonnement, il se hâta de sortir de la grotte, et s'enfuit vers le couvent. La vivacité de son action n'échappa point à la suppliante. Elle se leva précipitamment, courut après lui, l'atteignit, se jeta sur son passage, et embrassa ses genoux. Ambrosio fit de vains efforts pour se dégager.

— Ne me fuyez pas, s'écria-t-elle, ne me livrez pas à mon désespoir. Écoutez-moi ; laissez-moi me justifier à vos yeux. Vous avez plaint le sort de ma sœur; hé bien! toute son histoire est la mienne. Je suis Matilde, et vous êtes l'homme qu'elle aime.

Ce second aveu redoubla l'étonnement d'Ambrosio. Indécis, embarrassé, il resta, comme paralysé, en contemplation devant Matilde, dont le visage était alors découvert. Elle l'obligea de se rasseoir sur un banc du jardin qui se trouvait près d'eux, et profita de son trouble et de son silence pour continuer son explication.

— Ne croyez pas, Ambrosio, que je sois venue pour subtiliser vos affections, ni pour vous faire enfreindre les engagemens qui vous lient à votre céleste épouse. La religion seule est digne de vous posséder tout entier. Ne croyez pas que l'intention de Matilde soit de vous détourner des sentiers de la vertu. Ce que je sens pour vous est de l'amour; mais ce n'est point un amour licencieux. Je soupire après la possession de votre cœur; mais je ne désire point celle de votre personne. Daignez écouter ma justification; dans peu d'instans vous serez convaincu que la sainteté de cet asile n'est point souillée par ma présence, et que vous pouvez m'accorder votre compassion sans violer vos engagemens envers Dieu.

Matilde vit sur le visage d'Ambrosio qu'il l'écoutait avec attention, et même avec intérêt. Elle continua.

— Je sors d'une famille distinguée. Mon père était le chef d'une des plus illustres maisons de Villanegas; il mourut comme j'étais encore enfant, et me laissa seule héritière de son immense fortune. Jeune et riche, je fus recherchée par la plus brillante jeunesse de Madrid; mais aucun ne parvint à gagner mon cœur. J'avais été élevée sous les yeux d'un oncle doué d'un jugement solide et de la plus vaste érudition. Il prit plaisir à me communiquer quelque portion de ses connaissances. Grâce à ses leçons, mon entendement acquit une force et une justesse assez peu communes parmi les personnes de mon sexe. Naturellement active et curieuse, je fis d'assez grands progrès, non seulement dans les sciences qui sont généralement étudiées, mais dans quelques autres encore dont les secrets ne sont révélés qu'à très peu de personnes, et que condamne injustement l'aveugle superstition. Mais tout en travaillant à étendre la sphère de mes connaissances, mon sage tuteur n'a point négligé d'inculquer dans mon ame les préceptes éternels de la morale; il a pris soin de m'affranchir des entraves du préjugé vulgaire; il m'a fait sentir les beautés de la religion; il m'a appris à respecter, à adorer les ames pures et vertueuses, et je n'ai que trop bien suivi ses instructions.

Avec de semblables dispositions, jugez vous-même si j'ai pu voir sans dégoût les vices, la dissipation et l'ignorance, qui déshonorent notre jeunesse espagnole. J'ai rejeté dédaigneusement toutes les offres. J'avais conservé mon cœur libre de toute inclination, lorsque le hasard me conduisit un jour à l'église des Dominicains. Oh! ce jour-là, mon ange gardien sommeillait assurément, peu soigneux de remplir sa tâche. C'est ce jour-là que je vous vis pour la première fois. Vous remplaciez votre prédécesseur, absent par maladie. Vous devez vous rappeler quel enthousiasme votre discours excita dans tout l'auditoire. Avec quelle avidité j'attendais chacune de vos paroles! Il me sembla que votre éloquence m'enlevait jusqu'aux nues. J'osais à peine respirer, dans la crainte de perdre une seule syllabe. Je crus voir, tandis que vous parliez, votre tête environnée d'une auréole brillante, et tout votre maintien me retraçait la majesté d'un Dieu. Je me retirai de l'église le cœur plein d'admiration. A compter de ce moment, vous êtes devenu l'idole de mon cœur, l'unique objet de toutes mes pensées. La mélancolie et le désespoir s'emparèrent de moi. Je me séparai de la société, et ma santé alla chaque jour en déclinant. A la fin, ne pouvant plus exister dans cet état de souffrance, je pris le parti d'avoir recours au déguisement sous lequel vous me voyez aujourd'hui. Mon artifice a réussi; conduite ici par un de mes parens, à qui j'avais confié mon secret, je fus reçue dans votre monastère, et je parvins à gagner votre estime.

Dans cette situation, j'aurais été, mon révérend père, complétement heureuse, si je n'avais craint à chaque instant que quelqu'un ne s'aperçût de mon travestissement. Le plaisir que me causait votre société était empoisonné par cette idée. Craignant de perdre votre amitié, devenue nécessaire à mon existence, je me suis déterminée à ne pas confier au hasard la découverte de mon sexe, à vous avouer tout à vous-même, et à me jeter entre les bras de votre miséricorde et de votre indulgence. Serai-je, Ambrosio, trompée dans mon attente? Non, je ne puis me le persuader. Vous ne voudrez point me réduire au désespoir; vous me permettrez de continuer à vous voir, de conserver avec vous, de vous adorer. Vos vertus seront la règle de ma vie; et quand nous expirerons, nos corps reposeront du moins dans le même tombeau.

Tandis que Matilde parlait ainsi, mille sentimens opposés se combattaient dans le cœur d'Ambrosio. La surprise, la confusion, le mécontentement, que lui causaient à la fois une aventure aussi singulière, une déclaration aussi brusque, une action aussi hardie que celle de Matilde, tels étaient les sentimens dont il pouvait se rendre compte à lui-même; mais quelques autres se tenaient cachés, à son insu, dans le fond de son cœur. Il ne s'aperçut pas que sa vanité était flattée par les éloges que Matilde donnait à son éloquence et à sa vertu ; qu'il sentait un secret plaisir à songer qu'une femme jeune, et probablement jolie, avait pour lui abandonné le monde, et sacrifié toute autre passion à celle qu'il lui avait inspirée ; enfin, quoiqu'il sentit fortement la nécessité de s'armer en cette circonstance de toute sa sévérité, il ne s'aperçut pas que son cœur palpitait avec violence, tandis que les doigts d'ivoire de Matilde pressaient doucement sa main.

Lorsqu'il fut un peu remis de son trouble, il jugea qu'il était impossible que Matilde séjournât plus long-temps dans le couvent, après l'aveu qu'elle venait de lui faire. Il prit un air imposant, et retira sa main.

— Avez-vous pu réellement espérer, mademoiselle, que je vous permettrais de rester parmi nous ? En supposant même que je pusse accéder à votre demande, quel avantage en pourriez-vous retirer ? Pensez-vous que je puisse jamais répondre à une affection qui....?

— Non, mon père, non ; je n'espère point vous inspirer un amour semblable au mien ; je ne demande que la liberté de rester près de vous, de passer quelques heures du jour dans votre société, d'obtenir votre compassion, votre amitié, votre estime : ma demande est-elle déraisonnable ?

— Mais réfléchissez, segnora, combien il serait contraire à toutes les convenances de souffrir qu'une femme habitât dans notre couvent, et une femme encore qui m'avoue qu'elle m'aime ! Cela ne doit pas être. Votre secret pourrait être découvert, et je ne veux point d'ailleurs m'exposer à une aussi dangereuse tentation.

— Tentation, dites-vous ? Oubliez que je suis femme, il n'y a plus de tentation à craindre ; ne voyez en moi qu'un ami, qu'un infortuné, dont le bonheur, dont la vie dépendent de votre protection : ne craignez pas que je rappelle jamais à votre souvenir que l'amour le plus ardent, le plus impétueux, m'a porté à déguiser mon sexe, ou que, pressée par l'aiguillon de quelques coupables désirs, oubliant et mon honneur et les vœux qui vous lient, je cherche jamais à vous détourner des sentiers de l'honnêteté. Non, Ambrosio, sachez mieux me connaître, je vous aime pour vos vertus; perdez-les, et vous perdrez avec elles mon affection. Je vous regarde comme un saint; prouvez-moi que vous n'êtes qu'un homme, et je vous quitte avec dégoût : et c'est moi que vous regardez comme une tentatrice! moi, dont l'attachement pour vous n'est fondé que sur l'idée que j'ai conçue de votre incorruptibilité! Oh! bannissez ces injustes craintes : ayez meilleure opinion de vous-même et de moi; je suis incapable de chercher à vous séduire, et votre vertu est sans doute établie sur une base trop solide pour être jamais ébranlée par des désirs vagues et sans objet. Ambrosio, ne me bannissez point de votre présence; ressouvenez-vous de votre promesse, et autorisez-moi à rester près de vous.

— Impossible, Matilde; votre intérêt même m'ordonne de vous refuser, car c'est pour vous que je crains, plus encore que pour moi. Après avoir surmonté les mouvemens impétueux de la jeunesse, passé trente ans dans les mortifications et la pénitence, je pourrais en toute sûreté vous permettre de rester, et je ne crains pas que vous m'inspiriez jamais d'autres sentimens que celui de la compassion; mais un plus long séjour en ce lieu ne peut avoir pour vous que des suites fâcheuses. Vous donnerez à chacune de mes paroles et de mes actions une fausse interprétation; vous saisirez avidement tout ce qui pourra nourrir en vous l'espérance de voir votre amour payé de retour; insensiblement votre passion deviendra plus forte que votre raison, et ma présence, au lieu de la calmer, ne fera que l'irriter encore. Croyez-moi, malheureuse femme, vous m'inspirez une compassion sincère. Je suis convaincu que vous n'avez agi jusqu'à présent que d'après les motifs les plus purs; mais si l'on peut vous pardonner d'être aveugle sur l'imprudence de votre conduite, on ne me pardonnerait point, je ne pourrais me pardonner à moi-même, si je négligeais de vous ouvrir les yeux. Mon devoir m'oblige à vous traiter avec rigueur; je dois rejeter votre prière, je dois détruire toute espérance qui servirait à nourrir des sentimens si pernicieux à votre repos. Matilde, vous sortirez du couvent demain matin.

— Demain, Ambrosio, demain! Oh! ce n'est pas là sans doute votre dernière résolution ; vous n'aurez pas cet excès de cruauté.

— Vous avez entendu ma décision, préparez-vous à vous y conformer; les lois de notre ordre sont rigoureuses : cacher une femme dans l'enceinte de ces murs, ce serait un parjure; mes vœux m'obligent à révéler toute votre histoire à la communauté. J'ai pitié de votre sort, Matilde, c'est tout ce que vous devez attendre de moi.

Il prononça ces derniers mots d'une voix faible et tremblante : alors, se levant brusquement, il s'achemina vers le monastère. Matilde poussa un cri douloureux, le suivit et l'arrêta.

— Encore un moment, Ambrosio, laissez-moi vous dire une seule parole.

— Je ne veux rien entendre ; cessez de me retenir, vous connaissez ma résolution.

— Un mot, un dernier mot!

— Laissez-moi, vos instances sont vaines ; vous sortirez d'ici demain matin.

— Hé bien! allez, barbare! je ne vous retiens plus; mais il me restera du moins cette ressource.

En disant ces mots, elle tira de dessous sa robe un poignard, écarta ses vêtemens, et tint la pointe du stylet placée contre sa poitrine.

— Mon père, je ne sortirai pas vivante de cette enceinte.

— Matilde, que faites-vous ?

— Si votre résolution est prise, j'ai pris aussi la mienne. Au moment où l'on me séparera de vous, je me plonge ce poignard dans le cœur.

— Par saint Dominique, Matilde, êtes-vous en votre bon sens? connaissez-vous les conséquences de votre action? savez-vous que le suicide est le plus grand de tous les crimes? Voulez-vous donc perdre votre ame, anéantir pour vous tout espoir de salut, vous condamner vous-même à d'éternels tourmens?

— Je sais tout cela, reprit-elle d'un ton passionné; il dépend de vous de me sauver ou de me perdre. Parlez, Ambrosio, dites-moi que vous tiendrez mon aventure secrète, que je puis rester ici votre amie et votre compagne, autrement vous allez à l'instant même voir couler mon sang.

En proférant ces derniers mots, Matilde leva le bras lentement, et fit un mouvement comme pour se poignarder. Le moine suivit de l'œil le circuit que parcourut le poignard. Les vêtemens de Matilde étaient écartés, sa gorge était à demi découverte.... et quelle gorge, grand Dieu! La pointe du stylet alla se poser sur son sein gauche; dont le moine, à l'aide des rayons brillans de la lune, put observer la blancheur éblouissante; son œil resta fixé, avec une insatiable avidité, sur le plus beau demi-globe que la nature ait jamais produit. Une sensation, jusqu'alors inconnue, remplit son cœur d'un mélange d'inquiétude et de plaisir; un feu dévorant circula rapidement dans toutes ses veines, et mille désirs troublèrent son imagination en agitant son sein.

— Je ne résiste plus, s'écria-t-il d'une voix sanglotante; restez, enchanteresse, restez pour ma destruction.

Dès qu'il eut dit ces mots, il s'enfuit à toutes jambes vers le monastère, regagna sa cellule, et se jeta sur son lit, honteux, agité, presque fou.

Il lui fut, pendant quelque temps, impossible de débrouiller le chaos de ses idées et de ses sentimens. A quelle résolution devait-il s'arrêter, quelle conduite devait-il tenir avec celle qui venait aussi troubler son repos? La prudence, la religion, la convenance, exigeaient qu'elle sortît du couvent; mais d'un autre côté, la vanité du moine était extraordinairement flattée, tant par la conduite que par les insinuations de Matilde ; il se rappelait les agrémens qu'il avait trouvés dans la société de Rosario ; il craignait que l'absence de son jeune ami ne laissât un vide douloureux dans son cœur, et la richesse du jeune novice pouvait d'ailleurs être une utile ressource pour son couvent. — Et que puis-je risquer, se dit-il en lui-même, en lui permettant de rester ? n'ai-je pas tout lieu d'ajouter foi à ses assertions ? ne me sera-t-il pas aisé d'oublier son sexe, et de ne voir en elle que mon ami, que mon disciple ? Son amour est assurément aussi pur que désintéressé : s'il n'était que le produit d'une ardeur licencieuse, aurait-elle pu le cacher si long-temps ? n'aurait-elle pas cherché, dès les premiers instans, quelques moyens de satisfaire sa passion ? Elle a fait tout le contraire, elle m'a soigneusement fait mystère de son sexe. La crainte d'être reconnue et mes propres instances ont pu seules lui arracher son secret. Elle a assisté aussi assidûment que moi-même à tous nos exercices de religion ; elle n'a fait aucune tentative pour exciter mes passions endormies, et jusqu'à ce jour, elle n'avait pas prononcé une seule fois en ma présence le mot d'amour. Si elle eût eu l'intention de gagner mon affection sans mon estime, aurait-elle pris si grand soin de me cacher ses charmes ? Jusqu'à ce moment, elle ne m'avait pas laissé apercevoir son visage ; cependant sa figure doit être charmante, aussi bien que toute sa personne, et j'en puis juger par.... par ce que j'en ai vu.

Cette dernière idée, lorsqu'elle se présenta à l'imagination du moine, lui fit monter le rouge au visage. Alarmé de ses propres sensations, il se leva brusquement, résolu de se mettre en prières, et se prosterna devant sa jolie Madone, la priant avec ardeur de lui aider à étouffer de si coupables émotions. Sa prière finie, il retourna au lit, et parvint à s'endormir.

Le lendemain matin, il s'éveilla brûlant et agité ; il n'avait vu en songe que des objets voluptueux : tantôt c'était

Matilde qui se présentait devant lui ; il revoyait son sein demi nu ; elle lui répétait l'assurance d'un éternel amour, lui jetait ses beaux bras autour du cou, et le couvrait de baisers : le moine alors lui rendait caresse pour caresse, la serrait passionnément contre son sein, et la vision disparaissait : tantôt c'était l'image de sa Madone favorite. Ambrosio, dans son rêve, se prosternait devant elle, et lui adressait ses vœux ; il lui sembla une fois que les yeux du portrait le regardaient avec une inexprimable douceur ; il pressa de ses lèvres celles de la sainte Vierge. O prodige ! il trouva que ces lèvres étaient animées. Bientôt une figure charmante sortit du canevas, s'agrandit, l'embrassa tendrement, et la vision disparut. Tels furent, pendant cette nuit entière, les songes d'Ambrosio.

Il se leva et se promena dans sa cellule, honteux à la fois de ses songes et des événemens de la veille, auxquels il les attribuait. Après quelques instans de promenade, le nuage qui obscurcissait son jugement se dissipa par dgerés, et ses idées prirent un autre cours. Il vit clairement l'illusion qu'il s'était faite à lui-même ; il sentit que ses raisonnemens n'étaient que les sophismes dangereux de l'amour-propre, de la flatterie et de la cupidité. — Si une heure de conversation avec Matilde, se dit-il à lui-même, a produit en moi un changement aussi remarquable, que n'ai-je pas à craindre de la prolongation de son séjour en ce lieu ? Frappé du danger de sa situation, revenu de ses idées présomptueuses, il résolut d'insister sur le départ immédiat de Matilde. Il commença à reconnaître qu'il pouvait être tenté comme un autre homme, et qu'en supposant même qu'elle restât constamment avec lui dans les bornes de la plus scrupuleuse modestie ; il était peut-être trop faible pour résister constamment au choc de ses passions dont il avait osé se croire exempt.

— Agnès, Agnès ! s'écria-t-il, je sens déjà l'effet de ta malédiction.

Ambrosio sortit de sa cellule, bien résolu de renvoyer, sans délai, le soi-disant Rosario, et se rendit à matines. Il récita l'office ordinaire sans y donner la plus légère attention ; son cœur et sa tête étaient remplis d'objets qui ne s'allient point avec le service divin ; il pria sans dévotion. L'office finit, il descendit au jardin, et dirigea ses pas vers la grotte, ne doutant pas que Matilde ne vint bientôt l'y chercher ; il ne fut pas trompé dans cette attente : elle entra dans l'ermitage presqu'aussitôt que lui, et l'aborda d'un air timide. Après quelques instans d'embarras, pendant lesquels Matilde paraissait vouloir parler et ne parlait point, le prieur, qui craignait secrètement d'entendre sa voix, recueillant tout l'effort de résolution dont il était capable, prit un air de fermeté qui n'offrait pourtant rien d'extraordinairement sévère.

— Asseyez-vous ici près de moi, Matilde, lui dit-il, écoutez-moi patiemment, et croyez que ce que je vais vous dire a pour objet votre intérêt plus encore que le mien. Croyez que je sens pour vous l'amitié la plus vive, et que c'est avec la plus sincère affliction que je me vois forcé de vous déclarer que nous devons décidément cesser de nous voir.

— Ambrosio ! s'écria-t-elle d'un ton qui exprimait la surprise et le chagrin.

— Calmez-vous mon ami, mon cher Rosario, car je veux encore vous donner ce nom qui m'est si cher. Notre séparation est nécessaire, je rougis de vous avouer combien j'en souffre d'avance ; mais il faut nous quitter. Je ne me sens pas capable de vous traiter avec indifférence, et c'est ce qui m'oblige à insister sur votre départ. Matilde, vous ne pouvez rester ici plus long-temps.

— Où donc, à present, chercherai-je la bonne foi ? Dans quels lieux se cache la vérité ? Dégoûtée d'un monde faux et trompeur, mon père, je me flattais qu'elle s'était fixée dans ce cloître ; je croyais que votre cœur était son plus cher asile ? Et vous aussi, vous vous montrez perfide ! Juste ciel ! et vous aussi, vous pouvez me trahir ! — Matilde ! — Oui, mon père, oui, j'ai droit de vous faire des reproches. Où sont vos promesses ? Mon noviciat n'est pas expiré, et cependant vous voulez me forcer à quitter le monastère : pouvez-vous avoir le cœur de m'arracher d'auprès de vous, et ne m'avez vous pas solennellement juré le contraire ?

— Non, je ne veux point vous forcer de quitter ces lieux, et je me souviens de mes sermens ; mais quand j'implore votre générosité, quand je vous fais connaître les embarras où me jette votre présence, vous-même, ne me dégagerez-vous pas de ces mêmes sermens ? A chaque instant on peut découvrir qui vous êtes. Pensez aux suites d'un pareil éclat ; voyez de quel opprobre il me couvrirait. Songez que mon honneur et ma réputation sont entre vos mains, et que le repos de ma vie dépend de votre complaisance, de votre promptitude à vous éloigner. Mon cœur est encore libre ; je puis me séparer de vous, non pas sans regrets, mais sans désespoir. Si vous restez encore quelque temps, c'en est fait, tout mon bonheur sera sacrifié à vos charmes ; vous n'êtes que trop intéressante, que trop aimable ! Je finirais par vous aimer, par vous idolâtrer. Mon sein serait en proie à mille désirs que l'honneur et ma profession ne me permettent pas de satisfaire. Si j'y résiste, mes efforts et mes combats auront bientôt altéré ma raison ; si j'y succombe, j'immolerai aux plaisirs d'un moment, à des plaisirs coupables, ma réputation dans ce monde, et mon salut dans l'autre. C'est à vous que j'ai recours pour me défendre contre moi-même. Ne permettez pas que je perde la récompense de trente ans de souffrances et de travaux ; empêchez-moi de devenir bientôt la victime des remords. Votre cœur a déjà senti les tourmens de l'amour san espérance. Ah ! si réellement je vous suis cher, épargnez-moi vous-même ces tourmens. Rendez-moi ma promesse ; fuyez loin de ces murs. Partez, et vous emporterez avec vous mes plus ardentes prières pour votre bonheur, mon amitié, mon estime et mon admiration. Restez, et vous devenez pour moi une source de dangers, de souffrances et de désespoir. Répondez-moi, Matilde, quelle est votre décision ? Matilde garda le silence. — Ne parlez-vous pas, Matilde ; ne me direz-vous pas quel parti vous choisissez ?

— Cruel ! cruel ! s'écria-t-elle avec l'accent de la douleur, et en se tordant les mains, vous savez trop bien que vous ne me laissez pas la liberté de choisir : vous savez trop bien que je ne puis avoir d'autre volonté que la vôtre. — Je ne m'étais donc pas trompé, la générosité de Matilde répond à mon attente.

— Oui, je vous prouverai la vérité de mon affection, en me soumettant à un arrêt qui me perce le cœur. Reprenez votre promesse, je quitterai le monastère aujourd'hui même ; j'ai une parente, abbesse dans l'Estramadure ; c'est auprès d'elle que j'irai ; c'est dans son couvent que je me séparerai du monde pour jamais. Mais dites-moi, mon père, emporterai-je vos vœux dans ma solitude ? Détournerez-vous quelquefois votre attention des objets célestes pour m'accorder une pensée ?

— Ah ! Matilde, je crains de penser à vous trop souvent pour mon repos ?

— Je n'ai donc plus rien à désirer à présent que de pouvoir nous retrouver dans le ciel. Adieu, mon ami, mon cher Ambrosio ! Il me semble pourtant que j'aurais quelque plaisir à emporter avec moi une preuve de votre amitié.

— Quelle preuve puis-je vous donner.

— Quelque chose, n'importe quoi ; une de ces fleurs me suffirait (et du doigt elle lui montra une buisson de roses planté à la porte de la grotte) ; je la cacherai dans mon sein, et après ma mort, les religieuses de l'Estramadure la trouveront séchée sur mon cœur.

Le moine n'eut pas la force de répondre ; d'un pas lent et

le cœur navré de douleur, il sortit de l'ermitage, s'approcha du buisson et s'arrêta pour cueillir une rose. Soudain il jette un cri perçant, recule plein d'effroi, et laisse tomber de sa main la fleur qu'il tenait déjà. Matilde entend ce cri, et court à lui avec inquiétude.

— Qui a-t-il? s'écria-t-elle ; répondez-moi, pour l'amour de Dieu. Qu'est-il arrivé?

— J'ai reçu la mort, dit le moine d'une voix faible ; caché parmi les roses.... un serpent...

La douleur causée par la piqûre devint si vive, qu'il ne put la supporter ; ses sens l'abandonnèrent, et il tomba inanimé dans les bras de Matilde.

L'affliction de son amante ne peut s'exprimer. Elle arrachait ses cheveux, se frappait le sein ; et n'osant quitter Ambrosio, elle appelait à grands cris le secours des moines. A la fin, ses cris furent entendus. Quelques frères se hâtèrent d'accourir ; le prieur fut transporté chez lui et mis au lit. Le moine qui faisait l'office de chirurgien dans la communauté se prépara à sonder la blessure. Déjà la main d'Ambrosio était prodigieusement enflée. Les remèdes lui avaient rendu la vie, mais non pas la connaissance ; il était dans les agitations du délire le plus violent, et quatre des plus forts moines pouvaient à peine le retenir dans son lit.

Le père Pablos (c'était le nom du chirurgien) se hâta d'examiner l'état de la main. Les moines entouraient le lit, attendant avec inquiétude la décision de Pablos : parmi eux, le feint Rosario ne se montrait pas le moins sensible ; ses yeux, remplis de douleur, ne quittaient pas le malade, et les gémissemens qui lui échappaient sans cesse prouvaient suffisamment la violence de son affliction.

Père Pablos sonda la blessure, et en retirant sa lancette, il la vit teinte d'une couleur verdâtre. Il secoua la tête avec chagrin, et s'éloignant du lit : Voilà ce que je craignais, dit-il, il n'y a point d'espérance. — Point d'espérance ! s'écrièrent tous les moines ; vous dites qu'il n'y a point d'espérance !

— D'après les soudains effets de cette piqûre, je soupçonnais que notre prieur avait été blessé par un mille-pieds. Le venin que vous voyez à la pointe de ma lancette confirme mon idée; il ne peut vivre trois jours.

— Et ne peut-on trouver aucun remède? demanda Rosario.

— Sans exprimer le poison, il est impossible de lui rendre la vie; et comment exprimer ce poison? c'est ce que j'ignore. Tout ce que je puis faire, c'est d'appliquer sur la blessure des herbes qui diminueront les souffrances. Le malade recouvrera ses sens; mais le venin corrompra toute la masse du sang, et dans trois jours le père Ambrosio ne sera plus.

Cet arrêt pénétra de douleur tous les assistans. Pablos, comme il venait de le promettre, pansa la main, et se retira suivi de tous ses compagnons. Rosario seul resta dans la cellule, ayant obtenu, à force de prières, que le prieur fût confié à ses soins. La violence du délire avait épuisé les forces du père Ambrosio, et il venait de tomber dans un accablement si profond, qu'à peine donnait-il quelques signes de vie : il était encore dans cet état lorsque les moines, après quelques heures, revinrent pour savoir s'il y avait du changement. Pablos défit l'appareil, plus par curiosité que par la moindre espérance de découvrir quelque symptôme favorable. Quelle fut sa surprise, en voyant que l'inflammation s'était entièrement dissipée! il sonda de nouveau la blessure, et la pointe de la lancette en sortit pure; la main n'offrait plus de traces de poison, et, sans la marque de la sonde, Pablos aurait à peine retrouvé la place du mal.

Il informa ses frères de ce changement inespéré; leur joie fut grande et leur surprise ne le fut pas moins. Mais ils cessèrent bientôt de s'étonner de cet événement, en lui donnant une explication conforme à leurs idées. Persuadés depuis long-temps que leur prieur était un saint, ils trouvèrent très-naturel que saint Dominique eût opéré un miracle en sa faveur. Cette opinion fut adoptée unanimement ; ils crièrent au miracle, et crièrent si haut, que le père Ambrosio s'éveilla. Aussitôt les moines entourèrent son lit, et lui exprimèrent toute leur joie de cette guérison miraculeuse. Il était entièrement revenu à lui, et de ses douleurs, il ne lui restait qu'un sentiment de langueur et de faiblesse. Pablos lui donna une potion restaurante, et lui conseilla de garder le lit pendant deux jours ; il se retira ensuite, en le priant de ne point parler, de crainte qu'il ne s'épuisât davantage, et de tâcher de prendre quelque repos. Les autres frères suivirent Pablos, et laissèrent le prieur seul avec Rosario.

Pendant quelques minutes, Ambrosio considéra son aimable garde avec des yeux où se peignaient tout à la fois le plaisir et la crainte. Elle était assise près du lit, la tête penchée, et, comme à l'ordinaire, enveloppée dans son capuchon.

— Vous êtes toujours ici, Matilde ! dit enfin le moine ; n'êtes-vous pas contente de m'avoir conduit si près du tombeau, qu'il a fallu un miracle pour me sauver la vie ? Ah ! sûrement le ciel avait envoyé ce serpent pour punir.....

Matilde l'interrompit en mettant ses doigts sur les lèvres d'Ambrosio avec un air de gaîté.

— Silence ! mon père, silence ! Il vous est prescrit de vous taire.

— Celui qui m'a imposé cet ordre ne savait pas de quel intéressant sujet j'avais à vous parler.

— Mais je le sais, moi, et je vous réitère le même commandement. On m'a chargée d'être votre garde, et vous ne devez pas me désobéir.

— Vous êtes bien joyeuse, Matilde.

— Comment ne le serais-je pas ? je viens de goûter un plaisir au-dessus de tout ce que j'ai jamais senti.

— Quel plaisir ?

— Je dois le cacher à tout le monde, et surtout à vous.

5.

— Et surtout à moi! Non, non, Matilde, je vous conjure.

— Paix donc, vous ne devez pas parler; mais comme vous me semblez peu disposé à dormir, je vais tâcher de vous distraire avec ma harpe.

— Comment! vous savez la musique; vous ne me l'aviez pas dit.

— Oh! je ne suis qu'une écolière; mais comme le silence vous est prescrit pour quarante-huit heures, peut-être parviendrai-je à vous récréer un peu, quand vos méditations vous auront fatigué : je vais chercher ma harpe.

Elle revint bientôt. — A présent, mon père, que chanterai-je? Voulez-vous entendre la ballade du galant Durandarte, lequel mourut à la fameuse bataille de Roncevaux?

— Tout ce qu'il vous plaira, Matilde.

— Oh! ne m'appelez point Matilde : appelez-moi Rosario; appelez-moi votre ami. Voilà les noms que j'aime à entendre de votre bouche. Écoutez maintenant.

Elle s'assit devant sa harpe, et, après avoir prélude quelques instans avec un goût exquis, et qui prouvait un talent consommé, elle joua un air tendre et plaintif. Ambrosio, qui l'écoutait, sentit son accablement se dissiper, et une mélancolie douce et bien moins fatigante se répandre dans ses esprits. Tout à coup, Matilde change de mouvement. D'une main hardie et rapide elle fait entendre des sons belliqueux, et chante la ballade suivante, sur un air à la fois simple et touchant.

DURANDARTE ET BÉLERMA.

RÉCITATIF.

Plaine de Roncevaux, funeste à des guerriers
Plus braves que les fils et de Rome et de Sparte,
  Tu vis périr l'honneur des chevaliers,
  Le courageux et galant Durandarte!

En mourant, ce jeune héros
Fit entendre ces derniers mots :

Vous que j'adorai si long-temps,
Vous, hélas! que pendant sept ans
Mes soins n'avaient pas attendrie,
Bélerma, quel cruel destin!
Votre cœur se rendait enfin,
Vous m'aimez.... et je perds la vie!

Qu'il est horrible ce trépas!
Bélerma, je ne pleure pas
Ma carrière trop tôt finie,
Ou mes honneurs, ou mon printemps....,
Vous seule, en ces tristes instans,
Me faites regretter la vie!

Toi, le plus cher de mes parens,
A qui, dès mes plus jeunes ans,
Mon âme fut toujours unie,
Ah! je t'entends et je te vois!
Montésinos, auprès de toi
J'aurai du moins fini ma vie!

Aujourd'hui même à Bélerma
Porte mon cœur.... Dis-lui : Voilà
L'autel où vous fûtes chérie.
Votre sourire ou vos dédains
Causèrent seuls tous les chagrins
Et tous les plaisirs de sa vie.

Tendre ami, reçois mes adieux ;
Un voile s'étend sur mes yeux,
Et la voix même m'est ravie.
De l'amour et de l'amitié
Que les prières.... la pitié,
Me suivent dans une autre vie!

C'en est fait; le héros n'est plus.
O vœux! ô regrets superflus!
Son cousin l'embrasse et s'écrie :
« Maures, désormais respirez!

« Vous, chrétiens, désormais pleurez !
« Durandarte a perdu la vie.

« Nul ne l'égalera jamais.
« Fier aux combats, et dans la paix
« Aussi doux que sa douce amie...
« Pourquoi suis-je seul échappé !
« Pourquoi la main qui l'a frappé
« M'a-t-elle donc laissé la vie ? »

Il saisit son cœur en tremblant,
Puis il forme à ce corps sanglant
Une tombe de fleurs garnie.
Gloire à l'honneur des chevaliers !
Couvrons de pleurs et de lauriers
Sa mort aussi bien que sa vie.

Tandis qu'elle chantait, le père l'écoutait avec délices. Jamais son oreille n'avait entendu une voix plus mélodieuse ; il s'étonnait que des sons si divins pussent ne pas appartenir aux anges. Mais tout en se livrant au plaisir d'entendre, un simple regard le convainquit bientôt qu'il ne devait pas de même se livrer au plaisir de voir. L'aimable chanteuse était assise à quelque distance du lit, penchée sur sa harpe : son attitude était remplie d'aisance et de grâces ; son capuchon, moins avancé qu'à l'ordinaire, laissait apercevoir deux lèvres de corail, appétissantes et fraîches comme la rose, et un menton dont la fossette semblait recéler mille amours : les longues manches de son habit auraient pu traîner sur les cordes de la harpe ; pour prévenir cet inconvénient, elle les avait relevées au-dessus du coude, et l'on voyait un bras dont la peau lisse et fine égalait la neige en blancheur. Ambrosio n'osa la regarder qu'une fois ; mais ce regard suffit pour lui apprendre de quel danger était pour lui la présence de cet objet. Il ferma les yeux : mais en vain il voulait l'éloigner de ses idées, toujours elle se représentait à lui, belle de tous ses charmes et de mille autres que lui prêtait son imagination enflammée. Les appas qu'il avait vus, il se les retraçait pour les embellir encore. Ceux qui étaient restés cachés, son esprit les lui peignait mille fois plus ravissans; mais ses vœux et la nécessité d'y être fidèle, n'étaient pas moins présens à sa mémoire. Il combattait ses désirs et frémissait en voyant la profondeur de l'abîme ouvert devant lui.

Matilde cessa de chanter; le père, craignant l'effet de ses charmes, resta les yeux fermés, adressant à saint Dominique des prières ardentes pour obtenir son secours dans cette dangereuse épreuve. Matilde crut qu'il dormait ; elle se leva doucement, s'approcha du lit, et, pendant quelques minutes, le considéra attentivement.

— Il dort! dit-elle enfin à voix basse (mais Ambrosio ne perdit aucun mot) ; je puis donc, à présent, le regarder sans me reprocher ce plaisir. Je puis mêler mon haleine avec la sienne ; je puis contempler chacun de ses traits que j'adore, sans qu'il m'accuse de vouloir l'égarer. Il craint que je ne le séduise, que je ne lui fasse violer ses vœux. Oh! quelle injuste crainte ! si j'avais pour but d'allumer ses désirs, prendrais-je tant de soin pour lui cacher mon visage, mes mains, mes bras, toutes ma personne?....

Elle s'arrêta, comme perdue dans ses réflexions.

— Hier encore, reprit-elle, hier encore, je lui étais chère ; il m'estimait, et mon cœur était content. A présent, hélas! à présent, que ma situation est cruellement changée! Il me regarde avec défiance ; il m'ordonne de le quitter, de le quitter pour jamais. O vous, mon idole, vous qui êtes dans mon ame, à côté de Dieu même, encore deux jours, et vous connaîtrez mon cœur tout entier. Que n'avez-vous pu voir quelles étaient mes angoisses, quand on désespérait de vos jours? que n'avez-vous pu voir combien vos souffrances avaient augmenté ma tendresse! Mais le moment approche où vous serez convaincu que ma passion était pure et désintéressée. Alors vous me plaindrez, et vous supporterez seul tout le poids de ses cruels chagrins.

En parlant ainsi, ses pleurs coulèrent en abondance; et comme elle était penchée sur Ambrosio, une larme lui tomba sur la joue. — O ciel! si j'avais interrompu son sommeil, s'écria Matilde en s'éloignant avec autant de précipitation que de crainte.

Sa crainte n'était pas fondée. Les dormeurs les plus opiniâtres sont ceux qui ne veulent pas s'éveiller, et tel était le père; il paraissait toujours enseveli dans un repos dont chaque instant le rendait moins capable de jouir. Cette larme brûlante avait porté un nouveau feu dans son cœur.

— Quelle affection, quelle pureté! se disait-il à lui-même. Ah! puisque mon ame est si sensible à l'amitié, que serait-ce donc si elle était agitée par l'amour?

Matilde s'était retirée à quelque distance du lit. Le moine se hasarda d'ouvrir les yeux et de les porter sur elle en tremblant; elle avait le visage tourné de l'autre côté; sa tête était languissamment appuyée sur sa harpe, ses yeux fixés sur le tableau qui faisait face au lit du père.

— Heureuse, heureuse image! disait-elle en s'adressant à la belle Madone, c'est à vous qu'il offre ses prières, c'est vous qu'il contemple avec admiration. Je me flattais que vous adouciriez mes chagrins, et vous n'avez servi qu'à les augmenter; vous m'avez fait sentir que si j'avais connu Ambrosio avant que ses vœux fussent prononcés, Ambrosio et le bonheur auraient pu être mon partage. Avec quel plaisir il regarde cette peinture! Avec quelle ferveur il présente ses hommages à ce portrait inanimé! Ah! si ses sentimens lui étaient inspirés par quelque bon et secret génie favorable à mon amour! Si c'était l'instinct de la nature qui lui dit tout bas.... Taisez-vous, folles et vaines espérances; n'encouragez point une idée qui ternirait tout l'éclat des vertus d'Ambrosio. C'est la religion, et non la beauté, qui attire son admiration, ce n'est pas devant la femme, c'est devant la divinité qu'il fléchit le genou. Oh! si seulement il m'adressait une des tendres expressions qu'il prodigue à cette Madone ! S'il me disait que, sans le mariage qui le lie à l'église, il n'aurait pas méprisé Matilde ! J'aime à nourrir cette idée : peut-être pourra-t-il avouer aussi qu'il sent pour moi plus que de la pitié, et qu'une affection telle que la mienne aurait mérité du retour. Peut-être daignera-t-il faire cet aveu quand il me verra sur mon lit de mort ; il ne craindra plus alors de manquer à ses devoirs, et la certitude de ses sentimens pour moi adoucira mes derniers momens. Que n'en suis-je sûre ! Avec quelle ardeur je désirerais l'instant de ma dissolution !

Le prieur ne perdit pas une syllabe de ce discours : le ton dont ces derniers mots furent prononcés lui perça le cœur ; et soulevant sa tête involontairement :

— Matilde s'écria-t-il d'une voix troublée ; ô ma chère Matilde !

Matilde ! tressaillit et se tourna vers lui. La promptitude de son mouvement fit tomber son capuchon. Sa tête resta découverte, et son visage entièrement visible aux yeux du moine. Quelle fut la surprise d'Ambrosio, en y trouvant une ressemblance parfaite avec la Madone qu'il admirait ! Les mêmes proportions exquises dans les traits, la même profusion de cheveux dorés, les yeux célestes, les lèvres de rose, la grâce, la majesté, tous les mêmes charmes brillaient dans Matilde ! Il jeta un cri d'étonnement et retomba sur son oreiller, en doutant si l'objet qu'il voyait était une mortelle ou une divinité.

Matilde parut pénétrée de confusion ; elle resta sans mouvement à la place où elle était. Sa harpe lui servait d'appui ; ses yeux étaient baissés vers la terre, et ses belles joues couvertes d'une douce pudeur. En revenant à elle, son premier soin fut de cacher son visage ; ensuite, d'une voix faible et tremblante, elle adressa au moine ces paroles :

— Le hasard vient de vous apprendre un secret que je n'aurais osé vous révéler qu'à l'instant de ma mort. Oui, Ambrosio, vous voyez dans Matilde de Villanégas l'originale de votre Madone bien aimée. Dès que cette malheureuse passion se fut allumée dans mon cœur, je formai le dessein de vous faire parvenir mon portrait. Le nombre de mes adorateurs m'avait persuadée que je possédais quelque beauté, et je brûlais de savoir quel serait son effet sur vous. Je me fis peindre par Martin Galuppi, célèbre Vénitien, actuellement résident à Madrid. La ressemblance était frappante. J'envoyai son ouvrage à votre monastère comme un tableau qu'on voulait vendre, et le juif qui le porta était un de mes émissaires. Vous achetâtes ce portrait. Jugez de mes transports de joie, quand je sus que vous l'aviez considéré avec délices, ou plutôt avec adoration; que vous l'aviez placé dans votre cellule, et que vous n'adressiez vos prières à aucun autre saint ! Ce que vous venez d'apprendre pourrait-il augmenter votre défiance à mon égard ? N'y voyez-vous pas, au contraire, une preuve de la pureté de mon affection, un motif puissant pour me souffrir auprès de vous, pour m'estimer davantage. Je vous ai entendu, chaque jour, combler d'éloges mon portrait. J'étais moi-même témoin des transports que vous causait sa beauté ; et cependant j'ai eu sur moi assez d'empire pour ne pas tourner contre votre vertu les armes que vous me fournissiez vous-même. Je vous cachai ces traits, que vous aimiez sans le savoir. Je me défendis de la tentation d'exciter vos désirs, en vous montrant mes charmes, et de m'emparer de votre cœur par le moyen de vos sens. Une assiduité soutenue aux devoirs de la religion, mille petits soins que le cœur rend si doux, et qui vous prouvaient la pureté de mon ame et la sincérité de mon attachement, voilà les seules armes que j'employai pour obtenir vos regards et mériter votre tendresse. Je réussis, je devins votre compagnon, votre ami. Je vous laissai ignorer mon sexe ; et si vous ne m'aviez pressée de vous révéler mon secret, si je n'avais été tourmentée de la crainte que le hasard ne le trahît malgré moi, vous ne m'auriez jamais connue que sous le nom de Rosario. Etes-vous toujours dans la résolution de m'éloigner de vous? Le peu d'heures qui me restent à vivre, ne pourrai-je les passer en jouissant de votre présence? Oh! répondez-moi, Ambrosio; dites-moi que je puis rester.

La fin de ce discours força le moine de se recueillir, et il sentit fort bien que, dans la disposition actuelle de son ame, il ne pouvait se soustraire au pouvoir de cette enchanteresse qu'en cessant de la voir ou de l'entendre.

— L'étonnement où je suis, lui dit-il, me rend en ce moment incapable de vous répondre. N'insistez pas, Matilde, sur une décision de ma part, laissez-moi à moi-même; j'ai besoin d'être seul.

— Je vous obéis; mais promettez-moi de ne pas exiger que je m'éloigne du monastère sur-le-champ.

— Matilde, pensez à votre situation et aux conséquences d'un plus long séjour ici : notre séparation est indispensable, il faut nous quitter.

— Mais pas aujourd'hui, mon père : oh! de grâce, que ce ne soit pas aujourd'hui.

— C'est me presser trop vivement; mais je ne puis résister au ton dont vous me priez. Je consens que vous demeuriez ici le temps nécessaire, en quelque façon, pour préparer nos frères à votre départ : restez encore deux jours, mais le troisième (il soupira malgré lui), souvenez-vous que le troisième jour doit vous voir partir pour jamais.

Elle saisit la main du père, et la pressa de ses lèvres.

— Le troisième jour! s'écria-t-elle d'un ton grave; vous avez raison, mon père, vous avez raison, le troisième jour sera celui d'un éternel adieu.

Ces mots furent accompagnés de regards tellement douloureux et sinistres, que le cœur du moine en fut pénétré. Elle lui baisa la main une seconde fois, et sortit de la chambre avec précipitation.

Resté seul, tantôt Ambrosio cherchait des raisons qui pussent l'autoriser à retenir cette dangereuse hôtesse, tantôt sa conscience lui reprochait une infraction aux lois de son ordre : mille passions opposées agitaient son ame. A la fin, son attachement pour le feint Rosario, joint aux suggestions d'un tempérament plein de feu, commença à l'emporter, et la victoire ne fut plus douteuse dès que la présomption, le vice dominant du caractère d'Ambrosio, fut venue au secours de Matilde. Le moine fit réflexion qu'il y avait bien plus de mérite à vaincre son tempérament qu'à éviter d'avoir à le combattre, et qu'au lieu de s'alarmer, il devait saisir avec joie une si belle occasion de prouver la force de son ame et de sa vertu. Saint Antoine avait bien résisté à toutes les séductions du plaisir. Pourquoi lui-même craindrait-il d'être plus faible ? D'ailleurs, saint Antoine avait à lutter contre le diable, et tout son art et tout ses efforts pour le tenter ; tandis que lui, Ambrosio, n'avait à redouter qu'une simple mortelle timide, modeste, et qui ne tremblait pas moins que lui de succomber.

— Oui, se disait-il, l'infortunée peut rester, je n'ai rien à craindre de sa présence ; et quand, par moi-même, je ne serais pas assez fort contre la tentation, je trouverais un appui dans l'innocence de Matilde.

Ambrosio ne savait pas encore que même pour les cœurs corrompus, le vice n'est jamais plus dangereux que quand il se cache sous le masque de la vertu.

Il se sentit si parfaitement remis, que, lorsque le père Pablos vint le voir dans la soirée, il lui demanda la permission de quitter sa chambre le lendemain ; ce qui lui fut accordé. Le reste du jour, Matilde ne parut pas devant lui, si ce n'est avec tous les autres moines, au moment où ils vinrent en corps s'informer de la santé de leur prieur. Elle semblait craindre de lui parler en particulier, et ne restait dans la chambres que quelque minutes. Le père dormit fort bien, mais il retrouva tous ses songes de la nuit dernière, et des sensations de volupté encore plus vives et plus exquises ; les mêmes visions, qui avaient enflammé son sang, se retracèrent devant lui ; ses yeux revirent Matilde dans tout l'éclat de ses charmes, Matilde tendre et passionnée, le pressant contre son sein et le couvrant des plus ardentes caresses. Ces vaines images disparurent encore, et le laissèrent, au réveil, plein de honte et d'effroi.

Le jour commençait à paraître. Fatigué, épuisé par ces rêves incendiaires, il ne se sentit pas en état de quitter son lit, et fit dire qu'il n'irait pas à matines : c'était la première fois de sa vie qu'il s'en était dispensé. Il se leva tard, et n'eut, pendant une grande partie du jour, aucune occasion de parler à Matilde sans témoins ; sa cellule fut continuellement remplie de moines qui tour à tour venaient lui exprimer leurs inquiétudes sur sa santé, jusqu'au moment où la cloche les appela tous au réfectoire.

Après le dîner, les moines se séparèrent, et se répandirent dans les différentes allées du jardin, où l'ombre des arbres et le silence des bosquets leur offraient des asiles commodes pour faire *la sieste*. Le prieur s'achemina du côté de l'ermitage, et d'un coup d'œil invita Matilde à l'accompagner. Matilde obéit, et le suivit en silence. Ils entrèrent dans la grotte, et s'y assirent : tous deux semblaient dans un égal embarras ; aucun des deux ne paraissait vouloir entamer la conversation. A la fin, le prieur rompit le silence ; il ne parla que de sujets indifférens, et Matilde répondit sur le même ton ; on eût dit qu'elle voulait lui faire oublier qu'il eût devant lui quelqu'autre personne que Rosario. Aucun des deux n'osa et ne désira même en revenir au sujet qui leur tenait le plus au cœur.

Matilde tâchait de paraître gaie, mais ses efforts étaient visibles. Le poids du chagrin l'accablait ; sa voix était faible et languissante ; elle semblait pressée de finir un entretien qui l'embarrassait, et se plaignant de n'être pas bien, elle demanda au prieur la permission de se retirer. Il l'accompagna jusqu'à la porte de sa cellule, et là il s'arrêta en lui déclarant qu'il consentait à l'avoir pour compagne de sa solitude tant qu'elle le trouverait agréable.

Matilde ne donna aucun signe de joie en recevant cette permission, quoique la veille elle eût paru si empressée de l'obtenir.

— Hélas ! mon Père, dit-elle en remuant la tête d'un air triste, ce consentement arrive trop tard, mon sort est fixé ; il faut que nous nous séparions pour jamais ; cependant croyez que je sens vivement cette généreuse condescendance, cette pitié de votre part, pour une infortunée qui n'en est que trop peu digne.

Elle mit son mouchoir devant ses yeux, et comme son capuchon était à moitié entr'ouvert, Ambrosio remarqua qu'elle était pâle et abattue.

— Bon Dieu ! s'écria-t-il, vous n'êtes pas bien, en effet, Matilde, et je vais sur-le-champ vous envoyer le père Pablos.

— Non, n'en faites rien ; je suis malade, il est vrai, mais il ne peut rien à mon mal. Adieu, mon père ; demain souvenez-vous de moi dans vos prières tandis que je me souviendrai de vous dans le ciel.

Elle entra aussitôt dans sa cellule, et en ferma la porte.

Le prieur se hâta de lui envoyer Pablos, dont il attendit le rapport avec impatience ; mais Pablos revint bientôt, et lui dit que sa peine avait été perdue ; que Rosario n'avait point voulu le laisser entrer, et qu'il avait positivement refusé ses secours. Ambrosio fut vivement affecté de ce récit ; cependant il pensa que, pour cette nuit, il valait mieux ne pas presser Matilde davantage, ajoutant que si Rosario n'était pas mieux le lendemain matin, il insisterait pour que le père Pablos fût appelé.

Pour lui, se sentant peu disposé à dormir, il ouvrit sa fenêtre, et se mit à considérer la réflexion de la lune sur le petit ruisseau qui baignait les murs du monastère. La fraîcheur et le silence de la nuit inspirèrent à Ambrosio des idées mélancoliques. Il songea aux charmes et à la tendresse de Matilde, aux plaisirs qu'il aurait pu partager avec elle, s'il n'était retenu par les liens monastiques; il se dit que l'amour de Matilde pour lui n'étant pas soutenu par l'espérance, ne pouvait pas durer long-temps; que sans doute elle réussirait à éteindre sa passion, et qu'elle irait chercher le bonheur dans les bras de quelqu'autre plus fortuné; il frémit en pensant au vide que l'absence de Matilde laisserait dans son cœur. La vie du couvent lui parut monotone et fastidieuse; il soupira, et jeta un œil d'envie sur le monde, dont il était pour jamais séparé. Telles étaient ses réflexions lorsqu'on frappa rudement à sa porte. Déjà la cloche de l'église s'était fait entendre. Empressé de savoir ce qui pouvait interrompre l'ordre et le silence du monastère, le prieur ouvrit la porte, et un frère entra, avec le trouble et l'effroi dans les yeux.

— Hâtez-vous, mon révérend père, s'écria-t-il, hâtez-vous pour le jeune Rosario; il demande instamment à vous voir, il n'a que peu de momens à vivre.

— Dieu de miséricorde! où est le père Pablos? pourquoi n'est-il pas avec lui? Oh! je crains, je crains.....

— Le père Pablos l'a vu, mais son art n'y peut rien. Il soupçonne, dit-il, que le jeune homme est empoisonné.

— Empoisonné! Ah! l'infortuné! voilà ce que je craignais aussi. Mais ne perdons pas un moment; peut-être est-il encore temps de le sauver.

Il dit, et courut à la cellule de Matilde. Il y trouva beaucoup de moines, et parmi eux le père Pablos, tenant à la main un breuvage qu'il voulait persuader à Rosario de prendre. Les autres s'occupaient à admirer sa figure céleste, qu'ils voyaient pour la première fois. Jamais, en effet, Matilde n'avait paru plus aimable; ses joues, naguère pâles, étaient couvertes d'un rouge éclatant; ses yeux brillaient d'une douce sérénité, et tout en elle exprimait la confiance et la résignation.

— Oh! ne me tourmentez pas davantage, disait-elle à Pablos, au moment où le prieur effrayé se précipita dans sa cellule; mon mal est bien au-dessus de toute votre science, et je ne veux pas en guérir. Puis apercevant Ambrosio : — Ah! c'est lui, dit-elle, que je le voie encore une fois avant de le quitter pour toujours. Laissez-moi, mes frères, j'ai à parler à ce saint homme en particulier.

Les moines se retirèrent aussitôt, et Matilde resta seule avec le prieur.

— Femme imprudente, qu'avez-vous fait? s'écria celui-ci, quand il ne vit plus personne dans sa cellule. Dites-moi, ce que je soupçonne est-il fondé? suis-je au moment de vous perdre? votre main même aurait-elle été l'instrument de votre destruction?

Elle sourit, et prit la main d'Ambrosio.

— En quoi ai-je été imprudente, mon père? J'ai sacrifié une paille pour sauver un diamant. Ma mort conserve une vie précieuse au monde, et qui m'est bien plus chère que la mienne. Oui, mon père, je suis empoisonnée, je le sais; mais d'un poison qui a circulé dans vos veines.

— Matilde!

— Cet aveu, j'avais résolu de ne le faire que sur mon lit de mort. Ce moment est arrivé. Vous ne pouvez avoir déjà oublié le jour où votre vie fut mise en péril par la morsure d'un mille-pieds. Le médecin désespérait de vous, déclarant qu'il ignorait les moyens d'exprimer le poison de votre blessure : j'en savais un, moi, et je n'ai pas hésité d'en faire usage. On m'avait laissée seule auprès de vous; vous dormiez : je détachai l'appareil qui enveloppait votre main, je baisai la blessure, et avec mes lèvres j'en suçai le venin. L'effet en a été plus prompt que je ne m'y attendais. Je sens que la mort est dans mon sein; encore une heure, et j'aurai passé dans un monde plus heureux.

— Dieu tout-puissant! s'écria le prieur; et il tomba sur le lit sans force et sans mouvement.

Quelques minutes après, il se retire brusquement, et regarde Matilde d'un œil égaré, avec l'air du désespoir.

— Et vous vous êtes sacrifiée pour moi! Vous mourez, et c'est pour conserver Ambrosio! et n'y a-t-il aucun remède, Matilde? n'y a-t-il plus d'espérance? Oh! répondez-moi, dites qu'il vous reste encore quelque moyen de vous sauver.

— Rassurez-vous, mon unique ami! Oui, j'ai encore en mon pouvoir le moyen de vivre; mais ce moyen, je n'ose l'employer; il est dangereux, il est effrayant! ce serait acheter la vie plus cher qu'elle ne vaut. A moins qu'il ne me fût permis de vivre pour vous.

— Eh bien! vivez pour moi, Matilde, pour moi et pour la reconnaissance. (Il saisit sa main, et la pressa sur ses lèvres avec transport.) Rappelez-vous notre dernier entretien; à présent je consens à tout. Rappelez-vous de quelles vives couleurs vous avez peint l'union des ames; réalisons cette douce image; oublions toute différence de sexe; méprisons les préjugés du monde; ne voyons tous deux, dans chacun de nous, qu'un frère, qu'un ami. Vivez donc, Matilde, et vivez pour moi.

— Ambrosio, les choses ne peuvent être ainsi : quand je le croyais, je vous trompais, je me trompais moi-même. Il faut que je meure, ou du poison que j'ai pris, ou de l'affreux tourment de combattre toujours mon désir. Depuis le consentement que vous m'avez accordé, le bandeau s'est détaché de mes yeux. Je vous aime, non plus avec la dévotion que l'on doit à un saint, non plus pour les seules vertus de votre ame, mais pour les charmes de votre personne. Je ne suis plus qu'une faible femme, livrée à la plus impétueuse des passions. Vous me promettez votre amitié! O ciel! que ce mot est froid pour mon cœur, pour ce cœur qui brûle d'amour, d'un amour qu'aucune expression ne saurait peindre, et que l'amour seul peut payer! Tremblez donc, Ambrosio, tremblez d'être exaucé dans vos prières.

Si je vis, c'en est fait de vos devoirs, de votre réputation, de vos trente années de vertu et de sacrifices ; tout ce qui vous est cher et précieux sera perdu pour jamais. Je ne me sentirai plus la force de résister à mon cœur ; je saisirai toutes les occasions d'enflammer le vôtre ; je finirai par consommer notre déshonneur à tous deux. Non, non, Ambrosio, je ne dois pas vivre ; je sens à chaque battement de mon cœur qu'il n'y a plus pour moi qu'une alternative.... le bonheur ou la mort !

— Qu'entends-je, dit Ambrosio ? est-ce bien vous qui me parlez ?

Il fit un mouvement comme pour s'éloigner d'auprès d'elle. Elle poussa un cri perçant, et se levant à moitié hors de son lit, elle jetta ses bras autour du moine, et le retint.

— Oh ! ne me quittez pas ! écoutez-moi avec compassion ; dans peu d'heures je n'aurai plus à rougir de ce malheureux amour.

— Dangereuse femme ! que puis-je vous dire ? Je ne peux.... je ne dois pas. Mais vivez, Matilde, ah ! vivez.

— Songez-vous bien à ce que vous demandez ? Que je vive, moi, pour vous plonger dans l'infamie, pour devenir auprès de vous un instrument de perdition, pour opérer votre ruine et la mienne ? Touchez ce cœur, mon père.

Elle prit la main d'Ambrosio. Confus, embarrassé, entraîné par un charme puissant, il ne fit aucune résistance, et il sentit le cœur de Matilde battre vivement sous sa main.

— Touchez ce cœur, mon père, il est encore le siége de l'honneur et de l'innocence ; demain, s'il est animé, il deviendra la proie du crime. Laissez-moi donc mourir aujourd'hui, laissez-moi mourir, quand je mérite encore les larmes de l'homme vertueux. Oh ! que ne puis-je expirer ainsi ! (En disant ces mots, elle appuyait sa tête sur l'épaule d'Ambrosio, et ses beaux cheveux couvraient la poitrine du père.) Soutenue dans vos bras, je croirais m'endormir; votre main fermerait mes yeux, et vos lèvres recevraient mon dernier soupir. Et ne penserez-vous pas à moi quelquefois? N'irez-vous pas quelquefois verser une larme sur ma tombe? Oh! oui, oui! ce baiser en est le gage et l'assurance.

Il était nuit; le silence régnait autour d'eux. La faible clarté d'une lampe solitaire donnait sur le visage de Matilde, et répandait dans la chambre une lumière sombre et mystérieuse. Point d'œil curieux à craindre, point d'oreille indiscrète; rien ne se faisait entendre que la douce voix de Matilde. Ambrosio était dans toute la vigueur de l'âge; il voyait devant lui une femme jeune et belle qui lui avait sauvé la vie, qui l'adorait, que son amour pour lui venait de conduire aux portes du tombeau. Il s'assit sur le lit, la main toujours posée sur le cœur de Matilde, et soutenant la tête de son amante, voluptueusement appuyée sur son sein. Qui donc s'étonnerait qu'il eût cédé à la tentation? Enivré de désirs, il pressa de ses lèvres les lèvres charmantes qui le cherchaient; ses baisers devinrent bientôt aussi brûlans que ceux de Matilde; il la serra dans ses bras avec transport; il oublia ses vœux, la religion et l'honneur; il ne se souvint que du plaisir et du moment.

— Ambrosio! oh, mon cher Ambrosio! dit Matilde en soupirant.

— A toi, pour jamais à toi! balbutia le père en expirant sur le sein de Matilde.

CHAPITRE III.

« Ce sont des brigands que tout voyageur doit
« redouter. Il y a parmi eux des jeunes gens de
« bonne famille que la fougue d'une jeunesse livrée
« à elle-même a éloigné de la compagnie des hom-
« mes et soumis aux lois. »

(*Les deux Véronais.*)

Le marquis et Lorenzo avançaient vers l'hôtel de Las Cisternas sans se dire un seul mot. Le premier était occupé à se rappeler toutes les circonstances dont le récit pouvait présenter à Lorenzo, sous le jour le plus favorable, ses liaisons avec Agnès : l'autre, alarmé pour l'honneur de sa famille, n'était pas peu embarrassé de la manière dont il devait se conduire avec le marquis. L'aventure dont il venait d'être témoin ne lui permettait pas de le traiter comme ami ; mais son tendre intérêt pour Antonia ne l'empêchait pas moins de le traiter comme ennemi, et après bien des réflexions, il conclut que le parti le plus sage était de garder le silence, en attendant que don Raymond lui donnât l'explication qu'il désirait.

Ils arrivèrent à l'hôtel ; le marquis le conduisit aussitôt à son appartement, et commença à lui exprimer toute sa joie de le trouver à Madrid. Lorenzo se hâta de l'interrompre.

— Excusez-moi, monsieur, lui dit-il d'un ton froid, si je ne réponds pas à tout ce que vous me dites d'obligeant. L'honneur de ma sœur est compromis : tant que vous ne m'aurez point éclairci cette affaire et le but de votre correspondance avec Agnès, je ne puis vous regarder comme un ami ; il me tarde de vous voir entrer dans les détails que vous m'avez promis.

— Donnez-moi d'abord votre parole que vous m'écouterez patiemment et avec indulgence.

— J'aime trop ma sœur pour la juger avec précipitation, et jusqu'à ce jour je n'ai pas eu d'ami qui me fût plus cher que vous. Je vous avouerai même que vous avez le pouvoir de m'obliger dans un point où mon cœur est intéressé ; ainsi je ne puis que désirer vivement de vous trouver toujours digne de mon estime.

— Lorenzo, vous me comblez de joie ; rien ne saurait m'être plus agréable que l'occasion de servir le frère d'Agnès.

— Prouvez-moi que je puisse accepter vos services sans déshonneur, et il n'y a pas d'homme au monde à qui j'aimasse mieux devoir de la reconnaissance.

— Probablement, vous avez déjà entendu votre sœur parler d'Alphonso d'Avarada.

— Jamais ma sœur ne m'en a parlé. Quoique j'aie pour Agnès toute la tendresse d'un frère, les circonstances nous ont tenus jusqu'ici presque toujours séparés l'un de l'autre. Dans son enfance, elle fut confiée aux soins de sa tante, qui avait épousé un gentilhomme allemand. Il n'y a que deux ans qu'elle a quitté le château de ce seigneur, et qu'elle est revenue en Espagne, bien déterminée à renoncer au monde pour jamais.

— Bon Dieu ! Lorenzo, vous connaissiez son intention, et vous n'avez pas fait tous vos efforts pour l'en détourner ?

— Marquis, ce reproche est injuste. La résolution de ma

sœur, dont je reçus la nouvelle à Naples, m'affligea extrêmement, et je hâtai mon retour à Madrid, uniquement pour prévenir ce triste sacrifice. A peine arrivé, je courus au couvent de Sainte-Claire, où Agnès avait désiré d'achever son noviciat. Je demandai à voir ma sœur. Figurez-vous ma surprise en recevant de sa part un refus positif : elle me fit dire, qu'appréhendant mon influence sur son esprit, elle ne voulait point se risquer à m'entendre avant la veille même du jour où elle devait prendre le voile ; je suppliai les religieuses, j'insistai sur la permission de parler à ma sœur, je n'hésitai pas même à leur laisser voir mes soupçons sur ce refus de paraître, auquel on l'avait forcée peut-être. Pour se justifier de cette imputation, l'abbesse m'envoya quelques lignes où je ne pus méconnaître l'écriture d'Agnès, et qui confirmaient le premier message. Les jours suivans je ne réussis pas mieux dans mes efforts pour me procurer avec elle un moment d'entretien. Elle refusa constamment mes visites, et ne me permit enfin de la voir que la veille du jour où elle devait pour jamais s'ensevelir dans le cloître. Cette entrevue eut pour témoins nos plus proches parens : c'était la première fois que je la voyais depuis son enfance, et nous fûmes vivement émus l'un et l'autre ; elle se jeta dans mes bras, et, fondant en larmes, me prodigua les plus tendres caresses. Raisons, instances, prières, je n'oubliai rien pour lui faire abandonner son projet ; je pleurai, je me jetai à ses genoux, je lui représentai toutes les peines inséparables du cloître ; je peignis à son imagination tous les plaisirs auxquels elle allait dire un éternel adieu ; je la conjurai de m'ouvrir son cœur, de me confier ce qui avait pu lui inspirer de l'horreur pour le monde. A cette demande elle pâlit, détourna son visage, et ses pleurs coulèrent avec plus d'abondance. Elle me pria de ne pas insister sur ce point, et cela ne me fit que trop voir que sa détermination était prise, et qu'un couvent était le seul asile où elle pût espérer du repos. Elle resta inébranlable, et prononça ses vœux. Depuis, j'ai été la voir souvent au parloir, et chaque fois je sortais d'auprès d'elle avec de nouveaux regrets de l'avoir perdue. Peu de temps après, il me fallut quitter Madrid ; je n'y suis de retour que d'hier soir, et je n'ai pas encore eu le temps d'aller au couvent de Sainte-Claire.

— Ainsi, vous n'aviez jamais, jusqu'à présent, entendu prononcer le nom d'Alphonso d'Alvarada ?

— Je vous demande pardon : ma tante m'écrivit qu'un aventurier de ce nom avait trouvé moyen de s'introduire au château de Lindenberg, de s'insinuer dans les bonnes grâces de ma sœur, et même de la faire consentir à fuir avec lui ; mais qu'avant l'exécution de ce projet, l'aventurier avait été instruit que des terres, situées dans la nouvelle Espagne, au lieu d'appartenir à Agnès, comme il le croyait, étaient réellement à moi ; que, d'après cette information, changeant de dessein, il avait disparu le même jour où il devait fuir avec Agnès ; et que celle-ci, désespérée de tant de perfidie et de bassesse, avait résolu de se retirer dans un couvent ; elle ajoutait que cet aventurier s'étant donné pour être un de mes amis, elle désirait savoir s'il était connu de moi. Je lui répondis que je n'avais aucun ami de ce nom ; j'étais loin de penser qu'Alphonso d'Alvarada et le marquis de Cisternas fussent la même personne ; ce qu'on me disait du premier ne pouvait, en aucune manière, me faire deviner le second.

— Je reconnais bien là toutes la perfidie du caractère de donna Rodolphe. Chaque mot de cette lettre dont vous me parlez, porte l'empreinte de sa méchanceté, de sa mauvaise foi et de son adresse à présenter sous des couleurs odieuses ceux à qui elle veut nuire. Pardon, Médina, si je parle avec cette liberté de votre parente. Tout le mal qu'elle m'a fait justifie mon ressentiment contre elle, et quand vous m'aurez entendu, vous resterez convaincu qu'il n'y a dans mes expressions rien de trop sévère.

Il commença son récit en ces termes :

Histoire de don Raymond, marquis de Las Cisternas.

Une longue expérience, mon cher Lorenzo, m'a prouvé combien votre caractère est généreux ; vous venez de me déclarer vous-même que vous aviez ignoré tout ce qui regarde votre sœur ; je n'avais pas besoin de cette assurance pour supposer qu'on vous en avait, à dessein, fait un mystère. Si vous aviez été mieux instruit, que de chagrins auraient pu être épargnés à votre sœur et à moi ! Le destin en a autrement ordonné. Vous étiez dans le cours de vos voyages quand, pour la première fois, je fis connaissance avec Agnès ; et, comme nos ennemis avaient pris soin de lui cacher le nom des lieux où elle eût pu vous écrire, il lui fut impossible d'implorer, par lettres, votre protection et vos conseils.

En quittant l'université de Salamanque, où, comme je l'ai su depuis, vous restâtes une année après moi, je me disposai à commencer mes voyages. Mon père pourvut à ma dépense avec beaucoup de générosité ; mais il m'enjoignit expressément de cacher mon rang, et de ne me présenter que comme un simple gentilhomme. Cet ordre, il me le donnait par déférence aux conseils de son ami le duc de Villa Hermosa, personnage dont j'avais toujours révéré le mérite et la connaissance parfaite qu'il avait du monde.

— Croyez-moi, mon cher Raymond, disait-il, vous recueillerez par la suite les fruits de cette dégradation passagère. Il est certain qu'en votre qualité de comte de Las Cisternas, on vous recevrait partout les bras ouverts, et la vanité de votre âge serait flattée des égards qui vous seraient prodigués en tous lieux. En cachant votre nom, vous ne pourrez plus compter que sur vous-même. Vous avez d'excellentes recommandations, ce sera maintenant votre affaire d'en tirer parti. Il vous faudra prendre la peine de plaire, de gagner l'estime de ceux à qui vous serez présenté. Ceux qui auraient brigué l'amitié du comte de Las Cisternas n'auront aucun intérêt à déprécier les bonnes qualités, ou à supporter les défauts d'Alphonso d'Alvarada; ainsi, lorsque vous parviendrez à vous faire aimer, vous serez sûr de le devoir à votre mérite, et non à votre rang, et l'intérêt qu'on vous montrera vous paraîtra bien plus flatteur. D'ailleurs, votre haute naissance ne vous permettrait pas de vous mêler aux dernières classes de la société; vous le pourrez sous un autre nom, et vous en tirerez de grands avantages. Ne vous bornez pas à ne voir que les hommes les plus distingués dans tous les lieux où vous passerez; examinez les usages et les mœurs du peuple, entrez dans les chaumières; et, en observant comment les vassaux des autres sont traités, apprenez à diminuer les charges et à augmenter le bien-être des vôtres. Rien, à mon avis, ne peut mieux former un jeune homme, destiné à être un jour riche et puissant, que les fréquentes occasions d'être témoin par lui-même des souffrances du peuple.

Pardonnez-moi, Lorenzo, d'être si minutieux dans mon récit; mais les rapports qui maintenant existent entre nous exigent que j'entre dans tous ces détails, et je craindrais si fort d'omettre la plus petite circonstance qui pût vous faire penser favorablement de votre sœur et de moi, que j'aime mieux risquer de vous paraître quelquefois un peu prolixe.

Je suivis le conseil du duc, et j'en reconnus bientôt la sagesse. Je quittai l'Espagne, prenant le nom d'Alphonso d'Alvarada, et accompagné d'un seul domestique, d'une fidélité éprouvée. Paris fut mon premier séjour. Pendant quelque temps, je fus enchanté de cette ville, où tout est bien propre à séduire un jeune homme riche et passionné pour le plaisir; mais bientôt l'ennui me gagna au milieu de tant de dissipations; je sentis que quelque chose manquait à mon cœur; je m'aperçus que le peuple au milieu duquel je vivais, ce peuple si poli, si prévenant, était au fond frivole, peu sensible, et surtout peu sincère. Je n'eus plus que du dégoût pour les habitans de Paris, et je quittai le centre des plaisirs sans y donner un seul regret.

Je me mis en route pour l'Allemagne, me proposant d'y visiter les cours principales. Cependant, avant de quitter la France, je comptais m'arrêter quelques jours à Strasbourg. Comme j'étais descendu de voiture à Lunéville pour prendre quelques rafraîchissemens, je remarquai à la porte du Lion-d'Argent un brillant équipage et quatre domestiques en riche livrée. Bientôt après, je vis une dame d'un extérieur très noble, accompagnée de deux femmes-de-chambre, monter dans la voiture, qui partit aussitôt.

Je demandai à l'hôte quelle était cette dame.

— Une baronne allemande, monsieur, d'un rang et d'une fortune considérables; ses domestiques m'ont dit qu'elle avait été voir la duchesse de Longueville, et à présent elle se rend à Strasbourg, où elle trouvera son époux; de là ils retourneront tous deux à leur château en Allemagne.

Je remontai dans ma chaise pour arriver le soir à Strasbourg; je fus trompé dans mon espérance. Au milieu d'une forêt très épaisse, l'essieu de ma voiture se rompit, et je me trouvai fort embarrassé sur les moyens de continuer ma route. C'était dans le cœur de l'hiver, au commencement de la nuit, et point de ville plus proche que Strasbourg, dont nous étions, au rapport du postillon, encore éloignés de plusieurs lieues. Il me sembla qu'à moins de passer la nuit dans la forêt, je n'avais d'autre ressource que de prendre le cheval de mon domestique, et de courir jusqu'à Strasbourg, expédient très peu agréable dans la saison où nous étions. Cependant, faute de mieux, je me déterminai à prendre ce parti; je communiquai mon dessein au postillon, et lui dis qu'en arrivant à Strasbourg, je lui enverrais du monde pour le tirer d'embarras. Je ne me fiais pas beaucoup à son honnêteté; mais comme il était avancé en âge, et Stéphano, mon domestique, bien armé, je crus pouvoir, sans risque, laisser mon bagage.

Par bonheur, du moins, je le pensai alors, il se présenta une occasion de passer la nuit plus agréablement que nous n'osions l'espérer. En m'entendant parler de me rendre seul à Strasbourg, le postillon secoua la tête comme ne paraissant pas approuver mon dessein.

— Il y a bien loin, me dit-il, et vous aurez beaucoup de peine à arriver sans guide; d'ailleurs, monsieur me semble peu accoutumé à un froid si rigoureux, et il est possible qu'il ne puisse le soutenir.

— Eh! qu'ai-je besoin de toutes ces observations? lui dis-je brusquement. C'est surtout en passant la nuit dans ce bois, que je risquerais de périr de froid.

— Passer la nuit dans ce bois! répliqua le postillon. Oh! pardieu, nous n'en sommes pas réduits là. Si je ne me trompe, nous ne devons être qu'à très peu de distance de la chaumière de mon viel ami Baptiste; c'est un bûcheron, bon vivant d'ailleurs. Je ne doute pas qu'il ne vous reçoive pour cette nuit avec plaisir. Moi, pendant ce temps-là, je prendrai le cheval de selle, j'irai à Strasbourg, et j'amènerai avec moi les ouvriers nécessaires pour que votre voiture soit remise en état demain à la pointe du jour.

— Eh! au nom de Dieu, lui dis-je, comment avez-vous pu si long-temps me laisser en suspens? Pourquoi ne m'avez-vous pas plus tôt parlé de cette chaumière?

— Je pensais que peut-être monsieur ne daignerait pas accepter.

— Allons donc; quelle folie! Eh vite, conduisez-nous à la maison du bûcheron.

Il obéit, et nous le suivîmes; les chevaux parvinrent, non sans peine, à traîner après nous la voiture brisée. Mon domestique était transi de froid; au point de ne pouvoir plus parler; et moi-même, je n'avais pas moins besoin de me réchauffer. En approchant de la maison, qui nous parut petite, mais propre, je fus enchanté d'apercevoir à travers les vitres l'éclat d'un bon feu. Notre conducteur frappa à la porte, en fut quelque temps sans répondre. On semblait incertain si l'on devait nous ouvrir.

— Allons, allons, ami Baptiste, cria le postillon, aussi impatient que nous, que faites-vous donc? Etes-vous endormi, ou bien voudriez-vous refuser un logement pour cette nuit à un voyageur dont la chaise vient de se casser dans la forêt?

— Ah! est-ce vous, honnête Claude? répondit une voix qui nous parut celle d'un homme; attendez un moment, vous allez entrer.

Aussitôt on tira les verroux, la porte s'ouvrit, et nous vîmes paraître devant nous un homme tenant une lampe dans sa main; il fit à notre guide un accueil amical; puis s'adressant à moi :

— Entrez, monsieur, entrez et soyez le bien-venu ; excusez-moi de ne vous avoir pas ouvert tout de suite ; mais il y a tant de coquins dans les environs, qu'avec le respect que je vous dois, je vous soupçonnais d'être de la bande.

En parlant ainsi, il me fit entrer dans la salle où était le bon feu que j'avais aperçu de loin, et me présenta un fauteuil qui était près de la cheminée. Une femme, que je supposais être l'épouse de mon hôte, se leva dès que j'entrai, me reçut avec une révérence froide et contrainte, et sans répondre un seul mot à mes civilités, reprit, en s'asseyant, l'ouvrage auquel elle était occupée. Les manières de son mari étaient aussi prévenantes et ouvertes que les siennes étaient rudes et repoussantes.

— Monsieur, me dit le bûcheron, je voudrais bien pouvoir vous loger plus convenablement. Cette maison est peu commode; cependant nous ferons de notre mieux pour vous donner deux chambres, une pour vous, l'autre pour votre domestique. Il faudra vous contenter d'une chère peu délicate; mais tout ce que nous avons, nous vous l'offrons de bon cœur. Puis se tournant vers sa femme : — Marguerite, pourquoi restez-vous assise comme si vous n'aviez rien à faire? Allons, remuez-vous, faites les lits, et préparez-nous à souper. Mettez aussi quelques morceaux de bois dans le feu, car monsieur meurt de froid.

Marguerite jeta aussitôt son ouvrage sur la table, et se mit en devoir d'exécuter, mais à regret, les ordres de son mari. Sa figure m'avait déplu dès le premier moment, quoiqu'elle eût tous les traits fort beaux ; mais elle était pâle, sèche et maigre ; son regard sombre et ses manières revêches, tout en elle annonçait un mauvais caractère. Dans chacun de ses mouvemens perçaient le mécontement et l'impatience, et ses réponses à Baptiste, quand il lui reprochait gaîment de se montrer si peu aimable, étaient aigres, courtes et piquantes. En un mot, dès le premier coup d'œil, je conçus pour elle autant de dégoût, que son mari m'avait inspiré d'estime et de confiance. La figure de Baptiste était franche et ouverte ; ses façons avaient toute la simplicité d'un bon paysan, sans en avoir la rudesse ; ses joues étaient pleines, larges et rubicondes ; son embonpoint semblait faire amende honorable pour la maigreur de son épouse. Les rides de son front me firent juger qu'il pouvait avoir soixante ans ; mais il portait fort bien son âge, et semblait encore dispos et plein de vigueur. Sa femme ne devait pas avoir plus de trente ans ; mais en bonne humeur et en vivacité, elle était beaucoup plus vieille que son mari.

En dépit de sa mauvaise volonté, Marguerite se mit à préparer le souper, tandis que Baptiste s'entretenait gaîment avec moi sur différens sujets. Le postillon, à qui l'on avait donné quelques verres d'eau-de-vie, se disposa à partir pour Strasbourg, et me demanda si je n'avais pas d'autres ordres à lui donner.

— Partir pour Strasbourg, s'écria Baptiste, vous n'irez pas cette nuit.

— Je vous demande pardon ; si je ne vais pas chercher des ouvriers, comment monsieur fera-t-il demain pour se remettre en route?

— Oui, vous avez raison ; je ne songeais pas à la voiture; mais, du moins, vous souperez ici auparavant : cela ne vous retardera pas de beaucoup, et monsieur me paraît avoir trop bon cœur pour vous laisser partir avec l'estomac vide, par une nuit aussi froide.

Je consentis volontiers à la proposition de Baptiste, et je dis au postillon qu'il m'était assez indifférent d'arriver le lendemain à Strasbourg une heure plus tôt ou plus tard. Il me remercia, et sortant avec Stéphano, il mit ses chevaux dans l'étable du bûcheron. Baptiste les suivit jusqu'à la porte de la chaumière, et là, regardant de tous côtés avec inquiétude :

— Sans doute, s'écria-t-il, c'est ce maudit vent de bise qui retient mes enfans. Je m'étonne qu'ils ne soient pas encore de retour ! Monsieur, j'ai à vous faire connaître deux des plus beaux garçons que vous ayez encore vus ; l'aîné a vingt-trois ans, et le cadet un an de moins ; vous ne trouveriez pas dans les environs de Strasbourg leurs égaux en bon sens, courage et activité. Ils devraient déjà être ici ; je commence à craindre qu'il ne leur soit arrivé quelque chose.

Marguerite, pendant ce temps-là, était occupée à mettre le couvert.

— Et vous, lui dis-je, êtes-vous aussi inquiète pour vos enfans ?

— Moi ! répondit-elle avec aigreur, ce ne sont pas mes enfans.

— Allons, allons, Marguerite, dit le mari, n'en voulez pas à monsieur pour vous avoir fait une question si naturelle ; si vous nous regardiez un peu moins de travers, il n'aurait jamais pensé que vous fussiez d'âge à avoir des enfans de vingt-trois ans ; mais vous voyez combien l'air maussade et rechigné vous vieillit. Excusez l'impolitesse de ma femme, monsieur ; il faut peu de chose pour la mettre de mauvaise humeur, et elle est un peu piquée contre vous de ce que vous lui avez supposé plus de trente ans. C'est la vérité, n'est-ce pas, Marguerite ? Vous savez, monsieur, que les femmes ne plaisantent jamais sur cet article-là. N'y pensez plus, Marguerite, et déridez vous un peu. Si vos enfans ne sont pas encore aussi âgés, ils le seront dans une vingtaine d'années, et j'espère que nous vivrons assez pour les voir devenir d'aussi braves garçons que Jacques et Robert.

— Bon Dieu ! s'écria Marguerite en joignant les mains avec transport ; bon Dieu ! si je le croyais, je les étranglerais moi-même.

Elle quitta aussitôt la chambre, et monta l'escalier.

Je ne pus m'empêcher de témoigner au bûcheron combien je le plaignais d'être lié pour la vie à une compagne d'un caractère si difficile.

— Oh ! monsieur, chacun a sa part de souffrances dans le monde, et Marguerite est la mienne. Après tout, elle n'est que maussade et point méchante ; le pire est que son affection pour deux enfans qu'elle a eus d'un premier mari lui fait haïr mes deux garçons ; elle ne peut supporter leur vue, et si je l'écoutais, ils ne mettraient jamais le pied dans ma maison ; mais je tiens bon sur ce point, et je ne consentirai jamais à abandonner ces pauvres enfans à la merci du monde, comme elle m'a bien des fois pressé de le faire. Sur tout le reste, je ne la contrarie jamais, et j'avoue qu'elle conduit fort bien mon ménage.

Nous en étions là, lorsqu'un grand cri, plusieurs fois répété, fit retentir la forêt.

— Ce sont mes enfans, j'espère ! s'écria Baptiste, et il courut ouvrir la porte.

Nous pûmes alors distinguer le bruit de plusieurs chevaux ; et bientôt après une voiture, escortée par quelques hommes à cheval, s'arrêta à la porte de la cabane. Un des cavaliers demanda à quelle distance ils étaient de Strasbourg ; comme il s'était adressé à moi, je lui répondis ainsi que Claude m'avait répondu. Aussitôt une volée d'imprécations tomba sur les postillons, pour s'être ainsi égarés de leur route. Puis on alla informer ceux qui étaient dans la voiture qu'il restait encore beaucoup de chemin à faire, et que, malheureusement les chevaux étaient trop fatigués pour aller plus loin. Ce rapport nous parut faire beaucoup de peine à une dame qui nous sembla être la maîtresse des autres ; mais comme il n'y avait point de remède, un des domestiques demanda au bûcheron s'il pouvait les loger pour cette nuit.

Le bûcheron montra beaucoup d'embarras, et répondit que non, ajoutant qu'un Espagnol et son domestique étaient déjà en possession des deux seuls chétifs appartemens qu'il pût donner. Sur cette réponse, la galanterie naturelle à ma nation ne me permit pas de garder pour moi un logement dont une femme avait besoin, et je me hâtai de dire à Baptiste que je cédais tous mes droits à cette dame. Il fit quelques objections que je n'écoutai pas, et courant à la voiture, j'ouvris la portière, et j'aidai la dame à descendre. Je la reconnus aussitôt pour la même personne que j'avais vue à l'auberge de Lunéville. Je saisis un moment pour demander son nom à un des domestiques ; il me répondit que c'était la baronne de Lindenberg.

Il me fut aisé de remarquer beaucoup de différence entre l'accueil fait par notre hôte aux nouveaux venus et celui qu'il m'avait fait à moi-même. Sa répugnance à les recevoir était visible, et il eut bien de la peine à prendre sur lui de dire à la baronne qu'elle était la bien venue. Je la conduisis près du feu, et lui donnai le fauteuil que j'avais occupé. Elle me remercia avec beaucoup de grâces, et me fit mille excuses de l'embarras où je serais moi-même. Tout à coup la figure du bûcheron s'éclaircit.

— A la fin j'ai tout arrangé, dit-il ; je puis vous loger vous et votre suite, madame, sans que monsieur souffre de sa politesse. Nous avons deux petites chambres ; l'une sera pour madame, et l'autre, monsieur, pour vous. Ma femme cédera la sienne aux deux femmes-de-chambre : quant aux domestiques, ils voudront bien se contenter, pour cette nuit, d'une grange très vaste, qui n'est qu'à peu de distance de la maison; ils y trouveront un bon feu, et un aussi bon souper qu'il nous sera possible de le leur donner.

Après beaucoup de remercîmens de la part de la baronne, et beaucoup d'opposition de la part de Marguerite, qui était peu disposée à céder son lit, on s'en tint à cet arrangement. Comme la chambre était petite, la baronne, ne retenant que ses deux femmes, congédia les autres domestiques; et Baptiste se disposait à les conduire à la grange dont il avait parlé, quand ses deux fils, Jacques et Robert, parurent à la porte de la maison.

— Mort et furies! dit le premier en reculant quelques pas; Robert, la maison est pleine d'étrangers.

— Ah! ce sont mes enfans! s'écria notre hôte. Eh bien! Jacques, Robert, pourquoi n'entrez-vous pas? il reste assez de place pour vous, garçons.

A ces mots, les deux jeunes gens entrèrent. Leur père les présenta à la baronne et à moi; ensuite il conduisit nos domestiques à la grange, tandis que Marguerite mena les deux femmes-de-chambre, qui venaient de l'en prier, à l'appartement destiné à leur maîtresse.

Les deux nouveaux venus étaient grands, robustes et bien faits, les traits durs et le teint hâlé. Ils nous firent leurs complimens en peu de mots, et traitèrent Claude, qui venait d'entrer, comme une ancienne connaissance; ensuite ils se débarrassèrent chacun de leur manteau, ainsi que d'un baudrier de cuir auquel était suspendu un large coutelas, et tirèrent de leur ceinture une paire de pistolets, qu'ils posèrent sur une table.

— Vous marchez bien armés, leur dis-je.

— Il est vrai, monsieur, répondit Robert. Nous avons quitté Strasbourg assez tard, et il est nécessaire de prendre des précautions pour traverser de nuit la forêt : elle n'a pas une bonne réputation, je vous assure.

— Comment! dit la baronne, est-ce qu'il y a des voleurs ?

— On le dit, madame. Pour moi, j'ai passé dans le bois à toute heure, et je n'en ai jamais rencontré.

Marguerite revint en ce moment : ses beaux-fils l'entraînèrent à l'extrémité de la chambre, et chuchotèrent avec elle durant quelques minutes. Par les regards qu'ils jetaient sur nous de temps en temps, je conjecturai qu'ils lui demandaient ce qui nous avait amenés dans la maison.

Pendant qu'ils parlaient à Marguerite, la baronne exprimait ses craintes sur l'inquiétude où serait son époux en ne la voyant pas revenir. Elle avait eu dessein d'envoyer un de ses gens au baron pour le rassurer ; mais ce qu'on venait de lui dire sur les dangers de la forêt ne lui permettait plus d'user de ce moyen : Claude la tira d'embarras. Il fallait absolument, lui dit-il, qu'il allât à Strasbourg cette nuit, et si madame voulait lui confier une lettre, il la remettrait fidèlement.

— Et comment se fait-il, observai-je à Claude, que vous n'ayez aucune crainte de rencontrer ces brigands ?

— Hélas! monsieur, un pauvre homme chargé d'une famille nombreuse ne doit pas, pour un petit danger, sacrifier un bénéfice certain ; car peut-être que monseigneur le baron me donnera quelque chose pour ma peine. D'ailleurs, je n'ai rien à perdre que ma vie, et cela ne vaut pas la peine d'être pris par les voleurs.

Je trouvai son raisonnement très mauvais, et je lui conseillai d'attendre jusqu'au lendemain matin; mais la baronne ne me secondant pas, je fus forcé de ne pas insister davantage. La baronne de Lindenberg, comme j'en ai été convaincu par la suite, avait depuis long-temps pris l'habitude de sacrifier les intérêts des autres au sien propre, et le désir qu'elle avait d'envoyer Claude à Strasbourg, lui fermait les yeux sur les périls de cette course. Il fut donc arrêté que Claude partirait tout de suite. La baronne écrivit un mot à son époux, et moi à mon banquier, pour le prévenir que je n'arriverais à Strasbourg que le lendemain. Claude prit nos lettres, et partit.

La baronne déclara que le voyage l'avait extrêmement fatiguée, attendu qu'elle venait de loin, et que les postillons avaient eu la maladresse de s'égarer dans la forêt; puis s'adressant à Marguerite, elle la pria de trouver bon qu'elle allât se reposer une demi-heure. Une des femmes-de-chambre fut appelée ; elle vint avec une lumière, et la baronne la suivit. Comme on devait souper dans la chambre où j'étais, Marguerite me donna bientôt à entendre que je gênais beaucoup. Il m'eût été difficile de ne pas le comprendre : aussi je priai un des jeunes gens de me conduire à la chambre où je devais coucher, et où je resterais jusqu'à ce que le souper fût servi.

— Quelle chambre est-ce, ma mère ? dit Robert.

— La chambre verte répondit-elle. Je me suis donné beaucoup de peines pour la nettoyer, et j'ai mis des draps blancs au lit; si monsieur s'avise de s'étendre dessus, il pourra le refaire lui-même, je ne m'en mêle plus.

— Vous n'êtes pas de bonne humeur, ma mère; mais c'est là votre habitude. Voulez-vous bien me suivre, monsieur ?

Il ouvrit la porte, et s'avança vers un escalier fort étroit.

— Vous ne prenez pas de lumière, dit Marguerite; est-ce à vous ou à monsieur que vous voulez rompre le cou ?

Elle vint aussitôt se mettre entre son beau-fils et moi, un flambeau à la main. Robert prit le flambeau, et commença à monter. Son frère Jacques, occupé à mettre le couvert, avait le dos tourné de notre côté. Marguerite saisit ce moment; elle prit ma main, et la serrant avec force :

— Regardez les draps de votre lit, me dit-elle en passant près de moi, et aussitôt elle se rapprocha de Jacques.

Frappé de son action et de ses paroles, je restai immobile : mais la voix de Robert, qui me priait de le suivre, me rappela bientôt à moi-même. Je montai donc l'escalier. Mon conducteur me fit entrer dans une chambre où l'on avait allumé un très bon feu ; il mit le flambeau sur la table, et me demanda si je n'avais plus rien à lui ordonner. Je le remerciai, et il me quitta. Vous vous doutez bien que le premier moment où je me vis seul fut celui où je suivis le conseil de Marguerite. Je saisis le flambeau, je courus au lit, et je renversai la couverture. Quelle fut ma surprise, mon horreur, en voyant ces draps rouges de sang !

Aussitôt mille idées confuses se présentèrent à mon esprit. Les brigands qui infestaient le bois, l'exclamation de Marguerite au sujet de ses enfans, les armes et la figure des deux jeunes gens, et les différentes anecdotes que j'avais ouï raconter sur la secrète intelligence qui existe souvent entre les postillons et les voleurs, tous ces souvenirs qui s'offraient à la fois, me remplirent de soupçons et d'épouvante. J'étais à chercher par quels moyens je pourrais m'assurer positivement de ce que j'avais à craindre, lorsque j'entendis en bas quelqu'un qui allait et venait avec beaucoup de vivacité : tout alors me semblait suspect. Je m'approchai doucement de la fenêtre, qui (attendu que depuis long-temps on n'était pas entré dans cette chambre) était restée ouverte, malgré le froid. Sans m'avancer beaucoup, je regardai en bas. Les rayons de la lune me permirent de distinguer un homme que, sans peine, je reconnus pour mon hôte. J'épiai ses mouvemens ; il marchait vite, puis il s'arrêtait et semblait prêter l'oreille ; il frappait la terre de ses pieds, et sa poitrine de ses bras, comme pour se garantir du froid ; au moindre bruit, au plus léger son de voix venant de l'intérieur de la maison, au plus petit murmure du vent parmi les arbres, il s'arrêtait, et regardait autour de lui avec inquiétude.

— Que le diable l'emporte ! dit-il enfin, comme excédé d'impatience, qu'est-ce qui peut le retenir ?

Il parlait à voix basse, mais comme il était directement

sous ma fenêtre je ne perdais aucune de ses paroles.

J'entendis alors le pas de quelqu'un qui approchait. Baptiste alla au-devant, et joignit un homme, qu'à sa petite taille et au cornet suspendu à son cou, je reconnus pour mon perfide Claude, que j'avais supposé être en route pour Strasbourg. Espérant que leur entretien pourrait me donner quelques lumières sur sa situation, je n'eus rien de plus pressé que de me mettre en état de l'entendre sans aucun risque. En conséquence, je me hâtai d'éteindre le flambeau qui était sur une table près du lit; la flamme du feu n'était pas assez forte pour me trahir, et j'allai reprendre ma place à la fenêtre.

Les deux objets de ma curiosité étaient encore ensemble. Je suppose que, tandis que j'éteignais la lumière, le bûcheron avait grondé Claude d'avoir tardé si long-temps; car, à mon retour à la fenêtre, Claude était à s'excuser.

— Quoi qu'il en soit, disait-il, je vais, par ma diligence, réparer le temps perdu.

— A cette condition, répondit Baptiste, je vous pardonnerai volontiers ; mais en vérité, comme vous avez dans nos prises une part égale à la nôtre, vous devriez bien, pour votre propre intérêt, y mettre toute l'activité possible. Il serait honteux de laisser échapper une si belle proie. Vous dites que cet Espagnol est riche ?

— Son domestique s'est vanté à l'auberge que les effets qui étaient dans leur voiture valaient plus de deux mille pistoles.

Oh ! combien je maudis l'imprudente vanité de Stéphano !

— Et l'on m'a dit, continua le postillon, que la baronne avait emporté avec elle un écrin de diamans d'une valeur immense.

— A la bonne heure : mais j'aimerais mieux qu'elle ne fût pas venue chez moi. L'Espagnol était une prise assurée; mes enfans et moi, nous serions aisément venus à bout du maître et du domestique, et les deux mille pistoles auraient été distribuées entre nous quatre. A présent, nous serons obligés de partager avec la bande, et peut-être encore la couvée tout entière nous échappera-t-elle. Si nos camarades s'étaient déjà retirés à leurs différens postes quand vous arriverez à la caverne, tout serait perdu. Les domestiques de la baronne sont trop nombreux pour qu'à nous seuls nous puissions les attaquer ; à moins que nos associés n'arrivent à temps, il nous faudra, malgré nous, laisser partir demain ces voyageurs, sans la plus légère égratignure.

Il est bien malheureux que les postillons qui ont amené la baronne, soient précisément ceux de mes camarades qui ne s'entendent pas avec nous. Mais ne craignez rien, ami Baptiste, dans une heure je serai à la caverne; il n'est encore que dix heures, et à minuit vous verrez arriver la troupe. Jusques-là, prenez garde à votre femme; vous savez combien elle a de répugnance pour notre genre de vie; elle peut trouver quelques moyens d'informer de notre dessein les domestiques de la baronne.

— Oh ! je suis sûr de son silence : elle me craint trop, elle aime trop ses enfans, pour oser trahir mon secret. D'ailleurs, Jacques et Robert ne la perdent pas de vue, et on ne lui laisse pas mettre le pied hors de la maison. Les domestiques sont tranquillement établis dans la grange : j'aurai soin de tenir tout paisible jusqu'à l'arrivée de nos amis. Si j'étais sûr que tu les trouvasses, nous nous déferions à l'instant même des deux étrangers, mais comme il est possible qu'ils ne soient plus à la caverne, j'aurais à craindre d'être forcé demain par les domestiques de leur representer leurs maîtres.

— Et si quelqu'un des voyageurs venait à découvrir votre dessein?

— Alors il n'y a plus à balancer. Nous poignarderions ceux qui sont entre nos mains, et nous ferions de notre mieux pour surprendre les autres dans la grange. Cependant, pour prévenir tant de risques et d'embarras, cours à la caverne; les voleurs ne la quittent jamais avant onze heures, si tu fais diligence, tu peux arriver à temps pour les avertir.

— Vous direz à Robert que j'ai pris son cheval; le mien a cassé sa bride, et s'est échappé dans le bois. Quel est le mot d'ordre?

— La récompense du courage.

— Cela suffit. Je cours à la caverne.

— Et moi je vais rejoindre mes hôtes, de peur qu'une trop longue absence ne leur fasse naître quelques soupçons. Adieu, et ne perds pas de temps.

Ces dignes associés se séparèrent : l'un alla d'un côté de l'écurie, et l'autre prit le chemin de la maison.

Je vous laisse à juger tout ce que j'avais dû éprouver et sentir pendant cet entretien, dont aucune syllabe ne m'était échappée. Je n'osais me livrer à mes réflexions; je n'apercevais aucun moyen de me soustraire au péril dont j'étais menacé. Je savais que la résistance était vaine; j'étais sans armes, et seul contre trois. Cependant, je résolus de leur vendre ma vie aussi chèrement que je le pourrais. Dans la crainte que Baptiste ne s'aperçût de mon absence, et ne soupçonnât que j'avais entendu le message donné à Claude, je rallumai promptement ma chandelle, et quittai la chambre. En descendant, je vis le couvert mis pour six personnes; Marguerite s'occupait à éplucher une salade, et ses beaux-fils causaient ensemble tout bas à l'extrémité de la salle. Baptiste, qui avait le tour du jardin à faire pour rentrer dans la maison, n'était pas encore arrivé.

Un signe de l'œil que je fis à Marguerite lui apprit que son avis n'avait pas été perdu. Combien, en ce moment, je la trouvai différente! Ce qui auparavant m'avait semblé maussaderie et mauvaise humeur, me parut alors dégoût pour ses associés, et compassion pour le péril où j'étais. Je voyais en elle mon unique ressource, quoi que, sachant bien qu'elle était surveillée par son mari, je ne pusse fonder que peu d'espérances sur ses bonnes intentions en ma faveur

Malgré tous mes efforts pour ne rien laisser paraître au dehors, tout en moi n'exprimait que trop visiblement mes secrètes agitations ; j'étais pâle, et il y avait dans mes paroles et dans mes mouvemens du désordre et de l'embarras : les jeunes gens s'en aperçurent, et m'en demandèrent la cause. Je répondis que j'avais beaucoup souffert toute la journée de la fatigue et de l'excès du froid. S'ils furent dupes de cette réponse, c'est ce que je ne puis vous dire, mais ils cessèrent de m'embarrasser par leurs questions. Je m'efforçai d'éloigner de mon esprit la vue des dangers qui m'environnaient, en causant sur différens sujets avec la baronne. Je parlai de l'Allemagne, du dessein où j'étais d'y aller bientôt, et Dieu sait que je me flattais peu, dans ce moment, de pouvoir jamais m'y rendre. Elle me répondit avec beaucoup d'aisance et de politesse, m'assura que le plaisir de faire connaissance avec moi la dédommageait bien du retard qu'éprouvait son voyage, m'invita d'une manière très pressante à faire quelque séjour au château de Lindenberg. Tandis qu'elle parlait ainsi, les deux jeunes gens se regardaient avec un sourire malin, comme pour se dire qu'elle serait bien heureuse elle-même si jamais elle revoyait ce château. Je vis et je compris fort bien leur sourire ; mais je cachai l'émotion qu'il venait d'exciter dans mon cœur. Je continuai de m'entretenir avec la baronne ; il y avait souvent si peu de liaison dans mes discours, qu'elle commença, comme elle me l'a depuis avoué, à douter si j'avais le parfait usage de ma raison. A dire vrai, tandis que je parlais d'un objet, toutes mes pensées étaient absorbées par un autre. Je songeais aux moyens de quitter la maison, et de courir à la grange avertir les domestiques du dessein de notre hôte ; mais je fus bientôt convaincu de l'impossibilité de mettre ce projet à exécution : Jacques et Robert suivaient tous mes mouvemens d'un œil attentif, et il me fallut renoncer à cette idée. Toutes mes espérances se bornèrent enfin à ce que le coquin de Claude ne trouvât plus de bandits à la caverne. Dans ce cas, d'après ce que j'avais entendu, on devait nous laisser partir sains et saufs.

Je tressaillis malgré moi à l'instant où Baptiste entra dans la chambre. Il nous fit beaucoup d'excuses de sa longue absence : mais il avait été retenu par des affaires qui n'admettaient aucun retard. Ensuite, il nous demanda, pour sa famille, la permission de se mettre à table avec nous, liberté que, sans cela, le respect l'empêcherait de prendre. Oh ! quelle horreur je me sentais pour un homme qui était au moment de m'arracher la vie, et dans un temps où tout me la rendait si chère ? J'étais jeune et riche, j'avais un rang, de l'éducation, et devant les yeux un avenir séduisant. Je voyais cette carrière près de se fermer pour moi de la manière la plus horrible ; et cependant j'étais obligé de dissimuler, et de recevoir avec l'air de la reconnaissance de feintes félicités de la part de celui même qui tenait le poignard levé sur mon sein.

La permission que notre hôte demandait lui fut accordée sans peine. On se mit à table. La baronne et moi, nous occupâmes un côté ; les deux gens s'assirent vis-à-vis de nous, le dos tourné à la porte. Baptiste prit sa place au haut de la table, ayant la baronne à sa droite : le couvert qui était à côté de lui fut réservé pour sa femme. Un instant après, elle entra dans la chambre, et nous servit un bon repas de paysan, simple, mais propre à satisfaire l'appétit. Notre hôte crut devoir s'excuser auprès de nous du mauvais souper qu'il nous faisait faire ; il n'avait pas été prévenu de notre arrivée, et il ne pouvait nous offrir que les provisions faites pour sa famille. Mais, ajouta-t-il, si quelque accident devait retenir chez moi mes nobles hôtes plus long-temps qu'ils ne le croient en ce moment, j'espère que je pourrais les mieux traiter.

Le scélérat ! Je savais trop bien de quel accident il voulait parler, et je frémis en songeant à la manière dont il espérait nous traiter l'un et l'autre.

Ma compagne de danger semblait entièrement consolée de n'être pas à Strasbourg; elle riait et causait fort gaîment avec la famille. Je tâchais, mais en vain, de suivre son exemple. Ma gaîté était évidemment forcée, et Baptiste s'en aperçut.

— Allons, allons, monsieur, me dit-il, soyez joyeux comme nous; vous ne me semblez pas entièrement remis de la fatigue? Pour vous ranimer, ne prendriez-vous pas avec plaisir un bon verre d'excellent vin qui m'a été laissé par mon père; Dieu veuille avoir son ame, il est dans un meilleur monde! Je sers rarement de ce vin; mais je n'ai pas tous les jours affaire à des hôtes tels que vous, et l'honneur que je reçois mérite bien que j'en offre une bouteille.

A ces mots il donna une clé à sa femme, et lui dit à quel endroit elle trouverait ce vin. Elle ne semblait nullement charmée de cette commission; elle prit la clé d'un air embarrassé; elle hésita même à quitter la table.

— M'entendez-vous, lui dit Baptiste d'un ton courroucé?

Elle jeta sur lui un regard mêlé de colère et de crainte, et sortit de la chambre. Les yeux de Baptiste la suivirent avec défiance, jusqu'à ce qu'elle eût fermé la porte.

Marguerite revint avec une bouteille goudronnée en jaune. Elle la mit sur la table, et rendit la clé à son mari. Je soupçonnai que cette liqueur ne nous était pas présentée sans dessein, et j'examinai, avec inquiétude, les mouvemens de Marguerite. Elle était occupée à rincer quelques petits gobelets d'étain. En les plaçant devant Baptiste, elle vit que mes yeux étaient fixés sur les siens, et saisissant l'instant où elle n'était point observée, elle me fit signe avec sa tête de ne pas goûter de cette liqueur; puis elle reprit sa place.

Pendant ce temps-là, notre hôte avait ôté le bouchon et

rempli deux gobelets, qu'il offrit à la baronne et à moi. La baronne fit d'abord quelques difficultés ; mais les instances de Baptiste furent si pressantes, qu'elle ne voulut pas le désobliger. Pour moi, craignant de faire naître des soupçons, je n'hésitai pas à prendre la liqueur qui m'était présentée : à l'odeur et à la couleur, je vis que c'était du Champagne, mais quelques grains de poussière qui flottaient sur la surface, me convainquirent que le vin était altéré. Cependant je n'osais pas montrer ma répugnance à le boire. Je le portai à mes lèvres et fis semblant de l'avaler ; mais tout à coup me levant de ma chaise, je courus à un vase plein d'eau qui était à quelque distance, et dans lequel Marguerite avait rincé les gobelets, et feignant qu'un mal de cœur subit me forçait de rejeter ce vin, je vidai dans le vase, sans être aperçu, mon gobelet tout entier.

Les brigands parurent alarmés de mon action ; Jacques se leva à moitié de sa chaise, mit sa main dans son sein, et j'aperçus le manche d'un poignard. Je revins m'asseoir avec beaucoup de tranquillité, et j'affectai de n'avoir pas pris garde à leurs mouvemens.

—Vous avez bien mal rencontré mon goût, honnête ami, dis-je à Baptiste. Je ne puis jamais boire du Champagne sans qu'il ne m'incommode aussitôt ; j'ai avalé plusieurs gorgées de celui-ci avant de reconnaître sa qualité, et je crains de payer mon imprudente précipitation.

Baptiste et Jacques se regardèrent, et ce regard était plein de défiance.

— Peut-être, dit Robert, l'odeur vous en est désagréable ; et il vint prendre mon gobelet. Je m'aperçus qu'il examinait s'il était à peu près vide.

— Il doit en avoir assez bu, dit-il tout bas à son frère en se rasseyant.

Je lus dans les yeux de Marguerite la crainte où elle était que je n'eusse goûté de cette liqueur. D'un regard je la rassurai.

J'attendais, avec inquiétude, l'effet que ce breuvage produirait sur la baronne. Je tremblais que les grains de cette poudre flottante ne fussent du poison, et j'étais au désespoir de ce qu'il m'avait été impossible de l'avertir du danger. Mais à peine il s'était écoulé quelques minutes que je vis ses yeux s'appesantir ; sa tête se renversa sur ses épaules, et elle tomba dans un profond sommeil. Je feignis de n'y pas faire attention, et je continuai de parler à Baptiste avec autant d'aisance que je pus prendre sur moi d'en montrer. Mais bientôt il ne me répondit plus du même ton qu'auparavant ; il me regardait avec surprise et défiance, et je voyais ces bandits chuchoter souvent entre eux. Ma situation devenait à chaque instant plus pénible ; je soutenais mon rôle de confiance et de tranquillité encore plus mal qu'auparavant. A quoi pouvais-je me déterminer ? Chercher à sortir pour avertir les domestiques ? Si je l'eusse tenté, j'étais sûr d'être assassiné à la porte par les deux brigands : d'ailleurs je laissais une femme à leur merci. Ayant tout à la fois à craindre de voir arriver leurs complices, et de leur laisser croire que je connaissais leurs desseins, je ne savais comment dissiper les soupçons qu'ils avaient sur moi. Dans ce terrible embarras, Marguerite vint encore à mon secours ; elle passa derrière ses beaux-fils, s'arrêta un moment devant moi, ferma ses yeux, et inclina sa tête sur son épaule. Ce signe, que je compris, me tira d'incertitude : c'était me dire qu'il fallait imiter la baronne, et feindre que la liqueur faisait son effet sur moi. Je suivis ce conseil, et bientôt après je parus enseveli dans un profond sommeil.

Bien ! bien ! s'écria Baptiste, au moment où je me renversais sur ma chaise ; à la fin le voilà endormi ! Je commençais à croire qu'il avait deviné nos projets, et que nous serions forcés de le dépêcher à tout événement.

— Et pourquoi ne pas le dépêcher à tout événement, demanda le féroce Jacques ? Pourquoi lui laisser le pouvoir de trahir notre secret ? Marguerite, donnez-moi un de mes pistolets; un petit mouvement du doigt nous aura bientôt défaits de lui.

— Et supposé, répondit le père, que nos camarades ne puissent pas arriver cette nuit, quelle jolie figure nous ferons quand les domestiques viendront demain matin nous redemander leur maître? Non, non, Jacques; il faut attendre nos associés. S'ils viennent, nous sommes assez forts pour vaincre les domestiques aussi bien que les maîtres, et le butin est à nous. Si Claude ne les trouve pas à la caverne, il faudra prendre patience, et souffrir que cette proie nous échappe. Ah! garçons, garçons, si vous étiez seulement arrivés cinq minutes plutôt, c'en était fait de l'Espagnol, et les deux mille pistoles étaient à nous. Mais vous ne venez jamais quand vous êtes le plus attendus ; vous êtes les coquins les plus mal-adroits.

— Bon! bon! mon père, répondit Jacques; si vous aviez voulu m'en croire, tout cela serait fini à présent. Vous, Robert, Claude et moi, quand ces étrangers auraient été deux fois plus forts, je vous réponds que nous en serions venus à bout. Quoi qu'il en soit, Claude est parti ; il est trop tard pour y penser à présent : il nous faut attendre patiemment l'arrivée de la troupe; et si les voyageurs nous échappent cette nuit, nous saurons bien les retrouver en route demain.

— Sans doute, sans doute, dit Baptiste. Marguerite, avez-vous donné aux deux femmes-dec-hambre de cette drogue assoupissante?

— Oui, fut sa réponse.

— Ainsi tout va bien. Courage, garçons, quelque chose qui arrive, vous n'aurez pas à vous plaindre. Nul danger à courir, beaucoup à gagner, et rien à perdre.

En ce moment, j'entendis un grand bruit de chevaux. Oh! combien ce bruit fut terrible à mon oreille! Une sueur froide coula sur mon front, et je sentis approcher toutes les terreurs de la mort.

— Dieu puissant, ils sont perdus ! s'écria la compatissante Marguerite, avec l'accent du désespoir ; et cette exclamation n'était pas propre à me rassurer.

Par bonheur, le bûcheron et ses deux fils étaient trop occupés de leurs amis qui arrivaient, pour faire attention à moi ; autrement, la violence de mes agitations leur aurait décelé que mon sommeil était feint.

— Ouvrez, ouvrez ! s'écrièrent plusieurs voix en dehors de la maison.

— Oui, oui, répondit Baptiste avec beaucoup de joie ; ce sont nos amis, pas de doute ; à présent le butin est assuré. Et vite, garçons, et vite ! conduisez-les à la grange, vous savez quelle y doit être votre occupation.

Robert se hâta d'ouvrir la porte.

— Mais avant tout, dit Jacques, prenant ses armes, laissez-moi ces dormeurs.

— Non, non ! repliqua son père, courez à la grange, où l'on vous attend ; je me charge de ceux-ci et des deux femmes qui sont en haut.

Jacques obéit et suit son frère. Ils causèrent quelques minutes avec les nouveaux venus ; après quoi j'entendis les brigands descendre de cheval, et, comme je le conjecturai, prendre le chemin de la grange.

— Ils font bien, dit Baptiste, de quitter leurs chevaux pour surprendre les étranger et tomber sur eux. A présent, mettons-nous à l'ouvrage.

Je l'entendis s'approcher d'une petite armoire qui était au bout de la chambre, et l'ouvrir : aussitôt je me sentis remuer doucement.

— A présent ! c'est à présent ! me dit tout bas Marguerite.

J'ouvris les yeux. Baptiste avait le dos tourné. Personne autre dans la chambre que Marguerite, et la baronne endormie. Le scélérat venait de prendre un poignard dans l'armoire, et semblait examiner s'il était assez tranchant.

Je n'avais pas eu la précaution de prendre des armes à mon départ ; mais je vis que ce moment était le seul qui pût m'être favorable, et je résolus de le saisir. Je m'élançai de ma chaise, je me jetai sur Baptiste, et lui serrai le cou de mes deux mains avec tant de force, que je l'empêchai de jeter un seul cri. Vous pouvez vous rappeler qu'à Salamanque, j'étais renommé pour la vigueur de mes bras ; ils me rendirent en ce moment un bien grand service. Surpris, frappé de terreur, ne pouvant plus respirer, le scélérat n'était d'aucune façon en état de me disputer la victoire. Je le jetai par terre, et tandis que je le tenais immobile sous moi, Marguerite lui arrachant le poignard, le lui plongea dans le cœur à plusieurs reprises, jusqu'à ce qu'il eût expiré.

Après cet acte horrible, mais nécessaire : — Ne perdons point de temps, me dit Marguerite ; fuyons, c'est notre seule ressource.

Je n'hésitai point à lui obéir ; mais ne voulant pas abandonner la baronne à la vengeance des brigands, je l'enlevai dans mes bras, quoique toujours endormie, et je me hâtai de suivre Marguerite. Les chevaux des voleurs étaient attachés près de la porte. Ma conductrice sauta sur un de ces chevaux : je suivis son exemple ; je plaçai la baronne devant moi, et je piquai des deux. Notre unique espérance était d'atteindre Strasbourg, dont nous étions bien moins éloignés que le perfide Claude ne me l'avait dit. Marguerite connaissait fort bien la route, et galoppait devant moi. Nous fûmes obligés de passer près de la grange où les voleurs étaient à massacrer nos domestiques. La porte était ouverte ; nous distinguions les cris des mourans et les imprécations de leurs meurtriers. Ce que je sentis en ce moment est impossible à exprimer.

Jacques entendit le bruit de nos chevaux à l'instant où nous passions près de la grange : il courut à la porte avec une torche dans sa main, et reconnut aisément les fugitifs.

— Trahis! trahis! cria-t-il à ses compagnons.

Aussitôt ils quittèrent leur sanglant ouvrage, et coururent à leurs chevaux; nous ne pûmes en entendre davantage. J'enfonçai mes éperons dans les flancs de mon cheval, et Marguerite piqua le sien avec le poignard qui nous avait déjà si bien servi. Nous allions avec la vitesse de l'éclair, et nous eûmes bientôt gagné la plaine. Déjà nous apercevions les clochers de Strasbourg, quand nous entendîmes les voleurs qui nous poursuivaient. Marguerite tourna la tête, et les vit qui descendaient une petite colline à peu de distance. En vain nous pressions nos chevaux; le bruit devenait plus sensible à chaque instant.

— Nous sommes perdus, s'écria-t-elle, les misérables nous joignent.

— Avançons, avançons, répliquai-je, j'entends les pas de plusieurs chevaux qui viennent de la ville.

Nous redoublâmes de vitesse, et nous vîmes bientôt une nombreuse troupe de cavaliers qui arrivaient devant nous à toutes brides. Ils allaient même nous passer, quand Marguerite s'écria: — Arrêtez! arrêtez! sauvez-nous; pour l'amour de Dieu, sauvez-nous!

Le plus avancé, qui semblait guider les autres, s'arrêta aussitôt.

— C'est elle! c'est elle! s'écria-t-il en sautant à bas de cheval. Arrêtez, monseigneur, arrêtez. Ils sont sains et saufs! Voici ma mère.

Au même instant, Marguerite descendit avec précipitation, serra le jeune homme dans ses bras, et le couvrit de baisers. Les autres cavaliers s'arrêtèrent aussi.

— Et la baronne de Lindenberg, s'écria un d'entre eux, où est-elle? N'est-elle pas avec vous?

Il s'arrêta en la voyant dans mes bras privée de sentiment. Il la prit aussitôt dans les siens. Le profond sommeil où elle était plongée lui fit d'abord craindre pour sa vie, mais le battement de son cœur le rassura bientôt.

8

— Grâce à Dieu! dit-il, elle vit; elle est échappée de leurs mains.

J'interrompis ses transports de joie en lui montrant les brigands qui avançaient. Aussitôt la plus grande partie de la troupe, presque toute composée de dragons, se hâta d'aller à eux. Les bandits ne les attendirent pas. Dès qu'ils s'aperçurent qu'à leur tour ils étaient menacés, ils tournèrent bride, et s'enfuirent dans le bois, où ils furent poursuivis par nos libérateurs.

Cependant l'étranger, que j'avais deviné être le baron de Lindenberg, après m'avoir remercié du soin que j'avais pris de son épouse, nous proposa de retourner en toute diligence à la ville. La baronne, sur qui les effets du breuvage n'avaient pas encore cessé d'opérer, fut placée devant nous : Marguerite et son fils remontèrent à cheval; les domestiques du baron suivirent, et nous arrivâmes bientôt à l'auberge, où le baron avait pris son logement.

C'était à l'aigle d'Autriche, où mon banquier, à qui j'avois écrit le dessein que j'avais de voir Strasbourg, m'avait aussi retenu un appartement. Je fus enchanté de demeurer si près du baron, et d'être à portée de cultiver sa connaissance, que je prévoyais de voir m'être très utile en Allemagne. A notre arrivée dans l'auberge, la baronne fut mise au lit. On appella un médecin qui prescrivit une potion propre à combattre les effets du breuvage assoupissant, et qu'il lui fit verser dans la gorge. Le baron, après avoir confié sa femme aux soins de l'hôtesse, me pria de lui raconter les détails de notre aventure; je satisfis aussitôt à sa demande, car il m'eût été impossible de me livrer au sommeil, dans l'inquiétude où j'étais du sort de Stéphano, que j'avais été forcé d'abandonner à la furie des brigands. Je ne fus pas long-temps sans apprendre que ce fidèle domestique avait péri. Les dragons qui avaient poursuivi la bande revinrent tandis que je faisais au baron le récit qu'il m'avait demandé. D'après le rapport du commandant, nous n'eûmes plus à douter de la défaite des voleurs. Le crime et le vrai courage sont incompatibles. Ils s'étaient jetés aux pieds des soldats, s'étaient rendus sans faire la moindre résistance, avaient découvert leur retraite, indiqué le mot d'ordre qui livrerait le reste de la troupe; en un mot, ils avaient donné toutes les marques possibles de bassesse et de lâcheté. De cette manière, toute la bande, composée d'environ soixante scélérats, avait été prise, garrottée et conduite à Strasbourg. Quelques soldats, ayant un des bandits pour guide, allèrent à la maison de Baptiste: leur premier soin fut de visiter la fatale grange, où ils furent assez heureux pour trouver deux des gens de la baronne encore en vie, quoique dangereusement blessés. Le reste avait péri sous les coups des brigands, et de ce nombre était mon infortuné Stéphano.

Alarmés de notre fuite, les scélérats s'étaient hâtés de nous poursuivre, et n'étaient pas entrés dans la maison de Baptiste; aussi les soldats y trouvèrent-ils les deux femmes de chambre sans aucune blessure, et dormant du même sommeil que leur maîtresse. Il n'y avait nulle autre personne dans la chaumière, si ce n'est un enfant de quatre ans, que les dragons emmenèrent avec eux. Nous étions à chercher quel pouvait être ce petit infortuné, quand Marguerite se précipita dans la chambre où nous étions, tenant cet enfant dans ses bras. Elle se jeta aux pieds du commandant, et le bénit mille fois pour avoir sauvé son fils.

Après les premiers transports de la tendresse maternelle, je la priai de nous dire comment elle avait pu être unie à un homme dont les principes me semblaient si différens des siens. Elle baissa les yeux, et versa quelques larmes.

— Messieurs, dit-elle après un moment de silence, j'ai une grâce à vous demander. Vous avez droit de connaître quelle est celle à qui vous pouvez être utile; je ne chercherai donc pas à me soustraire à l'aveu que vous désirez, quoiqu'il doive me couvrir de honte; mais permettez-moi d'abréger autant qu'il me sera possible ce triste récit.

— Je suis née à Strasbourg de parens respectables; leur nom, je dois le cacher en ce moment. Mon père vit encore, et ne mérite pas d'être enveloppé dans mon ignominie. Si vous m'accordez la faveur que je désire, vous saurez mon nom de famille. Un misérable s'était rendu maître de mes affections, et pour le suivre je quittai la maison paternelle. Cependant, quoique dans mon cœur les passions eussent fait taire la vertu, je ne tombai pas dans cet abandon de tous sentimens d'honneur qui n'est que trop communément le partage des femmes qui ont fait le premier pas dans le vice. J'aimais mon séducteur, je l'aimais passionnément ; hélas! cet enfant, et son aîné qui a été à Strasbourg vous avertir, monseigneur le baron, du danger de votre épouse, ne sont que des gages trop évidens de mon amour pour lui, et même en ce moment, je gémis encore de l'avoir perdu, quoique je lui doive tous les malheurs de mon existence.

— Il était d'une noble origine, mais il avait dissipé son patrimoine. Ses parens le regardaient comme l'opprobre de leur nom ; ils ne voulurent plus le voir. Ses excès attirèrent sur lui l'indignation de la police ; il fut obligé de fuir de Strasbourg, et ne trouva d'autre ressource contre la misère que de s'unir aux brigands qui infestaient la forêt voisine, et qui étaient presque tous des jeunes gens de famille, comme lui, ruinés par leur inconduite. J'étais résolue à ne pas l'abandonner. Je le suivis dans la retraite des brigands, et je partageai avec lui la misère inséparable de la vie qu'il menait. Mais quoiqu'il ne me fût pas possible d'ignorer que notre existence était uniquement soutenue par le pillage, je ne connaissais pas toutes les horreurs attachées à la profession de mon amant ; il me les cachait avec le plus grand soin. Il savait que mon ame n'était pas assez dépravée pour que je pusse voir de sang-froid le carnage et l'assassinat. Il supposait, avec justice, que j'aurais fui loin des bras d'un meurtrier. Huit ans passés ensemble n'avaient pas diminué son amour pour moi ; et il dérobait scrupulensement à ma connaissance tout ce qui aurait pu me conduire à soupçonner la nature des crimes auxquels il ne participait que trop souvent. Je ne découvris qu'après la mort de mon séducteur que ses mains avaient été rougies du sang de l'innocent.

— Une nuit, il fut reporté à la caverne, couvert de blessures ; il les avait reçues en attaquant un voyageur anglais que les autres avaient, bientôt après, sacrifié à leur vengeance. Il n'eut que le temps de me demander pardon pour tous les malheurs où il m'avait entraînée ; il pressa mes mains de ses lèvres, et il expira. Mon chagrin fut inexprimable. Lorsque le temps l'eut un peu calmé, je résolus de retourner à Strasbourg, de me jeter avec mes deux enfans aux pieds de mon père, et d'implorer son pardon, quoiqu'il me restât bien peu d'espoir de l'obtenir. Quelle fut ma consternation quand les brigands me dirent qu'une fois entrée dans leur caverne, il ne m'était plus permis de la quitter ; que jamais ils ne me laisseraient rentrer dans le monde avec le secret de leur retraite, et qu'il fallait, à l'instant même, accepter un d'entre eux pour mari. Mes prières et mes remontrances furent vaines. Ils tirèrent ma main au sort, et je devins le partage de l'infâme Baptiste. Un d'entre eux, qui jadis avait été moine, nous maria par je ne sais quelle cérémonie plutôt burlesque que religieuse ; moi et mes enfans nous fûmes livrés à mon nouvel époux, qui nous emmena aussitôt à sa maison.

— Il m'assura qu'il m'aimait depuis long-temps ; mais que, par égard et par amitié pour mon premier amant, il avait su contenir ses désirs ; il tâcha de me réconcilier avec ma destinée, et pendant quelque temps me traita avec respect et douceur. A la fin, voyant que mon aversion pour lui ne faisait qu'augmenter, il obtint par la violence les faveurs que je persistais à lui refuser. Il ne me restait plus aucun moyen de supporter mes peines avec patience ; ma conscience me criait sans cesse que je les avais trop bien méritées. La fuite était impossible ; mes enfans étaient au pouvoir de Baptiste, et il avait juré que si je tentais de m'échapper de ses mains, il s'en vengerait sur eux. La cruauté de son caractère m'était trop bien connue pour me laisser douter qu'il ne remplît ses sermens. Depuis que j'étais avec lui, une triste expérience m'avait convaincue des horreurs de ma situation. Bien différent de mon premier amant, Baptiste se faisait un barbare plaisir de me rendre témoin, malgré moi, des plus affreuses exécutions, et il s'efforçait de familiariser mes yeux et mes oreilles avec le sang et les cris des victimes.

— Mes passions étaient ardentes, mais mon ame n'était pas cruelle; les principes d'une bonne éducation n'en étaient pas effacés. Jugez quel a dû être chaque jour mon supplice, à la vue des crimes les plus horribles et les plus révoltans ! Jugez combien je devais gémir d'être unie à un homme qui recevait le voyageur confiant avec l'air de la franchise et de l'amitié, au moment même qu'il méditait sa perte ! Le chagrin altéra ma constitution; le peu de charmes que m'avait donnés la nature se flétrit entièrement, et l'abattement de ma figure attestait les souffrances de mon cœur. Cent fois je fus tentée de mettre fin à mon existence; mais le souvenir de mes enfans retenait mon bras. Je tremblais de laisser mes chers enfans au pouvoir de mon tyran, et je tremblais pour leur éducation encore plus que pour leur vie. Le cadet était trop jeune pour profiter de mes leçons; mais dans le cœur de l'aîné, je travaillais sans relâche à enraciner des principes de vertu capables de lui faire éviter les crimes de ses parens. Il m'écoutait avec docilité, et même avec avidité. Dans un âge si tendre, il laissait déjà voir qu'il n'était pas fait pour vivre avec des brigands; et ma seule consolation, parmi tant de peines, était de voir se développer les naissantes vertus de mon cher Théodore.

—Telle était ma situation, lorsque don Alphonso fut conduit à la chaumière par son perfide postillon. Son air, sa jeunesse, ses manières m'intéressèrent vivement pour lui. L'absence des deux fils de Baptiste me fournit une occasion que, depuis long-temps, je désirais trouver; et je résolus de tout risquer pour sauver don Alphonso. La vigilance de Baptiste ne me permettait pas de l'avertir des périls qui l'entouraient. Je savais que le moindre mot échappé eût été suivi de ma mort, et quelque pénible et douloureuse que fût ma vie, je n'avais pas assez de courage pour assurer celle d'un autre à mes dépens. Ma seule espérance était de nous procurer du secours de la ville; c'est ce que je résolus de tenter : bien décidée en même temps à prévenir don Alphonso du piége qu'on lui tendait, si j'en pouvais trouver l'occasion. Par l'ordre de Baptiste, je montai pour préparer le lit de l'étranger. J'y mis des draps encore teints du sang d'un voyageur égorgé quelques nuits auparavant. J'espérai qu'à cette vue don Alphonso ouvrirait les yeux sur les funestes projets de Baptiste. Je ne m'en tins pas là. Théodore était retenu au lit par son indisposition; je me glissai dans sa chambre sans être vue par mon tyran, et je l'instruisis de mon dessein, dans lequel il entra avec beaucoup d'ardeur; il se leva sur-le-champ, quoique malade, et s'habilla très vite. Je lui attachai un de ses draps sous les aisselles, et le fis descendre par la fenêtre. Il courut à l'étable, prit le cheval de Claude, et partit pour Strasbourg. Il devait dire aux brigands, s'il en rencontrait, que Baptiste l'avait chargé d'une commission; mais par bonheur, il arriva à la ville sans trouver aucun obstacle. Sans perdre de temps il se rendit chez le magistrat, et implora son assistance; bientôt le récit fait par Théodore passa de bouche en bouche, et parvint à la connaissance de monsieur le baron. Inquiet pour son épouse, qu'il savait être en route, il trembla qu'elle ne fût dans les mains des voleurs. Il accompagna Théodore qui servait de guide aux soldats, et il est arrivé bien à temps pour nous empêcher de retomber au pouvoir de nos ennemis.

J'interrompis Marguerite, et lui demandai pourquoi l'on m'avait présenté un breuvage assoupissant. Elle me répondit que Baptiste supposait que j'avais des armes, et qu'il voulait me mettre hors d'état de faire résistance ; c'était une précaution qu'il prenait toujours, dans la crainte que le désespoir et l'impossibilité de fuir ne portassent les voyageurs à vendre chèrement leurs vies.

Le baron pria Marguerite de l'instruire du parti auquel elle comptait s'arrêter. Je me joignis au baron, et j'assurai Marguerite de tout mon empressement à lui prouver ma reconnaissance pour la vie qu'elle m'avait conservée.

—Dégoûtée d'un monde dans lequel je n'ai trouvé que des malheurs, nous répondit-elle, mon projet est de me retirer dans un couvent : mais avant tout, je dois songer à mes enfans. Ma mère n'est plus, et je crains bien que ma fuite n'ait avancé le terme de ses jours. Mon père vit : ce n'est pas un homme insensible. Peut-être, messieurs, malgré mes fautes et mon ingratitude, votre entremise en ma faveur pourrait l'engager à me pardonner, et à prendre soin de ses malheureux petits-fils. Si vous obtenez cette faveur de mon père, vous vous serez acquittés envers moi bien au-delà du service que je vous ai rendu.

Nous protestâmes à Marguerite que nous ferions tous nos efforts pour fléchir son père, et que, dût-il rester inflexible, elle pouvait être tranquille sur le sort de ses enfans. Je m'engageai à prendre soin de Théodore, et le baron promit d'accorder sa protection au plus jeune. Cette mère reconnaissante nous remercia les larmes aux yeux de ce qu'elle appelait notre générosité, quoiqu'au fond ce ne fût qu'une dette bien légitimement contractée envers elle. Elle nous quitta pour coucher son enfant, excédée de fatigue et de sommeil.

La baronne, en reprenant l'usage de ses sens, et en apprenant de quel péril je l'avais sauvée, ne trouva point de termes assez forts pour me témoigner sa reconnaissance.

Son mari se joignit à elle avec tant d'ardeur pour me presser de les accompagner en Bavière, à leur château, qu'il me fut impossible de ne pas céder à leurs instances. Pendant les huit jours que nous passâmes encore à Strasbourg, les intérêts de Marguerite ne furent pas oubliés : nos démarches auprès de son père eurent tout le succès que nous pouvions désirer. Ce bon vieillard avait perdu sa femme ; il n'avait pas d'autre enfant que cette fille infortunée, dont il n'avait point reçu de nouvelles depuis près de quatorze ans. Il était entouré de parens éloignés, qui attendaient sa mort avec impatience pour jouir de sa succession. Aussi, dès que Marguerite, qu'il s'attendait si peu de revoir jamais, parut devant lui, il la regarda comme un présent du ciel. Il la reçut elle et ses enfans, les bras ouverts, et voulut absolument qu'à l'instant même elle s'établît avec eux dans sa maison. Les cousins, frustrés dans leur attente, furent obligés de céder la place. Le vieillard ne voulut jamais entendre à ce que sa fille se retirât dans un cloître ; il dit qu'elle était trop nécessaire à son bonheur, et il obtint d'elle aisément d'abandonner ce dessein. Mais rien ne put engager Théodore à renoncer au plan que j'avais d'abord formé pour lui. Il s'était sincèrement attaché à moi pendant mon séjour à Strasbourg, et quand je fus au moment de partir, il me conjura les larmes aux yeux de le prendre à mon service. Il fit valoir de son mieux tous les petits talens qu'il possédait, et n'oublia rien pour me persuader qu'il me serait très utile en route. J'étais peu disposé à me charger d'un enfant de treize ans, qui ne pouvait guère que m'embarrasser dans mes voyages ; mais je ne pus résister aux instances et à l'attachement de ce jeune homme réellement pourvu de mille qualités estimables. Ce n'est pas sans peine qu'il amena ses parens à lui permettre de me suivre ; enfin la permission obtenue, il fut décoré du titre de mon page, et après une semaine de séjour en Alsace, Théodore et moi, nous accompagnâmes en Bavière le baron et son épouse.

Nous avions, tous les trois, forcé Marguerite d'accepter quelques présens assez considérables pour elle et pour l'enfant que nous lui laissions. En la quittant, je promis à cette tendre mère de lui rendre Théodore au bout d'un an.

Lorenzo, je ne vous ai épargné aucun détail de ce récit, pour vous faire bien connaître de quelle manière l'aventurier Alphonso d'Alvarada s'était introduit au château de Lindenberg. Jugez, d'après cela, quelle confiance on peut donner aux assertions de votre tante.

CHAPITRE IV.

—

« Loin de moi, spectre affreux, rentre dans le
« sein de la terre. Ton sang est glacé, tes osse-
« mens sont vides, tes yeux sont sans orbite, ces
« yeux que tu fixes sur moi. — Disparais, ombre
« horrible fantôme sans réalité. »

(MACBETH.)

Nous voyageâmes désormais sans rencontrer d'obstacle, et même assez agréablement. Je trouvai dans le baron un homme de bon sens, quoi qu'il connût peu le monde, ayant passé la moitié de sa vie dans l'enceinte de ses domaines. On remarquait une sorte de rusticité dans ses manières; mais il était gai, et d'un caractère franc et amical; il me montrait des égards, et j'eus tout lieu d'être content de sa conduite envers moi. La chasse était sa passion dominante; il s'en faisait une occupation sérieuse ; il en parlait avec enthousiasme, comme un guerrier parle de ses combats. Assez versé moi-même dans cet exercice, j'eus le bonheur, peu de temps après mon arrivée à Lindenberg, de lui donner quelques preuves de ma dextérité ; alors, je fus à ses yeux un grand homme, et il me voua une amitié éternelle.

Cette particularité ne fut pas pour moi une chose indifférente. J'avais vu, pour la première fois au château de Lindenberg, la jeune Agnès, votre aimable sœur. Je n'aimais point encore, et je déplorais en secret la froide tranquillité de mon ame ; j'aimai bientôt en la voyant : je trouvai dans Agnès tout ce que mon cœur avait long-temps désiré. Elle avait à peine seize ans ; mais elle était déjà formée, grande et jolie : elle possédait divers talens, et particulièrement la musique et le dessin ; elle était d'un caractère ouvert, d'une humeur enjouée, et l'aimable simplicité de sa parure et de ses manières contrastait, à son avantage, avec les grâces artificielles et la coquetterie étudiée des femmes de Paris que je venais de quitter. Je fis, sur ce qui la concernait, beaucoup de questions à la baronne.

— Elle est ma nièce, me répondit cette dame. Vous ignorez donc encore, don Alphonso, que je suis votre compatriote, sœur du duc de Médina-Céli ? Agnès est la fille de mon second frère, don Gaston ; elle est destinée dès le berceau à la vie religieuse, et doit aller incessamment prendre le voile à Madrid.

Ici Lorenzo interrompit le marquis par une exclamation de surprise.

— Destinée dès le berceau, dit-il, à la vie religieuse ! Par le ciel, c'est la première fois que j'entends parler de ce projet.

— Je le crois, mon cher Lorenzo, répondit don Raymond ; mais écoutez-moi patiemment. Vous ne serez pas moins surpris quand je vous aurai rapporté quelques particularités de votre propre famille qui vous sont encore inconnues, et que je tiens de la bouche d'Agnès elle-même.

Il reprit son récit :

— Vous ne pouvez ignorer que vos parens ont été malheureusement esclaves de la plus grossière superstition.

Toutes les fois qu'une terreur religieuse s'est fait sentir au fond de leur cœur, elle y a étouffé tout autre sentiment, toute autre affection. Votre mère, comme elle portait Agnès dans son sein, fut attaquée d'une maladie dangereuse, et abandonnée par ses médecins. Dans cette situation, donna Inésilla fit vœu, si elle en revenait, et si l'enfant qu'elle portait était une fille, de la consacrer à sainte Claire ; ou, si c'était un garçon, d'en offrir hommage à saint Benoît. Ses prières furent exaucées ; elle guérit. Agnès vint au monde, et fut aussitôt destinée au service de sainte Claire.

Don Gaston se joignit avec empressement au vœu de son épouse ; mais sachant quels étaient les sentimens du duc son frère sur la vie monastique, ils convinrent ensemble de lui cacher soigneusement la destination de votre sœur. Pour tenir ce secret plus en sûreté, il fut résolu qu'Agnès accompagnerait sa tante donna Rodolphe en Allemagne, où cette dame était sur le point de se rendre avec l'époux auquel elle venait d'être unie, le baron de Lendenberg. A son arrivée, la jeune Agnès fut mise dans un couvent qui se trouvait à quelques lieues du château de son oncle. Les religieuses auxquelles son éducation fut confiée remplirent exactement leur tâche ; elles lui firent acquérir à un haut degré de perfection plusieurs talens, et ne négligèrent aucun moyen de lui inspirer le goût de la retraite et des tranquilles plaisirs d'un couvent ; mais un secret instinct faisait vivement sentir au cœur de la jeune fille qu'elle n'était point née pour la solitude. Avec toute la liberté de la jeunesse et de l'enjoument, elle traitait de momeries ridicules la plupart des cérémonies si révérencieusement pratiquées par les nonnes, et tout son plaisir était d'inventer quelque bon tour qui fit bien pester la mère abbesse ou la sœur tourrière.

Quoiqu'elle ne déclarât pas hautement sa répugnance pour la vie monastique, elle la laissait assez voir. Don Gaston en fut informé : craignant que votre affection pour votre sœur, Lorenzo, ne s'opposât à son éternel malheur, il eut soin de vous cacher, ainsi qu'au duc, toute l'affaire jusqu'à ce que le sacrifice pût être consommé. On lui a fait prendre le voile en votre absence; on n'a pas dit un mot du vœu de donna Inésilla; on ne laissa jamais à votre sœur, durant son séjour en Allemagne, la faculté de vous adresser une lettre; toutes celles que vous lui écriviez étaient lues avant de lui être remises; on en effaçait sans ménagement tout ce qui pouvait lui inspirer des idées mondaines. Toutes ses réponses étaient dictées ou par sa tante, ou par la dame Cunégonde, sa gouvernante. J'appris une partie de ces particularités d'Agnès, l'autre de la baronne elle-même.

— Je me déterminai sur-le-champ à sauver, s'il était possible, cette aimable fille du sort affreux dont elle était menacée. Je cherchai à me concilier son affection; je fis valoir auprès d'elle l'amitié intime qui m'unit à vous. Elle m'écoutait si attentivement! elle prenait tant de plaisir à m'entendre faire votre éloge! ses yeux me remerciaient avec une expression si tendre de mon affection pour son frère! Enfin mon attention constante à la consoler, à lui plaire, parvint à me gagner son cœur, et je la contraignis, non sans difficultés, à avouer naïvement qu'elle m'aimait. Cependant lorsque je lui proposai de quitter le château de Lindenberg, elle refusa formellement de souscrire à ma proposition.

— Soyez généreux, Alphonso, me dit-elle, je vous ai donné mon cœur, n'abusez point de ma tendresse; n'employez point votre ascendant sur mes sentimens pour m'entraîner dans une démarche dont j'aurais à rougir. Je suis jeune et sans appui; mon frère, qui est mon seul ami, est séparé de moi, et mes autres parens me traitent en ennemis. Que ma situation vous inspire de la pitié; ne cherchez point à me séduire; au lieu de me pousser à une action qui me couvrirait de honte, tâchez plutôt de vous concilier l'affection de ceux dont je dépends. Le baron vous estime ; ma tante, impérieuse et hautaine envers tout autre, n'oublie point qu'elle vous doit la vie, et pour vous seul elle est affable et bonne. Essayez donc votre pouvoir sur leur esprit ; s'ils consentent à notre union, ma main est à vous. Ami de mon frère, vous obtiendrez, je n'en doute point, son approbation ; et quand mes parens verront l'impossibilité d'exécuter leur projet, j'ose espérer qu'ils excuseront ma désobéissance, et qu'ils sauront, par quelque autre sacrifice, dégager ma mère du vœu fatal dont on attend de moi l'accomplissement.

Autorisé par l'aveu d'Agnès et par cette déclaration naïve de ses pensées et de ses vues, je redoublai d'attention envers ses parens, et crus devoir diriger mes principales batteries du côté de la baronne. J'avais pu aisément apercevoir que chacune de ses paroles avait dans le château force de loi, et que son mari, qui la regardait comme un être supérieur, déférait sans réserve à toutes ses volontés.

La baronne était âgée d'environ quarante ans ; elle avait été belle dans sa jeunesse ; mais ses charmes avaient pu être rangés dans la nombreuse catégorie de ceux qui soutiennent mal le choc des années ; cependant il lui restait encore quelques traits de beauté. Son jugement était sain et fort quand il n'était point obscurci par le préjugé ; mais ce cas était malheureusement fort rare. Ses passions étaient vives ; elle n'épargnait ni soins ni peines pour les satisfaire, et quiconque s'opposait à ses volontés devait redouter sa vengeance. Amie ardente ou implacable ennemie, telle était la baronne de Lindenberg.

Je mis tout en usage pour lui plaire, et je ne réussis que trop complètement : elle parut flattée de mes soins, et me traita avec tant de distinction, que j'en fus parfois alarmé. Une de mes occupations journalières était de lui faire des lectures ; j'y consumais des heures entières, des heures que j'aurais pu passer avec Agnès. Cependant, toujours persuadé que ma complaisance pour sa tante avançait l'heureux instant de notre union, je me soumettais de bonne grace à la tâche qui m'était imposée. La bibliothèque de donna Rodolphe était principalement composée de vieux romans espagnols, et régulièrement chaque jour un de ces volumes était remis en mes mains. C'était les longues aventures de *Perce-Forêt*, de *Palmerin d'Angleterre* et du *Chevalier du Soleil*. Je les lisais jusqu'à ce que l'ennui me fît tomber le livre des mains ; cependant le plaisir toujours croissant que la baronne semblait prendre à ma société m'encourageait, et je persévérais. Elle me donna même un jour une preuve d'affection si marquée, qu'Agnès pensa qu'il était temps de déclarer à sa tante notre affection mutuelle.

Un soir que j'étais seul avec donna Rodolphe dans son appartement (comme nos lectures ne roulaient guère que sur l'amour, Agnès n'y était jamais admise), je me félicitais intérieurement de voir enfin arriver le terme des amours de *Tristan* et de la reine *Iseult*. — Ah, les infortunés ! s'écria la baronne ; qu'en dites-vous, Alphonso ? Croyez-vous qu'il puisse exister un homme capable d'un attachement si sincère et si désintéressé ?

— Je n'en doute point, madame, car mon propre cœur m'en fournit un exemple. Ah ! donna Rodolphe, puis-je espérer que vous approuverez mon amour ? puis-je vous nommer celle que j'aime sans craindre d'encourir votre ressentiment ?

— Si je vous épargnais un aveu, dit-elle en m'interrompant ; si je vous disais que l'objet de vos désirs m'est connu ; si je vous disais encore que votre affection est payée de retour, et que celle que vous aimez déplore aussi sincèrement que vous-même le malheureux engagement qui la sépare de vous...?

— Ah ! donna Rodolphe, m'écriai-je en me jetant à ses pieds et pressant sa main contre mes lèvres, vous avez découvert mon secret, prononcez l'arrêt de mon sort : puis-je compter sur votre faveur, ou dois-je me livrer au désespoir?

Elle voulut retirer sa main, je la retins; de l'autre elle se couvrit les yeux en détournant la tête.

— Comment pourrais-je vous refuser? dit-elle : Ah! don Alphonso, j'aperçois depuis long-temps vos attentions; j'ignorais jusqu'à ce moment la force de l'impression qu'elles faisaient sur mon cœur; mais je ne puis dissimuler désormais ma faiblesse ni à moi-même ni à vous. Je cède à la violence de ma passion; Alphonso, je vous adore. Pendant trois mois entiers j'ai tâché vainement d'étouffer ma tendresse; elle est trop forte, je ne résiste plus à son impétuosité. Orgueil, crainte, honneur, respect de moi-même, mes engagemens avec le baron, elle a tout surmonté; je sacrifie tout à mon amour pour vous, bien assurée que ce n'est point encore payer assez cher la possession de votre cœur.

Elle attendit pendant quelques instants une réponse. Imaginez, Lorenzo, quelle dut être ma confusion. Je sentis tout à coup la force de l'obstacle que moi-même j'avais imprudemment élevé entre Agnès et moi. La baronne avait pris pour son compte ces attentions dont j'attendais d'Agnès seule la récompense. L'énergie de ses expressions, les regards qui les accompagnaient, et la connaissance que j'avais de ses dispositions vindicatives, tout me fit trembler pour moi-même et pour celle que j'aimais. Ne sachant comment répondre à sa déclaration, tout ce que me fournit en ce moment mon imagination, fut la résolution de la détromper à l'instant même, sans cependant lui nommer Agnès. La vive tendresse qu'un moment auparavant on eût pu lire dans tous mes traits, avait fait place à la consternation. J'abandonnai sa main et me levai : ce changement subit n'échappa point à son observation.

— Que veut dire ce silence? reprit-elle d'une voix tremblante; où sont ces transports auxquels j'ai cru devoir m'attendre?

— Pardon, madame, répondis-je; l'honneur m'oblige de vous dire que vous êtes dans l'erreur. Vous avez pris pour les sollicitudes de l'amour ce qui n'était que l'empressement attentif de l'amitié; ce dernier sentiment est le seul que j'aie désiré de vous inspirer. Mon respect pour vous, ma reconnaissance envers le baron, n'auraient pas été peut-être des obstacles suffisans contre le pouvoir de vos charmes; ils sont faits, madame, pour captiver le cœur le plus insensible, s'il n'est point rempli par un autre objet; mais le mien, et c'est sans doute un bonheur pour moi, depuis long-temps n'est plus à ma disposition. Si j'en eusse été le maître, j'aurais eu inévitablement à me reprocher toute ma vie d'avoir violé les lois de l'hospitalité. Rappelez-vous, noble segnora, ce que vous-même devez à l'honneur, ce que je dois au baron, et daignez m'accorder, au lieu de ces sentimens que je ne puis jamais payer de retour, votre estime et votre amitié.

Cette déclaration formelle et inattendue fit pâlir la baronne.

— Traître! s'écria-t-elle, monstre de perfidie, c'est ainsi qu'est reçu l'aveu de mon amour! As-tu espéré?... Mais non, cela n'est point, cela ne peut pas être.... Alphonso, voyez-moi à vos pieds, soyez témoin de mon désespoir, regardez d'un œil de pitié une femme qui vous aime tendrement. Celle qui possède votre cœur, comment a-t-elle pu le mériter? quel sacrifice vous a-t-elle fait? quelles sont les qualités extraordinaires qui la placent au-dessus de Rodolphe?

Je voulus la relever.

— Pour Dieu, segnora, réprimez ces transports, ils sont désagréables et pour vous et pour moi. Si vos gens entendaient ces exclamations! si votre secret était divulgué! Je vois que ma présence seule vous irrite, permettez-moi de me retirer.

Je me préparais à sortir, la baronne me saisit tout à coup par le bras.

— Et quelle est, dit-elle d'un ton menaçant, cette heureuse rivale? je veux la connaître, je veux.... Elle est sous ma dépendance; oui, vous sollicitez pour elle ma faveur, ma protection. Je saurai la trouver ; je lui ferai souffrir tout ce que l'amour outragé est capable d'inventer. Qui est-elle ? répondez-moi sur-le-champ. N'espérez pas la soustraire à ma vengeance; de fidèles agens vont épier vos démarches, vos actions, vos regards; oui, vos yeux mêmes me découvriront ma rivale; et quand je la connaîtrai, tremblez, Alphonso, pour elle et pour vous.

Elle prononça ces derniers mots d'un ton si furieux, qu'à peine elle pouvait respirer : elle palpita, gémit et tomba évanouie; je la soutins dans mes bras et la plaçai sur un sofa. Courant alors vers la porte, j'appelai ses femmes à son secours, et l'ayant confiée à leurs soins, je me hâtai de sortir.

Agité et confus au-delà de toute expression, j'entrai dans le jardin. A quoi devais-je me décider, quel parti prendre ? Cette malheureuse passion de la tante, l'inexorable superstition des parens d'Agnès, offraient des obstacles à notre union presque insurmontables. Devais-je lui faire part de cette aventure, ou ne devais-je pas plutôt partir sans la voir, sauf à employer d'autres moyens pour la préserver du sort qui la menaçait?

Je me promenais à grands pas, dans cette cruelle indécision, lorsque, venant à passer devant une salle basse dont les fenêtres donnaient sur le jardin, j'aperçus Agnès assise à une table. Trouvant la porte entr'ouverte, j'entrai : elle était occupée à dessiner, et plusieurs esquisses imparfaites étaient éparses autour d'elle.

— Oh! ce n'est que vous, dit-elle en levant les yeux, je puis continuer mon occupation sans cérémonie; prenez une chaise, et asseyez-vous à côté de moi?

J'obéis; je me plaçai près de la table, et, ne sachant trop ce que je faisais, je me mis à examiner quelques-uns des dessins qui se trouvaient sous mes yeux. Un de ces sujets me frappa par sa singularité : l'esquisse représentait la grande salle du château de Lindenberg; dans le fond, on voyait une porte à demi-ouverte, conduisant à un escalier étroit; sur l'avant-scène était un groupe de figures dans des attitudes grotesques; toutes exprimaient la terreur. Ici l'on voyait un homme priant dévotement, à genoux et les yeux élevés vers le ciel; là, un autre marchait à quatre pieds; quelques-uns cachaient leur visage dans leurs vêtemens ou dans le sein de leurs compagnons; quelques autres s'étaient blottis sous la table, où l'on voyait les restes d'un grand souper; d'autres encore, avec des yeux effarés et la bouche béante, regardaient fixement un objet, qu'on devinait être seul la cause de ce désordre. Cet objet était une femme d'une haute stature et d'une taille assez svelte, sous l'habit de quelqu'un de nos ordres religieux. Son visage était voilé; à son bras était pendu un chapelet; son vêtement était, en plusieurs endroits, parsemé de gouttes de sang, qui coulaient d'une large blessure qu'on voyait à son côté. D'une main elle tenait une lampe, et de l'autre un énorme couteau; elle semblait s'avancer vers les grilles de fer de la salle.

— Que signifie ceci, ma chère Agnès? lui dis-je; est-ce quelque sujet de votre invention?

Elle jeta les yeux sur le dessin. — De mon invention? non, vraiment, dit-elle; ce sujet est sorti de quelques têtes beaucoup meilleures que la mienne. Comment! il est possible que vous ayez résidé trois mois entiers au château de Lindenberg sans entendre parler de la *Nonne sanglante?*

—Voilà la première fois que j'entends prononcer ce nom. Et quelle est, je vous prie, cette aimable nonne?

— C'est ce que je ne puis vous dire bien précisément; tout ce que j'en connais n'est que le résultat d'une ancienne tradition qui s'est perpétuée dans cette famille de père en fils, et à laquelle on croit fermement dans toute l'étendue des domaines du baron. Celui-ci y croit lui-même; et quand à ma tante, dont l'esprit est naturellement porté au merveilleux, elle révoquerait plutôt en doute les vérités de la Bible, que l'admirable histoire de la *Nonne sanglante*. Voulez-vous que je vous la raconte ?

— Oui, répondis-je, vous m'obligerez beaucoup. Alors, plaçant devant elle son dessin :

— Vous saurez, dit-elle d'un ton comiquement grave, qu'il n'est pas une des chroniques des siècles passés qui fasse mention de ce remarquable personnage ; chose étonnante ! Je voudrais bien vous raconter sa vie ; mais malheureusement elle n'a été connue qu'après sa mort. Ce n'est qu'alors qu'elle a jugé à propos de faire du bruit dans le monde, et c'est le château de Lindenberg qu'elle a choisi pour le théâtre de ses exploits, ce qui fait du moins honneur à son bon goût. Elle s'y établit donc dans un des plus beaux appartemens, et le commencement de ses opérations, ou de ses amusemens, fut de faire danser avec un grand bruit, dans le milieu de la nuit, les chaises et les tables. Peut-être était-elle somnambule ; mais c'est ce que je ne saurais positivement assurer. Cet amusement, dit la tradition, commença il y a environ cent ans ; il était toujours accompagné de cris, de hurlemens, de gémissemens, de juremens et d'autres semblables gentillesses. Mais quoiqu'un des appartemens fût plus particulièrement honoré de ses visites, les autres n'en étaient pas totalement privés : elle venait de temps en temps se promener dans les antiques galeries et les salles spacieuses du château ; d'autres fois elle s'arrêtait devant toutes les portes, et là, pleurait, se lamentait, et remplissait de terreur tous ceux qui l'entendaient. Dans ses excursions nocturnes, elle a été vue par plusieurs personnes qui décrivent toutes son costume tel que vous le voyez ici représenté par la main de sa très fidelle et très humble historiographe.

La singularité de ce récit excitait insensiblement mon attention.

— Et, dites-moi, parle-t-elle à ceux qui la rencontrent ?

— Non, jamais ; ce que l'on connaît de son caractère et de ses talens nocturnes n'invite point du tout à lier conversation avec elle. Quelquefois tout le château retentit de ses sermens, de ses exécrations ; un moment après elle répète ses patenôtres. Après avoir proféré, en hurlant, les plus horribles blasphèmes, tout à coup elle chante le *de profundis* aussi méthodiquement que si elle était encore au chœur. C'est, en un mot, une dame fort capricieuse ; mais, soit qu'elle prie, soit qu'elle maudisse, qu'elle se montre impie ou dévote, elle épouvante également ses auditeurs. Le château devint presque inhabitable, et celui qui en était alors possesseur fut tellement effrayé de ces visites nocturnes, qu'un beau matin on le trouva mort de peur dans son lit. Ce succès parut faire beaucoup de plaisir à la nonne ; car elle fit alors plus de tapage que jamais. Mais le nouveau baron, successeur du défunt, se montra un peu trop fin pour elle ; il ne parut au château qu'accompagné d'un célèbre exorciseur de ses amis, qui osa s'enfermer lui-même une nuit entière dans la chambre habitée par l'effrayante religieuse. Il paraît qu'il y eut alors entre elle et lui de vifs débats ; il paraît même que l'exorciseur eut beaucoup d'ascendant sur elle ; que si elle montrait de l'obstination, son antagoniste en montra encore plus, car il obtint par accommodement, que si on laissait à sa libre disposition le logement qu'elle occupait dans le château, elle laisserait du moins dormir en repos les autres habitans. Pendant quelque temps, après cette convention, on n'en eut plus de nouvelles ; mais cinq ans après l'exorciseur vint à mourir, et la nonne alors se hasarda à reparaître ; cependant elle était devenue beaucoup plus traitable. Elle se promenait en silence, et ne paraissait jamais qu'une fois en cinq ans, usage qu'elle a conservé jusqu'à ce jour, si l'on en croit le baron. Il est très intimement persuadé que tous les cinq ans, au 5 du mois de mai, aussitôt que l'horloge du château a frappé une heure après minuit, la porte de la chambre habitée par la nonne s'ouvre (notez que cette porte est condamnée depuis près de cent ans); le spectre en sort avec sa lampe et son poignard, descend l'escalier de la tour de l'est, et traverse la grande salle. Cette nuit là le portier, par respect pour l'apparition, laisse toujours les portes du château ouvertes. Ce n'est pas que l'on croie cette précaution nécessaire, car on sait bien que la nonne pourrait fort aisément passer par le trou de la serrure, si elle le jugeait à propos (quoiqu'elle paraisse, au moins en quelques circonstances, être véritablement un corps, puisqu'elle fait, dit-on, du bruit en marchant); mais on veut ici lui faire politesse, et ne pas l'obliger à sortir d'une manière peu conforme à la dignité de sa seigneurie.

— Et où va-t-elle après qu'elle est ainsi sortie du château?

— Au ciel, à ce que j'imagine : cependant il ne paraît pas que ce séjour soit fort de son goût, car elle en revient régulièrement après une heure d'absence. La dame rentre alors dans sa chambre, où elle reste de nouveau tranquille pendant l'espace de cinq autres années.

— Et vous croyez à tout cela, Aguès?

— Pouvez-vous me faire une pareille question? Non, Alphonso, je n'y crois pas; j'ai trop lieu de déplorer, pour mon propre compte, les effets de la superstition, pour en pouvoir être entichée moi-même. Cependant je ne dois pas laisser voir à la baronne mon incrédulité; elle n'a pas le plus léger doute sur la réalité de cette histoire. Quant à la dame Cunégonde, ma gouvernante, elle affirme avoir vu le spectre de ses deux yeux, il y a quinze ans. Elle m'a raconté un de ces soirs comment elle et plusieurs autres domestiques avaient été interrompus dans un souper, et épouvantés par l'apparition de la *Nonne sanglante*. C'est le nom qu'on lui donne dans tout le château, et c'est d'après ce récit que j'ai tracé cette esquisse, où vous pouvez croire que je n'ai pas oublié de placer ma vénérable gouvernante. Je n'oublierai jamais dans quel excès de colère elle est entrée, et combien elle m'a paru laide, lorsqu'en voyant ce dessin elle m'a querellée pour l'avoir faite si ressemblante.

Ici elle me montra une figure grotesque de vieille femme dans une attitude de terreur.

En dépit de la mélancolie qui pesait sur mon ame, je ne pus m'empêcher de rire en apercevant ce fruit de l'imagination vive et gaie d'Agnès. Elle avait parfaitement conservé la ressemblance de Cunégonde ; mais elle avait si ingénieusement exagéré les défauts de son visage et rendu chaque trait si ridicule, que je conçus sans peine quelle avait dû être la colère de la duègne.

— La figure est admirable, ma chère Agnès ; je ne savais pas que vous possédassiez à ce point le talent de saisir le ridicule.

— Un moment, dit-elle en se levant, je veux vous montrer une figure encore plus ridicule, et dont vous pourrez disposer à votre gré. Venez avec moi.

Elle entra alors dans un cabinet un peu écarté, ouvrit un tiroir, ensuite une boîte, et en tira un médaillon contenant un dessin couvert d'un cristal.

— Connaissez-vous l'original de ce portrait ? dit-elle en souriant.

— C'est vous-même, m'écriai-je ; et vous me le donnez, Agnès...!

Transporté de joie, je le pressai contre mes lèvres ; et, me jetant à ses pieds, je lui témoignai avec les expressions les plus tendres ma reconnaissance. Elle m'écoutait avec bonté, et m'assurait qu'elle partageait mes sentimens, lorsque je fus tout à coup réveillé par un cri perçant qu'elle poussa en retirant sa main, que je pressais dans les miennes, et en se sauvant par une porte qui donnait sur le jardin. Étonné de ce mouvement, je me relève, et j'aperçois près de moi la baronne, presque suffoquée par l'excès de sa fureur jalouse. Au sortir de son évanouissement, elle avait mis son imagination à la torture pour deviner quelle pouvait être sa rivale. Agnès était la première sur qui devaient naturellement se porter ses conjectures, qui se changèrent alors en certitude. Se proposant d'interroger Agnès, elle était entrée à petit bruit, précisément au moment où celle-ci me donnait son portrait; elle avait entendu mes tendres protestations, et m'avait vu à ses genoux.

— Mes soupçons étaient donc justes, dit-elle après quelques instans de silence; la coquetterie de ma nièce a triomphé, et c'est à elle que je suis sacrifiée. Cependant j'ai, dans mon malheur, quelques motifs de consolation; je ne serai pas seule trompée dans mon attente; et vous aussi, vous connaîtrez ce que c'est que l'amour sans espoir : j'attends tous les jours pour Agnès l'ordre de se rendre près de ses parens; aussitôt après son arrivée elle prendra le voile, et vous pourrez, monsieur, porter votre tendresse ailleurs. Épargnez-vous, de grâce, des sollicitations, ajouta-t-elle sans me permettre de parler; ma résolution est inébranlable. Votre amante restera jusqu'à son départ prisonnière dans ma chambre. Quant à vous, don Alphonso, je dois vous informer que votre présence ici ne peut plus être agréable au baron ni à son épouse. Ce n'est pas pour conter des douceurs à ma nièce que vos parens vous ont envoyé en Allemagne, c'est pour y voyager; et je me reprocherais de mettre plus long-temps obstacle à un si louable dessein. Adieu, monsieur, souvenez-vous que demain, dans la matinée, nous devons nous voir pour la dernière fois.

Quand elle m'eut ainsi donné mon congé en bonne forme, elle me lança un regard à la fois méprisant et malicieux, et sortit. Je me retirai à mon appartement, et passai la nuit à rêver aux moyens de soustraire Agnès au pouvoir tyrannique de sa tante.

Après la déclaration formelle de la baronne, il m'était impossible de faire un plus long séjour au château de Lindenberg; j'annonçai donc dès le lendemain matin mon intention de partir sur-le-champ. Cette résolution parut faire sincèrement de la peine au baron; il me montra même, à cette occasion, un attachement si vif, que je crus devoir le mettre, s'il était possible, dans mes intérêts; mais à peine eus-je prononcé le nom d'Agnès, qu'il m'interrompit brusquement, en me déclarant qu'il lui était impossible de se mêler de cette affaire. Je vis que je perdrais mes représentations; la baronne le gouvernait despotiquement, et la réponse du baron m'annonçait clairement qu'elle avait déjà parlé.

Agnès ne parut point : je demandai la permission de prendre congé d'elle; ma demande fut rejetée. Je fus obligé de partir sans la voir.

Le baron, en me quittant, me prit la main affectueusement, et m'assura qu'aussitôt que sa nièce serait partie, je pouvais regarder sa maison comme la mienne.

— Adieu, don Alphonso, me dit la baronne en me tendant la main.

Je pris cette main, je la portais à mes lèvres; elle ne le permit pas, voyant son mari à l'autre bout de l'appartement.

— Prenez soin de vous-même, continua-t-elle mon amour s'est changé en haine, et ma vanité blessée ne restera pas oisive. Allez où vous voudrez, ma vengeance vous suivra; adieu.

Ces mots furent accompagnés d'un regard foudroyant. Je ne répondis point; je me hâtai de quitter le château.

En sortant de la cour, dans ma chaise de poste, je regardais aux fenêtres de votre sœur; elle n'y était pas. Je m'enfonçai désespéré dans la voiture.

J'avais alors, pour toute suite, un domestique français, que j'avais pris à Strasbourg, à la place de Stéphano, et le petit page dont je vous ai déjà parlé. La fidélité, l'intelligence et la bonne humeur de Théodore me l'avaient déjà rendu cher; mais en ce moment il me rendait, à mon insu, un service bien propre à me le faire aimer encore davantage. A peine avions-nous fait une demi-lieue au sortir du château, qu'après avoir galoppé à toute bride, il nous rejoignit, et s'approchant de ma chaise.

— Prenez courage, me dit-il en langue espagnole, qu'il commençait à parler très couramment; tandis que vous étiez avec le baron, j'ai épié le moment où la dame Cunégonde était descendue, et suis monté à la chambre au-dessus de celle de mademoiselle Agnès. Je me suis mis à chanter, aussi haut que je l'ai pu, un air allemand qu'elle chante souvent, espérant qu'elle reconnaîtrait ma voix. Elle l'a reconnue en effet; sa fenêtre s'est ouverte; j'ai laissé tomber un cordon dont je m'étais pourvu. Ayant entendu, après quelques instans, sa fenêtre se refermer, j'ai retiré doucement, et sans me laisser voir, le cordon, au bout duquel j'ai trouvé ce petit billet attaché.

Il me présenta alors un papier à mon adresse. Je l'ouvris avec impatience; il contenait les mots suivans, écris au crayon :

« Cachez-vous dans quelque village voisin pendant une quinzaine; ma tante croira que vous avez quitté Lindenberg, et me rendra la liberté. Dans la nuit du 30 de ce mois, je serai à minuit au pavillon de l'ouest. Ne manquez pas de vous y trouver, et nous pourrons concerter ensemble nos plans pour l'avenir. Adieu. »

AGNÈS.

La lecture de ce billet me causa la joie la plus vive ; je ne trouvai point de mots pour témoigner à Théodore l'excès de ma reconnaissance. Son attention et son adresse méritaient véritablement les plus grands éloges. Vous croirez aisément que je ne lui avais point fait confidence de ma passion pour Agnès; mais son coup-d'œil était fort juste, il avait deviné mon secret; et, aussi discret qu'il était clairvoyant, il avait gardé pour lui seul ses remarques. Notez encore qu'ayant observé en silence tout le progrès de cette affaire, il ne s'en était mêlé qu'à l'instant même où mon intérêt avait éxigé indispensablement son intervention. J'admirai également son bon sens, sa pénétration, son adresse et sa fidélité. Ce n'était pas la première preuve qu'il me donnait de sa promptitude et de sa capacité. Durant mon séjour à Strasbourg, il avait appris en très peu de temps, et avec beaucoup de succès, les élémens de la langue espagnole ; il passait la plus grande partie de son temps à lire ; il était fort instruit pour son âge, et réunissait aux avantages d'une jolie tournure, d'une figure agréable, ceux d'un jugement fort sain et d'un excellent cœur. Son âge est à présent quinze ans ; il est toujours à mon service, et quand vous le verrez, je suis sûr qu'il vous plaira. Excusez cette digression ; je reviens à mon sujet.

Fort empressé de suivre exactement les instructions d'Agnès, je fis route jusqu'à Munich. Là, je laissai ma chaise sous la garde de Lucas, mon domestique français, et revins à cheval jusqu'à un petit village éloigné de deux lieues tout au plus du château de Lindenberg. Après avoir retenu dans une auberge l'appartement le plus isolé, je fis à l'aubergiste une histoire imaginaire, afin qu'il ne s'étonnât point de notre long séjour dans sa maison. Le bonhomme était heureusement crédule et peu curieux ; il crut tout ce que je lui dis, et ne chercha point à en savoir plus. Théodore seul était avec moi ; nous étions tous deux déguisés, et, sortant rarement l'un et l'autre de notre appartement, nous n'excitâmes aucun soupçon : la quinzaine se passa de cette manière. Cependant j'eus dans cet intervalle l'occasion de me convaincre par moi-même qu'Agnès était rendue à la liberté ; je la vis passer dans le village, accompagnée de la vieille Cunégonde.

— Quelles sont ces dames ? dis-je à mon hôte, comme la voiture passait.

— La nièce du baron de Lindenberg, répondit-il, avec sa gouvernante. Elle va régulièrement tous les vendredis au couvent de Sainte-Catherine, où elle a été élevée, et qui n'est qu'à un quart de lieue d'ici.

Vous imaginez aisément avec quelle impatience j'attendis le vendredi suivant. Je vis de nouveau ma chère Agnès ; elle-même m'aperçut comme elle passait devant la porte de l'auberge. La rougeur qui couvrit tout à coup ses joues m'annonça qu'elle m'avait reconnu à travers mon déguisement. Je la saluai profondément : elle me répondit par un léger mouvement de tête, comme on rend le salut à un inférieur, et regarda d'un autre côté, jusqu'à ce que la voiture fut passée.

Cette soirée, si long-temps attendue, si long-temps désirée, arriva. Elle était calme, et la lune brillait de tout son éclat. Aussitôt qu'il fut onze heures, je partis pour le rendez-vous. Théodore s'était pourvu d'une échelle ; j'escaladai sans difficulté les murs du jardin : le page me suivit et tira l'échelle après lui. Je gagnai alors le pavillon de l'ouest, et là, j'attendis impatiemment l'arrivée d'Agnès. A chaque léger souffle dont le vent agitait les arbres, à chaque feuille qu'il faisait tomber, je croyais entendre son pas, et me levais pour aller au-devant d'elle. Ainsi, je passai une heure entière dont les momens me parurent autant de siècles. L'horloge du château sonna enfin minuit ; et, après un autre quart d'heure passé dans les mêmes transes, j'entendis enfin le pied léger d'Agnès, qui s'approchait avec beaucoup de précaution. Elle parut, je la conduisis à un siége, et là, me jetant à ses pieds, je lui exprimai ma reconnaissance.

— Nous n'avons pas de temps à perdre, Alphonso, dit-elle en m'interrompant ; les momens sont précieux ; je ne suis plus, à la vérité, consignée dans ma chambre, mais Cunégonde épie toutes mes démarches. Un exprès est arrivé de la part de mon père ; je dois partir incessamment pour

Madrid, et c'est avec beaucoup de peine que j'ai obtenu une semaine de délai. La superstition de mes parens, soutenue par les représentations de ma cruelle tante, ne me laisse aucun espoir de parvenir à les fléchir. J'ai donc résolu, dans cette alternative, de me confier à votre honneur; fasse le ciel que je n'aie jamais lieu de me repentir de ma résolution! La fuite est mon unique ressource pour me sauver des horreurs de l'esclavage monastique, et l'imminence du danger doit faire excuser mon imprudence.

— Oh! partons, lui dis-je, partons dès ce soir même, ma chère Agnès....

— Non, répondit-elle en m'interrompant, les mesures ne sont pas prises pour une prompte fuite. Il y a d'ici à Munich au moins deux journées de chemin; les émissaires actifs de ma tante nous auraient arrêtés peut-être avant que nous fussions sortis des dépendances du baron. D'ailleurs, mon absence du château ne souffrirait qu'une seule interprétation, et il n'y aurait point de doute sur le motif de ma disparition. Pour ne rien confier au hasard, et pour égarer plus sûrement l'attention des surveillans, j'ai conçu un autre projet qui vous paraîtra peut-être bizarre, mais que je regarde comme infaillible, et que j'aurai le courage d'exécuter. Ecoutez-moi :

— Nous sommes aujourd'hui au 30 avril. C'est dans la nuit du 5 mai, c'est-à-dire dans cinq jours, que doit avoir lieu l'apparition de cette religieuse fantastique. Dans ma dernière visite au couvent, je me suis procuré un habit convenable pour jouer ce rôle : une amie que j'y ai laissée, et à qui je n'ai pas fait scrupule de confier mon secret, a consenti à me prêter un de ses habits religieux; j'ai trouvé ailleurs le reste de l'accoutrement, et ma taille et ma stature répondent assez bien à ce qu'on rapporte de la nonne....

— Cette idée me réjouit infiniment.

— Dans cet intervalle, continua Agnès, vous aurez le

temps de vous procurer une voiture bien attelée, avec laquelle vous m'attendrez à peu de distance de la grande porte du château. Aussitôt que l'horloge sonnera une heure, je sortirai de ma chambre dans mon attirail de spectre ; tous ceux que je pourrai rencontrer seront trop effrayés pour s'opposer à ma sortie. J'atteindrai aisément la porte principale, et me remettrai alors sous votre protection. Ainsi notre fuite sera plus prompte et plus sûre : dans le trouble, on s'apercevra moins promptement de ma disparition ; les soupçons du moins se partageront ; peut-être même la regardera-t-on comme un évènement surnaturel. Je ne doute pas du succès. Mais s'il était possible, Alphonso, que vous me trompassiez, si vous ne voyiez qu'avec mépris mon imprudente confiance, si elle n'était payée par vous que d'ingratitude, jamais, non, jamais le monde n'aurait vu un être plus malheureux que moi. Je sens tout le danger auquel je m'expose ; je sens que je vous donne le droit de me traiter avec légèreté : mais je me confie à votre amour, à votre honneur. La démarche que je vais faire allumera contre moi la colère de mes parens. Si vous m'abandonniez, si vous me trahissiez, je n'aurais point d'ami pour prendre ma défense : sur vous seul repose toute mon espérance ; si votre cœur ne vous parlait pas en ma faveur, je serais perdue sans retour.

Elle prononça ces derniers mots d'un ton si touchant, que, malgré la joie que me causait en ce moment sa promesse de me suivre, j'en fus profondément affecté. Elle laissait tomber languissamment sa tête sur mon épaule ; je vis à la clarté de la lune que des larmes coulaient de ses yeux. Après lui avoir dit que j'allais employer tous mes moyens pour seconder l'exécution de son projet, qui me paraissait fort bien conçu, je lui jurai, dans les termes les plus solennels, que sa vertu et son innocence seraient toujours en sûreté sous ma garde, que, jusqu'au moment où le don libre et légal de sa main m'aurait fait son heureux époux, son honneur serait aussi sacré pour moi que celui d'une sœur; que mon premier soin serait de vous chercher, Lorenzo, et de vous intéresser à notre union. Je continuais à lui faire ces tendres et sincères protestations, lorsqu'un bruit, venant du dehors, excita notre attention. La porte du pavillon s'ouvrit tout à coup, et nous aperçûmes Cunégonde. Ayant entendu Agnès sortir de sa chambre, elle l'avait suivie dans le jardin, et l'avait vue entrer dans le pavillon. A la faveur de l'obscurité, elle s'était approchée le long des arbres en silence et sans être aperçue par Théodore, qui se tenait à quelque distance près de l'échelle. Cunégonde avait encore entendu toute notre conversation.

— Fort bien, s'écria-t-elle d'une voix presque étouffée par la colère. Admirable, mademoiselle! Sainte Barbe! vous avez d'excellentes inventions! Vous voulez contrefaire la *Nonne sanglante!* Quelle impiété! quelle incrédulité! Je suis en vérité tentée de vous laisser poursuivre votre projet, pour voir comment la vraie nonne vous arrangera, si elle vous rencontre. Et vous, don Alphonso, n'êtes-vous pas honteux de séduire ainsi une jeune créature sans expérience, de l'exciter à quitter sa famille et ses amis? Pour cette fois, du moins, je renverserai vos projets malicieux; la bonne dame sera informée de toute cette affaire, et mademoiselle Agnès sera obligée d'attendre pour jouer la religieuse une meilleure occasion. Adieu, monsieur. Allons, très *chère sœur* donna Agnès, voulez-vous me permettre de vous reconduire à l'instant à votre *cellule?*

En disant ces mots, elle s'approcha du sofa sur lequel était assise sa tremblante pupille, la prit par la main, et se prépara à l'emmener avec elle hors du pavillon.

Je la retins; j'employai pour la gagner, sollicitations, flatteries, promesses; tout fut inutile. Après avoir épuisé ma rhétorique, je renonçai aux moyens de douceur.

— Hé bien, lui dis-je, las de sa résistance, votre obstination trouvera sa punition. Il me reste un seul moyen de sauver Agnès, de me sauver moi-même; vous m'y forcez, et je n'hésiterai pas à l'employer.

Épouvantée de cette menace, Cunégonde fit de nouveaux efforts pour sortir du pavillon; mais alors je la saisis par le milieu du corps et la retins de force. Au même instant Théodore, qui était entré après elle dans le pavillon, en ferma la porte. Prenant alors le voile d'Agnès, je me hâtai d'en entortiller la tête de la duègne, qui poussait des cris si perçans, que je craignis qu'ils ne fussent entendus du château, malgré la distance qui la séparait du pavillon. A la fin, je parvins, avec le secours de Théodore, à bâillonner si complètement la pauvre Cunégonde, qu'il ne lui fut plus possible de pousser un seul cri.

Nous eûmes beaucoup plus de peine à lui lier, avec nos mouchoirs de poche, les pieds et les mains; nous y parvînmes cependant. J'invitai Agnès à se retirer promptement dans sa chambre, lui promettant qu'il n'arriverait point d'autre mal à sa gouvernante, et lui rappelant que, conformément à son plan, je me trouverais exactement, la nuit du 5 mai, à la grande porte du château. Nous nous dîmes un tendre adieu. Tremblante, respirant à peine, il ne lui restait que la force nécessaire pour me promettre de nouveau qu'elle accomplirait son projet; le cœur plein de trouble et de confusion, elle se rendit à son appartement.

— Il faut avouer, dit Théodore en riant, que nous avons fait là une riche capture. Eh! qu'allons-nous faire de cette antiquaille? Je lui dis de m'aider sans perdre de temps. Nous la hissâmes par-dessus le mur, et ne trouvant aucun meilleur moyen de la transporter à notre auberge, nous prîmes le parti de l'attacher, en travers, sur la croupe de mon cheval, en guise de porte-manteau; et je partis avec elle au galop. La malheureuse duègne n'avait de sa vie fait un voyage aussi désagréable; elle fut tellement secouée et ballottée, qu'à son arrivée elle n'avait plus l'air que d'une momie vivante, sans parler de son effroi, lorsque nous traversâmes une petite rivière que nous ne pouvions éviter de passer pour nous rendre au village. Pour l'introduire dans l'auberge, sans être vue de notre hôte, il fallut user de stratagème. Nous descendîmes de cheval l'un et l'autre à l'entrée de la rue. Théodore me précéda de quelques pas ; l'aubergiste ouvrit la porte, tenant une lampe dans sa main.

— Donnez-moi cette lumière, dit le page, voici mon maître qui vient.

Il prit la lampe des mains de l'aubergiste et la laissa tomber, conformément à mes instructions. Tandis que le bonhomme était allé la rallumer à la cuisine, j'eus le temps de monter la duègne dans mes bras, sans être aperçu, et de l'enfermer dans le cabinet le plus reculé de l'appartement. Bientôt l'aubergiste et Théodore reparurent avec des lumières. Le premier témoigna sa surprise de nous voir rentrer si tard ; mais il ne fit point de questions indiscrètes, et nous laissa dans l'enchantement que nous causait le succès de notre expédition.

Je rendis aussitôt visite à ma prisonnière, et l'invitai à se soumettre patiemment à une réclusion qui ne serait que momentanée. Ma tentative fut vaine. Ne pouvant ni parler ni se mouvoir, quoiqu'elle pût aisément respirer, elle m'exprimait par ses regards l'excès de sa furie. Je n'osais ni la délier ni la débrider que pour lui laisser prendre quelque nourriture ; mais alors je tenais une épée nue sur son sein, en lui signifiant que, si elle osait pousser un seul cri, je la perçais de part en part. Aussitôt qu'elle avait mangé, nous lui replacions ce que Théodore appelait sa bride. Ce procédé était cruel sans doute ; il ne peut être justifié que par l'urgence des circonstances, et par la nécessité d'arrêter le mal que cette intraitable mégère voulait nous faire. Quant à Théodore, il n'avait pas sur ce sujet le plus léger scrupule. La captivité de Cunégonde l'amusait infiniment. Pendant son séjour au château, ils avaient été, la duègne et lui, continuellement en guerre. A présent qu'il tenait son ennemi en son pouvoir, il en triomphait sans miséricorde, et ne paraissait occupé que du soin de lui faire à chaque moment quelque nouvelle espièglerie : quelquefois il affectait d'avoir pitié de son infortune, et tout à coup riait aux éclats; d'autres fois il lui peignait le trouble, et surtout les regrets que devait occasioner au château sa disparition. Cette dernière conjecture n'était pas totalement dénuée de fondement; car Agnès seule pouvait savoir ce qu'était devenue sa gouvernante, et j'ai su depuis qu'on l'avait cherchée dans tous les coins et recoins du château; qu'on avait inutilement séché les puits et fait une battue dans les bois pour la trouver. Agnès gardait le secret, et je gardais la duègne. La baronne resta donc dans une ignorance totale sur le sort de sa vieille protégée, et finit par soupçonner qu'elle s'était volontairement donnée la mort. Ainsi se passèrent les cinq jours durant lesquels j'avais tout préparé pour la grande entreprise.

En quittant Agnès, mon premier soin avait été de dépêcher à Munich un paysan avec une lettre à Lucas, par laquelle je lui ordonnais de m'envoyer au plus tôt une voiture attelée de quatre chevaux, en sorte qu'elle arrivât à dix heures du soir, au plus tard, le 5 de mai, au village de Rosenvald. Lucas exécuta ponctuellement mes ordres, la voiture arriva à l'heure fixée.

Cunégonde devenait encore plus furieuse à mesure que s'approchait le moment qui devait remettre en mes mains la garde de sa pupille. Dans quelques instans je craignais que la colère ne la suffoquât; cependant ayant assez heureusement découvert qu'elle avait beaucoup de goût pour l'eau-de-vie de cerises, je m'empressai de lui en fournir en abondance, ce qui nous permit quelquefois de la débrider. Cette liqueur avait la vertu d'adoucir merveilleusement l'acrimonie de son humeur, et, faute d'un autre amusement, elle s'enivrait le matin.

Le 5 mai arriva, cette époque ne sortira jamais de ma mémoire. Minuit n'était pas encore sonné que j'étais déjà au rendez-vous. Théodore m'accompagnait à cheval. Je cachai la voiture dans une caverne qui se trouve sur le côté de la montagne où le château de Lindenberg est situé. Cette caverne est spacieuse et profonde. Les paysans la nomment *Caverne de Linden*.

Le ciel était serein et la nuit calme. Des rayons de la lune tombaient à pic sur les tours antiques du château, dont ils argentaient les sommets. On n'entendait que le bruissement des feuilles agitées par le vent frais de la nuit, quelques aboiemens qui partaient des villages voisins, et le cri d'un hibou qui s'était établi sur un des angles de la *tour de l'est*. Ce cri lugubre me fit lever les yeux; je l'aperçus sur la corniche d'une fenêtre, que je reconnus pour être celle de l'appartement réservé à la nonne sanglante, dont cette particularité me retraça en un moment toute l'histoire. Je poussai un soupir, en réfléchissant sur le pouvoir de la superstition et sur la faiblesse de la raison humaine. Bientôt aussi j'entendis d'autres sons venant du château, et qui paraissaient être les reflets d'un concert de voix et d'instrumens.

— Quelle est cette musique? dis-je à Théodore; à quelle occasion y a-t-il ce soir concert au château?

— J'ai appris aujourd'hui, me répondit le page, qu'un étanger de distinction y était arrivé. Il est passé ce matin à Rosenvald. On dit que c'est le père de donna Agnès. Le baron lui aura probablement donné cette fête à son arrivée.

Bientôt après la cloche du château annonça minuit. A ce signal toute la famille était dans l'usage d'aller au lit. Je vis en effet, par tout le château, des lumières allant et venant dans diverses directions, d'où je conjecturai que la compagnie se séparait. J'entendis les grilles pesantes s'ouvrir et se fermer à grand bruit sur leurs gonds rouillés, et faire tressaillir les vitraux. La chambre d'Agnès donnait sur le côté opposé du château. Je craignis qu'elle n'eût pu se procurer la clé de l'appartement abandonné de la tour de l'est, ce qui lui était cependant indispensablement nécessaire pour pouvoir descendre de la grande salle par le petit escalier. Occupé de cette idée, je tenais les yeux constamment fixés sur la fenêtre, espérant apercevoir à tout instant la lueur si désirée d'une lampe dans les mains d'Agnès. Au milieu de mon impatience, j'entendis retirer les énormes verroux de la porte principale, et je distinguai le vieux Conrad, portier du château. Tenant une chandelle à la main, il ouvrit toutes les portes, et se retira. Insensiblement les lumières disparurent l'une après l'autre, et bientôt le château fut totalement dans l'obscurité.

J'étais assis sur une grosse pierre détachée de la montagne. L'aspect tranquille des objets qui m'environnaient m'inspirait des idées mélancoliques, mais douces. Le château, que j'avais en pleine perspective, m'offrait un objet également imposant et pittoresque. Ses murailles massives, teintes par les pâles rayons de la lune, ses tourelles à demi ruinées, dont les pointes étaient voisines des nuages, et semblaient les défier ; ces créneaux, ces bastions couverts de lierre, et particulièrement ces portes ouvertes en l'honneur d'une apparition surnaturelle, tous ces objets contribuèrent à me pénétrer d'une lugubre et respectueuse horreur. Ces sensations se joignaient à mon impatience pour me faire sentir plus vivement avec quelle extrême lenteur le temps semblait s'écouler. J'approchai davantage du château, et me déterminai à en faire le tour. J'aperçus encore une lueur légère à la fenêtre de la chambre d'Agnès. Comme je continuais à regarder vers ce point, je vis l'ombre d'une personne s'approcher de la vitre, et fermer plus exactement le rideau pour cacher totalement une lampe allumée. Convaincu par cette observation qu'Agnès n'avait point abandonné notre plan, je revins joyeux à mon poste.

La demie sonna, ensuite les trois quarts. Le cœur me battait d'espoir et de crainte. A la fin, l'instant si long-temps attendu arriva. L'horloge sonna une heure : le son fut répété par tous les échos du château et des environs. Je tins mes yeux fixés sur la fenêtre de l'appartement de *la tour de l'est*. Cinq minutes s'étaient à peine écoulées, que j'y vis paraître de la lumière. J'étais en ce moment le plus près possible de la tour. La fenêtre n'était pas fort élevée; je crus apercevoir une figure de femme, portant une lampe en sa main, et marchant lentement le long de l'appartement. La lumière s'éloigna par degrés, et bientôt elle disparut.

Je reconnus à quelques lueurs que je vis briller aux fenêtres de l'escalier, que mon aimable *revenant* le descendait. Je suivis également la lumière tout le long de la grande salle; elle atteignit la porte principale; elle la passa : je vis Agnès.

Elle était costumée exactement comme elle m'avait décrit le spectre. Un chapelet était pendu à son bras. Sa tête était couverte d'un long voile blanc. Son vêtement était parsemé de gouttes de sang; elle tenait d'une main une lampe, et de l'autre un poignard. Je courus à sa rencontre et la pris dans mes bras.

— Agnès, lui dis-je en la pressant contre mon cœur :

« Agnès, Agnès, tu es à moi;
« Je suis à toi pour la vie.
« Tant qu'une goutte de sang restera dans mes veines,
« Mon cœur, mon ame, tout mon être est à toi. »

Effrayée, pouvant à peine respirer, elle laissa tomber sa lampe et son poignard; et, sans proférer une seule parole, tomba elle-même sur mon sein. Je la portai dans mes bras, et la plaçai dans la voiture. Alors j'ordonnai à Théodore de retourner à l'instant même au village, et de remettre dans deux jours Cunégonde en liberté. Je le chargeai aussi de faire porter lui-même à la baronne une lettre dans laquelle je lui expliquai toute l'affaire, et la priai instamment d'obtenir le consentement de don Gaston à mon union avec sa fille ; je lui découvrais mon véritable nom, ma naissance et mes espérances, et l'assurais que, s'il n'était pas en mon pouvoir de répondre à son amour, je saurais du moins ne rien négliger pour obtenir son estime et son amitié.

Je montai en voiture aussitôt après y avoir placé Agnès. Théodore ferma la portière, et les chevaux partirent au galop. Ils couraient avec la plus étonnante vitesse. J'en fus charmé au commencement ; cependant, réfléchissant que très probablement nous n'étions pas poursuivis, je criai aux postillons que rien ne nous pressait si fort, et leur ordonnai de modérer leurs pas. Les postillons voulurent en vain m'obéir : les chevaux, comme effrayés, n'étaient plus sensibles au frein ; ils continuèrent à courir, à souffler, à hennir. Les conducteurs, redoublant vainemet d'efforts pour les contenir, furent tous à la fois jetés par terre. Les cris qu'ils poussèrent en tombant m'avertirent de la grandeur du danger que je courais. En ce moment là même de sombres nuages obscurcirent le firmament. J'entendis mugir horriblement les vents déchaînés ; les éclairs brillaient en se croisant, le tonnerre grondait. Jamais je n'avais vu une aussi effroyable tempête. Plus effrayés encore par ce choc universel des élémens, les chevaux semblaient à chaque instant redoubler de vitesse ; rien ne les arrêtait : les haies, les fossés, les plus dangereux précipices, ils franchissaient tout avec la rapidité des éclairs.

Malgré tout ce désordre, je continuais à tenir dans mes bras ma triste compagne, qui paraissait être toujours sans mouvement et sans connaissance. Excessivement alarmé, plus encore pour elle que pour moi, je fis tous mes efforts pour la faire revenir de son évanouissement ; mais en ce moment un craquement épouvantable vint terminer bien douloureusement mes inquiétudes. L'essieu se rompit ; la voiture se brisa en mille pièces, et ma tête, en tombant, frappa contre une pierre. La violence du coup, mes craintes pour Agnès, m'eurent bientôt fait perdre connaissance à moi-même. Je restai étendu sur la place sans mouvement et sans aucune apparence de vie.

Il est probable que je demeurai long-temps en cet état, car il était grand jour quand j'ouvris les yeux. J'aperçus alors autour de moi plusieurs paysans qui débattaient entre eux la question de savoir si j'en reviendrais ou si je n'en reviendrais pas. Je parlais allemand passablement. Aussitôt que je pus articuler un mot, je demandai des nouvelles d'Agnès. Quels furent ma surprise et mon chagrin, lorsque les paysans m'assurèrent qu'ils n'avaient vu personne qui ressemblât au portrait que j'en faisais ! Ils me dirent qu'en allant à leur travail journalier, ils avaient été étonnés de trouver sur leur chemin les débris de ma voiture, et attirés par les gémissemens d'un des chevaux, le seul qui fût resté vivant, les trois autres étaient morts presque à mes côtés. Les paysans m'avaient trouvé seul avec eux, étendu sur le chemin. Excessivement inquiet sur le sort d'Agnès, je donnai aux paysans son signalement ; je leur décrivis son habillement et sa figure, et les priai de se disperser dans les environs, promettant une récompense considérable à celui qui m'en apporterait quelques nouvelles. Quant à moi, il me fut impossible de joindre mes recherches aux leurs ; je m'étais, en tombant, enfoncé deux côtes ; un de mes bras était démis, et j'avais reçu à la jambe gauche une si forte contusion, que je n'espérais pas en jamais recouvrer l'usage.

Les paysans firent ce que je leur demandais. Tous me quittèrent, à l'exception de quatre, qui, ayant formé avec des branches une espèce de brancard, se disposèrent à me transporter à la ville la plus prochaine. J'en demandai le nom ; ils me dirent que c'était Ratisbonne. Ratisbonne ! m'écriai-je, est-il possible que j'aie fait en une demi nuit autant de chemin ? Ce matin, à une heure, et même après, j'ai traversé le village de Ronsenvald. A ces mots, les paysans secouèrent les oreilles, en se faisant entendre par signes que ma tête n'était pas bien remise.

Je fus déposé dans une assez bonne auberge, et placé dans un lit. On fit venir un chirurgien, qui raccommoda mon bras avec assez de succès, et pansa de même mes autres blessures. Il me dit qu'aucune n'était absolument dangereuse; mais il m'ordonna de rester tranquille, et de me préparer à un traitement long et peu amusant. Il n'est qu'un moyen, lui dis-je, de me tranquilliser, c'est de me procurer quelques nouvelles de la jeune personne qui, la nuit dernière, a quitté Rosenvald en ma compagnie, et qui était avec moi dans la voiture au moment qu'elle s'est brisée en pièces. Il me promit qu'on ferait toutes les recherches possibles : mais bientôt j'entendis dans l'appartement voisin le chirurgien, l'hôtesse et les paysans, qui étaient tous revenus sans avoir rien découvert, convenir unanimement que je n'étais pas en mon bon sens; et j'ai appris depuis, qu'à compter de ce moment, on ne s'était plus donné la peine de faire de nouvelles perquisitions.

Mes équipages étaient restés à Munich, sous la garde de Lucas; mais, comme je m'étais préparé pour un long voyage, ma bourse était garnie. Ma mise d'ailleurs annonçait un homme de distinction, et d'après cela l'on eut pour moi à l'auberge toutes les attentions possibles. Voyant cette journée passée sans qu'il me vînt aucune nouvelle d'Agnès, ma crainte se changea en un désespoir profond et concentré. Les personnes qui me gardaient, me voyant silencieux et tranquille en apparence, conjecturèrent que mon délire avait baissé, et que ma maladie prenait un tour favorable. Conformément à l'ordonnance du médecin, elles me firent avaler un cordial, et peu de temps après que la nuit fut venue, elles se retirèrent et me laissèrent reposer.

Ce fut en vain que j'invoquai le repos : l'agitation de mon cœur ne permettait point au sommeil de s'appesantir sur mes yeux. Quoique extrêmement fatigué, je ne fis toute la nuit que me retourner sur un côté, puis sur l'autre, sans pouvoir m'endormir. J'entendis l'horloge d'une église voisine sonner une heure. Comme j'écoutais le son lugubre de cette cloche mourir en tremblotant, et se perdre insensiblement dans les vents, un froid mortel me saisit. Je frisonnai involontairement, et sans savoir la cause de mon effroi : une sueur froide coula de mon front ; mes cheveux se hérissèrent. Par un mouvement involontaire, je me levai sur mon séant, et j'ouvris mon rideau. Une seule lampe antique, posée sur la cheminée, répandait une faible lueur sur toute la chambre et sur la tapisserie de couleur sombre dont elle était tendue. Tout à coup ma porte s'ouvre avec violence. Quelqu'un entre, s'approche de mon lit d'un pas grave et mesuré. Je jette en tremblant les yeux sur ce visiteur nocturne : Dieu tout-puissant ! c'était la nonne sanglante ; c'était ma compagne de la dernière nuit : son visage était toujours voilé ; mais elle ne portait plus ni sa lampe, ni son poignard. Elle leva lentement son voile. Que vis-je? Un corps inanimé : sa figure était longue, son air hagard ; ses joues et ses lèvres étaient totalement décolorées. La pâleur de la mort était répandue sur ses traits, et les deux prunelles de ses yeux fixées obstinément sur moi, étaient creuses et sans couleur.

Frappé d'une inexprimable horreur, je sentis, à la vue du spectre, mon sang se glacer dans mes veines. Je voulais appeler du secours ; les sons expiraient sur mes lèvres : toutes les fibres de mon corps étaient en contraction. Je demeurai sur mon lit dans la même attitude, inanimé comme une statue.

Ma terrible nonne me regarda pendant quelques minutes en silence ; quelque chose de pétrifiant était dans son regard. A la fin, elle prononça, d'une voix sépulcrale, les mots suivans :

« Raymond, Raymond, tu es à moi ;
« Je suis à toi pour la vie.
« Tant qu'une goutte de sang restera dans les veines,
« Ton cœur, ton ame, tout ton être est à moi. »

La nonne répétait mes propres expressions. Elle s'assit presque en face de moi sur le pied de mon lit, et garda le silence ; ses yeux restaient constamment fixés sur les miens : ils avaient sans doute la même vertu que ceux du serpent à sonnettes, car je m'efforçais en vain d'en détourner mes regards, et ne pouvais regarder qu'elle.

Elle resta dans cette attitude une heure entière, sans parler et sans se mouvoir ; je fus de même pendant tout ce temps, sans parole et sans mouvement. L'horloge sonna deux heures ; le spectre alors se leva, s'approcha de moi, saisit ma main de ses doigts glacés ; et de ses lèvres, plus glacées encore, pressa les miennes en répétant :

« Raymond, Raymond, tu es à moi,
« Je suis à toi pour la vie, etc. »

Quittant alors ma main, elle sortit de l'appartement, et la porte se referma sur elle.

Toutes mes facultés physiques avaient été jusqu'à ce moment suspendues : mon ame seule était vivante. Après son départ, le charme cessa d'opérer, mon sang recommença à circuler ; mais il se porta à mon cœur avec une violence extraordinaire. Je poussai un profond gémissement, et tombai sans connaissance la tête sur mon oreiller.

La chambre voisine n'était séparée de la mienne que par une légère cloison : elle était occupée par l'aubergiste et sa femme. Le premier, éveillé par mon gémissement, entra aussitôt dans ma chambre : sa femme le suivit de près. Ce ne fut pas sans peine qu'ils purent me faire revenir de mon évanouissement : ils envoyèrent chercher le médecin, qui déclara que ma fièvre avait beaucoup augmenté, et que, si je continuais à me livrer à d'aussi violentes agitations, il ne répondait pas de ma vie. Il me fit prendre quelques médicamens qui contribuèrent un peu à me tranquilliser. J'eus au point du jour quelques instans de sommeil ; mais des songes affreux m'assiégeaient, et ce sommeil ne me procura point de rafraîchissement. Agnès et la nonne sanglante se présentaient tour à tour à mon imagination, et concouraient l'une et l'autre à me tourmenter. L'agitation de mon esprit empêchait que je ne pusse renouer les fils rompus de mes espérances. J'avais fréquemment des faiblesses, et le médecin me quittait tout au plus l'espace de deux heures dans toute la journée.

Bien assuré que mon aventure ne serait point crue, je me déterminai à n'en faire confidence à aucune des personnes qui m'approchaient. Cependant, j'étais fort inquiet pour Agnès. Qu'avait-elle dû penser de moi, en ne me trouvant pas au rendez-vous ? Était-il possible qu'elle ne suspectât pas ma fidélité ? Je comptais sur la discrétion de Théodore, et j'espérais que ma lettre à la baronne la convaincrait de la pureté de mes intentions. Ces considérations calmaient un peu mes inquiétudes relativement à Agnès ; mais l'impression qu'avait laissée dans mon esprit mon nocturne visiteur devenait à chaque instant plus vive et plus douloureuse. La nuit approchait, et je craignais une nouvelle visite : quelquefois aussi j'espérais que le spectre ne reparaîtrait plus. A tout événement, je demandai qu'un des garçons de l'auberge passât la nuit dans ma chambre.

La fatigue dont j'étais accablé, jointe aux fortes doses d'opium que me fit prendre mon médecin, me procurèrent enfin le repos dont j'avais tant besoin. Je tombai dans un assoupissement profond, et j'avais déjà dormi pendant quelques heures, quand l'horloge me réveilla en sonnant une heure. Ce son rappela à ma mémoire toutes les horreurs de la nuit précédente ; le même frisson me saisit ; je me levai de même sur mon lit, et apercevant près de moi le garçon profondément endormi dans un grand fauteuil, je l'appelai par son nom, il ne répondit point ; je le tirai violemment par le bras ; insensible à mes efforts, il continua de dormir, et je ne pus l'éveiller. Alors j'entendis quelqu'un monter l'escalier à pas pesans : la porte s'ouvrit comme la veille, et la nonne reparut devant moi. La même scène fut répétée avec les mêmes circonstances, non-seulement cette nuit, mais, hélas! toutes les nuits subséquentes, sans interruption. Loin de m'accoutumer à ces visites, la présence du spectre m'inspirait chaque jour une nouvelle horreur ; son idée me poursuivait continuellement ; je tombai dans une noire mélancolie. L'agitation constante de mon esprit retarda le rétablissement de ma santé.

Plusieurs mois s'écoulèrent avant que je fusse en état de sortir de mon lit, et lorsqu'enfin je pus me placer sur un canapé, je me trouvai si faible et si amaigri, qu'il m'eût été impossible de traverser la chambre, si quelqu'un ne m'eût pas soutenu. Les regards de ceux qui me servaient annonçaient assez clairement combien ils conservaient peu d'espoir de ma guérison. La profonde tristesse dans laquelle j'étais plongé fit croire à mon médecin que j'étais hypocondriaque. Ne connaissant aucun remède à mon malheur, j'en gardais soigneusement le secret. Le spectre n'était alors visible que pour moi. Souvent j'avais fait coucher plusieurs personnes dans ma chambre ; toutes demeuraient plongées dans un insurmontable sommeil dès que l'horloge sonnait une heure, et il n'était possible de les réveiller qu'après que le spectre était disparu. Dans cet intervalle, j'obtins par le moyen de Théodore, qui, après beaucoup de peines et de recherches, était parvenu à me trouver, quelques informations qui me rassurèrent sur le sort de votre sœur, mais d'après lesquelles je fus convaincu que toute tentative pour la soustraire à la captivité serait veine, jusqu'à ce que je fusse en état de retourner en Espagne. Je vais vous raconter les particularités de son aventure, telles que je les tiens, partie d'elle-même, et partie de Théodore.

La nuit fatale où son évasion devait avoir lieu, un léger accident ne lui avait pas permis de quitter sa chambre précisément au moment convenu ; cependant elle n'avait pas tardé à se rendre à l'appartement de la tour de l'est; elle avait descendu l'escalier, traversé la grande salle, trouvé les portes ouvertes, comme elle s'y était attendue, et gagné, sans être observée, la porte principale du château. Quelle fut sa surprise, lorsqu'elle ne m'y trouva point pour la recevoir! Elle examina la caverne, parcourut toutes les allées du bois voisin, et passa deux heures entières à me chercher; elle ne put trouver aucunes traces ni de moi, ni de la voiture.

Inquiète, alarmée, son unique ressource fut de retourner au château avant que la baronne pût s'apercevoir de son absence. Mais ici elle éprouva un nouvel embarras. L'heure destinée à l'excursion de la nonne était passée, et le soigneux portier avait depuis long-temps refermé les portes. Après beaucoup d'irrésolution, elle se hasarda de frapper doucement. Heureusement pour elle, Conrad était encore éveillé; il entendit le bruit, se leva en murmurant, et ouvrit un des battans. Mais il n'eut pas plutôt aperçu le spectre supposé, qu'il poussa un grand cri, et tomba à genoux. Agnès profitant de sa terreur, sauta légèrement par-derrière lui, courut à son appartement, se dépouilla de son habit religieux, et se mit au lit, cherchant en vain à s'expliquer comment et pourquoi elle ne m'avait point trouvé au rendez-vous.

Théodore, après avoir vu partir ma voiture avec la fausse Agnès, était retourné joyeusement à Rosenvald. Deux jours après il remit Cunégonde en liberté, et l'accompagna jusqu'au château. En y arrivant il trouva le baron, la baronne et don Gaston, qui disputaient entre eux sur la relation que le portier leur avait faite. Tous les trois étaient d'accord sur l'existence des spectres : — Mais qu'un revenant ait eu besoin, disait don Gaston, de frapper à une porte pour entrer, c'est un procédé jusqu'à présent sans exemple, et totalement incompatible avec la nature immatérielle des esprits. Ils étaient encore occupés à discuter sur ce sujet, lorsque le page arriva avec Cunégonde, et contribua beaucoup à éclaircir ce mystère. Après qu'on eut entendu sa déposition, il fut unanimement convenu que l'Agnès que Théodore avait vue monter dans ma voiture était indubitablement la nonne sanglante, et que le spectre qui avait tant effrayé Conrad, n'était autre que la fille de don Gaston.

Après le premier instant de surprise que causa cette découverte, la baronne résolut de profiter de cet événement même pour engager sa nièce à prendre le voile. Craignant que la proposition d'un établissement aussi avantageux pour elle ne fît renoncer don Gaston à sa résolution, elle ne communiqua ma lettre à personne, et continua à me représenter comme un aventurier peu riche et inconnu. Une vanité romanesque ou puérile m'avait engagé à cacher mon nom, même à Agnès. Je voulais être aimé pour moi-même, et non comme le fils et l'héritier du marquis de Las Cisternas. Ma naissance et mon rang n'étaient donc connus dans le château que de la baronne, qui eut grand soin de garder ce secret pour elle seule. Don Gaston approuva son dessein; Agnès fut appelée à comparaître devant eux; on l'accusa formellement d'avoir médité une évasion. Obligée d'en faire l'aveu, elle fut étonnée de la douceur avec laquelle cet aveu était reçu. Mais quelle fut son affliction, lorsqu'on lui eut donné à entendre que si le projet avait échoué, c'était à mon indifférence seule ou à ma mauvaise foi qu'il fallait l'attribuer! Cunégonde, d'après les instructions de la baronne, déclara qu'en la remettant en liberté, je l'avais chargée d'annoncer à sa jeune maîtresse que toute liaison entre elle et moi était désormais rompue; que tout ce qui avait eu lieu n'était que l'effet d'un mal-entendu, et que ma situation ne me permettait pas d'épouser une personne sans fortune et sans espérances.

Ma disparition soudaine rendait cette fable très vraisemblable. Donna Rodolphe avait ordonné que Théodore, qui aurait pu la contredire, fût tenu éloigné d'Agnès, et soigneusement gardé à vue. Une lettre de vous-même, arrivée en ce moment, et par laquelle vous déclariez n'avoir aucune connaissance d'Alphonso d'Alvarada, vint confirmer leurs assertions. Ces preuves réitérées de ma prétendue perfidie, soutenues par les insinuations artificieuses de sa tante, par les flatteries de Cunégonde, par les menaces et le courroux de son père, surmontèrent totalement la répugnance de votre sœur pour le couvent. Irritée contre moi, dégoûtée du monde, après un autre mois passé au château de Lindenberg, elle partit avec son père pour l'Espagne, et consentit à recevoir le voile. Théodore, remis alors en liberté, se rendit promptement à Munich, où j'avais promis de lui laisser de mes nouvelles; mais ayant appris de Lucas que je n'y étais point arrivé, il continua ses recherches avec un zèle infatigable, et me rejoignit enfin à Ratisbonne.

J'étais tellement changé, qu'il put à peine se rappeler mes traits. Les siens portaient aussi visiblement l'empreinte du chagrin et du tendre intérêt qu'il prenait à mon sort. La société de cet aimable enfant, que j'avais toujours regardé plutôt comme un compagnon que comme un serviteur, fut alors ma seule consolation. Il était à la fois gai et sensé; sa conversation était agréable, et ses observations piquantes; il savait passablement la musique, et chantait fort bien. Il avait du goût pour la poésie; il faisait même quelquefois de petites ballades espagnoles qu'il me chantait en s'accompagnant de sa guitare. Ses vers étaient assez médiocres, à la vérité, mais ils me plaisaient par leur nouveauté et par l'accent dont il savait les embellir en les chantant. Théodore s'apercevait bien que mon ame était en proie à quelque chagrin; il cherchait à l'adoucir sans s'informer quelle en était la cause.

Un après-midi, comme j'étais couché sur mon lit de repos, et plongé dans de tristes réflexions, Théodore s'amusait à observer de la fenêtre deux postillons qui se battaient dans la cour de l'auberge. Apercevant en ce moment auprès d'eux un homme qui les regardait aussi : — Oh! oh! s'écria-t-il, voilà le Grand Mogol!

— Que dites-vous, Théodore?

— Oui, oui, c'est lui-même. Oh! monsieur, c'est un homme qui m'a tenu, à Munich, un propos fort étrange. Je me le rappelle à présent; c'était une sorte de message pour vous, mais qui me parut mériter fort peu d'attention. Je crois, quant à moi, que le papa est un peu fou. Comme je vous cherchais à Munich, je le rencontrai à l'auberge du *Rois des Romains*; et l'aubergiste me fit sur son compte un récit extraordinaire. On devine aisément à son accent qu'il est étranger; mais de quel pays, c'est ce que personne ne peut dire. Il ne paraissait pas avoir une seule connaissance dans la ville : il parlait rarement, et jamais on ne le voyait sourire. Il n'avait ni serviteurs ni équipages, mais sa bourse paraissait bien garnie; il faisait beaucoup de bien par toute la ville. Quelques uns prétendaient que c'était un astrologue arabe; d'autres, un marchand voyageur; d'autres, le docteur Faustus, que le diable avait renvoyé en Allemagne; mais mon hôte, se prétextant mieux instruit que tous les autres, me dit qu'il avait les plus fortes raisons de croire que c'était le Grand Mogol qui voyageait incognito.

— Et ce propos étrange qu'il vous a tenu, Théodore?...

— Ah! je n'y songeais plus; mais l'eussé-je oublié tout à fait, il n'y aurait pas grand'perte. Tandis que je prenais, relativement à vous, des informations, cet étranger vint à passer. Il s'arrêta, en me regardant attentivement : Jeune homme, me dit-il, celui que vous cherchez a trouvé autre chose que ce qu'il cherchait. Ma main seule peut étancher le sang. Dites à votre maître qu'il doit désirer de me connaître toutes les fois que l'horloge sonne UNE HEURE.

Ces dernières paroles m'annonçaient que l'étranger était instruit de mon secret. — Comment? m'écriai-je fort étonné, et me levant brusquement : courez à lui, mon enfant ; descendez vite, et dites-lui que je lui demande quelques momens d'entretien.

Théodore, surpris de ma vivacité, s'empressa de m'obéir. J'attendais son retour avec impatience. Après un court espace de temps il revint, et introduisit l'étranger dans ma chambre.

Cet homme offrait en effet dans toute sa personne quelque chose d'extraordinaire. Sa démarche était grave ; ses traits étaient fortement prononcés ; ses yeux grands, noirs et brillans. On remarquait je ne sais quoi dans son regard qui, du moment que je le vis, m'inspira du respect, pour ne pas dire de l'effroi. Sa mise était simple, ses cheveux épars et sans poudre. Une bande de velours noir, qui lui couvrait tout le front, ajoutait encore à la sombre expression de sa physionomie. On lisait sur son visage les traces d'une profonde mélancolie.

— Il me salua poliment, et après les honnêtetés d'usage, pria Théodore de nous laisser seuls : le page sortit à l'instant.

— Je sais toute votre affaire, me dit-il sans me donner le temps de parler. J'ai le pouvoir de vous affranchir de vos visites nocturnes ; mais je ne puis rien faire avant dimanche. Ce jour-là, dès qu'il commence, les esprits de ténèbres ont moins d'influence sur les mortels. Samedi passé, la nonne ne vous visitera plus.

— Puis-je vous demander, lui dis-je, par quels moyens vous avez pu connaître un secret que je n'ai confié à qui que ce soit ?

— Comment puis-je ignorer votre peine, lorsque je vois celle qui la cause en ce moment même à côté de vous ?

Je tressaillis. L'étranger continua :

— Quoiqu'elle ne soit visible pour vous qu'une heure sur vingt-quatre, sachez qu'elle ne vous quitte ni jour, ni nuit, et qu'elle ne vous quittera qu'après que vous lui aurez accordé sa demande.

— Et quelle est cette demande ?

— Je l'ignore ; elle-même vous l'expliquera ; mais attendez avec patience la nuit du samedi : alors tout s'éclaircira.

Je n'osai pas le presser davantage ; il changea aussitôt de conversation, et nous parlâmes de choses et d'autres. Il me nommait des personnes qui depuis plusieurs siècles avaient cessé d'exister, et qu'il paraissait avoir connues. Je ne pouvais lui parler d'un pays si éloigné, qu'il ne l'eût visité ; je ne me lassai point d'admirer toute l'étendue et la variété de son savoir.—Vos voyages, lui dis-je, qui vous ont procuré tant et de si utiles connaissances, doivent avoir été pour vous une source intarissable de plaisirs.

— Des plaisirs, reprit-il en secouant tristement la tête, je n'en connais point. Nul ne peut imaginer la rigueur de mon sort. Je n'ai point d'amis dans ce monde, et n'en puis jamais avoir. Oh ! s'il m'était permis d'abjurer ma misérable vie ! Sans repos et sans asile, combien je porte envie à ceux qui peuvent jouir de la paix du tombeau ! mais la mort m'évite ; elle est sourde à mes prières. C'est en vain que je me précipite au milieu des dangers. Si je me plonge dans l'Océan, les vagues me rejettent avec horreur sur le rivage ; si je saute au milieu des flammes, elles s'éteignent autour de moi ; si je m'expose à la fureur des brigands, leurs poignards s'émoussent ou se rompent contre mon sein. Les tigres affamés frissonnent à mon approche, et le crocodile recule à l'aspect d'un monstre plus horrible que lui. Dieu a appliqué sur moi le sceau de sa réprobation, et toutes ses créatures respectent ce fatal stigmate.

Il porta alors sa main au velours qui couvrait son front, et j'aperçus dans ses yeux l'expression si marquée de la fureur, du désespoir, de la malveillance, que j'en fus frappé d'horreur. L'étranger s'en aperçut.

— Tel est, dit-il, l'effet de la malédiction qui pèse sur moi. Malgré la bienfaisance naturelle de mon cœur, mon sort est de ne pouvoir jamais être aimé La terreur, la détestation, c'est tout ce qu'il m'est permis d'inspirer. Vous avez déjà senti l'influence du charme ; chaque moment ne ferait que l'accroître. Je ne veux pas ajouter à vos souffrances par ma présence. Adieu, jusqu'à samedi ; à l'heure juste de minuit, je serai à la porte de votre chambre.

Il sortit, et me laissa fort étonné de la singularité de ses manières et de sa conversation ; mais la promesse positive qu'il m'avait faite de me débarrasser de mon affreuse apparition avait déjà opéré sensiblement sur ma santé. Théodore s'en aperçut en rentrant, et se félicita beaucoup de m'avoir procuré la connaissance du grand Mogol. Il y avait encore trois grands jours à passer avant d'être au samedi. J'attendis cette nuit avec impatience. Dans cet intervalle, la none sanglante continua ses visites nocturnes ; mais l'espérance m'ayant rendu quelque courage, sa vue produisit sur moi des effets moins violens.

La nuit du samedi étant arrivée, pour prévenir tout soupçon je me mis au lit à mon heure ordinaire ; mais dès que je fus seul, je me r'habillai et me préparai à recevoir l'étranger. Il entra vers minuit, tenant dans ses mains une boîte qu'il plaça sur un coin de la cheminée. Il me salua sans parler ; je lui rendis le salut en silence. Il ouvrit sa boîte. La première chose qu'il en tira fut un petit crucifix de bois ; il s'agenouilla, le regarda tristement, et éleva les yeux au ciel. Après quelques instants de prière fervente, il se courba jusqu'à terre, baisa trois fois le crucifix et se releva. Tirant alors de sa boîte un gobelet couvert, qui contenait une liqueur rouge, il en arrosa légèrement le plancher, et après avoir trempé dans le vase l'extrémité du crucifix, il en traça un cercle au milieu de la chambre ; il tira enfin une large bible, et me fit signe de le suivre dans le cercle, ce que je fis aussitôt.

— Gardez-vous, me dit-il à basse voix, de proférer une seule parole ; ayez soin de ne pas sortir du cercle, et si vous vous aimez vous-même, ne me regardez point au visage.

Tenant le crucifix d'une main, et la bible de l'autre, il paraissait lire fort attentivement. L'horloge sonna une heure. J'entendis, comme de coutume, les pas du spectre le long de l'escalier ; mais je ne me sentis point saisi du frisson ordinaire. J'attendis son approche avec confiance. La nonne entra dans la chambre, évita le cercle, et s'arrêta. L'étranger marmotta quelques mots que je ne compris point. Alors, levant la tête, et présentant le crucifix au spectre, il dit à haute et intelligible voix :

— Béatrice ! Béatrice ! Béatrice !

— Que me veux-tu? répondit le spectre d'une voix profonde et tremblante.

— Qui trouble ainsi ton sommeil? Pourquoi viens-tu tourmenter ce jeune homme? Comment peut-on rendre le repos à ton esprit inquiet?

— Je n'ose, répondit-elle, je ne dois pas le dire. Oui, je voudrais reposer dans mon tombeau ; mais des ordres éternels prolongent ma punition.

— Connais-tu, Béatrice, cette liqueur? sais-tu de quelles veines elle provient? Béatrice, en son nom, je t'ordonne de me répondre.

— As-tu droit de me commander ?

Il ôta alors de son front la bande de velours. En dépit de ses injonctions, je ne pus résister à ma vive curiosité, et, jetant un coup d'œil sur son visage, je pus apercevoir une petite croix de couleur de feu imprimée entre ses deux sourcils. Cette vue, quoique rapide comme l'éclair, me frappa d'une horreur si subite et si violente, que, si l'exorciseur ne m'eût pas retenu par le bras, je serais infailliblement tombé hors du cercle.

Quand j'eus repris mes sens, je m'aperçus que la croix de feu avait produit un effet non moins violent sur la nonne sanglante. Tout en elle exprimait l'horreur et l'effroi ;

tous ses membres étaient frappés d'un insurmontable tremblement.

— Oui, dit-elle à la fin, je tremble devant ce signe, et je vous obéirai. Sachez donc que mes os sont toujours sans sépulture; ils pourrissent obscurément dans la caverne de Linden. Ce jeune homme a seul le droit de les déposer dans un tombeau; il m'a, de sa propre bouche, fait et déclaré maîtresse de *tout son être*. Je ne le tiendrai point quitte de son engagement; il ne passera pas une seule nuit exempte de terreur, jusqu'à ce qu'il se soit solennellement engagé à recueillir mes ossemens, et à les déposer dans le caveau de famille de son château d'Andalousie. Il fera dire ensuite trente messes pour le repos de mon âme; alors je ne troublerai plus ni lui ni personne en ce monde. A présent, laisse-moi partir; ces flammes sont dévorantes.

Après que l'exorciseur eut abaissé lentement le crucifix qu'il tenait d'une main, et qu'il lui avait toujours présenté, la nonne courba la tête, et s'évanouit aussitôt dans l'air comme une ombre. Il me reconduisit hors du cercle, replaça son attirail dans la boîte, et s'adressant ensuite à moi :

— Don Raymond, me dit-il, vous avez entendu à quelles conditions le repos vous est accordé; il s'agit maintenant de promettre ce qu'elle exige de vous. Je fis cette promesse dans les termes et avec les formalités qu'exigea de moi l'étranger.

A présent, continua-t-il, il ne me reste plus qu'à vous dévoiler ce que l'histoire du spectre vous présente d'obscur. Sachez donc que Béatrice, lorsqu'elle vivait, portait le nom de Las Cisternas; elle était la grand'tante de votre trisaïeul. Etant votre parente, ses cendres demandent de vous du respect, quoique l'énormité de ses crimes dût exciter votre horreur. Personne n'est plus en état que moi de vous expliquer de quelle nature étaient ces crimes. J'ai connu personnellement le saint homme qui proscrivit ses excès nocturnes dans le château de Lindenberg, et je tiens de sa bouche le récit suivant :

— Béatrice de Las Cisternas prit le voile étant encore jeune, non d'après son choix, mais d'après l'ordre exprès de ses parens. Elle était alors trop peu formée pour regretter les plaisirs dont la privait son entrée en religion. Mais lorsque son tempérament ardent et voluptueux eut commencé à se développer, elle s'abandonna totalement à son impulsion, et se détermina à saisir la première occasion qui se présenterait de le satisfaire. Cette occasion se présenta ; après avoir aplani tous les obstacles, elle sorti clandestinement de son couvent, et s'enfuit en Allemagne avec un baron de Lindenberg. Pendant plusieurs mois elle vécut publiquement avec lui en qualité de sa maîtresse. Toute la Bavière fut scandalisée de sa conduite impudente et licencieuse. Ses fêtes et ses festins égalaient en luxe ceux de Cléopâtre, et Lindenberg devint le théâtre de la débauche la plus effrénée. Peu satisfaite des excès de son incontinence, elle professait hautement l'athéisme, se faisait un amusement de tourner en ridicule ses vœux religieux, et même les cérémonies les plus sacrées du culte.

— Avec un caractère aussi dépravé, Béatrice ne pouvait borner ses affections à un seul objet. Bientôt après son arrivée au château, le plus jeune frère du baron attira son attention par sa taille gigantesque et ses formes athlétiques. Elle n'était pas d'humeur à tenir sa passion long-temps concentrée dans son cœur ; mais elle trouva dans Otto de Lindenberg son égal au moins en dépravation. Il ne répondit à la passion de Béatrice qu'autant qu'il était nécessaire d'y répondre pour l'accroître ; et quand il la vit au point désiré, il fixa pour condition expresse du don de son cœur, l'assassinat de son propre frère. La malheureuse consentit à cet horrible arrangement. Une nuit fut fixée pour l'accomplissement de cet affreux projet. Otto, qui résidait sur une petite terre à quelques milles du château, promit qu'à une heure du matin il se trouverait, pour l'attendre, à la caverne de Linden; qu'il y amènerait avec lui un certain nombre de ses amis les plus affidés, à l'aide desquels il lui serait aisé de s'emparer du château, et qu'alors son pre-premier soin serait d'épouser Béatrice. Ce fut cette dernière promesse qui surmonta tous ses scrupules, le baron ayant déclaré hautement que, malgré son affection pour elle, il n'en ferait jamais sa femme.

Dans la nuit du jour fixé, et à l'heure convenue, comme le baron dormait dans les bras de sa perfide maîtresse, elle tira un poignard de dessous son chevet, et le plongea dans le cœur de son amant. Le baron ne poussa qu'un gémissement, il expira à l'instant. La meurtrière sortit du lit à la hâte, prit une lampe dans une main, et dans l'autre le poignard sanglant, et se rendit à la caverne. Le portier n'osa refuser d'ouvrir la porte à une personne que l'on craignait dans le château plus que le baron lui-même. Béatrice atteignit sans obstacle la caverne de Linden, elle y trouva Otto, qui l'attendait selon sa promesse; il la reçut, écouta son récit avec transport : mais avant qu'elle eût eu le temps de lui demander pourquoi il venait seul, Otto lui fit voir qu'il n'avait pas besoin de témoins pour cette entrevue. Voulant prévenir tout soupçon de complicité, et jaloux surtout de se débarrasser d'une femme dont le caractère violent et atroce le faisait trembler pour lui-même, il avait pris la résolution de briser sans délai ce dangereux instrument. Se jetant sur elle à l'improviste, il lui arracha le poignard, et tout rouge encore du sang de son frère, le plongea dans le sein de Béatrice, et la tua à coups redoublés.

— Otto succéda alors à la baronnie de Lindenberg. Le meurtre ne fut attribué qu'à la religieuse fugitive, et personne ne le soupçonna d'avoir eu part à cette action; mais si elle resta impunie de la part des hommes, la justice divine ne permit pas qu'il jouît en paix des fruits sanglans de son crime. Les ossemens de Béatrice, gisant sans sépulture dans la caverne, se levèrent, et son esprit continua d'habiter le château. Vêtue de ses habits religieux, en mémoire de ses vœux enfreints, armée du poignard qu'elle avait enfoncé dans le cœur de son amant, et tenant toujours la lampe qui avait éclairé sa sortie du château, chaque nuit elle restait debout devant le lit d'Otto. La plus épouvantable confusion régna par toute la maison. Les salles voûtées retentissaient de cris et de gémissemens ; en traversant les longues et antiques galeries, l'esprit de Béatrice proférait un mélange incohérent de prières et de blasphèmes. Otto ne put soutenir long-temps l'effroi d'une aussi terrible vision. Chaque apparition nouvelle en augmentait l'horreur ; enfin, sa situation devint telle, qu'une nuit son cœur se glaça. Le matin suivant on le trouva dans son lit, totalement privé de chaleur et de vie. Sa mort ne mit point fin aux excès nocturnes de Béatrice, qui continua de revenir dans le château.

— Les terres de Lindenberg échurent alors à un collatéral, qui, épouvanté des récits qu'on lui fit de la nonne sanglante, implora le secours d'un célèbre exorciseur. Ce saint homme sut la réduire à ne sortir de son appartement qu'à certaines époques. Condamnée à souffrir pendant cent années, elle allait ainsi tous les cinq ans, à l'heure même où elle avait commis le crime, visiter la caverne qui contenait ses ossemens.

— La période de son temps de souffrance est à présent révolue ; il ne vous reste plus qu'à remplir votre tâche. Je vous ai délivré du tourment de ses visites, et, au milieu de tous les chagrins qui m'oppressent, j'éprouve quelque consolation en songeant que j'ai pu vous être utile. Adieu, jeune homme ; je fais des vœux pour votre bonheur.

Ici l'étranger se disposa à sortir de ma chambre.

— Arrêtez, je vous prie, lui dis-je, encore un moment ! Vous avez satisfait ma curiosité en tout ce qui regarde le spectre ; mais daignez m'apprendre à qui je suis redevable d'un aussi important service. La singularité de votre destinée, votre âge, vos longs voyages, votre immortalité, et cette croix enflammée sur votre front !....

Sur tous ces points il refusa, mais sans sévérité, de me satisfaire; vaincu par mes instances, il consentit à me donner le jour suivant les éclaircissemens que je désirais. Je me contentai de cette promesse, et il me quitta. Mon premier soin le matin suivant fut de faire demander le mystérieux étranger. Imaginez mon regret, lorsqu'on m'apprit qu'il avait quitté Ratisbonne. Je fis faire des recherches; on ne découvrit aucunes traces du fugitif. Depuis ce moment je n'ai plus entendu parler de lui.

— Quoi ! dit Lorenzo en interrompant son ami, vous n'avez pu découvrir quel était cet homme, ni même le deviner ?

— Quand je racontai, répondit le marquis, cette aventure à mon oncle le cardinal-duc, il ne douta point, d'après toutes ces particularités, que cet homme ne fût le personnage si universellement connu sous le nom de *Juif-errant;* et je n'ai pu, quant à moi, former d'autres conjectures. Je reviens à ce qui me concerne.

Après cette heureuse rencontre, je recouvrai promptement mes forces et ma santé. Ne voyant plus la nonne, je fus bientôt en état de retourner à Lindenberg. Le baron me reçut à bras ouverts. Je lui confiai toute mon aventure. Ce fut pour lui une grande satisfaction d'apprendre que sa maison serait débarrassée des visites du fantôme. Je m'aperçus avec chagrin que l'absence n'avait point affaibli l'imprudente passion de donna Rodolphe. Dans une conversation particulière que nous eûmes ensemble, elle chercha de nouveau à gagner mon affection. Depuis que je la regardais comme la première cause de toutes mes souffrances, sa présence et même son souvenir ne m'inspiraient que le dégoût. Le squelette de Béatrice fut trouvé dans la caverne ; c'était tout ce que je cherchais alors à Lindenberg. Dès que je l'eus à ma disposition, je me hâtai de sortir des domaines du baron, et pris la route d'Espagne, suivi encore une fois des menaces de l'implacable Rodolphe, mais plein du secret espoir de retrouver ma chère Agnès.

Lucas était venu me rejoindre avec mes équipages à Lindenberg. J'arrivai sans accident dans mon pays natal, et descendis au château de mon père, situé en Andalousie. Après avoir fait déposer, avec les cérémonies convenables, les cendres de Béatrice dans le caveau de la famille ; après avoir fait dire pour le repos de son ame le nombre de messes que j'avais promises, je me rendis à Madrid, et n'eus plus d'autre soin que de découvrir la retraite d'Agnès.

La baronne m'avait assuré que sa nièce avait déjà pris le voile ; mais j'avais de justes soupçons sur la réalité de ce fait, et j'espérais encore retrouver Agnès libre et maîtresse d'accepter ma main. Le résultat des informations que je pris relativement à sa famille, fut qu'avant l'arrivée d'Agnès à Madrid, donna Inésilla n'était plus. J'appris que vous, mon cher Lorenzo, voyagiez à l'étranger ; mais à quel endroit vous adresser une lettre, c'est ce que je ne pus découvrir. Votre père était allé au fond d'une de nos provinces rendre visite au duc de Médina ; et quant à Agnès, personne ne put ou ne voulut me dire ce qu'elle était devenue.

Théodore, conformément à sa promesse, était revenu à Strasbourg, où il avait trouvé son grand-père mort, et Marguerite en possession de sa fortune. Elle chercha vainement à le retenir auprès d'elle, il la quitta une seconde fois, et me suivit à Madrid. Théodore fit des recherches de son côté pour découvrir la retraite d'Agnès, mais ce fut également sans succès. Je commençais à renoncer à toutes mes espérances, lorsqu'un événement imprévu vint les ranimer, tout en me jetant dans un nouveau dédale de peines et de dangers.

Il y avait environ huit mois que j'étais de retour à Madrid. Sortant un soir de la comédie, je revenais seul à pied à mon hôtel ; la nuit était noire. Plongé dans de tristes réflexions, je ne m'aperçus point que trois hommes m'avaient suivi depuis le théâtre. Au détour d'une rue peu fréquentée, ils m'attaquèrent tous à la fois avec une excessive furie. Je fis quelques pas en arrière, et mis l'épée à la main, tenant mon manteau plié sur mon bras gauche. L'obscurité de la nuit me fut favorable ; la plupart de leurs coups portèrent dans mon manteau, et ne m'atteignirent point. J'eus le bonheur de renverser à mes pieds un de mes adversaires. Cependant j'avais reçu quelques blessures, et les autres me poursuivaient si vivement que j'aurais inévitablement succombé, si un noble cavalier, averti par le bruit des épées, ne fût accouru à mon secours ; plusieurs domestiques le suivaient avec des flambeaux. A leur approche, les deux spadassins prirent la fuite, et se perdirent dans l'obscurité.

L'inconnu s'adressa à moi avec beaucoup de politesse, et me demanda si j'étais blessé. Déjà affaibli par la perte de mon sang, j'eus à peine la force de le remercier. Je le priai d'ordonner que quelques-uns de ses serviteurs me transportassent à l'hôtel de Las Cisternas ; mais je n'eus pas plutôt prononcé ce nom, que l'inconnu, se disant ami de mon père, ne voulut pas permettre qu'on me transportât si loin avant que mes blessures eussent été examinées. Il ajouta que sa maison était peu éloignée, et me pria de l'y accompagner. Il me fit cette offre d'une manière si obligeante, que je ne pus le refuser ; et, appuyé sur son bras, il me conduisit dans l'espace de quelques minutes à la porte d'un magnifique hôtel.

En entrant, je remarquai qu'un vieux serviteur à cheveux blancs, qui avait l'air d'attendre mon conducteur, lui demanda si M. le duc reviendrait bientôt à Madrid. — Non, répondit-il, je sais qu'il se propose de rester encore quelques mois à la campagne. Mon libérateur fit alors appeler le chirurgien de la maison. Je fus conduit dans un fort bel appartement, et placé sur un lit de repos. Le chirurgien ayant visité mes blessures, déclara qu'elles étaient fort peu dangereuses ; cependant il me conseilla de ne point m'exposer à l'air frais de la nuit, et l'inconnu me pressa de si bonne grace de prendre un lit dans sa maison, que je consentis à ne retourner chez moi que le lendemain.

Etant resté seul avec lui, je lui fis mes remercîmens en termes plus expressifs que je n'avais pu le faire jusqu'alors.

— Ne parlez pas de cela, je vous prie, dit-il ; c'est moi qui dois m'estimer heureux d'avoir pu vous rendre ce petit service, et j'ai des obligations à ma fille de m'avoir retenu si tard au couvent de Sainte-Claire. J'ai toujours fait profession de la plus haute estime pour le marquis de Las Cisternas, et quoique je n'aie pas eu l'occasion de me lier aussi particulièrement avec lui que je l'aurais désiré, je suis fort aise de pouvoir faire connaissance avec son fils. Croyez, monsieur, que mon frère, dans la maison duquel vous êtes en ce moment, regrettera de ne s'y être point trouvé ; mais en l'absence du duc, c'est à moi d'en faire les honneurs, et j'ose vous assurer en son nom que tout ce que contient l'hôtel de Médina est parfaitement à votre disposition.

Imaginez, s'il se peut, ma surprise, Lorenzo, lorsque je découvris dans la personne de mon libérateur don Gaston de Médina, le père d'Agnès et le vôtre ; lorsque j'appris ainsi de sa bouche qu'Agnès habitait le couvent de Sainte-Claire? La joie que me causa cette découverte fut un peu affaiblie, lorsque, répondant à quelques questions que je lui faisais d'un air assez indifférent, il me dit que sa fille avait non-seulement pris le voile, mais encore prononcé ses vœux. Cependant je ne m'affectai que modérément de cette nouvelle, soutenu par l'idée que le crédit de mon oncle à la cour de Rome aurait bientôt aplani cet obstacle, et que j'obtiendrais aisément la résiliation de ses vœux. Je ne laissai donc voir aucune inquiétude, et ne parus occupé que du soin de témoigner ma reconnaissance à don Gaston, et de gagner son amitié.

Un domestique, entrant en ce moment dans ma chambre, m'annonça que le spadassin que j'avais blessé donnait encore quelques signes de vie, et même qu'il recommençait à parler. Je priai qu'on le fît porter à l'hôtel de mon père, désirant l'interroger moi-même, et savoir quels motifs l'avaient porté à attenter à ma vie. Don Gaston, curieux aussi de les connaître, me pressa d'interroger l'assassin en sa présence; mais il me trouva peu disposé, pour deux raisons, à satisfaire sa curiosité; la première, c'est que, soupçonnant déjà d'où partait le coup, je ne crus pas devoir exposer ainsi sous ses yeux le crime de sa sœur; la seconde, c'est que je craignais que, me reconnaissant pour Alphonso d'Alvarada, il ne prît des précautions extraordinaires pour m'empêcher de voir Agnès. Lui faire l'aveu de ma passion pour sa fille, entreprendre de lui faire goûter mes projets, ce que je connaissais du caractère de don Gaston suffisait pour me convaincre que c'eût été une démarche imprudente. Je lui donnai donc à entendre que, soupçonnant une certaine dame d'être mêlée dans cette affaire, et ayant quelques raisons de désirer que son nom restât inconnu, je croyais devoir interroger cet homme en particulier. La délicatesse ne permit pas d'insister sur ce point, et l'assassin fut transporté à son hôtel.

Le lendemain matin, je pris congé de mon hôte, qui devait le même jour retourner auprès du duc. Mes blessures avaient été si légères, que j'en fus quitte pour porter quelque temps mon bras en écharpe. Le chirurgien qui examina celle du spadassin, la déclara mortelle. Il mourut en effet quelques minutes après avoir avoué que donna Rodolphe avait été l'instigatrice du complot.

Je n'eus plus alors d'autre affaire que celle de retrouver Agnès, de la revoir. Je ne vous ferai point mystère, Lorenzo, des moyens que j'employai pour y parvenir ; je corrompis à prix d'argent le vieux jardinier, qui m'introduisit dans le couvent de Sainte-Claire, déguisé sous un habit de paysan.

Je fus même présenté à l'abbesse, et accepté par elle en qualité de garçon jardinier. Je revis Agnès, je la vis plusieurs fois avant qu'elle pût me reconnaître. Plusieurs fois j'entendis sa vieille et austère abbesse, se promenant avec elle, la réprimander avec aigreur sur sa continuelle mélancolie ; lui reprocher que, dans sa situation, pleurer la perte d'un amant était un crime, et qu'en toute situation, pleurer celle d'un infidèle était une folie. Agnès enfin me reconnut ; et c'est ici, Lorenzo, que j'ai besoin d'en appeler, pour ma justification, à notre longue amitié, à la connaissance que vous avez de mon inaltérable honneur ; c'est ici que je dois implorer votre indulgence. Je supprime d'inutiles détails : Agnès m'aimait. Lorsque j'eus trouvé l'occasion favorable de lui parler sans témoins, obéissante aux volontés de son père, fidèle à ses vœux, elle refusa de m'écouter ; elle m'écouta cependant, pressée par mes sollicitations. Je me justifiai pleinement à ses yeux ; je lui exposai tous mes motifs d'espérance ; je la fis consentir à seconder mes projets. Chaque nuit elle se rendait dans un réduit écarté que m'avait procuré le jardinier. Là, plus libre qu'au milieu du monde, je lui jurais une éternelle tendresse. Rappelez-vous, Lorenzo, notre amour si violemment contrarié, mes souffrances, la pureté de mes intentions, ma ferme résolution de n'avoir jamais qu'Agnès pour épouse ; rappelez-vous sa candeur, la violence faite à ses sentimens. Que vous dirai-je enfin ? dans un moment de délire, nous ne reconnûmes le danger auquel nous exposait notre mutuelle tendresse, qu'en nous apercevant que l'amour nous avait égarés l'un et l'autre, que les vœux d'Agnès étaient enfreints, et qu'elle était déjà mon épouse.

Ici Lorenzo donna des marques visibles de mécontentement. Le marquis l'apaisa en le nommant son ami, son frère, et continua :

Après les premiers instans de délire, cet accident fit frémir Agnès. L'amour faisant tout à coup place aux regrets et à la crainte, elle me fit des reproches amers; frappée de terreur, elle s'échappa de mes bras, et s'enfuit à sa cellule. Depuis ce moment, je n'ai pu la revoir qu'une seule fois, et c'était en plein jour, comme elle se promenait appuyée sur le bras d'une de ses compagnes qui paraissait être son amie, et avec laquelle je l'avais déjà vue plusieurs fois. Elle jeta sur moi un triste regard, et détourna la tête.

Dès le soir de ce jour-là même, le jardinier me notifia qu'il ne pouvait plus me servir. — La jeune sœur, dit-il, m'a déclaré que si je continuais à vous admettre dans le jardin, elle-même découvrirait tout à madame l'abbesse. Elle m'a dit encore que votre présence désormais lui était pénible, et que, si vous conserviez quelque respect pour elle, vous ne deviez plus chercher à la voir. Excusez-moi donc, si je vous déclare qu'il ne m'est plus possible de favoriser votre déguisement. Si l'abbesse venait à savoir ce que j'ai fait pour vous, non contente de me renvoyer, elle m'accuserait d'avoir profané son couvent, et me ferait jeter dans les prisons de l'inquisition.

Je combattis vainement sa résolution; il me refusa toute entrée dans le jardin, et Agnès persévéra à ne vouloir plus ni me voir ni m'entendre. Environ quinze jours après, une maladie violente, dont mon père fut attaqué, m'obligea de partir pour l'Andalousie; je m'y rendis, et trouvai le marquis à l'article de la mort. Quoique dès les premiers symptômes sa maladie eût été déclarée mortelle, elle traîna pendant plusieurs mois. Ensuite la nécessité où je me trouvai de mettre ordre à mes affaires après son décès, ne me permit pas de quitter l'Andalousie. Mais de retour à Madrid depuis quatre jours, j'ai trouvé en arrivant à mon hôtel, la lettre que voici. Ici le marquis ouvrit le tiroir d'un secrétaire, en tira un papier plié qu'il présenta à Lorenzo; celui-ci l'ouvrit, reconnut la main de sa sœur, et lut :

« Dans quel abîme de maux vous m'avez plongée; Ray-
« mond, vous m'avez rendue aussi criminelle que vous

« J'avais résolu de ne vous revoir de ma vie, de vous ou-
« blier s'il était possible, et même de vous haïr. Un être
« pour lequel je sens déjà une tendresse maternelle, me
« sollicite de pardonner à mon séducteur, et de réclamer
« son amour. Raymond, votre enfant vit déjà dans mon
« sein. Je redoute la vengeance de l'abbesse; je tremble
« pour moi-même, et plus encore pour l'innocente créature
« dont l'existence dépend de la mienne. Nous serions per-
« dus l'un et l'autre, si l'on venait à découvrir mon état.
« Conseillez-moi donc, dites-moi ce que je dois faire, mais
« ne cherchez point à me voir. Le jardinier qui s'est chargé
« de vous remettre cette lettre est renvoyé; celui qui le
« remplace est d'une fidélité incorruptible. L'unique moyen
« de me faire passer votre réponse, est de la cacher sous la
« grande statue de saint Dominique, dans l'église des Do-
« minicains, où je vais à confesse tous les jeudis. Je pour-
« rai aisément la prendre là sans être aperçue. Je sais que
« vous êtes absent de Madrid; est-il nécessaire que je vous
« prie de m'écrire aussitôt après votre retour? je ne le pense
« pas. Ah! Raymond, ma situation est cruelle. Forcée à
« embrasser une profession dont je me sens peu propre à
« remplir les devoirs, pénétrée de la sainteté de ces de-
« voirs, et séduite, hélas! par l'homme que j'aimais le
« plus, je me vois réduite à opter entre la mort et le par-
« jure. Ma faiblesse, l'affection maternelle, ne me per-
« mettent pas d'hésiter. La mort de mon pauvre père, ar-
« rivée depuis notre séparation, écarte un des plus grands
« obstacles à notre union. Mon père repose dans le tom-
« beau, et je n'ai plus à redouter sa colère; mais la colère
« de Dieu, ô Raymond! qui pourra m'y soustraire? qui me
« protégera contre le cri de ma propre conscience? Je n'ose
« m'appesantir sur ces réflexions, elles me rendraient folle.
« Ma résolution est prise; obtenez la résiliation de mes
« vœux, je suis prête à vous suivre. Ecrivez-moi, ô mon
« époux! dites-moi que l'absence n'a point affaibli votre

« amour ; dites-moi que vous allez sauver de la mort votre
« innocent enfant et sa malheureuse mère. Je suis en proie
« à toutes les angoisses de la terreur. Il me semble que tous
« les yeux qui se fixent sur moi lisent sur mon visage mon
« secret et ma honte. Vous êtes la cause, Raymond, de tou-
« tes mes souffrances. Oh ! que j'étais loin de soupçonner,
« quand mon cœur commença à vous aimer, ces tristes ef-
« fets de l'amour !

« AGNÈS. »

Après avoir lu cette lettre, Lorenzo la rendit en silence.
Le marquis la replaça dans son secrétaire, et continua :

Cette nouvelle si peu attendue, mais si ardemment désirée, me combla de joie. Mon plan fut aussitôt arrêté.

Lorsque j'appris la retraite d'Agnès, ne doutant pas qu'elle ne fût disposée à quitter le couvent, j'avais déjà fait confidence de toute l'affaire au cardinal-duc de Lerme, qui aussitôt s'était occupé d'obtenir la bulle nécessaire. J'ai heureusement négligé d'arrêter ses démarches ; une lettre que je viens de recevoir de lui, m'annonce qu'il attend tous les jours l'ordre de la cour de Rome. J'étais assez d'avis d'attendre patiemment cet ordre ; mais le cardinal me conseille de faire sortir, s'il est possible, Agnès du couvent, à l'insu de la supérieure, ne doutant point que celle-ci ne voie, avec un extrême déplaisir, sortir de sa maison une jeune personne d'un rang aussi distingué, et qu'elle ne regarde son abjuration comme une insulte faite à la communauté de Sainte-Claire. Il me représente cette abbesse comme une femme d'un caractère violent et vindicatif. J'ai à craindre qu'en enfermant Agnès dans son couvent, elle ne frustre toutes mes espérances, et ne rende vaines les lettres du pape. D'après ces considérations, j'ai résolu d'enlever Agnès, et de la tenir cachée dans une des terres du cardinal-duc jusqu'à l'arrivée de la bulle ; il approuve mon dessein, et m'assure qu'il est prêt à donner asile à la belle fugitive,

J'ai donc fait, pour opération première, arrêter secrètement, et transporter à mon hôtel, le nouveau jardinier de Sainte-Claire. Par ce moyen, je tiens en ma possession la clé de la porte du jardin ; il ne me restait plus qu'à préparer Agnès à son évasion, et c'est ce que je faisais par la lettre que vous m'avez vu placer pour elle à l'endroit qu'elle m'avait indiqué. Cette lettre lui annonce que je serai prêt à la recevoir demain à minuit, et que tout est préparé pour sa prompte et infaillible délivrance.

Vous connaissez maintenant, Lorenzo, toute l'histoire de mes amours ; vous êtes à portée de juger ma conduite, et de reconnaître la fausseté des récits qui vous ont été faits. Je vous répète ici que mes intentions, relativement à votre sœur, ont toujours été pures et honorables ; que mon dessein et mon unique désir ont toujours été, sont toujours de l'avoir pour femme. J'espère qu'en faveur de ces dispositions, vous me pardonnerez l'erreur d'un moment ; que vous-même m'aiderez à réparer mes torts envers elle, et à m'assurer un titre légitime à la possession de sa personne et de son cœur.

CHAPITRE V.

—

« O vous, qui, sur la nacelle légère de la vanité,
« que pousse le vent des éloges, vous embarquez
« follement pour le voyage de la renommée, at-
« tendez-vous à toutes les variations d'une course
« orageuse. Votre sort est d'être perpétuellement
« ou élevé sur le sommet du flot, ou enfoncé dans
« le gouffre; quiconque soupire après la gloire,
« n'aura que de courts instans de repos; ranimé
« par un souffle, un autre souffle le détruira. »

(POPE.)

Après que le marquis eut ainsi terminé le récit de ses aventures, Lorenzo garda quelques instans le silence; il le rompit enfin.

— Raymond, dit-il en lui prenant la main, les lois strictes de l'honneur exigeraient que je vengeasse dans votre sang l'outrage fait par vous à ma famille; mais d'après les circonstances particulières que vous venez de me raconter, je ne puis voir en vous un ennemi. Je conçois que la tentation a été trop forte, et qu'il aurait fallu peut-être une vertu plus qu'humaine pour résister. La superstition de mes parens est la seule cause de tous ces malheurs; ils sont plus répréhensibles qu'Agnès et que vous-même. Le passé ne peut être rappelé, mais il peut être réparé par votre union avec ma sœur. Vous avez été, vous continuerez d'être mon meilleur, mon unique ami. J'ai pour Agnès la plus tendre affection, et si j'avais eu à faire choix d'un époux pour elle, c'est vous-même que j'aurais choisi. Poursuivez donc votre entreprise. Je vous accompagnerai demain au soir, et conduirai moi-même Agnès à la maison du Cardinal. Ma présence légitimera sa conduite, et mettra à l'abri de toute censure sa fuite du convent.

Le marquis lui témoigna sa vive reconnaissance. Lorenzo lui apprit qu'il n'avait plus rien à craindre de l'inimitié de donna Rodolphe. Il y avait déjà cinq mois que, dans un accès de colère, elle s'était rompu un vaisseau, et était morte dans l'espace de quelques heures. Passant ensuite à un autre objet, il lui parla des intérêts d'Antonia. Le marquis fut fort surpris d'entendre parler de cette nouvelle parente. Son père avait emporté au tombeau sa haine contre Elvire, et jamais il ne lui avait même donné à entendre qu'il sût ce qu'était devenue la veuve de son fils aîné. — Vous avez raison de conjecturer, dit don Raymond à son ami, que je serais disposé à reconnaître ma belle-sœur et son aimable fille. Les préparatifs de l'évasion d'Agnès ne me permettent pas de leur rendre visite aujourd'hui; mais je vous prie, Lorenzo, de les assurer de mon amitié, et de leur fournir, pour mon compte, toutes les sommes dont elles pourraient avoir besoin. Lorenzo promit de se conformer à ses vues aussitôt qu'il pourrait découvrir le lieu de la résidence d'Elvire. Il prit alors congé de son futur beau-frère, et retourna au palais de Médina.

Le jour commençait à paraître lorsque le marquis se retira à son appartement. Sachant bien que son récit durerait plusieurs heures, et voulant n'être point interrompu, il avait, en rentrant à son hôtel, défendu qu'on l'attendît. Il fut donc un peu surpris, en entrant dans son anti-chambre, d'y trouver encore Théodore. Assis près d'une table, et tenant une plume à la main, le page était tellement occupé, qu'il ne s'aperçut point de l'approche de son maître; le marquis l'observa pendant quelques instans. Il écrivait quelques lignes, s'arrêtait, recommençait à écrire, souriait à ses idées, dont il paraissait émerveillé. A la fin, il mit la plume sur la table, se leva, et s'écria, en se frottant les mains d'un air joyeux : — M'y voilà ; c'est charmant, c'est charmant !

Les transports du page furent interrompus par un grand éclat de rire.

— Qu'avez-vous donc là de si charmant ? dit le marquis, qui soupçonnait de quelle nature étaient ses occupations.

Le jeune homme tressaillit, rougit, courut à la table, prit vite son papier et le cacha dans son sein.

— Je ne savais pas, monsieur, que vous fussiez si près de moi : puis-je vous être de quelque utilité ? Lucas est déjà au lit.

— Je compte aussi me mettre au lit dès que j'aurai pu vous dire mon opinion sur vos vers.

— Sur mes vers, monsieur ?

— Oui, Théodore, je suis sûr que le dieu des vers a pu seul vous tenir éveillé jusqu'à ce moment. Montrez-les moi; je serai fort aise de voir quelque nouveauté de votre composition.

— En vérité, monsieur, ils ne méritent pas votre attention.

— Moi, je crois qu'ils sont charmans, puisque vous l'avez dit. Allons, voyons, je vous promets d'être un critique indulgent.

L'aimable enfant lui présenta son papier d'un air fort humble en apparence; mais le plaisir qui brillait dans ses yeux à travers sa feinte tristesse, décelait la vanité de son jeune cœur. Le marquis sourit en observant ce qui se passait dans l'ame de Théodore. Il s'assit; le jeune page, secrètement partagé entre l'espoir et la crainte, cherchait avec une inquiétude inexprimable à lire sur le visage de son maître l'effet de ses vers.

Le marquis rendit à Théodore son papier avec un sourire d'encouragement.

— Votre petit poème me plaît beaucoup, lui dit-il cependant vous ne devez pas trop vous en rapporter à mon opinion ; en fait de poésie, je ne suis pas un très bon juge. Il m'est arrivé de faire une fois quatre ou cinq espèces de vers ; ils étaient tendres. La strophe commençait par ces mots : *Je suis à toi, tu es à moi* etc. Cependant l'effet en a été pour moi si peu satisfaisant, que j'ai bien promis de n'en plus faire un seul de ma vie. Et quant à vous, Théodore, je dois vous dire que vous ne pouvez choisir une occupation plus dangereuse que celle de faire des vers. Un auteur, quel qu'il soit, bon, mauvais ou médiocre, est une créature malheureuse que chacun se croit en droit d'attaquer. Peu de personnes sont en état d'écrire un livre ; mais tout le monde se croit apte à le juger. Un mauvais ouvrage porte avec lui sa punition : c'est le mépris et le ridicule. Est-il bon, il excite l'envie, et attire sur son auteur mille et mille mortifications ; il se voit assailli par une nuée de critiques partiaux et de mauvaise humeur. L'un trouve à redire au plan, un autre au style, un autre à la moralité ; et s'ils ne réussissent point à trouver des défauts à l'ouvrage, ils chercheront alors à flétrir l'auteur ; ils produiront malicieusement au grand jour toutes les particularités propres à jeter du ridicule sur son caractère ou sur sa vie privée, et viseront à blesser l'homme, s'ils ne peuvent atteindre l'écrivain. En un mot, entrer dans la carrière de la littérature, c'est vous exposer volontairement à tous les traits de la jalousie, du ridicule, du dédain, et même du blâme. Un jeune auteur, je le sais, trouve en cela même de l'encouragement et de la consolation. *Lope de Vega,* se dit-il à lui même, et *Calderne,* ont eu aussi des critiques injustes et envieux ; et modestement il se range dans la même catégorie. Je sais que ces sages observations ne font que glisser sur votre esprit, que la manie littéraire est un mal sans remède, et qu'il ne vous est pas plus aisé de cesser d'écrire qu'à moi de cesser d'aimer ; cependant si vous ne pouvez résister totalement au paroxisme poétique, ayez du moins la précaution de ne communiquer vos vers qu'à ceux dont la prévention bien déclarée en votre faveur vous assure leur approbation.

— Ainsi, monsieur, vous ne trouvez donc pas que mes vers soient bons? reprit Théodore d'un air consterné.

— Je ne dis pas cela. Je vous ai déclaré, au contraire, qu'ils me plaisaient beaucoup ; mais mon amitié pour vous me rend suspect de partialité, et d'autres pourraient en porter un jugement moins favorable. Je dois encore vous dire que ma prévention même ne m'aveugle pas au point de n'y pas apercevoir un assez grand nombre de défauts. Par exemple, j'y vois une grande profusion de métaphores. La force de vos vers, en général, consiste plus dans les mots que dans le sens ; quelques vers ne sont là que pour la rime, et la plupart des meilleures idées sont empruntées d'autres poètes, quoique vous-même ignoriez peut-être le plagiat. Ces défauts pourraient, à la rigueur, être excusés dans un ouvrage de longue haleine ; mais un aussi petit poëme devrait être parfait.

— Cela peut être vrai, monsieur, mais je vous prie de considérer que je n'écris que pour mon plaisir.

— Vos défauts en sont moins excusables : on peut pardonner quelques négligences à ceux qui, écrivant pour de l'argent, sont obligés de compléter leur tâche dans un temps donné, et sont payés, non d'après la valeur, mais d'après le volume de leurs productions ; mais dans ceux qu'aucune nécessité n'oblige à se faire auteurs ; qui, n'écrivant que pour l'honneur, ont tout le loisir de polir leurs compositions, ces fautes sont impardonnables, elles appellent sur l'ouvrage les traits de la plus sévère critique.

Le marquis se leva. Voyant Théodore triste et découragé, il ajouta en souriant :

— Cependant ces vers ne déshonoreront point votre nom : votre versification est assez facile, et vous avez l'oreille juste. La lecture de votre petit poëme m'a causé beaucoup de plaisir ; et si ce n'est pas vous demander une faveur trop grande, je vous serai fort obligé de m'en donner une copie.

Ces derniers mots épanouirent la physionomie du jeune homme : n'ayant pas aperçu le sourire moitié sincère, moitié ironique, qui accompagnait cette prière, il se hâta de promettre la copie. Le marquis entra dans sa chambre, satisfait d'avoir donné cette petite leçon à la vanité de Théodore, se jeta sur son lit, s'endormit, et fit d'agréables rêves sur le bonheur que lui promettait son union prochaine avec Agnès.

A son retour à l'hôtel de Médina, Lorenzo demanda ses lettres : il en trouva plusieurs qui l'attendaient, mais il ne trouva point celle que lui-même attendait. Léonelle n'avait pu lui écrire le même soir, elle n'avait eu que le temps d'informer don Christoval, sur qui elle se flattait d'avoir fait une impression assez profonde, et dont elle voulait, avant tout, s'assurer, du lieu où il pourrait la revoir. A son retour du sermon, Léonelle avait raconté à sa sœur comment un fort aimable cavalier avait eu pour elle les attentions les plus marquées, et comment son compagnon s'était chargé d'embrasser les intérêts d'Antonia auprès du marquis de Las Cisternas. Elvire fut beaucoup moins satisfaite de ce récit que celle qui le faisait. Elle blâma l'imprudente facilité avec laquelle sa sœur avait confié à un inconnu le secret de ses affaires, et craignit qu'une démarche aussi inconsidérée n'inspirât au marquis des préventions contre elle ; mais elle cacha dans le fond de son cœur sa principale crainte. Elle avait observé qu'au seul nom de Lorenzo le rouge montait au visage de sa fille : toutes les fois qu'il en était question,

Antonia, timide, embarrassée, détournait la conversation et parlait d'Ambrosio. Ayant aperçu les émotions de ce jeune cœur, Elvire exigea de Léonelle qu'elle se dispensât d'écrire aux deux cavaliers. Un soupir échappé à Antonia confirma la prudente mère dans son opinion.

Mais Léonelle avait, de son côté, résolu de n'en faire qu'à sa tête ; elle ne vit dans les scrupules de sa sœur que l'inspiration d'une secrète jalousie ; Elvire craignait apparemment qu'elle ne pût parvenir à un rang supérieur au sien. Léonelle adressa donc secrètement à Lorenzo le billet suivant, qui lui fut remis à son réveil :

« Vous m'accusez sans doute, segnor Lorenzo, de négligence et d'ingratitude ; mais je vous jure sur mon honneur virginal qu'il ne m'a pas été possible hier d'accomplir ma promesse. Je ne sais en quels termes vous instruire de l'étrange accueil qu'a fait ma sœur à votre bon désir de lui rendre visite. Ma sœur est une femme fort singulière, quoiqu'elle ait de bonnes qualités ; mais elle est jalouse de moi, ce qui fait que souvent ses idées me semblent inexplicables. En apprenant que votre ami m'avait fait beaucoup de politesse elle a pris l'alarme, elle a blâmé ma conduite, et m'a expressément défendu de vous faire connaître notre adresse, mais ma reconnaissance des bons offices que vous nous avez offerts, et, l'avouerai-je? mon désir de revoir le trop aimable Christoval, ne me permettent pas de condescendre à ses volontés. Nous demeurons, monsieur, dans la rue de *Saint-Jago*, la quatrième porte après le palais d'*Albornos*, et presque en face du barbier *Miguel Coello*. Vous pouvez demander donna Elvire Dalfa, nom de fille de ma sœur, qu'elle continue de porter, d'après l'ordre exprès de son beau-père. Vous êtes sûr de nous trouver ce soir à huit heures ; mais ne laissez pas échapper un mot qui puisse faire soupçonner à ma sœur que je vous ai écrit cette lettre. Si vous voyez le comte d'Ossorio, dites-lui, je rougis en le déclarant, que sa présence aussi ne sera que trop agréable à la tendre

« Léonelle. »

Ces derniers mots étaient écrits avec de l'encre rouge, pour figurer l'aimable rougeur qui couvrait les joues de Léonelle lorsqu'elle traçait des mots si propres à effaroucher sa pudeur virginale.

Après avoir lu ce billet, Lorenzo fit chercher partout don Christoval ; mais n'ayant pu le trouver de tout le jour, il prit le parti de se rendre seul chez donna Elvire, à la grande mortification de Léonelle. Le domestique qu'il chargea de l'annoncer ayant déjà dit qu'Elvire était à la maison, elle ne put refuser sa visite ; ce ne fut cependant qu'avec répugnance qu'elle consentit à le recevoir. Cette répugnance fut encore accrue par l'émotion visible que son approche, et surtout sa présence, produisirent sur Antonia. Lorenzo était bien fait de sa personne ; ses traits étaient expressifs et ses manières naturellement élégantes. Elvire, quand elle l'aperçut, résolut de le recevoir avec une politesse froide, de refuser ses offres de service, tout en se montrant reconnaissante de ce qu'elles avaient d'obligeant, et de lui faire sentir, sans cependant l'offenser, qu'elle serait charmée qu'il voulût à l'avenir supprimer ses visites.

Lorsqu'il entra, Elvire, indisposée, était à demi couchée sur un lit de repos. Antonia brodait, assise devant son tambour, et Léonelle, en habit de bergère, lisait la *Diane de Monte-Mayor*. Lorenzo s'attendait à trouver dans Elvire, quoiqu'elle fût mère d'Antonia, la sœur de Léonelle et la fille d'un honnête cordonnier de Cordoue ; un seul coup d'œil fut suffisant pour le détromper : il vit une femme d'une figure très distinguée, et belle encore, quoique le temps et les chagrins eussent un peu altéré ses traits. Sa physionomie était grave ; mais cette gravité était tempérée par une douceur enchanteresse. Lorenzo conjectura qu'elle devait avoir ressemblé dans sa jeunesse à Antonia. Il commença par témoigner son étonnement de l'imprudente prévention du feu comte de Las Cisternas. Elle le pria de s'asseoir, et se rassit elle-même.

Antonia le reçut avec une simple révérance; et continua de travailler. Pour cacher la rougeur qui couvrait ses joues, elle se pliait en deux sur son métier. La tante joua la modestie; elle affecta de rougir et d'être tremblante : elle tenait les yeux baissés, se préparant à recevoir les complimens de don Christoval, qu'elle supposait entré avec Médina; mais à la fin, regardant autour d'elle, ce fut avec une extrême mortification qu'elle s'aperçut que Médina était seul. Comme il parlait à Elvire de don Raymond, Léonelle impatiente lui demanda, en l'interrompant, ce qu'était devenu son ami.

—Ah! Segnora, répondit tristement Lorenzo, qui désirait se maintenir dans ses bonnes graces, combien il sera affligé d'avoir manqué cette occasion de vous présenter ses hommages ! La maladie subite d'un de ses parens l'a obligé de quitter Madrid à la hâte; mais soyez sûre qu'à son retour, sa première démarche sera de venir se mettre à vos pieds.

Comme il disait ces mots, ses yeux rencontrèrent ceux d'Elvire, dont le regard fixe et expressif lui reprocha d'avoir dit un mensonge. Léonelle, de son côté, ne fut pas plus satisfaite de cette réponse. Honteuse et mécontente, elle se leva, et sortit en grommelant.

Lorenzo se hâta de réparer sa faute et de se rétablir dans l'opinion d'Elvire : il lui rapporta la conversation qu'il avait eue avec le marquis, l'assurant que don Raymond était prêt à la reconnaître pour la veuve de son frère, et qu'il l'avait spécialement chargé de venir lui rendre sa visite, en attendant qu'il pût y venir lui-même. Cette nouvelle soulagea d'un grand poids l'esprit d'Elvire : elle avait donc enfin trouvé un protecteur pour sa jeune orpheline ! Elle remercia Lorenzo de s'être si généreusement intéressé pour elle ; cependant elle ne l'invitait point à répéter sa visite. En prenant congé, Lorenzo lui demanda la permission de venir quelquefois s'informer de sa santé. Le ton poli avec lequel il fit cette demande, la reconnaissance, l'amitié qui l'unissaient au marquis, tous ces motifs ne laissaient point à Elvire la liberté d'un refus : elle consentit à le recevoir ; il promit de ne point abuser de la permission ; et sortit.

Après son départ, Elvire et Antonia restées seules, gardèrent quelques instans le silence. Toutes deux désiraient parler sur le même sujet ; mais l'une éprouvait un embarras qui ne lui permettait pas de desserrer les lèvres; l'autre craignait de voir ses craintes confirmées, et toutes deux se taisaient.

— Ce jeune homme est fort aimable, dit enfin Elvire ; il me plaît beaucoup. Hier, à l'église, fut-il long-temps auprès de vous, Antonia ?

— Oh ! maman, il ne m'a pas quittée un seul instant ; il a eu l'honnêteté de me donner sa chaise, et s'est montré fort obligeant et fort attentif.

— Vraiment? pourquoi donc ne m'en avez-vous point parlé ? je ne vous ai pas même entendu prononcer son nom. Votre tante m'a fait un pompeux éloge de son ami, vous m'avez parlé de l'éloquence d'Ambrosio, et l'une et l'autre ne m'avaient dit un seul mot, ni de la personne ni des agrémens de don Lorenzo : si Léonelle ne m'eût pas instruite de son empressement à nous servir, j'aurais totalement ignoré son existence.

Antonia rougit et ne répondit point.

— Vous en jugez peut-être moins favorablement que moi. Sa figure est, à mon gré, fort agréable, sa conversation est celle d'un homme sensé, et ses manières sont fort engageantes. Peut-être l'avez-vous vu sous un autre aspect. Vous semble-t-il... désagréable ?

— Désagréable ! oh ! maman, comment serait-il possible? il eut hier tant de bontés pour moi ! sa figure est à la fois si gracieuse et si noble, sa conversation est si intéressante, ses manières si engageantes !... Soyez sûre, maman, que je pensais à lui, quoique je ne vous en parlasse point.

— Oh ! cela, je le crois : mais vous n'avez pas eu le courage de m'en faire vous-même la confidence ; vous m'avez caché, Antonia, que vous nourrissiez au fond de votre cœur un sentiment nouveau, et cela parce que vous avez pensé que je le pourrais désapprouver. Venez près de moi, mon enfant.

Antonia, confuse et embarrassée, quitta sa broderie, et, se jetant à genoux près du sofa, cacha son visage dans le sein de sa mère.

— Calmez vos craintes, ma chère Antonia, voyez en moi une tendre amie, et ne craignez aucun reproche de ma part. J'ai lu sur votre visage les émotions de votre cœur ; vous n'avez point l'art de les cacher, et elles ne pouvaient échapper à l'œil attentif d'une mère. Ce Lorenzo, croyez-moi, est dangereux pour votre repos. En supposant même que votre affection fût payée par lui de retour, quelles peuvent être les suites de cet attachement ? Vous êtes pauvre et n'avez point d'amis, mon Antonia ; Lorenzo est l'héritier du duc de Médina-Céli. En supposant qu'il n'ait que des vues honorables, son oncle ne consentira jamais à cette union ; et moi, je n'y donnerai point mon consentement sans celui de cet oncle ; j'ai trop appris, par ma propre expérience, à quels chagrins une jeune fille s'expose en entrant dans une famille qui refuse de la recevoir. Combattez donc votre penchant, ma fille ; quoiqu'il doive vous en coûter, tâchez de le surmonter.

Antonia baisa la main de sa mère, et promit de lui obéir.

— Pour empêcher, continua Elvire, que votre affection ne s'accroisse, il sera nécessaire d'arrêter le cours des visites de Lorenzo. Le service qu'il m'a rendu ne me permet pas de l'éconduire formellement ; mais, si je n'augure pas trop favorablement de son caractère, j'espère qu'il entendra mes raisons. Qu'en dites-vous, mon enfant? cette précaution ne vous semble-t-elle pas nécessaire?

Antonia souscrit à tout sans hésiter, mais non pas sans regret. Sa mère l'embrassa affectueusement, et se retira dans sa chambre à coucher. Antonia suivit son exemple, et fit vœu si fréquemment de ne plus penser à Lorenzo, qu'elle ne pensa qu'à lui jusqu'au moment où le sommeil vint fermer sa paupière.

Au sortir de chez Elvire, Lorenzo se hâta de rejoindre le marquis. Tout était près pour le second enlèvement d'Agnès. A minuit, les deux amis étaient avec un carrosse à quatre chevaux sous les murs du couvent. Don Raymond, possesseur de la clé du jardin, en ouvrit la porte; ils entrèrent, et attendirent pendant quelque temps qu'Agnès vint les joindre. Le marquis, impatient, et craignant que sa seconde tentative ne fût pas plus heureuse que la première, proposa d'aller de plus près *reconnaître* le couvent. Les deux amis s'approchèrent; tout était tranquille et dans l'obscurité.

L'abbesse avait jugé à propos de garder le secret sur l'aventure d'Agnès, craignant que le crime d'un des membres de sa communauté ne rejaillit sur tout le reste, ou que l'interposition de quelques parens puissans ne la frustrât de sa vengeance, en lui enlevant sa victime : elle avait donc eu soin de ne donner à l'amant d'Agnès aucune raison de soupçonner que ses desseins étaient découverts, et que son amante allait être punie. La même raison lui avait fait rejeter l'idée de faire arrêter le séducteur inconnu, lorsqu'il se présenterait la nuit au jardin : cette marche aurait causé trop de trouble et attiré trop particulièrement sur son couvent les yeux de tout Madrid. Elle se contenta de renfermer étroitement Agnès, laissant à son amant la liberté de poursuivre l'accomplissement de ses desseins. Le résultat de cette détermination fut telle qu'elle l'avait espéré : le marquis et Lorenzo attendirent en vain jusqu'au point du jour; ils se retirèrent alors sans bruit, alarmés de voir ainsi leur projet avorté, et ne pouvant en deviner la cause.

Le lendemain matin, Lorenzo courut au couvent, et demanda à voir sa sœur. L'abbesse parut à la grille, et lui annonça d'un air triste que, depuis plusieurs jours, Agnès avait paru fort agitée; qu'elle avait été vainement pressée par ses compagnes de leur dévoiler la cause de sa mélancolie, et de chercher dans leur amitié des consolations ; qu'elle avait obstinément persisté à ne leur faire aucune confidence; mais que jeudi soir ses peines secrètes avaient produit un effet si violent sur sa constitution, qu'elle était tombée malade et gardait à présent le lit.

Lorenzo ne crut pas un mot de cette histoire, dit qu'il voulait absolument voir sa sœur, et demanda, si elle ne pouvait descendre à la grille, à être admis dans sa cellule.

L'abbesse fit le signe de la croix, choquée de la seule idée que l'œil profane d'un homme pût parcourir l'intérieur de sa sainte maison; et, fort étonnée que Lorenzo pût lui faire une semblable proposition, elle lui dit que sa demande ne pouvait lui être accordée; mais que, s'il voulait revenir le lendemain, elle espérait que sa chère fille serait suffisamment rétablie pour descendre au parloir. Lorenzo fut obligé de se retirer, assez mécontent de cette réponse, et alarmé pour la sûreté de sa sœur.

Il revint au couvent le lendemain de bonne heure. — Agnès était plus mal. Le médecin avait déclaré qu'elle était en danger; il lui avait ordonné de rester tranquille dans son lit; elle ne pouvait conséquemment recevoir la visite de son frère. Lorenzo devint furieux; il pria, supplia, menaça, mais en vain : après avoir employé tous les moyens imaginables, il revint désespéré trouver le marquis. Celui-ci, de son côté, avait mis tout en usage pour découvrir ce qui avait pu faire échouer le complot. Don Christoval, auquel ils avaient cru devoir confier leur secret, avait cherché à faire parler la vieille portière du couvent, qu'il connaissait d'ancienne date; mais elle était sur ses gardes, il n'en put tirer aucun éclaircissement. Le marquis écumait de colère; Lorenzo n'était guère moins agité. Tous deux s'accordaient à conjecturer que le secret de l'évasion avait été découvert, et que la maladie d'Agnès n'était qu'un prétexte inventé par l'abbesse; mais ils n'apercevaient aucun moyen de l'arracher de ses mains.

Lorenzo se rendait chaque jour au couvent, et chaque jour on lui disait que sa sœur était ou plus mal ou dans le même état. Bien assuré que ces rapports étaient faux, il n'en était point alarmé; mais comme il ignorait de quelle manière sa sœur était traitée, et d'après quels motifs l'abbesse s'obstinait à empêcher qu'il ne la vît, cette incertitude lui causait les plus vives inquiétudes. Telle était la situation de Lorenzo et du marquis, lorsque celui-ci reçut une seconde lettre du cardinal-duc de Lerme. Cette lettre renfermait la bulle du pape qui relevait Agnès de ses vœux, et ordonnait qu'elle fût rendue à ses parents. L'arrivée de ce papier essentiel détermina la marche qu'ils suivraient désormais; ils convinrent que Lorenzo irait porter, dès le lendemain, une expédition de la bulle à l'abbesse, qui, pour se dispenser d'obéir, ne pourrait alors alléguer la maladie d'Agnès; qu'il exigerait que sa sœur lui fût remise à l'instant même, et qu'il la conduirait au palais de Médina.

Ainsi délivré de toute inquiétude relativement à sa sœur, Lorenzo eut quelques instans à donner à l'amour et à Antonia. Vers les huit heures, il se présenta de nouveau chez Elvire; elle avait donné l'ordre qu'on le laissât entrer. Dès qu'on l'eut annoncé, sa fille se retira avec Léonelle; et quand il entra, il trouva Elvire seule. Elle le reçut un peu plus familièrement que la première fois, et le fit asseoir auprès d'elle.

— Don Lorenzo, dit-elle, allant droit au fait, vous devez me croire reconnaissante du service que vous m'avez rendu auprès du marquis; soyez assuré que je n'en perdrai jamais le souvenir. L'intérêt seul de mon enfant, de ma chère Antonia, va m'inspirer ce que je me propose de vous dire aujourd'hui. Ma santé est faible; bientôt peut-être Dieu me rappellera à lui. Ma fille alors demeurerait sans parens et sans protecteurs, si, par quelque imprudence, elle perdait l'espoir de trouver protection dans la famille de Cisternas. Ma fille est jeune et sans artifice; elle est assez jolie pour qu'il me soit permis de songer à la préserver de la séduction. Son ame est d'ailleurs douce et aimante, un seul instant peut éveiller des passions encore assoupies dans le fond de son cœur. Vous êtes aimable, don Lorenzo; Antonia est déjà reconnaissante envers vous. Vous le dirai-je? votre présence ici me fait trembler; je crains qu'elle ne lui fasse éprouver des sentimens qui répandraient l'amertume sur le reste de sa vie, ou lui feraient concevoir des espérances que sa situation rendrait éternellement vaines et inexcusables. Pardonnez-moi si je vous avoue mes craintes, et laissez-moi vous en développer les motifs. Je ne puis vous interdire l'entrée de ma maison; mais je crois pouvoir invoquer votre générosité, et vous prier d'avoir égard aux sollicitudes d'une mère. Croyez que je regretterai sincèrement de ne pouvoir cultiver votre connaissance; ma tendresse pour ma fille m'oblige, don Lorenzo, à vous prier de supprimer à l'avenir vos visites. En cédant à ma demande, vous augmenterez l'estime que j'ai déjà conçue pour vous, et dont tout me porte à croire que vous êtes digne.

— Votre franchise me charme, reprit Lorenzo, et je vous confirmerai dans la bonne opinion que vous avez de moi; cependant j'espère que les raisons que vous venez de m'alléguer ne vous porteront pas à persister dans votre demande. J'aime votre fille, et l'aime sincèrement. Ce serait pour moi le comble du bonheur si je pouvais lui inspirer ces sentimens même que vous paraissez redouter, la conduire à l'autel, et recevoir sa main d'elle-même et de vous. Quant à présent, je ne suis pas riche, il est vrai; mon père, en mourant, ne m'a laissé qu'un modique héritage ; mais mes espérances me permettent peut-être d'oser prétendre à la main de la fille du comte de Las Cisternas.

Il allait continuer, Elvire l'interrompit :

— Ce titre pompeux, don Lorenzo, vous fait perdre de vue mon origine; vous oubliez que j'ai passé quatorze ans en Espagne, désavouée par la famille de mon mari, et n'existant que d'une pension à peine suffisante pour l'entretien et l'éducation de ma fille. J'ai même été négligée par la plupart de mes propres parens, qui ne pouvaient croire à la réalité de mon mariage. Ma pension ayant cessé à la mort de mon beau-père, je me suis trouvée réduite à l'indigence. Me voyant dans cette situation, ma sœur, qui unit à quelques travers d'esprit le cœur le plus tendre et le plus généreux, m'a aidée de son peu de fortune, m'a engagée à me rendre à Madrid, où elle me soutient, ma fille et moi, depuis que nous avons quitté la Murcie. Ne voyez donc point dans Antonia la descendante du comte de Las Cisternas ; considérez-la comme une pauvre et malheureuse orpheline, comme la petite-fille de l'artisan Torribio Dalfa, comme la pensionnaire nécessiteuse de la fille d'un simple ouvrier. Comparez cette situation à celle du neveu et de l'héritier du puissant duc de Médina. Je crois que vos intentions sont honorables, don Lorenzo, mais comme il n'y a point d'espoir que votre oncle veuille jamais approuver cette union, je prévois que les suites de votre attachement seraient fatales au repos de mon enfant.

— Pardon, segnora, vous êtes mal informée si vous mesurez le caractère de mon oncle sur celui de la plupart des autres hommes : mon oncle a une manière de voir supérieure aux vains préjugés et aux motifs sordides d'intérêt ; il a beaucoup d'affection pour moi, et je n'ai aucune raison de craindre qu'il voulût s'opposer à mon mariage avec Antonia, quand il verrait que mon bonheur en dépend. Mais, en supposant même qu'il n'y voulût pas consentir, qu'ai-je à craindre? Mes parens ne sont plus; je suis possesseur de ma petite fortune; elle sera suffisante pour soutenir convenablement Antonia, et je suis prêt à renoncer, pour obtenir sa main, au duché de Médina.

— Vous êtes vif et jeune, Lorenzo; ces idées sont de votre âge; mais j'ai trop appris par moi-même que le malheur accompagne toujours les alliances inégales. J'ai épousé, contre la volonté de sa famille, le comte de Las Cisternas; j'en ai été sévèrement punie. Quel que fût le lieu de notre retraite, la colère de son père a toujours poursuivi Gonzalve; la pauvreté vint nous assaillir, et nous ne trouvâmes plus d'amis. Notre mutuelle affection existait toujours; mais, hélas! ce n'était plus sans interruption. Accoutumé à l'aisance, mon époux soutint mal le passage de la richesse à l'indigence: il regretta les biens dont il avait joui et qu'il avait quittés pour moi; et quelquefois le désespoir venant à s'emparer de mon ame, il me reprochait notre commune détresse, me nommait le fléau de sa vie, la source de ses chagrins, la cause de sa ruine. Il ignorait, hélas! combien étaient plus amers les reproches que se faisait mon propre cœur. J'avais triplement à souffrir: pour moi-même, pour mes enfans, et pour lui. Il est vrai que ces instans étaient courts; sa sincère tendresse reprenait bientôt son empire, et son repentir alors, son empressement à essuyer mes larmes, me tourmentaient encore plus que ses reproches. Il se jetait à mes genoux, me demandait mille fois pardon, et se maudissait lui-même, comme l'unique cause de mes peines. Je veux épargner ces souffrances à ma fille: tant que je vivrai, elle ne sera point votre épouse sans le consentement de votre oncle, qui indubitablement désapprouvera cette union. Il est puissant, je n'exposerai point mon Antonia aux effets de sa colère et de sa persécution.

— Sa persécution! Songez-vous combien il me serait aisé de l'éviter? En mettant la chose au pis, je n'aurais qu'à quitter l'Espagne. Ma fortune peut être aisément réalisée.

Les îles d'Amérique nous offriront une retraite sûre ; j'ai même un petit bien à Saint-Domingue. Nous partirons ; la patrie sera pour moi le lieu où je pourrai posséder sans trouble Antonia.

— Chimères romanesques ! Tels étaient aussi les sentimens de Gonzalve. Il crut pouvoir abandonner l'Espagne sans regret; le moment du départ le détrompa. Vous ne savez pas ce que l'on souffre à quitter son pays natal ! à le quitter pour ne jamais le revoir ; à le quitter pour des régions inconnues et sauvages, situées sous un climat dangereux ; à s'éloigner sans retour des compagnons de sa jeunesse ; à voir périr autour de soi les objets de sa tendresse, victimes des incurables maladies que produit la brûlante atmosphère de l'Inde! J'ai eu tous ces maux à supporter : mon époux et deux aimables enfans ont trouvé leur tombeau dans l'île de Cuba; un prompt retour en Espagne a sauvé seule ma jeune Antonia. Ah! don Lorenzo, si vous pouviez concevoir tout ce que j'ai souffert pendant cette absence! combien je regrettais les lieux qui m'ont vu naître! Je portais envie aux vents qui soufflaient vers l'Espagne, et quand un matelot espagnol, en passant sous mes fenêtres, chantait quelque air connu, je sentais mes yeux se remplir de larmes en songeant à mon pays natal. Gonzalve lui-même, mon malheureux époux...

Les larmes gagnèrent Elvire ; elle se couvrit le visage de son mouchoir. Après quelques instans de silence, elle se leva.

— Excusez-moi, dit-elle, si je vous quitte un moment; le souvenir de mes peines m'a fort agitée, et j'ai besoin d'un peu de solitude. En attendant mon retour, parcourez ces stances : je les ai trouvées, après la mort de mon mari, parmi ses papiers. Le chagrin m'aurait tuée, si j'avais su plus tôt qu'il fût occupé de ces idées. Il écrivit ces vers lorsque nous partîmes pour Cuba, dans un de ces momens où, l'ame obscurcie par le chagrin, il oubliait qu'il avait près de lui sa femme et deux enfans. Les biens que nous quittons nous semblent toujours les plus précieux : Gonzalve quittait pour jamais l'Espagne, le reste du monde n'offrait rien à ses yeux qui pût le dédommager de cette perte. Lisez ces stances, don Lorenzo, elles vous donneront quelques idées des sentimens d'un banni.

Elvire remit le papier à Lorenzo, et sortit de l'appartement.

L'EXIL.

O beau pays de l'Ibérie !
Champs et vallons aimés des cieux ;
Heureux climats, terre chérie,
Recevez mes derniers adieux.

Sur des bords déserts et sauvages
Gonzalve, bientôt égaré,
Sentira son cœur déchiré
Du regret de vos doux rivages.
O beau pays, etc.

J'étais, au sein de l'opulence,
Honoré, carressé, servi :
L'amour, hélas ! m'a tout ravi ;
Je perds jusques à l'espérance.
O beau pays, etc.

Qui me rendra le sort prospère,
Le bonheur qui m'était promis,
Mon rang, mes biens et mes amis,
Et la tendresse de mon père ?
O beau pays, etc.

Demeure antique de Murcie,
Je te quitte paisible lieu,
Pour aller sous un ciel de feu
Tourmenter ma pénible vie.
O beau pays, etc.

De l'œil encore, je suis, j'embrasse
Ces monts groupés dans un lointain
Qui déjà confus incertain,
Par degrés, pâlit et s'efface.
O beau pays, etc.

Dors, mon vaisseau, dors, je te prie,
Ou fais, du moins, peu de chemin,
Afin qu'à mon réveil demain
J'aperçoive encor ma patrie.
O beau pays, etc.

Vain désir ! prière impuissante !
Le vent souffle, l'onde a grossi :
Hélas! je serai loin d'ici
Demain à l'aube renaissante.
O beau pays, etc.

Lorenzo avait à peine eu le temps de lire ces vers, lorsqu'Elvire rentra. Après avoir donné un libre cours à ses larmes, elle avait recouvré l'air calme et la dignité qui lui étaient ordinaires.

— Je n'ai rien à vous dire de plus, reprit-elle ; je vous ai exposé mes craintes, je vous ai dit les raisons qui me font désirer que vous ne répétiez plus vos visites. Je me suis confiée pleinement à votre honneur, et je suis bien assurée que je n'ai pas eu de vous une opinion trop favorable.

— Encore une question, segnora, je vous prie. Si le duc de Médina approuvait mon amour, me permettriez-vous d'adresser mes hommages à vous et à l'aimable Antonia.

— Je ne dissimulerai point avec vous, don Lorenzo. Quoiqu'il soit peu probable que cette union puisse jamais avoir lieu, je crains que ma fille même ne la désire ; je ne vous cacherai point que votre présence a déjà fait sur elle une impression qui me cause les plus sérieuses alarmes : je je suis donc obligée de la tenir éloignée de vous. Quant à moi, il n'y a pas lieu de douter que je fusse charmée de voir mon enfant avantageusement établie. Je n'ai pas l'espoir de vivre encore long-temps; le marquis de Las Cisternas m'est parfaitement inconnu ; quelles que soient aujourd'hui ses dispositions relativement à sa nièce, il se mariera ; il est possible qu'Antonia ne plaise point à son épouse, et qu'elle perde ainsi son unique protecteur. Si le duc votre oncle donne son consentement, vous obtiendrez sûrement le mien et celui de ma fille, et ma porte alors vous sera ouverte ; jusques-là , je vous prie d'être convaincu de mon estime et de ma reconnaissance , et de vous rappeler que nous ne devons plus nous voir.

Lorenzo promit tout ce qu'exigeait Elvire, en l'assurant qu'il espérait avoir bientôt obtenu ce consentement. Prenant ensuite occasion de ce qu'elle venait de dire sur l'épouse future du marquis, il lui raconta en peu de mots l'histoire de ses aventures avec Agnès, en ajoutant que don Raymond n'attendait que la fin très prochaine de cette affaire pour venir assurer lui-même donna Elvire de son amitié et de sa protection.

— Votre sœur est, dites-vous, à Sainte Claire, reprit Elvire ; je tremble pour elle : une de mes amies, qui fut élevée dans ce couvent, m'a peint l'abbesse comme une femme hautaine, inflexible, superstitieuse et vindicative. On m'a dit depuis, qu'elle s'était mis en tête d'établir la plus sévère régularité dans son couvent, et que les plus légères imprudences ne trouvaient jamais grace à ses yeux ; qu'elle savait, quoique violente, prendre au besoin le masque de la douceur et de la bonté; mais qu'elle était implacable, et capable de prendre comme d'éluder les mesures les plus rigoureuses pour l'accomplissement de ses volontés. Je suis inquiète d'apprendre que donna Agnès soit entre les mains d'une femme aussi dangereuse.

Lorenzo se leva et prit congé. Elvire, en lui rendant le

salut, lui présenta sa main, qu'il baisa respectueusement ; il témoigna ses regrets de ne pouvoir encore saluer Antonia, et retourna à son hôtel. Fort satisfaite du résultat de cette conversation ; forcée de s'avouer à elle-même que Lorenzo, pour gendre, ne lui déplairait pas, elle crut cependant ne devoir point confier à sa fille la faible lueur d'espérance que les dispositions de son jeune amant lui laissaient entrevoir.

Le lendemain, dès la pointe du jour, Lorenzo était au couvent de Sainte-Claire, muni d'une copie en bonne forme des ordres du saint-père. Les nonnes étaient encore à matines : il en attendit impatiemment la fin. L'abbesse enfin parut à la grille : il demanda à voir Agnès. Hélas ! répondit la vieille dame, la situation de cette chère enfant devient à chaque moment plus dangereuse. Les médecins en désespèrent ; ils ont déclaré qu'il n'y avait pour elle de guérison à espérer, qu'autant qu'on la préserverait de toute visite propre à agiter ses esprits. Lorenzo répondit à ces douloureuses exclamations, en présentant à l'abbesse l'ordre exprès de sa sainteté, et exigea que malade ou non, sa sœur lui fût remise sans délai.

L'abesse reçut le papier avec l'air de la plus profonde humilité ; mais quand elle eut d'un coup d'œil vu ce qu'il contenait, sa colère parut à travers les efforts de son hypocrisie. Son visage devint pourpre, et les regards qu'elle lança à Lorenzo exprimaient la fureur et la menace.

— Cet ordre est positif, dit-elle en s'efforçant de paraître calme, et je voudrais qu'il fût en mon pouvoir de m'y conformer.

Lorenzo poussa un cri de surprise.

— Je vous le répète, monsieur, je m'empresserais d'obéir à cet ordre ; malheureusement cela n'est plus en mon pouvoir. J'ai voulu, par égard pour vos sentimens fraternels, vous annoncer par degrés un malheureux événement, vous préparer à en recevoir courageusement la nouvelle. Cet ordre exprès rompt toutes mes mesures. Vous demandez Agnès, votre sœur; je suis obligée de vous informer sans détour qu'elle est morte vendredi dernier.

Lorenzo pâlit.

— Vous me trompez, dit-il après un moment de réflexion; il n'y a pas encore cinq minutes que vous me disiez qu'elle était malade, mais toujours vivante. Produisez-moi ma sœur à l'instant même; je dois, je veux la voir.

— Vous vous oubliez, monsieur; vous devez du respect à mon âge aussi bien qu'à ma profession. Votre sœur n'est plus, je ne vous ai caché jusqu'à présent sa mort, que pour vous épargner un coup trop violent. En vérité, je suis bien mal payée de mes bonnes intentions. Et quel intérêt, je vous prie, aurais-je à la retenir? Il m'eût suffi de connaître qu'elle désirait quitter notre communauté, pour désirer moi-même son absence. Son séjour ici ne pouvait d'ailleurs être qu'un opprobre pour le couvent de Sainte-Claire. Votre sœur, monsieur, a trompé ma tendre affection; elle est bien criminelle! et quand vous connaîtrez la cause de sa mort, vous vous en réjouirez. Elle tomba malade jeudi dernier, au sortir du tribunal de la pénitence. Sa maladie était accompagnée des plus étranges symptômes; cependant elle persistait à n'en point avouer la cause. Nous sommes toutes, grâces au ciel, trop innocentes pour en avoir eu le moindre soupçon. Imaginez quelle fut notre consternation, notre horreur, lorsqu'on nous apprit le lendemain qu'elle avait mis au monde un enfant mort en naissant, et qu'elle a suivi immédiatement au tombeau. Quoi! monsieur, je ne vois sur votre visage ni surprise ni indignation! Est-il possible que l'infamie de votre sœur n'excite en vous aucun mouvement de sensibilité? En ce cas, je vous retire ma compassion. Il n'est plus, je vous le répète, en mon pouvoir, d'obéir aux ordres de sa sainteté; et je vous jure, par notre divin Sauveur, qu'elle est en terre depuis trois jours.

En disant ces mots, elle baisa un petit crucifix qui pendait à sa ceinture, se leva et quitta le parloir ; elle jeta, en sortant, à Lorenzo un coup d'œil accompagné d'un sourire sardonique. Adieu, monsieur, ajouta-t-elle, je ne sais point de remède à cet accident; une seconde bulle du pape n'opérerait pas la résurrection de votre sœur.

Lorenzo désespéré sortit aussi; mais don Raymond, en apprenant cette nouvelle, devint presque fou. Il ne pouvait se figurer qu'Agnès fût morte, et persistait à dire qu'elle était toujours dans l'enceinte des murs du couvent. Il n'était point de raisonnement qui pût lui faire abandonner ses espérances; chaque jour il inventait, mais sans succès, un nouvel artifice pour en obtenir quelques nouvelles.

Médina, de son côté, avait renoncé à l'espoir de la revoir ; mais il encourageait les recherches de don Raymond, bien persuadé qu'on avait employé contre la vie de sa sœur des moyens violens, et brûlait de tirer une vengeance éclatante des procédés qu'il attribuait à l'insensible abbesse. Au chagrin d'avoir perdu sa sœur, se joignit la nécessité de suspendre la confidence qu'il se proposait de faire au duc de son amour pour Antonia. Cependant ses émissaires, dans cet intervalle, entouraient la porte d'Elvire. On lui rendait compte de tous ses mouvemens. Ayant appris qu'Antonia se rendait tous les jeudis à l'église des Dominicains pour y entendre le sermon, il pouvait ainsi la voir au moins une fois par semaine, en évitant, selon sa promesse, d'en être remarqué. Ainsi, deux longs mois se passèrent sans qu'on eût de nouvelles d'Agnès. Tout le monde croyait à sa mort, excepté le marquis. Lorenzo prit alors le parti de faire à son oncle confidence de ses sentimens pour Antonia. Il avait déjà annoncé par quelques mots son intention de se marier ; on y avait applaudi ; et il ne douta point que son oncle n'approuvât son choix.

CHAPITRE VI.

—

« Ivres d'amour dans les bras l'un de l'autre ils
« chérissent l'obscurité, et voient avec chagrin
« naître le jour. »

(Lee.)

Les premiers transports étaient calmés, les premiers feux éteints, la honte avait, dans le cœur d'Ambrosio, remplacé le plaisir. Confus et épouvanté de sa faiblesse, il s'arracha des bras de Matilde. En réfléchissant sur ce qui venait de se passer, il embrassa d'un seul coup d'œil toute l'énormité de son parjure, et les calamités qui en seraient la suite, s'il venait à être découvert. Inquiet pour l'avenir, le désespoir dans l'âme, maudissant la fragilité humaine, il évitait les yeux de sa provoquante complice. Après quelques instants de tristes réflexions, Matilde rompit le silence. Prenant doucement sa main, et la portant à ses lèvres brûlantes :

— Ambrosio! dit-elle d'une voix demi tremblante.

Le moine tressaillit. Les yeux de Matilde, que rencontrèrent les siens, étaient humides, ses joues enflammées, et ses regards supplians semblaient lui demander grâce.

— Dangereuse femme, dit-il, dans quel gouffre de misère vous me plongez! Si l'on venait à découvrir votre sexe, je paierais de mon honneur et même de ma vie, quelques momens de plaisir. Insensé que je suis, de m'être livré à vos séductions ! A présent que puis-je faire ? comment expier mon offense ? Malheureuse Matilde, vous avez pour jamais détruit mon repos.

— Est-ce à moi que s'adressent ces reproches, Ambrosio ? à moi, qui ai sacrifié pour vous tous les plaisirs du monde, le luxe des richesses, la modestie, aimable apanage de mon sexe, mes parens, ma fortune, ma réputation ? Quelle perte avez-vous faite qui ne me soit pas commune ? n'ai-je pas eu part à votre faute ? n'avez-vous pas partagé mon plaisir ? Votre faute, ai-je dit, existe-t-elle ailleurs que dans la méprisable opinion du vulgaire ? Ces péchés, pourvu que le monde les ignore, sont des plaisirs divins, que nul n'est en droit de blâmer. La nature a réprouvé vos vœux célibataires ; l'homme n'est point né pour la chasteté ; et si l'amour était un crime, Dieu n'eût pas fait si doux le plaisir d'aimer. Bannissez donc, mon Ambrosio, ces sombres nuages dont je vois votre front couvert. Livrez-vous sans réserve au bonheur qui vous est offert : cessez de me reprocher de vous en avoir donné les premières leçons, et répondez aux transports de la femme qui vous adore.

Tandis qu'elle parlait, ses yeux étaient pleins d'une délicieuse langueur ; son sein palpitait. Jetant autour d'Ambrosio ses bras amoureux, elle l'attira de nouveau, et prit un baiser sur ses lèvres. Ambrosio sentit tous ses désirs se ranimer. Le dé était jeté ; ses sermens étaient déjà violés ; il avait déjà commis le crime ; pourquoi se serait-il abstenu d'en savourer tout le fruit ? Serrant Matilde contre son sein avec un redoublement d'ardeur, dégagé désormais de toute honte, il donna pleinement carrière à son incontinence, tandis que la voluptueuse Matilde mettait en pratique toutes les inventions de l'amour licencieux, les raffinemens les plus piquans que puisse offrir l'art étudié du plaisir, pour rehausser le prix de sa possession, et rendre encore plus vifs les transports de son amant. Ambrosio goûta des délices qui lui étaient jusqu'alors inconnues. La nuit s'enfuit d'un pas rapide, et la pudique Aurore rougit de le trouver encore entre les bras de Matilde.

Ivre de plaisir, le moine sortit du lit de la luxurieuse syrène, sans rougir désormais de sa lubricité, et sans redouter la vengeance du ciel offensé. Sa seule crainte était que la mort ne vînt arrêter le cours de ces jouissances, dont il avait été si inhumainement sevré, et pour lesquelles un trop long jeûne aiguisait merveilleusement son appétit.

Matilde était toujours sous l'influence du poison ; mais c'était moins pour la vie de sa préservatrice que tremblait alors le moine, que pour celle de sa maîtresse. Une fois privé de celle-ci, il aurait pu difficilement en retrouver une autre, une autre surtout qui lui offrît des plaisirs aussi faciles et aussi sûrs. Il la pressa donc avec instance d'employer, pour la conservation de sa vie, tous les moyens qu'elle disait avoir en sa disposition.

—Oui, répondit Matilde, puisque vous m'avez fait connaître le prix de la vie, je veux, quoiqu'il puisse m'en coûter, sauver la mienne. Aucun danger ne me rebutera. Je verrai sans frissonner les conséquences de mon action ; je croirai mon sacrifice fort au-dessous du bien qu'il doit me procurer, et me ressouviendrai qu'un moment, en ce monde, passé entre vos bras, ne serait point acheté trop cher par un siècle de punition dans l'autre. Mais avant que je fasse la démarche que je médite, Ambrosio, jurez-moi solennellement que vous ne chercherez jamais à connaître par quels moyens j'aurai conservé ma vie.

Quoiqu'il ne comprît pas bien clairement ce discours de Matilde, et moins encore ce qu'elle se proposait de faire, Ambrosio fit le serment qu'elle exigeait.

— Je vous remercie, mon bien-aimé, dit-elle. Cette précaution était nécessaire ; car vous êtes encore, sans le savoir, l'esclave des préjugés vulgaires. Ce que je me propose de faire cette nuit doit vous faire tressaillir par sa singularité, et me rabaisser dans votre opinion. Avez-vous, dites-moi, la clé de la porte basse qui se trouve sur le côté occidental du jardin?

—Quoi! de la porte qui conduit aux caveaux souterrains du couvent de Sainte-Claire!

—Oui, de celle-là même qui mène au lieu de sépulture commun entre vous et les sœurs.

—Je n'ai point cette clé, reprit Ambrosio, mais je puis aisément me la procurer.

—C'est tout ce que je vous demande. Introduisez-moi la nuit prochaine, à minuit, dans le lieu de sépulture. Vous ferez le guet, tandis que je descendrai dans les caveaux, afin que personne ne puisse observer mes actions; j'y resterai seule pendant une heure. Ainsi je sauverai ma vie, et la consacrerai à vos plaisirs. Pour prévenir les soupçons, ne me venez point voir de tout le jour. N'oubliez pas la clé, et souvenez-vous que je vous attends avant minuit. Adieu, j'entends venir quelqu'un. Laissez-moi, je vais faire semblant de dormir.

Le moine obéit. En sortant de la cellule, il rencontra le père Pablos. — Je viens, dit ce dernier, voir comment va mon jeune malade. Paix, répondit Ambrosio, parlez tout bas. Il repose en ce moment, ne troublez pas son sommeil. La cloche sonnait ; tous deux se rendirent à matines.

Ambrosio se sentit embarrassé en entrant dans le chœur. Le péché était pour lui une chose nouvelle; il lui semblait que tout le monde devait lire sur son visage ses aventures de la nuit. Il voulut prier, mais en vain; sa dévotion n'était plus ardente dans son sein, ses pensées errantes le ramenaient sans cesse aux charmes secrets de Matilde; mais il suppléa, par des apparences plus remarquables de sainteté, à ce qui lui manquait de pureté intérieure; il n'avait jamais paru plus dévot envers le ciel, qu'à l'instant même où il venait de rompre avec lui tous ses engagemens. Il ajoutait ainsi, sans y songer, l'hypocrisie au parjure.

Les matines finies, Ambrosio se retira à sa cellule. L'impression encore récente des plaisirs qu'il venait de goûter pour la première fois agitait son sein. Ses idés et ses sentimens étaient un chaos confus de remords et de volupté, d'inquiétude et de crainte. Il regrettait encore cette paix de l'ame, cette douce sécurité de la vertu, qui jusqu'alors avaient été son partage. Il s'était livré à des excès dont l'idée seule, vingt-quatre heures auparavant, l'aurait fait trembler d'horreur; il frémissait en songeant que la plus légère indiscrétion, ou de lui-même ou de Matilde, renverserait ce haut édifice de réputation, dont l'élévation lui avait coûté trente ans de peines, et lui attirerait l'exécration de ce peuple dont il était l'idole. Sa conscience aussi lui peignait sous de sombres couleurs sa faiblesse et ses sermens violés; la crainte grossissait à ses yeux les horreurs du châtiment; il se croyait déjà dans les prisons de l'inquisition.

Mais, d'un autre côté, il pensait à Matilde, à sa beauté, à ces délicieuses leçons, qui, une fois reçues, ne peuvent jamais s'oublier, et dont le souvenir seul remplissait son ame d'extase. Les payer du sacrifice de l'innocence et de l'honneur, était-ce les payer trop cher ? Non. Il maudissait la folle vanité, qui, le tenant attaché durant la plus belle partie de sa vie à d'obscurs occupations, l'avait laissé dans une ignorance absolue des plaisirs que donnent l'amour et les femmes. Il se détermina à continuer, quoiqu'il dût en arriver, son commerce avec Matilde, et appela à son aide tous les raisonnemens qui pouvaient le confirmer dans cette résolution. Il se demanda à lui-même en quoi consistait sa faute, pourvu que son irrégularité fût ignorée, et quelles conséquences il devait en appréhender. En se conformant strictement à toutes les règles de son ordre, sauf la chasteté, il pouvait encore conserver l'estime des hommes, et même la protection du ciel. Une aussi légère infraction de ses vœux lui serait aisément pardonnée. Tout concourut en un mot à le convaincre qu'il pouvait, en toute sûreté de conscience, se livrer sans réserve au dérèglement de ses appétits.

Une fois décidé sur son plan de conduite, ses agitations se calmèrent; il se jeta sur son lit, et s'endormit. Rafraîchi par quelques heures d'un profond sommeil, il se sentit, à son réveil, prêt à recommencer aussitôt que l'occasion se présenterait.

Conformément à l'ordre de Matilde, il n'alla point la voir de tout le jour. Le père Pablos dit au réfectoire que Rosario s'était à la fin déterminé à suivre ses ordonnances; mais que les médicamens n'avaient pas produit le plus léger effet, et qu'il croyait qu'aucune puissance humaine ne pouvait le sauver. Le prieur fut du même avis, et affecta de déplorer le triste sort d'un jeune homme dont les talens avaient fait concevoir de si hautes espérances.

La nuit arriva; Ambrosio s'était procuré la clé du jardin. Lorsque tout le monde dormit dans le couvent, il sortit de sa cellule, et se rendit à celle de Matilde. Elle était déjà hors de son lit et habillée.

— Je vous attendais avec impatience, dit-elle; ma vie dépend de ce moment. Avez-vous la clé? — La voilà, dit le prieur. — Entrons donc au jardin; nous n'avons pas de temps à perdre; suivez-moi.

Prenant d'une main une petite corbeille couverte qui se trouvait sur la table, et de l'autre la lampe qui brûlait sur sa cheminée, Matilde sortit de sa cellule; Ambrosio la suivit. Tous deux gardèrent un profond silence; Matilde avança avec beaucoup de précaution, traversa les cloîtres et gagna le côté occidental du jardin. Ses yeux brillaient en ce moment d'un éclat extraordinaire; on lisait dans tous ses traits le courage du désespoir. Donnant la lampe à Ambrosio, elle prit la clef, ouvrit la porte basse, et entra dans le lieu de sépulture. C'était un grand carré, planté d'ifs, et entouré d'un mur de pierre, dont une partie appartenait au couvent des Dominicains, l'autre aux religieuses. La division était marquée par une grille de fer, dans laquelle était pratiquée une petite porte qui restait ordinairement ouverte.

Matilde entra par cette petite porte, et chercha, celle des caveaux souterrains où reposaient les corps bienheureux des sœurs de Sainte-Claire. La nuit était sombre ; on ne voyait au ciel ni la lune ni les étoiles. Heureusement, l'air était parfaitement calme, et le moine porta aisément sa lampe sans l'éteindre. A sa lueur, ils trouvèrent bientôt la porte des caveaux, que cachaient presque totalement d'épaisses touffes de lierre ; trois marches de pierres brutes y conduisaient. Matilde était sur le point d'y descendre ; tout à coup elle fit un pas en arrière.

— Il y a quelqu'un dans le caveau, dit-elle tout bas au moine. Retirons-nous, et les laissons sortir.

Elle se réfugia derrière un grand tombeau, érigé en l'honneur de la fondatrice du couvent. Ambrosio la suivit, et cacha soigneusement la lumière de sa lampe. Quelques momens après, la porte du caveau s'ouvrit, et ils virent, à l'aide de quelques rayons de lumière, deux femmes en habits religieux, qui paraissaient être en grande conversation. Le prieur reconnut aisément dans l'une l'abbesse de Sainte-Claire, et dans l'autre une des mères prudentes de son couvent.

— Tout est préparé, disait l'abbesse, et c'est demain que son sort sera décidé. Ses larmes et ses soupirs ne me gagneront point. Non, depuis vingt-cinq ans que je suis supérieure de ce couvent, je n'ai point ouï parler d'un trait aussi infâme.

— Quelques personnes ici s'opposeront à votre volonté. Agnès a des amies dans le couvent, et particulièrement la mère Sainte-Ursule, qui la défendra de tout son pouvoir. En vérité, madame, elle mérite d'avoir quelques amies. Elle est si jeune ! elle paraît si repentante ! Oh ! je suis convaincue que c'est la contrition, plus encore que la crainte du châtiment, qui fait couler ses larmes. J'oserais, madame, être garante de sa conduite future, si vous daigniez adoucir la sévérité de votre sentence.

— Adoucir, sœur Camille ! vous m'étonnez. Quoi ! après avoir déshonoré ma maison aux yeux du saint homme que tout Madrid vénère, de celui que je désirais particulièrement convaincre de la régularité de ma discipline ? Combien j'ai dû lui paraître méprisable ! Non, je ne puis mieux prouver à Ambrosio mon horreur pour de pareils forfaits, qu'en sévissant contre la coupable avec toute la rigueur que nos lois admettent. Cessez donc vos supplications ; je dois faire demain un exemple terrible, et ma résolution est inébranlable.

La mère Camille lui répliqua ; mais alors les deux religieuses était trop loin pour qu'il fût possible de les entendre. L'abbesse ouvrit la porte qui communiquait à la chapelle Sainte-Claire, où elles entrèrent l'une et l'autre.

Matilde alors demanda quelle était cette Agnès contre laquelle l'abbesse était si irritée, et ce qu'elle avait de commun avec Ambrosio. Celui-ci lui expliqua toute l'aventure.

— Depuis ce temps, ajouta-t-il, il s'est opéré une grande révolution dans mes idées. Je compte voir l'abbesse dès demain, et l'engager à traiter avec plus de compassion cette malheureuse fille.

— Gardez-vous en bien, dit en l'interrompant Matilde ; ce changement subit causerait de la surprise, et ferait peut-être naître des soupçons qu'il est de votre intérêt d'éviter. Redoublez plutôt d'austérité apparente, tonnez contre les erreurs des autres, pour mieux cacher les vôtres. Abandonnez la nonne à sa destinée ; son imprudence mérite punition : elle n'est pas digne de goûter les plaisirs de l'amour, puisqu'elle n'a pas l'esprit de les cacher. Mais le temps presse ; donnez-moi cette lampe, Ambrosio. Je vais descendre dans ces caveaux, vous allez m'attendre ici. Si quelqu'on vient, vous m'avertirez par un cri ; mais, sur votre vie, quelque chose qui arrive, ne vous avisez pas de me suivre : la mort serait à l'instant le prix de votre imprudente curiosité.

En disant ces mots, elle s'avança vers la porte du caveau, tenant la lampe d'une main, et de l'autre sa petite corbeille. Elle toucha la porte, qui aussitôt s'ouvrit d'elle-même, et présenta à ses yeux un petit escalier tournant de marbre noir. Elle descendit ; Ambrosio suivit de l'œil la faible lueur de la lampe, à mesure qu'elle s'enfonçait dans le souterrain. Bientôt elle disparut ; il ne fut plus environné que de profondes ténèbres.

Ambrosio ne savait comment expliquer ce qu'il voyait. Resté seul, il réfléchit sur le changement subit qui s'était opéré dans le caractère et les sentimens de Matilde. Est-ce là, se disait-il à lui-même, cette jeune fille si douce, qui naguère encore, voyant en moi un être supérieur, était totalement dévouée à ma volonté ? A présent, elle parle d'un ton impérieux. Je n'aperçois plus en elle les vertus de son sexe ; elle affecte celles du nôtre. Je la trouve insensible à la pitié pour la malheureuse Agnès ; à la pitié, sentiment si naturel au cœur d'une femme ! Ambrosio fut fâché de voir que son amante manquât ainsi de sensibilité : cependant, convaincu d'ailleurs de la justesse de ses observations, quoiqu'il eût sincèrement compassion d'Agnès, il renonça à l'idée de s'intéresser en sa faveur.

Une heure s'était déjà écoulée depuis que Matilde était descendue dans le caveau, et Ambrosio ne la voyait point revenir. Sa curiosité fut vivement excitée ; il s'approcha de l'escalier, prêta l'oreille, n'entendit rien, si ce n'est quelques sons par intervalles, qui paraissaient être la voix de Matilde, et qui se répétaient dans les voûtes spacieuses du caveau. Pressé du désir de pénétrer ce mystère, il se détermina à descendre, malgré ses injonctions. Mais à peine avait-il mis le pied sur les premières marches de l'escalier, qu'une détonnation violente se fait entendre ; il se retire promptement. La terre tremble ; les piliers qui soutiennent les édifices environnans sont ébranlés, et tout à coup il voit, à travers l'escalier, les caveaux éclairés par une brillante colonne de lumière. Cette clarté ne dura qu'un instant. Bientôt tout redevint tranquille. Ambrosio fut environné de nouveau de profondes ténèbres, et n'entendit plus, au milieu du silence de la nuit, que le vol bruyant des chauve-souris, qui allaient et venaient autour de lui.

Chaque instant augmentait l'étonnement d'Ambrosio. Il s'écoula encore une heure, après laquelle il vit reparaître la même lumière; mais elle était cette fois accompagnée d'une musique douce et solennelle, qui, remplissant toutes les voûtes souterraines, lui causa à la fois du plaisir et de l'effroi. Bientôt après, il entendit le long de l'escalier le pas léger de Matilde, et la revit rayonnante de joie et plus jolie que jamais. — Qu'avez-vous vu? lui dit-elle. — Deux fois une colonne de feu sur cet escalier. — Rien autre chose? — Rien. — Le jour s'avance; hâtons-nous de nous retirer.

Matilde regagne promptement sa cellule. Pressé par la curiosité, le moine l'accompagne ; elle ferme la porte, et débarrassée de sa lampe et de sa corbeille :

— J'ai réussi, dit-elle en se jetant dans ses bras, et au-delà de toutes mes espérances. Je vivrai, Ambrosio, je vivrai pour vous. Oh! que ne m'est-il permis de vous communiquer ma joie, de vous faire partager mon pouvoir, de vous élever autant au-dessus de votre propre sexe, que je viens, par un coup hardi, de m'élever au-dessus du mien! Mais je vous rappelle ici votre serment ; ne m'interrogez pas ; je ne puis, je ne dois pas vous instruire de ce qui vient de se passer, et j'espère que vous n'en exigerez point la confidence. Si vous n'avez pu, ajouta-t-elle avec un sourire, en appuyant un baiser sur sa bouche, tenir vos promesses faites à Dieu, vous tiendrez au moins celles que vous avez faites à Matilde.

Le cœur du moine s'enflamma de nouveau, et les scènes de la nuit précédente furent répétées.

Elles le furent tant et si souvent, que bientôt la satiété succéda aux transports. Charmé de la guérison inattendue de Rosario, Ambrosio jouit sans crainte et sans remords des faveurs de Matilde; mais à peine une semaine s'était-elle écoulée, qu'il commença à lui trouver des défauts essentiels. La possession, qui refroidit un homme, ne fait qu'accroître l'affection d'une femme. A mesure que la passion de Matilde devenait plus ardente, celle d'Ambrosio devenait plus froide. Il recherchait moins sa société; il était inattentif, tandis qu'elle parlait; sa voix même, mêlée aux accords des instrumens, dont elle jouait parfaitement, ne lui procurait aucun amusement; enfin, Matilde ne put se dissimuler qu'Ambrosio ne sentait plus que du dégoût pour elle, et que, naturellement inconstant, il soupirait après le changement. Le moine soupirait, en effet, pour chaque femme qu'il voyait; cependant, retenu par la crainte de dévoiler le secret de son hypocrisie, il concentrait ses désirs au fond de son cœur.

Il est nécessaire, pour l'intelligence des événemens subséquens, de développer ici plus particulièrement le caractère du principal héros de cette histoire.

Ambrosio n'était point né craintif; cette disposition n'était en lui que le résultat de son éducation. S'il eût passé sa jeunesse dans le monde, il se serait montré doué de plusieurs qualités males et brillantes; il était naturellement actif, ferme et intrépide; il avait le cœur d'un guerrier; il aurait figuré avec éclat à la tête d'une armée. Son jugement était vaste, solide et décisif; il ne manquait point de générosité; les malheureux trouvaient en lui un confident qui compatissait à leurs peines. Avec ces dons de la la nature, il aurait pu être l'ornement de son pays; la poussière du cloître les avait presque tous obscurcis. Malheureusement, privé de ses parens dès sa plus tendre enfance, il tomba au pouvoir d'un parent éloigné, qui ne désira rien tant que de ne plus entendre parler de lui ; il confia le soin de cet enfant à un de ses amis, qui était le précédent prieur des Dominicains. Celui-ci, apologiste déclaré du monachisme, ne négligea rien pour persuader à l'enfant qu'il n'existait de bonheur que dans les murs d'un couvent.

Il réussit pleinement, et l'ambition du jeune homme n'eut d'autre objet en vue que de pouvoir être admis par degrés dans l'ordre des Dominicains. Ses instructeurs eurent grand soin d'étouffer en lui le germe de ces vertus nobles et désintéressées, qu'il tenait de la nature. Au lieu de lui inculquer les principes de la bienveillance universelle, ils ne lui inspirèrent qu'égoïsme et partialité, lui apprirent à regarder comme un crime les erreurs des autres ; ils surent changer la noble franchise de son caractère en une servile humilité. Pour mieux détruire son courage naturel, ils épouvantèrent sa jeune ame, en plaçant sous ses yeux toutes les horreurs que fournissent les annales de la superstition ; ils lui dépeignaient, sous les couleurs les plus sombres et les plus effrayantes, les tourmens des damnés, et le menaçaient, pour la plus légère faute, de souffrances éternelles. Est-il étonnant que, l'imagination constamment fixée sur cet objet, son caractère se fût plié jusqu'à la crainte et la timidité ? Ajoutez encore qu'absolument étranger à la vie mondaine, il ignorait les dangers, et s'en formait une idée fort éloignée de la réalité. Tandis que les moines étaient occupés sans relâche à déraciner ainsi ses vertus, à rétrécir ses idées, à rabaisser ses sentimens, ils laissaient parvenir à leur pleine maturité tous les vices que comportait son caractère. Ils favorisaient admirablement ses dispositions à devenir orgueilleux, vain, ambitieux, jaloux de ses égaux, admirateur de son seul mérite, implacable et cruel dans sa vengeance. Cependant, en dépit des peines qu'on avait prises pour le pervertir, ses bonnes qualités perçaient quelquefois le nuage dont elles étaient offusquées. Alors la lutte qui s'établissait entre son caractère réel et son caractère acquis, était une singularité frappante, quoique inexplicable pour ceux qui n'avaient point le mot de cette énigme. Il prononçait contre les coupables les plus sévères décisions ; un moment après, la compassion le portait à les mitiger ; il entamait les entreprises les plus hardies, que la crainte lui faisait aussitôt abandonner ; son génie natif répandait sur les sujets les plus obscurs une brillante lumière ; presqu'aussitôt la superstition le replongeait dans les plus profondes ténèbres. Les autres religieux, qui le regardaient comme un être d'une nature supérieure, ne remarquaient point ces contradictions dans la conduite de leur chef ; ils étaient persuadés qu'il ne pouvait mal faire, et qu'il ne changeait jamais de résolution sans de bonnes raisons.

La lutte n'existait encore qu'entre les sentimens opposés qu'il tenait de la nature et de l'éducation, lorsque ses passions, qu'aucune impulsion n'avait encore mises en jeu, se présentèrent pour décider la victoire. Elles étaient malheureusement le plus dangereux arbitre auquel il pût avoir recours. Son isolement de la société lui avait jusqu'alors été favorable, en ne lui fournissant aucune occasion de développer ses qualités vicieuses. La supériorité de ses talens l'avait tellement élevé au-dessus de ses confrères, qu'il n'avait pu les jalouser. Sa piété, son éloquence, ses manières agréables, lui avaient acquis l'estime universelle, et conséquemment il n'avait point eu d'injures à venger. Son ambition était justifiée par l'aveu unanime de sa capacité, et son orgueil n'était, aux yeux du monde, qu'une juste confiance en ses propres forces. Connaissant à peine l'autre sexe, il n'y avait jamais songé. S'il voyait dans le cours de ses études que les hommes pouvaient être amoureux, il en souriait de pitié ; et des jeûnes fréquens, des ablutions, de rigoureuses pénitences, avaient amorti les feux de sa jeunesse ; mais aussitôt qu'il eut connu ce qu'on appelait amour, les barrières de la religion furent trop faibles pour résister au torrent de ses désirs; tout obstacle céda à la force de son tempérament fougueux, ardent et voluptueux. Et de ce moment-là même, toutes ses autres passions, prenant un nouveau caractère, n'attendirent que l'occasion pour se développer avec une violence également irrésistible.

Il continua donc d'être l'admiration de Madrid; l'enthousiasme s'accroissait chaque jour. Tous les jeudis son église était pleine, et ses discours étaient toujours également accueillis. Il était le confesseur de toutes les principales maisons de cette grande ville, et l'on n'était point à la mode, si l'on n'avait point à faire une pénitence enjointe par le père Ambrosio. Il persistait dans la résolution de ne jamais sortir de son couvent, ce qui contribuait particulièrement à rehausser l'opinion qu'on avait de sa sainteté. Les femmes chantaient surtout ses louanges; elles vantaient non seulement sa piété, mais encore la noblesse de son maintien, l'expression de ses regards, son air majestueux et la tournure gracieuse de son visage. Dès le matin la porte du couvent était obstruée par la multitude des voitures.

Les plus jolies femmes de Madrid, les plus distinguées par leur rang et leur naissance, ne pouvaient confesser à d'autres leurs secrètes peccadilles. Les yeux du moine dévoraient leurs charmes. Si les pénitentes eussent consulté ses muets interprètes, il n'aurait pas eu besoin, pour leur exprimer ses désirs, d'employer d'autres signes; malheureusement, elles ne le regardaient point, tant elles étaient intimement convaincues de son inaltérable pureté. On sait que la chaleur du climat opère puissamment sur le cœur des dames espagnoles; mais la plus licencieuse même aurait cru plus aisé d'inspirer une passion à la statue de marbre de saint Dominique, qu'au cœur froid et rigide de l'immaculé père Ambrosio.

De son côté, le moine, connaissant peu la dépravation du siècle, était loin de se douter que, parmi ses belles pénitentes, il s'en serait trouvé fort peu qui eussent rejeté ses vœux ; mais eût-il été mieux instruit, le soin de sa réputation l'eût toujours rendu excessivement circonspect. Il savait combien il eût été difficile à une femme de garder un secret aussi étrange, aussi important que celui de sa fragilité. Toutes ces beautés d'ailleurs affectaient ses sens, mais ne touchaient point son cœur ; l'une lui faisait bientôt oublier l'autre. D'après ces considérations, il prenait le parti de s'en tenir à Matilde, quoiqu'il la vît désormais d'un œil fort indifférent.

Un jour que l'affluence des pénitentes l'avait retenu jusqu'à une heure au confessionnal, comme il se préparait à sortir de la chapelle après que la foule se fut éclaircie, deux femmes l'abordèrent avec l'air de la plus profonde humilité. Toutes deux levèrent leur voile, et la plus jeune le pria de vouloir bien l'écouter quelques instans. Le doux son de cette voix, qu'aucun homme ne pouvait entendre sans intérêt, eut bientôt attiré l'attention du révérend père. L'aimable pétitionnaire paraissait plongée dans l'affliction. Ses joues étaient pâles, ses yeux remplis de larmes, et ses beaux cheveux tombaient en désordre sur ses épaules et sur son sein. Sa physionomie, si modeste, si douce, si céleste, aurait charmé un cœur bien moins susceptible que celui qui battait dans le sein du prieur. Adoucissant encore pour elle son ton et sa manière, Ambrosio lui dit qu'il était prêt à l'entendre, et l'écouta en effet avec une émotion que chaque instant rendait plus vive.

— Mon révérent père, dit-elle, je suis menacée de perdre ma plus chère et ma presque unique amie. Mon excellente mère est au lit malade, et les médecins désespèrent de sa vie. On a épuisé tous les secours humains ; il ne me reste qu'à implorer la miséricorde de Dieu. Mon père, tout Madrid vante votre piété et votre vertu, daignez vous ressouvenir de ma mère dans vos prières ; peut-être obtiendrez-vous du Tout-Puissant qu'il daigne me la conserver, et alors je m'engage bien volontiers à venir ici pendant trois mois, tous les jeudis, brûler un cierge en l'honneur de votre patron saint Dominique.

— Fort bien, dit le moine en lui-même, voici un second *Vincentio della Ronda*. Ainsi commença l'aventure de Rosario; puisse celle-ci finir de même!

Il promit de faire ce que désirait la jeune fille.

— J'ai encore, continua-t-elle, à vous demander une autre grace. Nous sommes étrangères à Madrid; ma mère a besoin d'un confesseur, et ne sait à qui s'adresser. On nous a assuré que vous ne sortiez jamais de votre couvent, et ma pauvre mère ne peut s'y rendre. Si vous aviez la bonté, révérend père, de me nommer un homme dont les sages et pieuses consolations pussent adoucir à ma mère les derniers instans de sa vie, nous vous en conserverions une éternelle reconnaissance.

Ambrosio souscrivit aussi à cette demande; et quelle demande aurait-il pu refuser? Il promit de lui envoyer un confesseur dès le même jour, et la pria de lui laisser son adresse. Celle qui accompagnait la jeune fille présenta au religieux une carte sur laquelle cette adresse était écrite, et se retira avec la belle suppliante, qui ne se sépara de l'homme pieux qu'après l'avoir comblé de bénédictions. Les yeux d'Ambrosio la suivirent jusqu'à ce qu'elle fût sortie de la chapelle. Jetant alors les yeux sur la carte, il lut : Donna Elvire Dalfa, rue de *S. Jago*, la quatrième porte après le palais d'Albornos.

La suppliante n'était autre en effet qu'Antonia, accompagnée de sa tante Léonelle. Celle-ci n'avait pas consenti sans peine à conduire sa nièce au couvent. Ambrosio lui avait inspiré un si profond respect, qu'elle frissonnait à sa vue. Ce fut aussi ce sentiment qui, malgré son désir de parler, lui ferma la bouche tant qu'elle fut en sa présence.

Le moine se retira à sa cellule; l'image d'Antonia l'y suivit. Il sentit s'élever dans son sein mille émotions nouvelles dont il n'osait approfondir la cause; elles étaient totalement différentes de celles que lui avait inspirées Matilde lorsqu'elle lui déclara son sexe et son amour. Ses sens étaient à peine émus ; son sein n'était point, comme alors, un foyer de désirs voluptueux, et son imagination plus calme, ne lui représentait point des charmes sur lesquels la modestie avait étendu un voile impénétrable à la subtilité de ses yeux. Ce qu'il éprouvait n'était qu'un mélange de tendresse, d'admiration et de respect ; c'était une mélancolie douce et délicieuse qui pénétrait son ame, et qu'il n'aurait pas échangée contre les plus vifs transports.

— Heureux, s'écria-t-il, celui qui possédera cette adorable fille ! Quelle délicatesse dans tous ses traits ! quelle élégance dans ses formes ! quelle douce et timide innocence dans ses regards ! Combien est différente la céleste expression de ses yeux, du feu libidineux qui brille dans ceux de la perverse Matilde ! Oh ! plus doux mille fois doit être un baiser cueilli sur ces lèvres de rose, que toutes les faveurs que l'autre accorde si libéralement. Matilde m'a gorgé de jouissances ; elle m'a forcé à tomber dans ses bras ; elle fait gloire de son intempérance. Si elle eût connu l'attrait puissant de la modestie, combien il captive irrésistiblement le cœur de l'homme, combien il l'enchaîne fortement au char de la beauté, eût-elle jamais été tentée de recourir à un autre charme ? Est-il de sacrifice qui dût paraître pénible pour obtenir l'affection de cette fille ? Oh ! qu'il me fût permis de lui déclarer mon amour à la face du ciel et de la terre ! d'employer tous mes soins à lui inspirer de la tendresse, de l'estime, de l'amitié ; d'être assis près d'elle des heures, des jours, des années entières ; d'acquérir le droit de l'obliger et d'entendre les naïves expressions de sa reconnaissance ; d'épier les mouvemens de son cœur innocent ; d'encourager ses vertus naissantes ; de partager ses plaisirs et d'essuyer ses larmes ; de la voir enfin chercher dans mes bras l'appui et la consolation de sa jeunesse ! Oui, s'il peut exister un bonheur parfait en ce monde, il est uniquement réservé à quiconque sera l'époux de cet ange.

Plein de ces idées, il marchait à grands pas dans sa cellule, l'œil fixe et la tête penchée sur son épaule. Tout son être paraissait en désordre. Tout à coup ses yeux se remplirent de larmes. — Vision chimérique! s'écria-t-il douloureusement, elle est perdue pour moi! Jamais je ne puis être son époux; et séduire son innocence, abuser de la confiance qu'elle me témoignait, pour sa ruine... oh! ce serait le crime le plus noir qui jamais se fût commis dans le monde! Va, ne crains rien de moi, aimable fille, ta vertu n'a rien à redouter d'Ambrosio. Non, pour tous les trésors de l'Inde, je ne voudrais pas faire éprouver à ton cœur le tourment du remords.

En parcourant sa chambre d'un pas encore plus rapide, il aperçut sur le mur le portrait de sa *Madone,* dont il était naguère encore si zélé admirateur, il l'arracha avec indignation, le brisa contre terre, et le foula aux pieds. — Va, dit-il, infâme, loin de moi!

Malheureuse Matilde! son amant oublia que pour lui seul elle avait renoncé à la vertu! Il ne l'aimait plus, parce qu'elle l'avait trop aimé.

S'étant jeté dans un fauteuil, près de sa table, il aperçut la carte sur laquelle était écrite l'adresse d'Elvire. Se rappelant qu'il avait promis de lui envoyer un confesseur, il réfléchit pendant quelques instans; mais l'empire d'Antonia sur son cœur était trop décidé pour lui permettre de résister long-temps à l'idée dont il avait été frappé; il résolut d'être lui-même le confesseur. Il pouvait aisément sortir du couvent sans être remarqué, traverser les rues sans être reconnu, en s'enveloppant la tête de son capuchon, et obtenir de la famille d'Elvire le secret sur sa sortie du couvent. Matilde était la seule personne dont il craignît la vigilance; mais il espéra qu'en lui disant au réfectoire qu'il s'allait renfermer dans sa cellule pour le reste du jour, elle ne songerait point à épier ses démarches.

Ambrosio sortit donc de son couvent par une porte secrète, à l'heure où les Espagnols sont généralement dans l'usage de faire la méridienne. Il traversa plusieurs rues, le visage caché dans son capuchon ; et comme la chaleur était dans ce moment excessive, il rencontra peu de monde, entra dans la rue Saint-Jago, arriva sans accident à la maison d'Elvire, sonna, et fut introduit dans une antichambre.

Ici, Ambrosio courut le plus grand risque d'être découvert : si Léonelle se fût trouvée à la maison, tout Madrid, grâces à ses dispositions communicatives, eût été bientôt informé que le vénérable Ambrosio s'était départi de sa résolution formelle de ne jamais sortir de son couvent, en faveur de sa sœur Elvire. Heureusement pour lui, Léonelle venait de partir pour Cordoue. Ayant reçu la veille une lettre qui lui annonçait qu'un de ses cousins venait de mourir, et lui avait laissé le peu qu'il possédait, pour être partagé entre elle et sa sœur, elle avait fait tous ses préparatifs, pressée par Elvire elle-même d'aller recueillir cette succession : elle était partie aussitôt après son retour de l'église. Léonelle n'avait point quitté Madrid sans donner quelques soupirs à la mémoire de l'aimable, mais trop inconstant Christoval ; cependant, on a su depuis qu'un garçon apothicaire de Cordoue, qui avait besoin d'un peu d'argent pour monter une boutique, s'était déclaré son admirateur, et que, sensible à ses soupirs, Léonelle l'avait rendu le plus heureux des hommes.

Aussitôt qu'on eut annoncé le confesseur, Antonia, qui était en ce moment près du lit de sa mère, vint à lui. — Pardon, dit-elle, mon révérend père.... Ah ciel ! est-il possible ? en croirai-je mes yeux ? Le digne père Ambrosio est sorti pour nous de son couvent, pour venir adoucir les souffrances de ma mère ! Qu'elle va être contente ! Entrez, dit-elle, entrez. Maman, le père Ambrosio lui-même !

Elle lui présenta un fauteuil auprès du lit de sa mère, et passa dans une autre chambre.

Cette visite fit beaucoup de plaisir à Elvire. En conversant avec la mère d'Antonia, Ambrosio employa tous les moyens de plaire qu'il avait reçus de la nature. Par la force de son éloquence persuasive, il calma ses craintes, dissipa ses scrupules, fixa ses pensées sur l'infinie miséricorde de son juge, dépouilla la mort de ses épineuses erreurs, et apprit à Elvire à envisager sans effroi le précipice sans fond de l'éternité. Elle écoutait attentivement ses exhortations, qui bientôt eurent porté la consolation dans son cœur et excité sa confiance. Elle lui découvrit sans réserve ses inquiétudes et ses craintes : il venait de calmer celles qui avaient pour objet une vie future ; mais elle laissait en ce monde son Antonia ; elle la laissait sans autres amis à qui elle pût la recommander, que le marquis de Las Cisternas et sa sœur Léonelle. La protection de l'un était fort incertaine ; et l'autre, quoiqu'elle aimât tendrement sa nièce, était excessivement imprudente et vaine. Aussitôt qu'Ambrosio connut la cause de ses alarmes, il la pria d'être encore tranquille sur ce point ; il se croyait assuré de pouvoir procurer à Antonia une asile sûr dans la maison d'une de ses pénitentes, la marquise de Villa-Franca, femme d'une piété exemplaire et d'une charité sans bornes. Si quelque accident la privait de cette ressource ; il s'engageait à faire admettre Antonia dans quelque respectable maison de religion, en qualité de pensionnaire ; car Elvire lui avait avoué qu'elle désapprouvait la vie monastique, et le moine avait été d'assez bonne foi ou assez complaisant pour convenir que son improbation n'était pas dénuée de fondement.

Ces preuves d'intérêt gagnèrent complétement le cœur d'Elvire. Elle épuisa pour le remercier les expressions que peut fournir une vive reconnaissance, en lui assurant que maintenant elle était parfaitement résignée à ce qu'il plairait à Dieu d'ordonner. Ambrosio se leva pour prendre congé et promit de revenir le lendemain à la même heure ; mais il pria que le secret de ses visites fût inviolablement gardé.

— Je désire, dit-il, qu'on ignore dans Madrid que je m'écarte d'une règle que je me suis imposée par nécessité. Si je n'avais pas pris la résolution de ne jamais sortir de mon couvent, excepté cependant dans des circonstances aussi urgentes que celles qui m'ont amené chez vous, je serais à chaque instant interrompu pour de misérables bagatelles ; il me faudrait sacrifier aux caprices des oisifs ou des curieux le temps que je crois employer plus utilement à côté du lit d'un malade.

Elvire donna de grands éloges à sa prudence et à sa charité, et promit de cacher soigneusement l'honneur de ses visites. Le moine lui donna sa bénédiction, et sortit.

Trouvant dans l'antichambre Antonia, il ne put se refuser le plaisir de converser quelques instans avec elle. Il s'efforça de la consoler à son tour, lui dit que sa mère paraissait calme et tranquille, et qu'il espérait que bientôt sa santé serait meilleure. Il demanda quel était son médecin, l'invita à appeler celui de son couvent, qui était un des plus habiles de Madrid ; il glissa quelques mots à la louange d'Elvire, fit l'éloge de la force et de la pureté de son ame, et ne dissimula pas qu'elle lui avait inspiré la plus haute estime. Antonia le remercia avec la plus touchante naïveté, avec des démonstrations de reconnaissance auxquelles Ambrosio ne dut pas être insensible. Après quelques autres instans de conversation, pendant lesquels le moine sut se concilier l'affection et même la confiance d'Antonia, il se retira, en laissant la mère et la fille dans l'admiration la mieux méritée de ses talens et de ses vertus.

En rentrant dans la chambre, Antonia vit déjà l'heureux effet de cette visite sur le visage de sa mère ; tous les traits d'Elvire étaient rians. On ne parla ce soir que du père Ambrosio.

— Avant qu'il ouvrît la bouche, disait Elvire, j'étais déjà prévenue en sa faveur. La beauté de son organe m'a particulièrement frappée. Mais sûrement, Antonia, je crois déjà avoir entendu cette voix ; il m'a semblé qu'elle était parfaitement familière à mon oreille. Soit que j'aie connu précédemment Ambrosio, ou quelqu'un dont l'organe ressemblât au sien, j'avoue que certains sons, certaines inflexions de cette voix, ont pénétré jusqu'à mon cœur.

— Je vous assure, maman, qu'elle a aussi produit sur moi le même effet cependant nous n'avons certainement pu entendre sa voix, ni l'une ni l'autre, avant que nous vinssions à Madrid. Peut-être attribuons-nous à sa voix ce qui n'est que l'effet de ses manières agréables. Je ne sais pourquoi je me sens plus à mon aise en conversant avec lui qu'avec tout autre : il m'écoute attentivement, il me répond avec douceur ; il ne me traite pas en enfant, comme me traitait au château notre ancien confesseur. Je crois véritablement qu'eussé-je resté mille ans entiers en Murcie, je n'aurais jamais pu aimer ce vieux père Dominique.

— J'avoue que le père Dominique n'avait pas de manières fort agréables ; mais il était honnête, affectueux et bien intentionné.

— Oh ! maman, ces qualités sont si communes !

— Fasse le ciel, ma chère enfant, que l'expérience ne vous force pas à penser qu'elles sont fort rares ! Mais dites-moi, Antonia, pourquoi est-il impossible que j'aie précédemment connu le père Ambrosio ?

— C'est que depuis son entrée au couvent, il n'en est jamais sorti : il connaît si peu les rues de Madrid, qu'il m'a dit qu'aujourd'hui même il avait eu beaucoup de peine à trouver la nôtre, quoiqu'elle soit si près du couvent.

— Tout cela est possible ; mais je puis l'avoir connu avant qu'il fût entré au couvent : car, avant qu'il en puisse sortir, il faut nécessairement qu'il y soit entré.

— Sainte Vierge ! comme vous arrangez cela...! Mais ne serait-il pas possible qu'il fût né dans le couvent ?

— Cela ne se conçoit pas aisément, dit Elvire en souriant.

— Écoutez ; à présent je me rappelle : il fut porté dans le

couvent, comme il était encore enfant, et le commun peuple a dit qu'il était tombé du ciel, et que c'était la sainte Vierge qui en avait fait présent aux Dominicains.

— Cela eût été fort honnête de sa part, reprit Elvire en souriant. Ainsi, vous croyez donc, Antonia, qu'il est tombé du ciel ? il a fait, en ce cas, une terrible chute.

— Je vois, ma chère maman, que vous êtes un peu au nombre des mécréans ; mais notre locataire a raconté différemment la chose à ma tante : elle prétend qu'il n'est point tombé du ciel. Les parens de l'enfant, dit-elle, étant pauvres et hors d'état de le soutenir, le laissèrent, à l'instant même qu'il venait de naître, à la porte de l'abbaye. Le précédent prieur le fit élever par pure charité dans le couvent. Là, il devint un modèle de vertu, et de piété, et de science, et je ne sais encore de quoi. En conséquence, il fut admis dans l'ordre, et bientôt après nommé prieur. Cependant, que ce soit ce récit ou l'autre qui contienne vérité, tout le monde au moins s'accorde à dire qu'il ne parlait point encore quand les moines le prirent sous leur protection, et conséquemment que vous n'avez pu entendre sa voix avant qu'il entrât au monastère, puisqu'alors il n'avait point encore de voix.

— Fort bien raisonné, Antonia ! vos conclusions sont péremptoires ; je ne vous croyais pas si habile logicienne.

— Vous vous moquez de moi, maman ; mais je suis fort aise de vous voir de bonne humeur. Vous me paraissez même assez tranquille, et j'espère que vous n'aurez plus de convulsions. Oh ! je savais bien que la visite du révérend père vous ferait beaucoup de bien.

— Elle m'en a fait véritablement, ma chère enfant ; elle m'a tranquillisé l'esprit sur quelques points qui me causaient du trouble. Je sens mes yeux s'appesantir, et crois pouvoir m'endormir. Tirez les rideaux, mon Antonia ; si je ne m'éveille point avant minuit, j'exige qu'alors vous ne restiez point auprès de moi.

Antonia promit de lui obéir. Après que sa mère l'eut embrassée, elle tira les rideaux, se plaça en silence devant son tambour, et se mit à faire, en travaillant, des châteaux en Espagne. Le changement visible dans la situation de sa mère avait ranimé ses esprits, et son imagination ne lui présentait que des tableaux rians. Dans ses rêveries, Ambrosio occupait une place distinguée ; elle pensait à lui avec plaisir et gratitude ; mais dans l'involontaire distribution qu'elle faisait de ses pensées, s'il y en avait une pour le moine, il y en avait au moins deux pour Lorenzo. Ainsi s'écoula le temps jusqu'à ce que la cloche de l'église des Dominicains annonçât minuit. Antonia se rappela les injonctions de sa mère, et s'y conforma sans répugnance. Elle rapprocha soigneusement les rideaux. Elvire dormait d'un sommeil doux et profond ; les couleurs de la santé commençaient à reparaître sur ses joues ; un léger sourire entre ses lèvres annonçait que ses rêves étaient agréables. Antonia, penchée sur elle, crut l'entendre prononcer son nom ; elle baisa légèrement le front de sa mère et se retira dans sa chambre : là, se mettant à genoux devant une image de sainte Rosalie, sa patronne, elle se recommanda à la protection du ciel, et termina ses prières, comme elle avait coutume de le faire depuis son enfance, en chantant l'hymne suivant :

HYMNE DE MINUIT.

Tout repose, et, dans cette enceinte,
L'airain seul interrompt le calme de la nuit,
L'airain sacré sonne *minuit*,
Salut, heure sublime et sainte !
Je t'entends, et mon cœur en paix
D'aucun remords ne sent les traits.

Voici l'heure où des mains puissantes
Préparent en secret de noirs enchantemens ;
Où, de la nuit des monumens
Sortent les ombres pâlissantes !

Une tendre et pieuse ardeur
Est le seul *charme* de mon cœur.

Purs esprits, gardiens salutaires,
Vous qui, du haut des cieux, veillez sur mon destin,
Enchaînez de ce cœur mutin
Les mouvemens involontaires !
Un vain désir peut s'y glisser :
Ah ! c'est à vous de le chasser.

Écartez la troupe insensée
Des enfans de la nuit, des spectres effrayans ;
De songes gais, doux et rians,
Caressez toujours ma pensée :
Dans un sommeil délicieux,
A mes regards ouvrez les cieux.

De mon asile solitaire
S'élèvera vers vous un cantique amoureux,
Tous les jours, jusqu'au jour heureux
Qui rendra mon corps à la terre.
Témoins de mon ardente foi,
Anges de Dieu, planez sur moi.

Ses dévotions finies, Antonia se mit au lit. Le sommeil eut bientôt enveloppé tous ses sens; elle goûta pendant quelques heures ce délicieux repos que peut seul donner l'innocence, et contre lequel plus d'un monarque échangerait avec plaisir sa couronne.

CHAPITRE VII.

« Qu'elles sont obscures, ces longues et vastes
« régions! ces lugubres solitudes, où le silence
« règne seul avec la nuit; nuit profonde comme
« était le chaos avant que le soleil, à sa naissance,
« eût aggloméré ses rayons ou qu'il les eût lancés
« transversalement sur les épaisses ténèbres! Le
« flambeau des mourans, brillant d'une lueur
« fausse à travers tes voiles basses et caligineuses,
« tapissées d'humides moisissures et d'enduits
« glutineux, répand sur tous les objets une nou-
« velle horreur, et ne sert qu'à rendre la nuit
« plus affreuse. »

(BLAIR.)

Ambrosio revint à son couvent sans avoir été découvert, et l'imaginaton remplie des plus agréables images. Aveugle sur le danger auquel il s'exposait en voyant de si près les charmes d'Antonia, il ne songeait qu'au plaisir que lui avait déjà causé sa société, et se promettait bien de n'y pas renoncer. Il ne manqua pas de profiter de l'indisposition d'Elvire pour voir sa fille tous les jours. Il borna d'abord ses désirs à lui inspirer de l'amitié ; mais il ne fut pas plutôt convaincu qu'elle éprouvait pour lui ce sentiment dans toute son étendue, que son but devint plus décidé, et ses attentions plus vives et plus marquées. L'innocente familiarité de sa conduite avec lui irritait les désirs du moine, et sa modestie, à laquelle il s'était insensiblement accoutumé, ne lui imprimait plus le respect. Il l'admirait toujours, mais il songeait déjà aux moyens de dépouiller Antonia du plus doux de ses charmes. La chaleur de sa passion, et la subtile pénétration dont, malheureusement pour lui-même et pour Antonia, la nature l'avait abondamment pourvu, suppléèrent à son peu d'habileté dans l'art de la séduction. Distinguant aisément les émotions qui devaient être favorables à ses desseins, il saisissait avidement toutes les occasions de verser la corruption dans le cœur de cette jeune fille ; cependant il ne pouvait aisément y parvenir. L'extrême simplicité d'Antonia empêchait qu'elle n'aperçût le but de ses insinuations ; mais les excellens principes de morale qu'Elvire avait pris soin de lui inculquer, la justesse et la solidité de son jugement, et le sentiment inné de ses devoirs, résistaient fortement aux maximes fausses et licencieuses. Souvent elle déconcertait, par quelques mots fort simples, les sophismes du dépravateur, et lui faisait intérieurement sentir combien les sophismes sont faibles devant les inaltérables préceptes de la vertu et de la vérité. Dans ces occasions, Ambrosio recourait à son éloquence ; il l'accablait sous un déluge de paradoxes philosophiques qu'elle n'entendait point, et auxquels il lui était conséquemment impossible de répondre. Il trouvait ainsi le moyen, sinon de la convaincre que ses raisonnemens étaient justes, au moins d'empêcher qu'elle ne s'aperçût qu'ils étaient dangereusement faux. Antonia continuait à entretenir une idée également avantageuse de la solidité de son jugement, et il ne douta pas qu'avec le temps il ne parvînt à l'amener au point désiré.

Ambrosio ne se dissimulait point à lui-même que ses tentatives étaient criminelles, et que ses vues ne tendaient qu'à séduire l'innocence, mais sa passion était trop violente pour lui permettre d'y renoncer. Ne voyant aucun homme admis dans la société d'Elvire, et n'ayant point ouï dire que quelqu'un eût recherché la main de sa fille, il ne doutait point que le cœur d'Antonia ne fût libre. Il se détermina donc à suivre l'exécution de son dessein, quelles que dussent en être les conséquences, et n'attendit que l'instant où il pourrait surprendre Antonia seule et sans défense.

Tandis que le moine était ainsi occupé de son nouvel amour, chaque jour voyait s'accroître sa froideur pour Matilde. Plus il sentait intérieurement ses torts envers elle, plus il lui laissait voir d'éloignement; il n'était pas assez maître de lui-même pour lui cacher l'état de son ame, et il craignait que, dans un accès de fureur jalouse, elle ne trahit un secret, dont dépendait la conservation de sa réputation et même de sa vie. Il était impossible en effet que Matilde ne remarquât point son indifférence; il était persuadé qu'elle la remarquait, et, pour se soustraire à ses reproches, il l'évitait soigneusement. Cependant, s'il l'eût moins évitée, il aurait pu se convaincre, en voyant son air de douceur et de résignation, qu'il n'avait rien à craindre de son ressentiment. Matilde avait repris le caractère du doux et intéressant Rosario; elle ne l'accusait point d'ingratitude. Seulement ses yeux se remplissaient involontairement de larmes, et la tendre mélancolie qu'exprimaient son maintien et sa voix, portait à Ambrosio les reproches les plus touchans sur son infidélité. Celui-ci n'était point insensible à sa peine; mais n'y connaissant point de remède, il s'abstenait de montrer qu'il en fût affecté. Convaincu par sa conduite qu'il n'avait rien à craindre de son ressentiment, il continuait à la négliger, et Matilde résistant à l'impulsion de sa jalousie, continuait à lui montrer la même tendresse.

La santé d'Elvire se rétablissait insensiblement. Elle n'éprouvait plus de convulsions, et Antonia ne tremblait plus pour la vie de sa mère. Ambrosio vit ce rétablissement avec un secret déplaisir. Il craignit qu'Elvire, dont l'œil était clairvoyant, ne fût pas long-temps dupe de son apparente sainteté et ne soupçonnât ses vues; il prit donc la résolution d'essayer sans délai l'étendue de son pouvoir sur le cœur d'Antonia.

Un jour qu'il avait trouvé Elvire presque entièrement

rétablie, il la quitta plus tôt que de coutume. Ne trouvant point Antonia dans le lieu ordinaire de leurs conférences, il entra librement dans la chambre même de la jeune fille. Cette chambre n'était séparée de celle de sa mère que par un petit cabinet, où couchait ordinairement Flore, la femme de chambre. Antonia était assise sur un lit de repos, le dos tourné vers la porte. Ambrosio entra doucement et s'assit auprès d'elle. Antonia tressaillit en l'apercevant, montra qu'elle était fort aise de le voir, et se levant aussitôt, offrit de le conduire au salon. Ambrosio lui prenant la main, la retint et l'engagea à se rasseoir sur le lit de repos. Elle se rassit près de lui sans difficulté. Antonia n'avait aucune raison de penser que, pour converser, une chambre fût plus convenable qu'une autre. Sûre de ses principes, et non moins sûre de ceux d'Ambrosio, elle se disposa à causer avec lui sans contrainte, et avec sa vivacité ordinaire.

Ambrosio examina le livre qu'elle lisait et qu'elle avait replacé sur la table : c'était la Bible en espagnol.

— Quoi! dit le moine en lui-même Antonia lit la Bible, et elle est encore si novice!

Mais, en l'examinant, il s'aperçut qu'Elvire avait fait exactement la même remarque. Cette prudente mère, tout en admirant les beautés des saintes écritures était convaincue que ces livres, en leur entier, sont la plus dangereuse lecture qu'on puisse permettre à une jeune personne. Plusieurs des récits qu'ils contiennent ne tendent qu'à lui faire naître les plus dangereuses idées; tout y est appelé par son nom, et l'on trouverait à peine un choix plus complet d'expressions indécentes dans les annales d'un mauvais lieu. C'est ce livre cependant qu'on recommande plus particulièrement aux jeunes filles, celui qu'on met entre les mains des enfans aussitôt qu'ils sont en état de l'entendre, celui qui leur inculque trop fréquemment les premières notions du vice, et donne le premier éveil à leurs passions. Elvire était si convaincue de la justesse de cette observation, qu'elle aurait préféré mettre dans les mains de sa fille *Amadis de Gaule*, ou *le vaillant champion Tyran le Blanc*, ou même les exploits de *don Galaor* et les jeux lascifs de *Damser plazer di mi vida*. Elle avait en conséquence pris deux déterminations relativement à la Bible : la première était de ne point permettre à Antonia de la lire avant qu'elle fût assez expérimentée pour en sentir les beautés et la moralité ; la seconde, de la copier de sa main, en ayant soin d'omettre tout ce qui s'y trouverait d'indécent. Elvire ne s'était point départie de cette résolution, et telle était la Bible que lisait Antonia. Ambrosio s'apercevant de sa méprise, replaça le livre sur la table.

Antonia parla de la santé de sa mère, et de la joie que lui causait son rétablissement.

— J'admire, dit le moine, votre piété filiale; elle prouve l'excellence de votre caractère et la sensibilité de votre cœur; elle promet un trésor à celui que le ciel a destiné à posséder vos affections. Si votre cœur est capable de tant de tendresse pour une mère, que ne sentira-t-il pas pour un amant? Mais peut-être ce tendre cœur est-il déjà donné. Dites, ma chère enfant, connaissez-vous ce que c'est que l'amour? Parlez-moi sincèrement ; oubliez mon habit, et ne voyez en moi qu'un ami.

— L'amour, dit-elle? oh! oui vraiment, je le sais; j'ai déjà aimé beaucoup, beaucoup de monde.

— Ce n'est pas là ce que j'entends : l'amour dont je parle ne peut être senti que pour une seule personne. N'avez-vous jamais vu l'homme que vous désiriez avoir pour époux?

— Oh! non, en vérité.

Antonia disait un mensonge, mais c'était sans s'en douter. Elle ignorait absolument de quelle nature étaient ses sentimens pour Lorenzo ; et comme elle ne l'avait point vu depuis sa première visite, l'impression qu'il avait faite sur son cœur s'affaiblissait de jour en jour. D'ailleurs elle ne pensait à un mari qu'avec l'effroi d'une jeune vierge : aussi répondit-elle *non*, sans hésiter, à la question d'Ambrosio.

— Et ne désirez-vous point voir cet homme, Antonia ? ne sentez-vous point dans votre cœur un vide importun ? ne soupirez-vous point sur l'absence de quelqu'un qui vous est cher, et cependant inconnu ? ne vous apercevez-vous point que quelque chose qui vous plaisait autrefois n'a plus de charmes pour vous ? n'éprouvez-vous point dans votre sein mille nouvelles sensations, mille nouveaux désirs, que l'on sent, mais que l'on ne peut définir ? Serait-il possible, lorsque vous enflammez tous les cœurs autour de vous, que le vôtre demeurât froid et insensible ? Non, je ne puis le croire. Ce doux éclat de vos yeux, cet aimable incarnat qui colore vos joues, cette mélancolie voluptueuse, enchanteresse, que l'on voit quelquefois répandue sur vos traits, tout trahit le secret de votre cœur. Vous aimez, Antonia, et vous cherchez en vain à me le cacher.

— Vous m'étonnez, mon père. De quelle nature est donc cet amour dont vous me parlez ? Je ne le connais pas ; mais si je le connaissais, quelle raison aurais-je d'en faire un mystère ?

— N'avez-vous jamais, Antonia, rencontré un homme qu'il vous semblât connaître depuis long-temps, quoique vous ne l'eussiez jamais vu ! dont la figure fût, dès le premier abord, familière à vos yeux ? dont le son de voix flattât votre oreille et pénétrât jusqu'à votre ame ? dont la présence vous causât de la joie et l'absence de la tristesse ? dans le sein duquel votre cœur aimât à s'épancher, à déposer toutes ses sollicitudes ? N'avez-vous point éprouvé ces sentimens, Antonia ?

— Oh ! oui, mon père, assurément ; j'ai ressenti tout cela la première fois que je vous ai vu.

Ambrosio tressaillit.

— Moi ! s'écria-t-il, est-il possible, Antonia... ?

Ses yeux brillèrent de plaisir et d'impatience. Il prit sa main et la baisa avec transport.

— Quoi! vous avez éprouvé ces sensations pour moi ?

— Et plus vivement encore que vous ne pourriez l'exprimer. Dès l'instant même que je vous vis, je ressentis tant de plaisir, tant d'intérêt! j'étais si impatientée d'entendre le son de votre voix, et quand je l'eus entendu, il me sembla si doux! il porta à mon cœur une émotion si tendre! il me sembla que cette voix me disait mille choses que je désirais d'entendre ; il me sembla que je vous connaissais depuis long-temps, que j'avais droit à votre amitié, à votre protection. Je pleurai quand je ne vous vis plus, et n'aspirai qu'après l'instant de vous revoir.

— Antonia, charmante Antonia ! s'écria le moine, en la pressant contre son sein, en croirai-je mes sens ? Oh ! répétez-moi, ma douce amie, dites-moi encore que vous m'aimez, que vous m'aimez tendrement.

— Oui, Ambrosio, je vous aime, et vous êtes, après ma mère, ce que j'ai de plus cher au monde.

A cet aveu naïf, Ambrosio ne se possède plus. Ivre de joie et brûlant de désirs, il la serre tremblante dans ses bras, couvre de baisers ses joues et sa bouche, pompe l'ambroisie de sa délicieuse haleine, viole d'une main hardie les trésors de son sein. Déjà il s'entourait des membres délicats et flexibles d'Antonia, qui, alarmée et surprise de la vivacité de son action cherchait à se soustraire à ses embrassemens.

— Ambrosio s'écria-t-elle, père Ambrosio, laissez-moi, au nom du ciel !

Le moine licencieux est sourd à ses prières, il persiste dans son dessein, et continue à prendre des libertés encore plus grandes.

Antonia prie, pleure, se débat ; épouvantée à l'excès, quoiqu'elle ne connût point la cause de son effroi, elle employait toute sa force pour repousser le moine ; elle était sur le point de crier pour obtenir du secours, lorsque la porte de la chambre s'ouvrit tout à coup. Ambrosio eut assez de présence d'esprit pour sentir en un clin-d'œil le danger de sa situation. Lâchant aussitôt sa proie, il s'élance, d'un saut, du lit de repos jusqu'au milieu de la chambre. Antonia fait une exclamation de joie, court à la porte, et se jette dans les bras de sa mère.

Alarmée de quelques propos du prieur, qu'Antonia lui avait innocemment répétés. Elvire avait pris la résolution d'éclaircir ses soupçons. Elle connaissait trop le monde pour s'en laisser imposer par la grande réputation de vertu dont jouissait le moine. Elle avait réfléchi sur quelques particularités qui, assez peu importantes en elles-mêmes, étant réunies, semblaient autoriser ses craintes. Les visites fréquentes d'Ambrosio, qui, autant qu'elle pouvait le voir, ne visitait que sa famille, l'émotion qu'il laissait involontairement paraître toutes les fois qu'elle parlait d'Antonia, la vivacité de ses yeux, qui annonçait en lui toute la force de l'âge, et surtout les principes pernicieux qu'il inculquait à sa fille, et qui s'accordaient mal avec ceux qu'il professait en sa présence; tous ces faits rassemblés lui avaient inspiré des doutes sur la pureté de l'amitié d'Ambrosio. Elle avait, en conséquence, résolu de l'épier la première fois qu'elle le saurait en tête-à-tête avec Antonia, et sa tentative lui avait réussi. Elvire ne l'avait pas, à la vérité, surpris comme il serrait Antonia dans ses bras; mais le désordre des vêtemens de sa fille, et la confusion peinte dans tous les traits du moine à son apparition, suffirent pour la convaincre de la légitimité de ses craintes. Cependant elle était trop prudente pour faire un éclat. Sentant combien il serait difficile, et même dangereux, de vouloir démasquer un imposteur en faveur duquel le public était tellement prévenu, et voulant éviter de se faire un aussi puissant ennemi, elle affecta de ne point remarquer son agitation, s'assit tranquillement sur le sofa, donna quelques raisons de son entrée inopinée dans la chambre de sa fille, et se mit à converser sur divers sujets, avec toute l'apparence du calme et même de la confiance.

Rassuré par cette conduite, le moine se remit peu à peu de son trouble ; il voulut répondre à Elvire sans aucune apparence d'embarras ; mais il était encore trop novice dans l'art de la dissimulation : s'apercevant lui-même qu'il devait avoir l'air contraint et emprunté, il rompit la conversation, et se leva pour partir, se promettant intérieurement de retrouver bientôt une occasion plus favorable. Quel fut son étonnement, lorsqu'Elvire, en le reconduisant, lui dit en termes polis, que sa santé étant à présent parfaitement rétablie, elle ne croyait pas devoir priver plus long-temps de sa présence d'autres personnes qui pourraient en avoir besoin. — Je vous prie de croire, dit-elle, que je conserverai une éternelle reconnaissance de vos attentions et de l'heureux effet qu'ont produit sur ma maladie votre société et vos exhortations ; je regrette que l'obligation de vaquer à quelques affaires domestiques, et celle de vous laisser librement vaquer aux vôtres, me forcent à renoncer au plaisir de recevoir à l'avenir vos visites. Ce langage, quoique doux, était fort clair. Cependant Ambrosio se disposait à répliquer ; mais un regard expressif d'Elvire arrêta subitement ses représentations. Convaincu par ce coup d'œil qu'il était découvert, et n'osant plus insister, il prit congé, et revint à son couvent ; le cœur plein de honte, d'amertume et de fureur.

A son départ, Antonia sentit son esprit soulagé d'un grand poids ; cependant elle fut affligée d'un accident qui ne lui laissait plus l'espoir de le revoir. Elvire en ressentait aussi quelque chagrin ; elle avait eu trop de plaisir à le regarder comme son ami, pour ne pas regretter de s'être si étrangement trompée ; mais elle avait trop éprouvé l'ordinaire sincérité des amitiés du siècle, pour être long-temps affectée de l'issue de celle-ci. Elle fit alors sentir à sa fille le danger qu'elle avait couru ; mais ce fut avec la plus grande précaution, pour éviter, en ôtant le bandeau qui lui couvrait les yeux, de déchirer le voile de l'innocence. Elle se contenta de la mettre sur ses gardes, en lui ordonnant, si Ambrosio continuait ses visites, de ne jamais rester seule avec lui ; injonction à laquelle Antonia promit de se conformer.

Ambrosio, de retour à sa cellule, s'enferma, et se jeta désespéré sur son lit. Le désir, le regret, la honte, et la crainte d'être démasqué, l'agitant à la fois, remplirent son âme de trouble et de confusion. Plus d'espoir pour lui de satisfaire une passion qui faisait désormais partie de son existence. Son secret était au pouvoir d'une femme. La vue du précipice l'épouvantait ; mais en songeant que, sans Elvire, il serait maintenant possesseur de l'objet de ses désirs. Sans Elvire !..... Avec les plus terribles imprécations, il jura vengeance contre elle ; il jura qu'en dépit d'elle, en dépit de l'univers, il posséderait Antonia. Après avoir prononcé ce serment, il se lève, marche à grands pas, bat les murs de sa cellule, rugit d'une impuissante fureur, et se livre à tous les transports de sa rage.

Cette tempête n'était point encore apaisée lorsqu'il entendit frapper doucement à la porte de sa cellule. Craignant qu'on ne l'eût entendu ouvrir des dortoirs, il n'osa refuser d'ouvrir ; il essaya de se remettre pendant quelques instans, tira le verrou ; la porte s'ouvrit, et Matilde parut.

Matilde, en ce moment, était, de toutes les personnes qui habitaient le couvent, celle dont la présence devait le plus l'importuner. Il n'était pas assez maître de lui pour pouvoir la traiter avec ménagement ; il fit un pas en arrière en la voyant, et fronça le sourcil :

— Je suis en affaires : dit-il, laissez-moi.

— Matilde, sans l'écouter, referma la porte au verrou, et s'avança vers lui d'un air doux et suppliant :

— Pardon, Ambrosio, dit-elle ; pour votre propre intérêt, je ne dois pas vous obéir. Ne craignez point de plaintes de ma part : je ne viens pas pour vous reprocher votre ingratitude ; je vous pardonne de tout mon cœur, et n'étant plus votre amante, je demande la seconde place, c'est-à-dire, celle de votre confidente et de votre amie. Nous ne pouvons forcer nos inclinations. Le peu de beauté que vous avez trouvée en moi, s'est évanoui pour vous avec l'attrait de la nouveauté. Si Matilde ne vous inspire plus de désirs, c'est sa faute et non la vôtre. Mais pourquoi me fuir? pourquoi éviter si soigneusement ma présence? Vous avez des chagrins, et vous ne permettez pas que je les partage! Vous avez des regrets, et vous ne voulez point de mes consolations: Vous avez des désirs, et vous refusez mon secours! C'est de tout cela que je viens me plaindre à vous, et non de votre indifférence envers moi. J'ai renoncé au droit d'une amante; mais rien ne me fera renoncer à ceux d'une amie.

— Généreuse Matilde, dit-il en lui prenant la main, combien vous vous montrez supérieure à la faiblesse de votre sexe! Oui, j'accepte votre offre. J'ai besoin d'avis; vous serez la confidente de mes pensées, de mes desseins. Vous voulez, dites-vous, m'aider à les exécuter, hélas! Matilde, vous n'en avez pas le pouvoir.

— J'ai ce pouvoir, et je l'ai seule au monde. Votre secret, Ambrosio, n'en est pas un pour moi. Mon œil attentif a observé toutes vos démarches, toutes vos actions: vous aimez.

— Matilde!

—Pourquoi le dissimuler? Vous n'avez point à craindre de moi la puérile jalousie des autres femmes. Vous aimez, Ambrosio; Antonia Dalfa est l'objet de votre passion. Je connais toutes les particularités de votre nouvelle liaison; toutes vos conversations avec elle m'ont été répétées. Je suis instruite de votre tentative sur la personne d'Antonia, de son peu de succès, du congé qui vous a été notifié par Elvire. Vous désespérez en ce moment de jamais posséder votre maîtresse; je viens ranimer vos espérances, et vous indiquer la route qui doit vous conduire au succès.

— Au succès? Ah! Matilde, c'est la chose impossible.

— Rien n'est impossible à qui sait oser. Si vous voulez

suivre mes conseils, vous pouvez encore être heureux. Le moment est venu, Ambrosio, de vous faire dévoiler, pour votre consolation, pour votre bonheur, une partie de mon histoire qui vous est encore inconnue. Ecoutez-moi sans m'interrompre ; et si quelque chose dans mon récit vous paraît choquant, songez que mon unique but est de faciliter l'accomplissement de vos vœux et de rendre la paix à votre cœur. Je vous ai dit précédemment que mon tuteur était un homme extraordinairement savant; il prit la peine de m'initier, dès mon enfance, dans ses découvertes les plus mystérieuses. Parmi les sciences que sa curiosité le portait à approfondir, il ne négligea point celle que quelques-uns regardent comme impie, d'autres comme chimérique : je veux parler de l'art qui nous met en relation avec les esprits de l'autre monde. Ses profondes recherches sur les effets et les causes, son application continuelle à l'étude de la nature, la connaissance parfaite qu'il avait acquise des pierreries que la terre contient dans son sein, des simples qu'elle produit à sa surface, le conduisirent à la fin au but qu'il avait si ardemment désiré d'atteindre. Sa curiosité, son ambition, furent pleinement satisfaites : il donna des lois aux élémens, il fut en son pouvoir de subvertir l'ordre de la nature, son œil pénétra dans l'avenir, et les esprits infernaux furent soumis à ses commandemens..... Mais je vous vois frémir; j'entends le langage de vos yeux. Vos soupçons sont justes, quoique vos terreurs soient dénuées de fondement. Mon tuteur m'a communiqué ses plus précieuses découvertes; cependant, si je n'avais jamais connu Ambrosio, jamais, non jamais, je n'aurais fait usage de mon pouvoir. Le seul mot de magie me fait frissonner comme vous ; j'ai, comme vous, une idée terrible de l'évocation d'un démon. Un seul motif a pu me déterminer à mettre en pratique ces épouvantables leçons, le désir de conserver une vie dont vous m'avez appris à connaître le prix.

Vous vous rappelez cette nuit que je passai dans les caveaux de Sainte-Claire ; ce fut dans cette nuit, qu'entourée d'affreux débris, j'osai faire l'essai de ma puissance, et accomplir ces rites mystérieux qui appelèrent à mon secours un ange de ténèbres : imaginez quelle dut être ma joie, lorsque je découvris que mes terreurs étaient imaginaires. Je vis le démon, obéissant à mes ordres, trembler lorsque je fronçais le sourcil ; je vis qu'au lieu d'être réduite à vendre mon ame à un maître, j'avais conquis, par la force de mon courage, un esclave.

— Téméraire Matilde, qu'avez-vous fait? Vous avez encouru l'éternelle damnation ; vous avez échangé, contre quelques instans de pouvoir, votre bonheur éternel. Si vous ne m'offrez, pour satisfaire mes désirs, que le secours de la magie, je rejette votre offre ; les conséquences en sont trop affreuses. J'adore Antonia ; mais je ne suis point encore assez aveuglé par la passion pour lui sacrifier mon bonheur tant dans ce monde que dans l'autre.

— Ridicules préjugés? Rougissez, Ambrosio, d'être assujéti à leur empire. Que risquez-vous en acceptant mes offres? Est-ce d'après un motif qui me soit personnel que j'ose vous les faire? S'il y a quelque danger, ce sera pour moi ; c'est moi qui invoquerai le ministère des esprits, pour moi seule sera le crime dont vous recueillerez le fruit. Mais il n'y a pas même l'ombre du danger ; l'ennemi du genre humain est mon esclave, vous dis-je, et non pas mon souverain. N'y a-t-il aucune différence entre donner des lois et les recevoir, entre servir et commander? Sortez, Ambrosio, de votre triste rêverie ; dégagez-vous de ces terreurs, qui conviennent mal à une ame comme la vôtre : laissez-les aux hommes vulgaires, et osez être heureux. Accompagnez-moi ce soir aux caveaux de Sainte-Claire : soyez-y témoin de mes enchantemens, et Antonia est à vous.

— Je ne puis, je ne veux point l'obtenir par de tels moyens : cessez de me solliciter ; je n'ose employer le ministère de l'enfer.

— Vous n'osez! Combien je me suis trompée sur votre compte! Cette ame que je croyais si ferme, si supérieure aux erreurs vulgaires, est donc, à l'essai, plus faible que celle d'une femme!

— Quoi! vous voulez que je m'expose à un danger que je connais; que je renonce à mon salut éternel; que j'ose envisager un être dont la vue seule me rendrait aveugle? Non, je ne ferai point alliance avec l'ennemi de Dieu.

— Croyez-vous donc être l'ami de Dieu? N'avez-vous pas rompu tous vos engagemens avec lui, déserté son service, cédé à l'impulsion de toutes vos passions? n'avez-vous pas projeté la destruction de l'innocence, la ruine d'une jeune créature qu'il avait formée sur le modèle des anges? De qui attendez-vous donc du secours, si ce n'est des démons, pour l'accomplissement d'un si louable dessein? Espérez-vous que les séraphins vous prêteront leur appui; qu'ils conduiront Antonia dans vos bras, et sanctionneront, en vous prêtant leur ministère, vos illicites plaisirs? Mais non. Je lis dans votre ame, Ambrosio. Ce n'est pas la vue du crime qui vous alarme, c'est celle du châtiment. Ce n'est pas le respect envers Dieu qui vous retient, c'est la crainte de sa vengeance. Vous l'offenseriez secrètement sans scrupule, et vous tremblez à l'idée de vous déclarer son ennemi. Opprobre sur l'être pusillanime qui n'a pas le courage d'être ami ferme ou ennemi déclaré!

— Si c'est être pusillanime que de ressentir de l'horreur pour le crime, alors, Matilde, je me glorifie d'être pusillanime. Quoique les passions aient pu m'écarter du droit chemin, je n'en sens pas moins dans mon cœur l'amour inné de la vertu; mais il vous sied mal de me rappeler mon parjure, à vous qui fûtes ma première séductrice, à vous qui avez éveillé mes vices assoupis, qui m'avez fait sentir le poids des chaînes de la religion, qui m'avez convaincu que le crime avait ses plaisirs. Mes principes ont pu fléchir devant la force de mon tempérament; mais je frémis encore grâces au ciel, à la seule idée de recourir à la sorcellerie. Je ne me rendrai point coupable d'un crime si monstrueux et si impardonnable.

— Impardonnable, dites-vous? Et tous les jours vous nous vantez la miséricorde infinie de l'Être suprême! L'a-t-il donc tout récemment restreinte? Ne reçoit-il plus le pêcheur avec joie? Vous lui faites injure, Ambrosio : vous aurez toujours le temps de vous repentir, et il a trop de bonté pour ne vous point pardonner : offrez-lui une occasion glorieuse d'exercer sa miséricorde. Plus votre crime sera grand, plus il sera digne de sa clémence. Écartez donc ces scrupules enfantins; laissez-vous persuader pour votre bien, et suivez-moi aux caveaux.

— Oh! cessez, Matilde, ce ton dérisoire, ce langage impie et hardi, sont révoltans dans toutes les bouches, mais surtout dans celle d'une femme. Terminons ici cette conversation, qui n'excite en moi d'autre sentiment que l'horreur et le dégoût. Je ne veux ni vous suivre, ni accepter les services de vos agens infernaux. Je posséderai Antonia; mais je ne veux employer que des moyens humains.

— Alors vous ne la posséderez jamais. Vous êtes banni de sa présence : sa mère a les yeux ouverts sur vos desseins; elle est en garde contre vous. Je dis plus : Antonia en aime un autre; un jeune homme d'un mérite distingué est maître de son cœur, et, si vous n'y mettez obstacle, sous peu de jours elle sera son épouse. Cette nouvelle m'a été apportée par les invisibles serviteurs auxquels j'eus recours dès que je m'aperçus de votre indifférence. Au moyen de ce talisman, je ne vous ai pas perdu de vue un seul instant.

A ces mots, elle tira de dessous son habit un miroir d'acier poli, dont les bords étaient couverts de caractères étrangers et inconnus.

— Ce miroir, continua Matilde, m'a aidée à soutenir les chagrins, les regrets que me causait votre indifférence. En y regardant, après avoir prononcé certains mots, on y voit la personne que l'on désire voir. Ainsi, quoique je fusse exilée de votre présence, vous n'en étiez pas moins, Ambrosio, présent à mes yeux.

La curiosité du moine fut ici vivement excitée.

— Ce que vous dites est incroyable, Matilde : ne vous jouez-vous pas de ma crédulité?

— Faites-en l'essai vous-même.

Il prit le miroir dans ses mains, et désira, comme on peut le croire, de voir paraître Antonia. Matilde prononça les mots magiques, aussitôt une fumée épaisse s'éleva des caractères tracés sur les bords et se répandit sur la surface. Elle se dispersa insensiblement : l'on aperçut alors un mélange confus de couleurs et d'images qui, se rapprochant peu à peu, présentèrent enfin aux yeux du moine, Antonia en miniature.

Le lieu de la scène était un petit cabinet attenant à sa chambre; elle se déshabillait pour se mettre au bain. Ses longues tresses de cheveux étaient déjà flottantes. Le moine amoureux pouvait observer sans obstacles les contours voluptueux et l'admirable symétrie de toute sa personne. Un voile léger restait seul sur ses épaules, laissant sa gorge à demi nue. Elle s'avança vers le bain, mit un pied dans l'eau ; la trouvant froide, elle le retira. Quoiqu'elle ne pût soupçonner qu'elle était observée, sa modestie naturelle la portait à tenir ses charmes voilés, et elle restait incertaine, sur le bord de la baignoire, dans l'attitude de la Vénus de Médicis. En ce moment, un petit serin qu'elle avait apprivoisé vola vers elle, s'enfonça la tête la première au milieu de son sein, la lutinant du bec et des ailes. Antonia, souriant, voulut en vain se débarrasser de l'oiseau ; elle fut enfin obligée de déplacer ses mains pour le faire sortir, et le voile glissa jusqu'à ses pieds.

Ambrosio considéra quelques instans ce spectacle; mais bientôt ses désirs se changèrent en frénésie, et n'y pouvant plus tenir, il laissa tomber le miroir :

— Je cède, s'écria-t-il, Matilde, je vous suis; faites de moi ce que vous voudrez.

Matilde ne se fit pas répéter ce consentement. Il était déjà minuit; elle courut à sa cellule, et revint bientôt avec sa corbeille et la clé de la porte du jardin, qui était demeurée en sa possession. Elle ne donna point au moine le temps de la réflexion.

— Allons, lui dit-elle en le prenant par la main, suivez-moi, et vous allez voir l'effet de votre résolution.

En disant ces mots, elle l'attira après elle. Ils traversèrent, sans être vus, le lieu de sépulture, et arrivèrent au petit escalier du souterrain. La clarté de la lune les avait conduits jusqu'en cet endroit; mais alors Matilde ayant négligé de se munir d'une lampe, il leur fallut descendre dans l'obscurité.

Vous tremblez, dit Matilde à son compagnon, qu'elle conduisait par la main; ne craignez rien : le lieu où nous devons nous rendre n'est pas éloigné.

Parvenus au bas de l'escalier, ils continuèrent à marcher en côtoyant les murs. Au détour d'un de ces chemins, ils aperçurent dans le lointain une faible lueur, vers laquelle ils se dirigèrent; c'était celle d'une petite lampe sépulcrale, que les religieuses tenaient constamment allumée devant la statue de Sainte-Claire. Cette lampe jetait une clarté triste et sombre sur les colonnes massives qui soutenaient la voûte en cet endroit, mais trop faible pour dissiper l'épaisse obscurité des caveaux voisins.

Matilde prit la lampe. Attendez-moi, dit-elle, pendant quelques instans; je reviendrai bientôt.

A ces mots, elle s'enfonce précipitamment dans un des passages qui, partant de ce lieu et s'étendant dans diverses directions, formaient une sorte de labyrinthe; Ambrosio resta seul. Quand il se vit en ce lieu, environné de profondes ténèbres, ses craintes commencèrent à renaître. Il s'était laissé entraîner dans un moment de délire. Honteux de laisser voir ses terreurs à Matilde, depuis son entrée dans les caveaux, il avait su les dissimuler; mais alors elles reprirent sur lui tout leur empire. Il frémit en songeant à la scène dont il allait bientôt être témoin. Jusqu'à quel point ces terribles mystères ne pouvaient-ils pas faire impression sur son ame! Ne pouvait-il pas se trouver entraîné à conclure quelque pacte qui élèverait une éternelle séparation entre le ciel et lui? Implorer l'assistance de Dieu, c'est ce qu'il n'osait faire; il sentait trop combien il avait peu de droits à cette protection. Retourner au couvent, c'est le parti qu'il aurait pris sans hésiter; mais il désespérait de retrouver son chemin. Son sort était donc décidé. N'imaginant aucun moyen de s'y soustraire, il combattit sa crainte, et appela à son aide tous les raisonnemens qui pouvaient ranimer son courage. Il se dit qu'Antonia serait la récompense de sa hardiesse; il parcourut en imagination ses charmes les plus secrets : il se dit encore, comme Matilde l'avait observé, qu'il aurait le temps de faire pénitence; et comme c'était le secours de Matilde qu'il employait, et non celui des démons, que le crime de sorcellerie ne lui serait point imputé. Tout ce qu'il avait lu sur ce sujet le portant à croire que Satan n'avait de pouvoir sur un homme qu'autant qu'il existait entre eux un acte formel, Ambrosio était bien résolu à ne jamais souscrire un pareil acte, quelques menaces qu'on pût employer, ou quelques avantages qu'il en pût retirer.

Telles étaient ses méditations tandis qu'il attendait le retour de Matilde. Elles furent interrompues par un murmure plaintif, qui paraissait partir de quelque endroit peu éloigné. Il prêta l'oreille et n'entendit plus rien. Après quelques minutes, le même murmure recommença. Ce bruit ressemblait au gémissement faible et prolongé d'un être souffrant. Dans toute autre situation, cette particularité aurait excité son attention et piqué sa curiosité; il ne sentit en ce moment que de l'effroi. Son imagination était tellement remplie d'idées sombres et sinistres, qu'il ne douta point que cette voix ne fût celle de quelque ame en peine, qui rôdait autour de lui, ou peut-être même était-ce celle de Matilde qui, victime de sa présomption, expirait entre les griffes des démons. Le bruit paraissait s'approcher ; cependant ce n'était que par intervalles : quelquefois on l'entendait plus clairement, à mesure sans doute que les souffrances de la personne qui poussait ces gémissemens devenaient plus aiguës et plus insupportables. Ambrosio crut même distinguer de temps en temps des sons articulés. Une fois entr'autres, il entendit fort clairement : Oh, Dieu ! grand Dieu ! point d'espoir, point de secours ! Ces mots furent suivis de gémissemens plus profonds, qui s'apaisèrent insensiblement, et bientôt il n'entendit plus rien.

— Que veux-dire ceci ! dit le moine dans une extrême agitation.

En ce moment une idée, frappant son esprit avec la rapidité de l'éclair, glaça d'effroi tous ses sens.

— Serait-il possible, s'écria-t-il en gémissant lui-même? Oui, je n'en puis douter. Cette voix... Oh ! quel monstre je suis !

Il jura cette fois d'éclaircir ses doutes et de réparer sa faute, s'il n'était pas trop tard. Mais il fut bientôt distrait de ces sentimens généreux par le retour de Matilde, et n'eut plus alors à s'occuper que du danger et de l'embarras de sa propre situation. Il revit sur les murs la lueur de la lampe qui s'approchait ; et, dans l'espace de quelques instans, Matilde fut près de lui. Elle avait quitté son habit religieux. Son vêtement alors était une longue robe garnie de fourrures, sur laquelle étaient tracées en broderie d'or un grand nombre de caractères étrangers, et que retenait au-dessous de son sein une ceinture de pierres précieuses, dans laquelle était fixé un poignard. Son cou, sa gorge et ses bras étaient nus. Elle portait en sa main une baguette d'or. Ses cheveux étaient épars et flottans sur ses épaules ; ses yeux brillaient d'un éclat effrayant : tout en elle inspirait à la fois le respect, la crainte et l'admiration.

— Suivez-moi, dit-elle au moine d'une voix grave et solennelle ; tout est prêt.

Ambrosio la suivit en tremblant. Elle le conduisit à travers différens passages étroits, sur chaque côté desquels la lueur de la lampe lui découvrait à chaque instant des tombeaux, des ossemens et d'épouvantables images. Ils atteignirent à la fin une caverne spacieuse dont l'œil cherchait en vain à apercevoir le toit et les extrémités. Un vent impétueux bourdonnait dans le haut des voûtes ; d'épaisses et humides vapeurs portaient le froid jusqu'au cœur du moine. Ce fut en ce lieu que s'arrêta Matilde. Se tournant alors vers lui, et s'apercevant de son effroi à la pâleur de ses joues et de ses lèvres, elle lui reprocha, par un regard mêlé de surprise et de colère, sa pusillanimité ; mais elle ne parla point. Après avoir placé la lampe à terre auprès de la corbeille, et fait signe à Ambrosio de garder le silence, elle commença les rites mystérieux. Elle traça un cercle autour d'elle, un autre autour de lui, et prenant dans sa corbeille une petite fiole, elle répandit quelques gouttes sur la terre. Ensuite elle se courba, prononça quelques paroles barbares, et aussitôt une flamme pâle et sulfureuse s'éleva de terre, s'accrut par degrés, et à la fin s'étendit sur toute la surface, excepté l'espace compris dans l'enceinte des cercles. La flamme monta le long des colonnes de pierres brutes, jusqu'au toit de la caverne, qui parut alors un immense édifice rempli d'une clarté bleue et tremblante. Ce feu était sans chaleur ; l'extrême fraîcheur du lieu ne faisait, au contraire, que s'accroître à chaque moment. Matilde continua ses enchantemens. Elle tira, par intervalle, de la corbeille divers objets dont les vertus et le nom étaient, pour la plupart, inconnus au moine. Parmi ceux qu'il put distinguer, il remarqua particulièrement trois doigts humains et un *Agnus Dei* qu'elle mit en pièces, et jeta devant elle dans les flammes, où ils furent à l'instant consumés.

Le moine la regardait d'un œil inquiet et attentif. Tout à coup elle poussa un cri perçant, et parut être saisie d'un accès de délire; elle s'arracha les cheveux, se battit le sein avec des gestes frénétiques, et tirant le poignard de sa ceinture, le plongea dans son bras gauche. Le sang coula en abondance. Se tenant sur le bord du cercle, elle avait soin qu'il tombât à l'extérieur. Les flammes se retirèrent de l'endroit sur lequel le sang se répandait. Un nuage épais s'éleva de la place ensanglantée, et monta par degrés jusqu'à la voûte de la caverne. Au même instant, on entendit un grand coup de tonnerre qui se répéta dans tous les passages souterrains, et la terre trembla sous les pieds de la magicienne.

C'est alors qu'Ambrosio se repentit de son imprudente témérité. L'imposante singularité du charme l'avait préparé à voir quelque chose d'étrange et d'horrible. Il attendait avec crainte l'apparition de l'esprit infernal, dont la venue s'annonçait par le tonnerre et les tremblemens de terre, et regardait autour de lui, s'attendant à quelque affreuse vision dont l'aspect le rendrait fou. Une sueur froide se répandit sur tout son corps; il tomba sur ses genoux, ne pouvant plus se soutenir.

— Il vient, dit Matilde en le regardant d'un air joyeux.

Ambrosio tressaillit. Quelle fut sa surprise, lorsque, le tonnerre venant à cesser et le nuage à se dissiper, il entendit dans l'air une douce mélodie, et vit paraître une figure de la plus extraordinaire beauté : c'était celle d'un jeune homme âgé tout au plus de dix-huit ans. Son visage et toutes ses formes étaient d'une régularité parfaite. Il était nu : une étoile brillait sur son front; à ses épaules étaient attachées deux ailes cramoisies. Un bandeau de plusieurs couleurs de feu retenait sa chevelure, dont les boucles ondoyantes jouaient autour de sa tête, et formaient une infinité de figures toutes plus brillantes que les pierres les plus précieuses. Des cercles de diamans entouraient ses bras et ses doigts ; il tenait dans sa main droite une branche d'argent imitant le myrte. Tout son corps était environné de rayons et de nuages couleur de rose, et au moment qu'il parut, un délicieux parfum se répandit par toute la caverne. Ambrosio, émerveillé, tenait les yeux fixés sur lui dans une muette admiration ; mais quelle que fût la beauté de la figure, il remarqua, cependant dans ses yeux une sorte d'inquiétude farouche, et dans tous ses traits une mélancolie mystérieuse qui, annonçant en lui un ange déchu, inspirait un secret effroi.

La musique cessa. Matilde, s'adressant à l'esprit, lui parla dans un langage inintelligible pour le moine. L'esprit lui répondit dans le même idiome. Elle avait l'air d'insister sur quelques points que le démon ne voulait pas lui accorder. Il lançait fréquemment à Ambrosio des regards de colère qui le faisaient frémir. Matilde parut s'irriter par degrés contre lui : elle lui parlait à haute voix et d'un ton impérieux, et l'on devinait à ses gestes qu'elle le menaçait de sa vengeance. Ses menaces produisirent l'effet désiré ; l'esprit tomba à genoux, et, d'un air respectueux, lui présenta la branche de myrte. Aussitôt qu'elle l'eut reçue, la musique se fit entendre de nouveau : un nuage épais s'étendit sur l'apparition ; les flammes bleues disparurent, et l'obscurité régna de nouveau par toute la caverne. Ambrosio resta toujours à la même place. La surprise, l'inquiétude, la joie, tenaient toutes ses facultés enchaînées. Ses yeux à la fin percèrent l'obscurité ; il aperçut Matilde à ses côtés ; revêtue de ses habits religieux, et tenant le myrte dans sa main. Il ne restait aucune trace de l'enchantement ; les voûtes n'étaient plus illuminées que par la faible clarté de la lampe sépulcrale.

— J'ai réussi, dit Matilde, quoique un peu plus difficilement que je ne m'y étais attendue. Lucifer, que j'ai évoqué, était d'abord peu disposé à m'obéir ; il m'a fallu, pour l'y contraindre, faire usage de mes charmes les plus forts.

Ils ont produit leur effet ; mais je me suis formellement engagée à ne plus invoquer son ministère en votre faveur. Voyez donc à profiter convenablement de ce que j'ai fait pour vous Mon art magique ne peut plus vous être d'aucune utilité. Vous ne pouvez, à l'avenir, espérer de secours surnaturels qu'autant que vous invoqueriez les démons vous-même, et accepteriez pour votre compte les conditions de leurs services. Mais c'est ce que vous ne ferez jamais. Vous n'avez point assez de force d'ame pour les contraindre à vous obéir ; et à moins que vous ne consentiez à leur payer le prix fixé, ils ne vous serviront point volontairement : pour cette fois seulement ils seconderont vos vues. Je vous donne le moyen de posséder votre maîtresse ; ayez soin de ne pas échouer dans votre tentative. Recevez ce myrte enchanté : quand vous le porterez en votre main, toutes les portes s'ouvriront devant vous ; il vous procurera accès la nuit prochaine dans la chambre d'Antonia. Après avoir soufflé trois fois sur cette branche en prononçant son nom, vous la placerez sur son oreiller. Aussitôt un sommeil profond lui ôtera le pouvoir de vous résister. Ce sommeil durera jusqu'au point du jour : ainsi vous ne risquerez point d'être découvert, puisqu'à l'instant où l'enchantement aura cessé, Antonia s'apercevra sans doute que quelqu'un a triomphé d'elle, mais ne pourra jamais découvrir quel est le ravisseur. Soyez donc heureux, mon Ambrosio, et puisse le service que je vous rends vous convaincre du désintéressement et de la pureté de mon amitié. La nuit doit être avancée, retirons-nous au couvent avant le jour, afin que notre absence ne puisse être remarquée.

Le moine reçut le talisman avec reconnaissance, mais sans parler. Ses idées étaient tellement troublées par les aventures de cette nuit, qu'il ne trouvait point de mots pour remercier Matilde. Il est vrai qu'en ce moment il sentait peu la valeur du présent. Matilde prit la lampe et sa corbeille, et conduisit son compagnon hors de la caverne mystérieuse. Elle remit la lampe à sa première place, et continua sa route dans l'obscurité jusqu'au pied de l'escalier de marbre, qu'elle monta plus aisément à la faveur des premières lueurs du crépuscule. Ils traversèrent tous deux le lieu de sépulture, refermèrent la porte du jardin, gagnèrent le cloître occidental, et se retirèrent, chacun dans sa cellule, sans avoir été observés.

Ambrosio se sentit alors plus calme; il se réjouit de l'heureuse issue de son aventure, et, réfléchissant sur les vertus du myrte d'argent, se crut déjà possesseur d'Antonia. Son imagination lui retraçant les charmes dévoilés à ses yeux par le miroir enchanté, il attendit impatiemment la nuit prochaine.

CHAPITRE VIII.

« La nuit est close ; le grillon fait entendre son
« chant monotone, et l'homme répare par le repos
« ses forces épuisées par le travail ; le nouveau
« Tarquin presse doucement le faisceau de jonc
« sur lequel repose la chasteté qu'il va insulter. »

(CYMBELINE.)

Le marquis de Las Cisternas avait fait en vain toutes les recherches possibles, Agnès était pour toujours perdue pour lui. Son désespoir fut si violent, qu'il fut atteint d'une longue et cruelle maladie. Son état l'empêcha de voir Elvire, comme il se l'était proposé : cette négligence, dont elle ignorait la cause, l'affligeait sensiblement. Lorenzo, occupé de la mort de sa sœur, n'avait pu instruire son oncle de ses desseins sur Antonia : les ordres d'Elvire ne lui permettaient pas de se présenter devant elle sans le consentement du duc ; et celle-ci n'entendant plus parler de ses propositions, en concluait qu'il avait trouvé un meilleur mariage, ou qu'on lui avait défendu de penser à sa fille. Chaque jour augmentait ses inquiétudes sur Antonia. Tant qu'elle avait conservé la protection du prieur, elle avait supporté avec courage le mauvais succès de ses espérances, relativement à Lorenzo et au marquis ; bientôt cette ressource lui avait manqué. Elle s'était convaincue qu'Ambrosio avait médité la perte de sa fille, et lorsqu'elle pensait que sa mort devait laisser Antonia sans ami, sans défense, au milieu d'un monde vil et pervers, son cœur se remplissait de crainte et d'amertume. Dans ces occasions, assise pendant des heures entières, les yeux attachés sur son aimable fille, elle paraissait écouter son innocent babil; mais sa pensée n'était remplie que des chagrins dans lesquels un instant allait peut-être la plonger : jetant alors brusquement ses bras autour d'elle, elle la serrait contre son sein, se penchait sur elle, et l'arrosait de ses larmes.

Un événement se préparait alors, qui, si elle l'eût connu, l'aurait soulagée de ses inquiétudes. Lorenzo n'attendait qu'une occasion pour informer le duc de ses projets de mariage; mais une circonstance qui se présenta à cette époque l'obligea de différer de quelques jours cette explication.

La maladie de don Raymond semblait devoir être longue. Lorenzo était constamment à côté de son lit, et le traitait avec une amitié vraiment fraternelle : le mal, ainsi que sa cause, affligeaient également le frère d'Agnès. Théodore n'était guère moins affecté; cet aimable enfant ne quittait pas un instant son maître, et mettait tout en usage pour alléger ses peines. Le marquis avait conçu pour la malheureuse Agnès une passion si vive, que chacun était convaincu qu'il ne pourrait lui survivre. La seule chose qui l'eût empêché jusqu'alors de succomber à sa douleur, était la persuasion qu'elle vivait encore, et qu'elle avait besoin de lui. Quoique persuadés du contraire, les gens qui l'entouraient l'entretenaient par pitié dans une opinion qui faisait sa seule consolation : chaque jour on l'assurait qu'on faisait sur le sort d'Agnès de nouvelles recherches. On inventait des histoires sur les diverses tentatives que l'on supposait avoir faites pour pénétrer dans le couvent; on lui en rapportait des circonstances qui, sans promettre d'une manière positive que l'on dût la retrouver, suffisaient du moins pour nourrir son espoir. Le marquis tombait toujours dans des accès terribles de colère lorsqu'on l'informait du mauvais succès de ses efforts supposés ; mais, loin de penser que d'autres dussent avoir le même sort, il s'obstinait à croire que quelques-uns seraient moins malheureux.

Théodore était le seul qui songeât à réaliser les chimères de son maître. Il s'occupait sans cesse à faire de nouveaux projets pour entrer dans le couvent, ou pour obtenir des religieuses quelques nouvelles d'Agnès. Cet objet était le seul qui pût l'engager à s'éloigner de don Raymond. Véritable Protée, chaque jour il changeait de forme ; mais toutes ces métamorphoses avaient peu de succès. Il revenait régulièrement au palais de Las Cisternas sans apporter aucune nouvelle qui confirmât les espérances de son maître. Un jour, il s'avisa de se déguiser en mendiant, se mit un emplâtre sur l'œil gauche, prit avec lui sa guitare, et se plaça à la porte du couvent.

Si Agnès est réellement enfermée ici, se disait-il à lui-même, et si elle entend ma voix, elle la reconnaîtra, et trouvera peut-être quelque moyen de m'apprendre qu'elle y est.

Dans cette idée, il se mêla à une troupe de mendians qui tous les jours s'assemblaient à la porte de Sainte-Claire pour y recevoir la soupe que les religieuses avaient coutume de leur donner à midi : chacun avait son écuelle pour emporter sa pitance ; mais Théodore, n'ayant aucun ustensile de ce genre, demanda à manger sa part à la porte du couvent. On y consentit sans difficulté. Sa voix douce et sa figure encore jolie, malgré son large emplâtre, lui gagnèrent le cœur de la bonne vieille portière, qui, aidée d'une tourière, distribuait aux pauvres leurs portions. On dit à Théodore d'attendre que les autres s'en allassent, après quoi on lui promit de lui donner ce qu'il demandait. Le jeune homme ne demandait pas mieux, puisque ce n'était pas pour manger la soupe qu'il se présentait au couvent. Il remercia la portière, et, s'éloignant un peu de la porte, il s'assit sur une grande pierre, où il s'amusa à accorder sa guitare pendant qu'on servait les mendians.

Aussitôt que la foule fut dissipée, on appela Théodore à la porte, et on l'invita à entrer. Il obéit avec grand plaisir, mais affectant un grand respect en passant le vénérable seuil, et paraissant être fort intimidé par la présence des révérendes dames. Son embarras simulé flatta la vanité des religieuses, qui prirent à tâche de le rassurer. La portière le fit entrer dans son petit logement, pendant que la tourière allait à la cuisine, d'où elle revint avec une double portion de soupe, meilleure que celle qu'on avait donnée aux mendians. La portière y ajouta quelques fruits et quelques confitures à elle : l'une et l'autre engagèrent le jeune homme à manger de bon cœur. Il répondit à toutes ces attentions par les témoignages d'une vive reconnaissance, et par mille bénédictions pour ses bienfaitrices. Pendant qu'il mangeait, les sœurs admiraient la délicatesse de ses traits, la beauté de ses cheveux, et la grace de son maintien. Elles se disaient tout bas l'une à l'autre, combien il était fâcheux qu'un si joli jeune homme fût exposé à toutes les séductions du monde, et pensaient qu'il serait très propre à devenir une colonne de la sainte église. Elles finirent par convenir que ce serait faire une œuvre méritoire que d'engager leur supérieure à prier Ambrosio de recevoir le jeune mendiant dans l'ordre des Dominicains.

Après cette décision, la portière, qui avait grand crédit dans le couvent, courut en hâte à la cellule de l'abbesse : elle y fit du jeune homme un portrait si flatteur, que la vieille dame fut curieuse de le voir. La portière eut ordre de le conduire au parloir. Cependant le mendiant supposé sondait la tourière sur le destin d'Agnès, et sa déposition confirmait les assertions de l'abbesse. Agnès, suivant elle, était tombée malade en revenant de confesse. Depuis ce moment elle n'avait plus quitté son lit, et la tourière elle-même avait été à son enterrement; elle avait vu même son corps mort, et avait aidé de ses propres mains à la mettre dans la bière. Ce récit découragea Théodore; mais ayant poussé l'aventure aussi loin, il crut devoir continuer.

Bientôt la portière revint, et lui ordonna de la suivre. Elle le conduisit à un parloir, derrière la grille duquel l'abbesse était déjà assise. Elle était entourée de quelques religieuses, venues avec empressement à une scène qui leur promettait quelque amusement. Théodore salua respectueusement, et sa présence eut le pouvoir d'adoucir un instant l'air sévère de l'abbesse. Elle lui fit quelques questions sur ses parens, sur sa religion, sur les raisons qui l'avaient réduit à la mendicité. Ses réponses furent satisfaisantes; aucune n'était vraie. On lui demanda ce qu'il pensait de la vie monastique; il montra pour cet état le plus grand respect, la plus singulière vénération. Sur cela, l'abbesse lui dit qu'il ne serait peut-être pas impossible d'obtenir pour lui l'entrée dans un ordre religieux ; qu'à sa recommandation on passerait par-dessus sa pauvreté, et qu'il pouvait à l'avenir compter sur sa protection, s'il la méritait par sa conduite. Théodore l'assura qu'il n'aurait pas de plus grande ambition que de se rendre digne de ses bontés. L'abbesse, après lui avoir ordonné de revenir le lendemain, sortit du parloir.

Les religieuses, que le respect pour leur supérieure avait jusque là tenues dans le silence, se précipitèrent alors à la grille, et accablèrent le jeune homme de questions : déjà il les avait toutes examinées avec attention. Mais, hélas ! Agnès n'était point parmi elles. Les interrogations se succédaient si vite, qu'il lui était presque impossible de répondre. L'une lui demandait où il était né, son accent prouvant qu'il était étranger. Une autre voulait savoir pourquoi il portait sur l'œil gauche un emplâtre. La sœur Hélène lui demanda s'il avait une sœur, attendu qu'elle serait bien aise d'avoir une compagne qui lui ressemblât. La sœur Rachel était persuadée que le frère était plus aimable que ne le serait la sœur. Théodore s'amusait à débiter aux crédules nonnes toutes les folies qui lui passaient par la tête. Il leur racontait ses aventures, parlait des géans qu'il avait vus des pays merveilleux où il avait été. Né dans une terre inconnue il avait été élevé à l'université des Hottentots, et avait passé deux ans parmi les Américains de la Silésie.

— Quant à la perte de mon œil, dit-il, c'est une juste punition de mon irrévérence pour la sainte Vierge, lorsque je fis mon second pèlerinage à Lorette. J'étais près de l'autel, dans la chapelle miraculeuse. Les religieux mettaient à la sainte image ses plus beaux habits. On avait commandé aux pèlerins de fermer les yeux pendant la cérémonie mais, quoique naturellement pieux, je ne pus résister à ma curiosité. Au moment où.... Mes révérendes mères, je vais vous glacer d'horreur, en vous racontant mon crime. Au moment où les moines changeaient la chemise de la sainte Vierge, je hasardai d'ouvrir mon œil gauche, et de jeter sur la statue un regard furtif. Ce fut le dernier de mon œil. La gloire qui entourait la sainte Vierge était si brillante, que je ne pus en supporter l'éclat. Je fermai vite mon œil sacrilége, et je ne l'ai jamais pu rouvrir.

Au récit de ce miracle, les religieuses se signèrent, et promirent d'intercéder auprès de la sainte Vierge pour obtenir qu'elle lui rendît l'usage de son œil. Elles admiraient l'étendue des voyages du jeune homme, et la bizarrerie des aventures qu'il avait eues dans un âge si tendre. Remarquant alors sa guitare, elles lui demandèrent s'il était habile musicien. Il répondit modestement que ce n'était pas à lui à décider de ses talens; mais il les pria de vouloir bien en juger, et on y consentit sans peine.

— Mais au moins, dit la vieille portière, n'allez pas nous chanter quelque chose de profane.

— Vous pouvez compter sur ma discrétion, répondit Théodore. Vous allez apprendre, par l'histoire d'une demoiselle qui devint amoureuse d'un chevalier inconnu, combien il est dangereux pour de jeunes personnes de s'abandonner à leurs passions.

— Mais l'histoire en est-elle vraie? demanda la portière.

— A la lettre; elle est arrivée en Danemarck, et l'héroïne en était si belle, qu'on ne la connaissait que sous le nom de l'aimable fille.

Théodore accorda son instrument. Il avait lu l'histoire de Richard, roi d'Angleterre, découvert dans sa prison par un ménestrel, et il se flattait d'avoir auprès d'Agnès le même succès. Il choisit une ballade qu'elle lui avait apprise dans le château de Lindenberg, dans l'espoir qu'elle pourrait entendre sa voix et répondre à ses chants.

Après avoir accordé sa guitare, il fit un court exposé de son sujet, préluda quelques instans; puis donnant à sa voix toute l'étendue dont elle était susceptible, pour tâcher de la faire parvenir jusqu'aux oreilles d'Agnès, il chanta la romance suivante :

LE ROI DE L'EAU (1).

Qui n'a pas su dans le pays,
La fin tragique d'Anaïs ?
Dans ses roseaux, le roi de l'onde,
Aperçut Anaïs la blonde,
Qui côtoyait ses bords fleuris,
Et voilà qu'il est d'elle épris.

Mais dans son cœur au mal enclin,
L'Amour n'est qu'un désir malin,
Par la puissance de sa mère,
Une vapeur vaine et légère
Se transforme en un coursier blanc,
Qui le reçoit en bondissant.

Anaïs cueillait des barbeaux,
Il l'aborde et lui dit ces mots :

(1) Cette complainte est une tradition fabuleuse qui a cours en Danemarck comme ici notre *Mellusine*, notre *loup-garoup*, etc.

« Jeune beauté, vous semblez lasse ;
« Il va pleuvoir, le ciel menace ;
« Sur mon cheval daignez monter,
« Il sera fier de vous porter. »

Anaïs répond : « Je ne dois
« Refuser seigneur si courtois :
« Je m'abandonne à votre zèle. »
Vite il descend et sur la selle
Place Anaïs à son côté :
L'animal s'échappe emporté.

« Seigneur, dit-elle, il est bien vif,
« Oui, répond l'autre, assez rétif. »
Un torrent s'offre à leur passage,
L'ardent coursier s'y jette et nage :
Anaïs pousse un cri perçant,
Et se résigne en frémissant.

Son compagnon rit de sa peur;
Et pourtant le torrent trompeur
S'accroît, s'accroît; plus on avance,
S'élargit, devient fleuve immense :
Anaïs, d'un œil effrayé,
Voit déjà l'eau mouiller son pié.

« Hélas! dit-elle, où sommes-nous?
« Seigneur, j'en ai jusqu'aux genoux. »
« Comptez sur moi. « Vraiment j'y compte:»
« Mais, regardez comme elle monte!
« Juste ciel! elle atteint mon bras...»
Le déloyal en rit tout bas.

« Dieux! le cheval qui disparaît....
« Moi-même, hélas! Ah! c'en est fait..
« A moi donc! par pitié, par grâce ! »
Le monstre alors s'en débarrasse,
La précipite dans les flots,
Puis content, rentre au sein des eaux.

Jeunes fillettes, son malheur
Doit vous garder de même erreur.

Anaïs périt par un traître
Qu'elle écouta sans le connaître.
Il est des séducteurs plus doux;
Mais, pourtant, prenez garde à vous.

Le jeune homme cessa de chanter. Les religieuses charmées, louèrent la douceur de sa voix et l'habileté de son jeu ; mais quelque flatteurs qu'eussent pu être leurs éloges dans une autre circonstance, Théodore les trouva insipides ; son artifice n'avait pas réussi. En vain s'arrêtait-il entre chaque stance, aucune voix ne répondit à la sienne ; et il renonça à l'espoir d'être aussi fortuné que Blondel.

La cloche du couvent avertit alors les religieuses qu'il était temps de descendre au réfectoire. Obligées de quitter la grille, elles le remercièrent du plaisir que leur avait donné sa chanson, et lui firent promettre de revenir le lendemain. Pour le mieux engager à tenir sa parole, les sœurs lui dirent qu'il pourrait compter, pour sa subsistance, sur les bienfaits du couvent, et chacune d'elles lui fit un petit présent. L'une lui donna une boîte de bonbons, l'autre un *Agnus Dei* ; quelques-unes lui apportèrent des reliques, des images, de petits crucifix : d'autres lui donnèrent de petits ouvrages de religieuses, comme des broderies, des rubans et des fleurs. On lui conseilla de vendre tout cela pour se procurer quelque argent, ajoutant qu'il en trouverait aisément la défaite, parce que les Espagnols faisaient grands cas des ouvrages de religieuses. Ayant reçu ces dons avec des témoignages de respect et de reconnaissance, il observa que n'ayant point de panier, il serait embarrassé pour les emporter. Plusieurs des sœurs allaient partir pour lui en chercher, lorsqu'elles furent retenues par le retour d'une femme âgée, que Théodore jusqu'alors n'avait pas remarquée. Sa figure douce et son air respectable le prévinrent sur le champ en sa faveur.

— Ah ! dit la portière, voilà la mère Sainte-Ursule avec un panier.

La religieuse approcha de la grille, et présenta le panier à Théodore. Il était d'osier, bordé de satin bleu, et sur les quatre coins étaient peints des sujets tirés de la légende de sainte Geneviève.

— Voilà mon présent, dit-elle en le lui offrant, jeune homme, ne le dédaignez pas : quoiqu'il paraisse de peu de valeur, il a plusieurs vertus cachées.

Elle accompagna ces mots d'un regard expressif, qui ne fut pas perdu pour Théodore. En recevant le présent, il s'approcha de la grille autant qu'il le put.

— Agnès, lui dit la religieuse, si bas qu'il eut peine à l'entendre.

Il la comprit cependant, et conclut que quelque mystère était caché dans le panier : son cœur palpita de joie et d'impatience. Dans ce moment l'abbesse rentra : elle avait l'air mécontent, et paraissait, s'il eût été possible, plus sévère qu'à son ordinaire.

— Mère Sainte-Ursule, j'ai à vous parler en particulier.

La religieuse changea de couleur et parut déconcertée.

— A moi! dit-elle d'une voix chancelante.

L'abbesse lui ordonna de la suivre, et se retira. La mère Sainte-Ursule obéit. Bientôt après la cloche du réfectoire sonna pour la deuxième fois. Les religieuses quittèrent la grille, et Théodore se trouva en liberté d'emporter son butin. Enchanté d'avoir enfin obtenu quelques nouvelles à porter au marquis, il vola plutôt qu'il ne courut à l'hôtel de Las Cisternas. En quelques minutes il fut au chevet du lit de son maître, avec son panier à la main. Lorenzo était dans la chambre, occupé à consoler son ami d'un malheur qu'il ne sentait lui-même que trop amèrement. Théodore exposa son aventure, et l'espoir que lui avait donné le présent de la mère Sainte-Ursule. Le marquis se souleva sur son oreiller. Ce feu qui, depuis la mort d'Agnès, semblait éteint, parut se ranimer, et l'espoir étincela dans ses yeux. Lorenzo ne paraissait guère moins affecté. Il attendait avec une impatience inexprimable la solution de ce mystère. Raymond prit le panier des mains de son page, en vida le contenu sur son lit, et examina le tout avec une attention minutieuse. Il s'attendait à trouver une lettre au fond; mais il n'aperçut rien : on recommença à chercher, et toujours sans succès. Enfin don Raymond remarqua qu'un coin de la bordure de satin bleu était un peu renflé; il l'arracha vivement, et trouva dessous un petit morceau de papier, qui n'était ni plié ne cacheté. Il était adressé au marquis de Las Cisternas, et contenait ce qui suit :

« Ayant reconnu votre page, je hasarde de vous envoyer ce billet. Procurez-vous un ordre pour me faire arrêter ainsi que l'abbesse; mais qu'on ne l'exécute pas avant vendredi à minuit. C'est ce jour-là que nous fêtons Sainte-Claire. Les religieuses feront une procession aux flambeaux, et je serai parmi elles. Prenez soin qu'on ne connaisse pas votre projet. Si vous lâchiez un seul mot qui pût éveiller les soupçons de l'abbesse, vous n'entendriez jamais parler de moi. Soyez prudent, si vous chérissez la mémoire d'Agnès, et si vous désirez de punir ses assassins. Ce que j'ai à vous dire vous glacera d'horreur.

Sainte-Ursule. »

Le marquis n'eut pas plus tôt lu le billet, qu'il retomba sans connaissance sur son oreiller. L'espérance, qui jusqu'alors avait soutenu sa vie, s'évanouissait, et ces mots ne le convainquaient que trop positivement qu'Agnès n'était plus. Lorenzo fut moins frappé de cette circonstance, parce qu'il était depuis long-temps persuadé que sa sœur avait péri par quelques moyens criminels. Lorsqu'il vit, par la lettre de la mère Sainte-Ursule, combien ses soupçons étaient fondés, leur confirmation n'excita en lui d'autre sentiment qu'un désir ardent de punir les assassins comme ils le méritaient. Il ne fut pas aisé de faire revenir le marquis ; aussitôt qu'il eut recouvré la parole, il se répandit en exécrations contre les meurtriers de sa bien-aimée, et jura d'en tirer une vengeance signalée. Il s'abandonna tellement à son impuissante fureur, que, son corps affaibli ne pouvant supporter la violence des sentimens qui l'agitaient, il retomba bientôt dans sa première insensibilité. Sa situation affectait tendrement Lorenzo ; il aurait voulu ne point sortir de l'appartement de son ami : mais d'autres soins réclamaient sa présence. Il fallait se procurer un ordre pour arrêter la prieure de Sainte-Claire. Ayant donc laissé Raymond entre les mains des meilleurs médecins de Madrid, il quitta l'hôtel de Las Cisternas, et courut au palais du cardinal-duc.

Son mécontentement fut excessif, lorsqu'il trouva que des affaires d'état avaient obligé le cardinal de partir pour une province éloignée. Il n'y avait que cinq jours jusqu'au vendredi. Cependant il se flatta de pouvoir, en marchant nuit et jour, être de retour pour le pèlerinage de Sainte-Claire ; il partit donc à l'instant, trouva le cardinal-duc, et lui peignit des plus vives couleurs le crime présumé de l'abbesse, ainsi que les effets qu'il avait produits sur la santé du marquis. Il ne pouvait employer d'argument plus péremptoire. De tous les neveux du cardinal, le marquis était celui qu'il aimait le plus tendrement, et la prieure ne pouvait à ses yeux commettre un plus grand crime que de mettre en danger la vie de ce neveu bien aimé. En conséquence, il accorda l'ordre sans difficulté. Il donna aussi à Lorenzo une lettre pour le principal officier de l'inquisition, qu'il priait de veiller à l'exécution de cet ordre. Muni de ces pièces, Médina se rendit en hâte à Madrid, où il arriva le vendredi, peu d'heures avant la nuit. Il trouva le marquis un peu mieux, mais si faible, si épuisé, qu'il ne pouvait qu'avec la plus grande peine se mouvoir et parler. Ayant passé une heure à côté de son lit, Lorenzo le quitta pour aller instruire son oncle de son projet, et pour donner à don Ramirez de Mello la lettre du cardinal. Le premier fut saisi d'horreur en apprenant le sort de sa malheureuse nièce. Il encouragea Lorenzo à punir ses assassins, et lui promit de l'accompagner le soir au couvent de Sainte-Claire. Don Ramirez lui promit de le seconder de tout son pouvoir, et choisit une troupe d'archers de confiance pour prévenir toute opposition de la part du peuple.

Tandis que Lorenzo s'occupait à démasquer les hypocrisies religieuses, il ne savait pas quels chagrins un autre hypocrite lui préparait. Aidé des agens infernaux de Matilde, Ambrosio avait résolu la perte de l'innocente Antonia. Son heure fatale approchait. Elle avait souhaité le bon soir à sa mère. En l'embrassant, elle se sentit saisie d'une espèce de découragement involontaire. Après l'avoir quittée, elle vint sur-le-champ la retrouver, se jeta dans ses bras, et baigna ses joues de ses pleurs. Elle ne pouvait se résoudre à la quitter. Un secret pressentiment lui faisait craindre de ne la jamais revoir. Elvire remarqua ces vaines terreurs, et tâcha de tourner en ridicule ses préjugés de l'enfance. Elle la reprit doucement de ce qu'elle s'abandonnait à cette tristesse sans objet, et lui fit observer combien il était dangereux de se livrer à de pareilles idées.

A toutes ses remontrances, elle ne recevait d'autre réponse que :

— Maman! ma chère maman! Ah! Dieu veuille qu'il n'en soit rien.

Elvire, dont les inquiétudes au sujet de sa fille retardaient beaucoup la guérison, ressentait encore les suites de la cruelle maladie qu'elle venait d'avoir. Se trouvant ce soir plus indisposée, elle se coucha plus tôt qu'à l'ordinaire. Antonia sortit à regret de la chambre de sa mère ; jusqu'à ce que la porte fût fermée, elle fixa sur elle des yeux pleins d'une expression mélancolique. Elle se retira dans sa chambre. Son cœur était rempli d'amertume ; il lui semblait que tout espoir était éteint pour elle, et que le monde ne contenait plus rien qui pût lui faire chérir son existence. Elle tomba sur un siége, la tête appuyée sur son bras, regardant, sans le voir, le parquet, tandis que les plus tristes idées assiégeaient son imagination. Antonia était encore dans cet état d'insensibilité, lorsqu'elle en fut tirée par quelques sons d'une musique douce qui se faisaient entendre sous sa fenêtre. Elle se leva, et s'approcha de la croisée pour la mieux entendre ; ayant couvert son visage de son voile, elle se permit de regarder dans la rue. A la lumière de la lune, elle aperçut plusieurs hommes jouant du luth et de la guitare. Un peu plus loin était un autre, enveloppé dans son manteau, dont la taille et la tournure ressemblaient à celles de Lorenzo ; elle ne se trompait pas dans cette conjecture, c'était Lorenzo lui-même qui, lié par la promesse qu'il avait faite de ne se point présenter devant Antonia sans le consentement de son oncle, tâchait de temps en temps d'apprendre à sa maîtresse, par quelques sérénades, que son attachement durait toujours. Son stratagème n'opéra pas l'effet qu'il en attendait. Antonia était loin de supposer qu'elle fût l'objet de cette musique nocturne. Trop modeste pour se croire digne de ces attentions recherchées, elle conjecturait qu'elles s'adressaient à quelque belle dame du voisinage, et s'affligeait de l'idée qu'elles vinssent de Lorenzo.

L'air que l'on jouait était doux et triste ; il s'accordait avec la situation d'esprit d'Antonia, et elle l'écouta avec plaisir. Après quelques momens de symphonie, plusieurs voix se firent entendre, et Antonia distingua les paroles suivantes :

LA SÉRÉNADE.

Je t'invoque, ô ma lyre !
Rends des accords heureux.
Peins le tendre délire
De mon cœur amoureux.

Sur tous les cœurs, régner par l'espérance
De ses regards faire aimer le poison,
 Troubler l'indifférence,
 Égarer la raison,
Promettre le bonheur à l'amant qui soupire.
Asservir le plus sage au joug qu'il a bravé,
 De la beauté tel est l'empire :
 Hélas ! je l'ai trop éprouvé.
 Je t'invoque, etc.

Brûler long-temps pour d'insensibles charmes,
Dans les tourmens passer de tristes nuits,
 Languir; baigné de larmes
 Et consumé d'ennuis,
Sentir son esclavage en adorant ses chaînes,
A des maux sans relâche être enfin réservé,
 Cruel amour, voilà tes peines !
 Et mon cœur l'a trop éprouvé.
 Je t'invoque, etc.

Voir une belle à nos yeux favorable,
Lire en ses yeux qu'enfin son cœur se rend,
 Presser sa bouche aimable
 D'un baiser dévorant,
Recueillir dans ses bras les douces récompenses
D'un feu respectueux qu'on a su captiver,
 Amour, voilà tes jouissances,
 Mon cœur doit-il les éprouver !
 Je t'invoque, etc.

Le chant ayant cessé, les musiciens se dispersèrent, et le calme recommença à régner dans la rue. Antonia ne quitta qu'à regret la croisée; elle se recommanda, comme à l'ordinaire, à la protection de sainte Rosalie, fit ses prières accoutumées, et alla se coucher. Le sommeil ne se fit pas long-temps attendre; bientôt sa présence la soulagea de ses terreurs et de ses inquiétudes.

Il était près de deux heures avant que le luxurieux dominicain se fût mis en marche vers la demeure d'Antonia. On a déjà dit que le couvent était peu éloigné de la rue

Saint-Jago. Il gagna la maison sans être aperçu. Là, il s'arrêta, et, pendant quelques instans, il hésita, il réfléchit sur l'énormité du crime qu'il allait commettre, sur le danger qu'il courait s'il était découvert, et sur la probabilité qu'Elvire, après ce qui s'était passé, le soupçonnerait d'avoir déshonoré sa fille. D'un autre côté, le vice lui suggérait qu'elle ne pourrait faire que le soupçonner; qu'on ne pourrait produire aucune preuve de son crime; qu'il paraîtrait impossible que l'attentat eût été commis sans qu'Antonia sût quand, où, et par qui. Sa réputation enfin lui paraissait trop bien établie, pour être ébranlée par les accusations isolées de deux femmes inconnues. A cet égard, il était dans l'erreur; il ne savait pas combien est incertaine la faveur populaire, et qu'un instant suffit pour faire détester du public celui qui la veille était son idole. Le résultat de la délibération du moine fut de persister dans son projet. Il monta les marches qui conduisaient à la maison. Aussitôt qu'avec son myrte d'argent il eut touché la porte, elle s'ouvrit d'elle-même pour le laisser passer. Il entra, et d'elle-même la porte se referma derrière lui.

Aidé du clair de lune, il monte avec précaution les marches de l'escalier; à tout moment il s'arrête, il regarde autour de lui avec crainte et inquiétude. Dans chaque ombre il croit voir un espion; il prend pour le son d'une voix le moindre murmure de l'air. La conscience de l'action infâme dont il est occupé glace son cœur, et le rend plus timide que celui d'une femme. Cependant il avance, il parvient à la porte de la chambre d'Antonia. Là, il s'arrête encore; il écoute; aucun bruit ne se fait entendre. Ce silence absolu lui persuade que sa victime est endormie; et il se hasarde à lever le loquet. La porte était verrouillée au-dedans, elle résiste à ses efforts; mais il ne l'a pas plutôt touchée avec le talisman, que le verrou se retire. Il entre enfin, et se trouve dans la chambre où l'innocente créature dormait paisiblement, ne se doutant guère du danger qui était si près d'elle. La porte se referme sans bruit, et le verrou va de lui-même se replacer dans sa gache.

Ambrosio s'avance à pas lents; il prend soin que le parquet ne murmure point sous ses pieds; il retient son haleine jusqu'à ce qu'il soit auprès du lit. Il s'empresse de remplir les rites mystérieux que Matilde lui a prescrits. Ayant soufflé trois fois sur le myrte d'argent, et prononcé en même temps le nom d'Antonia, il le pose sur son oreiller. Les effets qu'il en avait obtenus ne lui permettaient pas de douter qu'il ne réussît à prolonger le sommeil de sa victime. Aussitôt que l'enchantement fut fini, il la regarda comme étant absolument en son pouvoir. Le désir impur étincela dans ses yeux; il osa alors les fixer sur la belle endormie. Une lampe, qui brûlait devant l'image de sainte Rosalie, jetait dans la chambre une faible lumière, et lui permettait d'examiner tous les charmes exposés à sa vue. Antonia, fatiguée par la chaleur, avait jeté sa couverture; la main insolente du religieux écarte le drap qui la couvrait encore. Un de ses bras soutenait sa tête; l'autre penchait avec grace sur le côté du lit. Quelques tresses de ses cheveux, échappées de la mousseline destinée à les contenir, tombaient jusque sur son sein, qui se soulevait doucement dans les mouvemens d'une respiration tranquille. L'air brûlant de la saison avait animé ses joues de couleurs plus vives qu'à l'ordinaire. Un léger sourire errait sur ses lèvres vermeilles, qui de temps en temps s'entr'ouvraient pour laisser passer un soupir, ou prononcer quelques mots inarticulés. Un air de candeur et d'innocence régnait sur toute sa personne, et sa nudité même avait une sorte de pudeur, qui était un aiguillon de plus pour les désirs du moine.

Il resta quelque temps à dévorer des yeux ces charmes qui devaient bientôt être la proie de sa passion effrénée. La bouche demi close d'Antonia semblait appeler le baiser. Il se pencha sur elle; il posa ses lèvres sur les siennes, et respira avec délices le parfum de son haleine. Ce prélude du plaisir ne fit qu'exciter son ardeur pour de plus vives jouissances. Ses désirs exaltés devinrent pareils à ceux de la brute en fureur. Résolu à ne pas différer d'un instant de les satisfaire, il se hâta de se débarrasser des vêtemens qui l'importunaient...

— Grand Dieu! s'écrie une voix derrière lui; ne me trompé-je pas? est-ce une illusion?

La terreur, l'étonnement, et la confusion frappèrent à la fois Ambrosio, lorsqu'il entendit ces paroles. Il se retourne vers la voix qui les prononçait; il aperçoit Elvire, qui, debout à la porte de la chambre, le regardait avec horreur et indignation.

Un songe affreux lui avait représenté Antonia auprès d'un précipice. Elle la voyait sur le bord, tremblante, prête à tomber; elle l'entendait crier : Sauvez-moi, maman, sauvez-moi; encore un instant et il sera trop tard. Elvire, épouvantée, s'était éveillée. L'illusion avait fait sur elle une impression trop forte pour lui permettre de reposer, jusqu'à ce qu'elle se fût assurée de la tranquillité d'Antonia. Sortant à la hâte de son lit, elle avait jeté sur elle une robe; et passant dans le cabinet où couchait la femme-de-chambre d'Antonia, précisément assez à temps pour l'arracher des bras de son ravisseur.

La honte d'un côté, et de l'autre la surprise, semblaient avoir changé en statues et le moine et Elvire; ils se regardaient en silence. La dame le rompit la première :

— Ce n'est point un songe, dit-elle enfin, c'est véritablement Ambrosio que je vois; c'est l'homme que tout Madrid regarde comme un saint, que je trouve à cette heure induc près de la couche de ma malheureuse fille. Monstre d'hypocrisie! je supçonnais déjà vos desseins; mais par égard pour la faiblesse humaine, j'avais la bonté de ne vous pas accuser; le silence aujourd'hui serait un crime. Toute la ville sera instruite de votre incontinence. Je vous démasquerai, misérable, et je ferai connaître à l'église le serpent qu'elle nourrit dans son sein.

Pâle et confus, le coupable restait interdit et tremblant devant elle. Il aurait bien voulu trouver quelque justification, mais sa conduite n'en admettait aucune ; il ne pouvait prononcer que des phrases sans suites et des excuses vagues, qui se détruisaient l'une par l'autre. Elvire était trop irritée pour accorder le pardon qu'il demandait ; elle déclara qu'elle allait éveiller le voisinage, et faire de lui un exemple pour les hypocrites présens et à venir. Courant alors vers le lit, elle appela Antonia pour l'éveiller, et trouvant que sa voix n'en venait pas à bout, elle la prit par le bras, et la souleva de dessus son oreiller. Mais le charme opérait encore ; Antonia ne parut rien sentir, et lorsque sa mère eut cessé de la soutenir, elle retomba sur son lit.

— Ce sommeil n'est pas naturel, dit Elvire étonnée, dont l'indignation croissait à chaque instant. Il y a là-dessous quelque mystère. Mais tremblez, hypocrite ; bientôt votre scélératesse sera dévoilée... Au secours, au secours, s'écria-t-elle, venez ici, Flore ! Flore !

— Madame, écoutez-moi un instant, lui dit le moine rappelé à lui-même par l'urgence du danger. Je vous jure, par ce qu'il y a de plus sacré, que l'honneur de votre fille est encore intact. Pardonnez-moi ma faute, épargnez-moi la honte de la publicité, et permettez-moi de regagner le couvent. Par pitié, accordez-moi cette grace, et je vous promets que non seulement Antonia sera pour toujours à l'abri de toute poursuite de ma part, mais que ma vie entière vous prouvera...

Elvire l'interrompit brusquement : — Antonia à l'abri de vos poursuites ! Ah ! je saurai bien l'en garantir. Vous ne trahirez plus la confiance des mères. Votre iniquité sera dévoilée ; tout Madrid frémira de votre perfidie, de votre hypocrisie et de votre incontinence. Quelqu'un, hola ! quelqu'un ! Flore ! Flore ! hola !

Pendant qu'elle parlait, Ambrosio tout d'un coup se souvint d'Agnès. C'était ainsi qu'elle avait imploré sa pitié ;

c'était ainsi qu'il avait rejeté ses prières ; c'était son tour alors de souffrir, et il était forcé de reconnaître que sa punition était juste. Cependant Elvire continuait d'appeler Flore à son secours ; mais sa voix était tellement étouffée par la colère, que cette fille, ensevelie dans un profond sommeil, n'entendit point ses cris. Elvire n'osait pas rentrer dans le cabinet où Flore était couchée, dans la crainte que le moine ne prît ce moment pour échapper. Il en avait en effet le projet ; il se flattait que, s'il pouvait regagner son couvent sans être vu de personne autre qu'Elvire, le témoignage de celle-ci ne suffirait pas seul pour détruire une réputation aussi bien établie que l'était la sienne dans Madrid. Dans cette idée, il rassembla à la hâte les vêtemens dont il s'était déjà dépouillé, et marcha vers la porte. Elvire s'aperçut de son dessein, elle le suivit, et avant qu'il pût tirer le verrou, elle le saisit par le bras et l'arrêta.

— Ne croyez pas fuir, lui dit-elle, vous ne quitterez pas cette chambre sans qu'il y ait des témoins de votre crime.

Ambrosio essaya en vain de se dégager. Elvire ne lâchait point sa prise ; elle redoublait ses cris pour obtenir du secours. Le danger du moine était pressant ; il croyait à tout moment voir le voisinage accourir à la voix d'Elvire, et, devenu furieux par l'approche du péril, il prit une résolution funeste et terrible. Se retournant tout à coup, d'une main il saisit Elvire à la gorge, de manière à l'empêcher de crier ; et de l'autre, la renversant par terre, il l'entraîna vers le lit. Surprise par cette brusque attaque, elle put à peine faire quelques efforts pour se débarrasser, tandis que le moine, arrachant l'oreiller de dessous la tête d'Antonia, en couvrait le visage d'Elvire, et de son genou lui pressant fortement la poitrine, tâchait de l'étouffer. Il ne réussit que trop bien. Elvire, naturellement vigoureuse, et puissamment excitée par la douleur, lutta long-temps pour se dégager, mais ses efforts furent inutiles. Le moine resta ferme, le genou toujours appuyé sur son sein ; il vit sans pitié les mouvemens convulsifs de ses membres tremblans, et soutint sans frémir le spectacle de ce corps palpitant, prêt à se séparer de l'ame qui l'habitait. Cette terrible agonie se termina : Elvire cessa de disputer sa vie. Le moine ôta l'oreiller, et la considéra. Son visage était couvert d'une noirceur effrayante ; ses membres n'avaient plus aucun mouvement ; le sang était glacé dans ses veines ; son cœur avait cessé de battre, et ses mains étaient froides et roidies. Cette figure, jadis si noble, si majestueuse, n'était plus qu'un cadavre insensible, froid et dégoûtant.

Cette action horrible ne fut pas plutôt consommée, qu'Ambrosio aperçut toute l'énormité de son crime. Une sueur froide se répandit sur son corps ; ses yeux se fermèrent ; il s'appuya en chancelant sur une chaise, et s'y laissa tomber presque aussi immobile que la malheureuse qui était étendue à ses pieds. La nécessité de fuir, et la crainte d'être trouvé dans l'appartement d'Antonia, l'arrachèrent de cet état. Il ne fut point tenté de profiter de son crime. Antonia lui parut alors un objet révoltant. Le froid de la mort avait remplacé cette chaleur dont naguère il était dévoré. Il ne se présentait à son esprit que des idées sinistres de crime, de mort, de honte pour le présent, et de punition pour l'avenir. Partagé entre la crainte et le remords, il se prépare à fuir. Cependant ces terreurs ne dominaient pas tellement sa pensée qu'elles l'empêchassent de prendre les précautions nécessaires à sa sûreté. Il replaça l'oreiller sur le lit, prit ses habits, et, le fatal talisman à la main, dirigea vers la porte ses pas mal assurés. Troublé par la crainte, il croyait voir mille fantômes s'opposer à sa fuite. De quelque côté qu'il se tournât, le cadavre défiguré semblait se trouver sur son passage, et il fut long-temps avant d'arriver à la porte. Le myrte enchanté produisit son effet ordinaire. La porte s'ouvrit. Il se hâta de descendre l'escalier, sans rencontrer personne; il se rendit au couvent, et s'étant enfermé dans sa cellule, il abandonna son ame aux tourmens d'un inutile remords, et à la crainte d'une publicité prochaine.

CHAPITRE IX.

—

« Dites-moi, morts, aucun de vous, par pitié ne
« voudra-t-il pas nous apprendre le secret qui vous
« est révélé ! Oh ! s'il plaisait à quelque officieux
« revenant de nous dire ce que vous êtes, ce que
« nous serons bientôt ! J'ai ouï dire que quelque-
« fois des ames obligeantes étaient venues annon-
« cer aux vivans leur mort prochaine ; je leur
« saurais gré de frapper à ma porte, et de me don-
« ner l'alarme. »

(BLAIR.)

Ambrosio frémissait sur lui-même, lorsqu'il considérait les rapides progrès qu'il faisait dans l'iniquité. L'énorme crime qu'il venait de commettre le remplissait d'une vériritable horreur. Elvire assassinée était sans cesse devant ses yeux ; déjà son action était punie par les tourmens de sa conscience. Cependant cette impression s'affaiblit avec le temps. Un jour se passa, un autre le suivit ; aucun soupçon ne paraissait tomber sur lui. L'impunité lui fit paraître son crime moins odieux. Il commença à reprendre courage, et à mesure que ses craintes d'être découvert diminuèrent, il devint moins sensible à l'aiguillon du remords. Matilde travaillait elle-même à calmer ses alarmes. A la première nouvelle de la mort d'Elvire, elle avait paru fort affectée, et s'était jointe au religieux pour déplorer la malheureuse catastrophe de son aventure ; mais lorsqu'elle le vit moins agité, et qu'elle le crut mieux disposé à écouter ses argumens, elle commença à lui parler de sa faute en termes plus doux, et tâcha de le convaincre qu'il n'était pas si coupable que lui-même paraissait le croire. Elle lui représenta qu'il n'avait fait qu'user des droits que la nature donne à chacun de veiller à sa sûreté personnelle ; qu'il fallait qu'Elvire ou lui pérît, et que par l'inflexibilité qu'elle lui avait témoignée, elle avait mérité son sort. Elle remarqua ensuite que, comme Ambrosio s'était auparavant rendu suspect à Elvire il était heureux pour lui que la mort l'eût mise hors d'état de parler, puisque, sans cette dernière aventure, les soupçons qu'elle avait conçus auraient pu, en devenant publics, avoir des suites désagréables ; il s'était aussi débarrassé d'une ennemie qui le connaissait assez pour être dangereuse, et qui était le plus grand obstacle qui s'opposât à ses desseins sur Antonia. Elle l'engagea d'ailleurs à ne point abandonner ses desseins ; elle l'assura que, n'étant plus protégée par l'œil vigilant de sa mère, la fille deviendrait aisément sa conquête. A force de le louer, de rappeler les charmes d'Antonia, elle tâcha de rallumer les désirs du religieux : elle y réussit encore.

Comme si les crimes dans lesquels sa passion l'avait entraîné n'avaient fait qu'ajouter à sa violence, il eut plus envie que jamais de posséder Antonia. Il se flattait que le même bonheur qui avait couvert un premier crime, en accompagnerait un second. Sourd aux murmures de sa conscience, il résolut à tout prix de satisfaire ses désirs ; il n'attendait qu'une occasion pour renouveler sa première entreprise ; mais il était impossible de se la procurer par les mêmes moyens. Dans les premiers transports de son désespoir, il avait brisé le myrte enchanté. Matilde lui dit positivement qu'il ne devait pas espérer d'autres secours des esprits infernaux, à moins qu'il ne se soumît aux conditions proposées. Ambrosio était déterminé à ne le pas faire ; il se persuadait que, quelque grands que fussent ses crimes, tant qu'il conserverait ses droits à la rédemption, il ne devait pas desespérer d'obtenir son pardon. Il se refusa donc à faire aucun pacte avec le diable. Matilde le trouvant ferme sur ce point, ne voulut pas le presser davantage : elle occupa son imagination à trouver quelque moyen de mettre Antonia au pouvoir du prieur, et il ne tarda pas à s'en présenter un.

La malheureuse enfant, tandis qu'on méditait ainsi sa ruine, avait cruellement souffert de la perte de sa mère. Son premier soin, en s'éveillant, était tous les matins de se rendre à l'appartement d'Elvire. Le jour qui suivit la fatale visite d'Ambrosio, elle s'éveilla plus tard qu'à l'ordinaire. L'horloge du couvent l'en avertit. Elle sortit promptement de son lit, jeta sur elle, à la hâte, quelques vêtemens ; elle se dépêchait de passer chez sa mère pour savoir comment elle avait passé la nuit, lorsque son pied heurta quelque chose qui se trouvait sur son passage. Elle y jette les yeux. De quelle horreur ne fut-elle pas frappée, lorsqu'elle reconnut le corps d'Elvire ! Elle poussa un grand cri, et se laissa tomber par terre. Prenant entre ses bras cette figure inanimée, elle la presse contre son sein ; elle sent le froid de la mort, et dans un mouvement de dégoût involontaire, elle la laisse retomber. Son cri avait effrayé Flore, qui se hâte de venir à son secours. Le spectacle qu'elle aperçoit la frappe d'une égale horreur ; mais sa douleur s'exhale d'une manière plus bruyante que celle d'Antonia. Elle fait retentir de ses cris toute la maison, tandis que sa maîtresse, presque suffoquée, ne peut témoigner son affliction que par des gémissemens et des sanglots. La voix de Flore parvint bientôt aux oreilles de l'hôtesse, dont la surprise et l'effrai n'eurent point de bornes. On envoya sur-le-champ chercher un médecin. Celui-ci, au premier aspect du cadavre, déclara qu'aucun art humain ne pouvait rappeler Elvire à la vie ;

mais il donna ses secours à Antonia, qui en avait le plus grand besoin. On la mit au lit, pendant que l'hôtesse s'occupait de faire enterrer Elvire. Madame Jacinthe était une bonne et généreuse personne, simple, charitable et dévote, mais son esprit était borné. Timide et superstitieuse, elle frémissait de l'idée de passer la nuit dans la même maison qu'un mort. Elle était persuadée que l'ame d'Elvire lui apparaîtrait, et convaincue qu'il n'en fallait pas davantage pour la faire mourir de frayeur. Dans cette idée, elle résolut d'aller coucher chez quelque voisine, et voulut absolument que l'enterrement se fît le lendemain. Le cimetière de Sainte-Claire étant le plus voisin, on décida qu'Elvire y serait enterrée. Madame Jacinthe promit de payer tous les frais de la cérémonie : elle ignorait quels étaient les moyens d'Antonia; mais d'après l'économie qui régnait dans le ménage des deux dames, elle avait lieu de les croire assez bornées; en conséquence, elle avait peu d'espoir d'être remboursée de ses avances; mais ce motif ne l'empêcha pas de prendre soin que tout se passât décemment, et d'avoir pour la malheureuse Antonia tous les égards possibles.

On ne meurt guère de chagrin; Antonia en fut la preuve. Jeune et d'un bon tempérament, elle surmonta la maladie que lui avait causée la mort de sa mère; mais il ne fut pas aussi facile de guérir son ame que son corps. Ses yeux étaient toujours remplis de larmes; la plus légère contradiction était pour elle un chagrin : tout prouvait qu'elle nourrissait dans son cœur une mélancolie profonde. Le nom d'Elvire prononcé devant elle, la moindre circonstance qui ramenait à sa pensée le souvenir de cette mère si tendre, suffisaient pour la jeter dans de vives agitations. Combien sa douleur eût été plus vive, si elle eût su dans quels tourmens sa malheureuse mère avait fini sa vie! Elvire était sujette à des convulsions violentes; on supposa que, craignant une attaque de cette maladie, elle s'était traînée jusqu'à la chambre de sa fille pour y chercher des secours; que l'accès l'y avait saisie trop fortement pour qu'elle pût y résister dans l'état de dépérissement où elle se trouvait, et qu'elle avait péri avant de pouvoir se procurer le remède qui la soulageait ordinairement, et qui se trouvait sur une tablette dans la chambre d'Antonia. Cette opinion fut adoptée par le petit nombre de personnes qui s'intéressaient à Elvire ; sa mort fut regardée comme un événement naturel. Bientôt on l'oublia ; personne n'y pensa plus, excepté celle qui avait tant de motifs pour déplorer sa perte.

Dans le fait, la situation d'Antonia était triste et fâcheuse. Seule et sans fortune, au milieu d'une grande ville, elle n'avait pas un ami ; sa tante Léonelle était encore à Cordoue, et elle ne savait point son adresse. Elle n'avait reçu aucune nouvelle du marquis de Las Cisternas. Quant à Lorenzo, depuis long-temps elle ne se flattait plus d'occuper une place dans son cœur ; elle ne savait à qui s'adresser pour sortir d'embarras. Elle était tentée de consulter Ambrosio ; mais elle se rappelait l'ordre que sa mère lui avait donné de l'éviter autant qu'elle le pourrait ; et la dernière conversation qu'elle avait eue à ce sujet avec Elvire, l'avait assez éclairée sur les desseins du moine, pour la mettre à l'avenir en garde contre lui. Cependant tous les avis de sa mère n'avaient pas ébranlé la bonne opinion qu'elle avait d'Ambrosio ; elle sentait encore que son amitié, que sa société même étaient nécessaires à son bonheur ; elle voyait ses torts avec indulgence, et ne pouvait croire qu'il eût réellement projeté de la perdre. Mais Elvire lui avait positivement recommandé de ne point cultiver sa connaissance, et elle respectait trop sa mémoire pour désobéir à ses ordres.

Enfin, elle résolut de s'adresser au marquis de Las Cisternas, comme son plus proche parent, pour lui demander conseil et protection. Elle lui écrivit, lui exposa brièvement sa situation déplorable, le supplia d'avoir pitié de l'enfant de son frère, de lui continuer la pension d'Elvire, et de lui permettre de se retirer au vieux château qu'il possédait en

Murcie, et que, jusqu'alors, elle avait habité. Ayant cacheté sa lettre, elle la remit à la fidèle Flore, qui partit sur-le-champ pour exécuter sa commission. Mais Antonia était née sous une étoile malheureuse. Si elle s'était adressée au marquis un seul jour plus tôt, elle eût été reçue comme sa nièce et placée à la tête de sa famille, elle aurait échappé à tous les malheurs qui la menaçaient. Raymond s'était toujours proposé d'exécuter ce projet : mais, d'abord l'espoir qu'il avait eu de faire passer par la bouche d'Agnès sa proposition à Elvire ; puis le malheur qu'il avait eu de perdre sa maîtresse, et la cruelle maladie qui, pendant quelque temps, l'avait retenu dans son lit, lui avaient fait différer de jour en jour de donner dans sa maison un asile à la veuve de son frère. Il avait chargé Lorenzo de pourvoir abondamment à ses besoins ; mais Elvire, ne voulant contracter avec ce jeune seigneur aucune obligation, l'avait assurée que, pour le moment, elle ne manquait de rien. Le marquis, en conséquence, n'imagina pas qu'un léger retard la mît dans l'embarras ; et ses tourmens de corps et d'esprit excusaient assez sa négligence.

S'il avait su que la mort d'Elvire avait laissé sa fille sans amis et sans protection, il aurait sans doute pris des mesures pour la soustraire à tous les dangers ; mais Antonia n'était pas destinée à tant de bonheur. Le jour qu'elle envoya sa lettre au palais de Las Cisternas était précisément celui du départ de Lorenzo de Madrid. Le marquis était dans les premiers accès de la douleur que lui avait causé la certitude de la mort d'Agnès ; et comme sa vie était en danger, on ne lui laissait voir personne. On dit à Flore qu'il était hors d'état de lire une lettre, et que, quelques heures, peut-être, allaient décider de son sort. Elle fut obligée de rapporter cette triste nouvelle à sa maîtresse, qui se trouva alors plus embarrassée que jamais.

Flore et madame Jacinthe firent tout ce qu'elles purent pour la consoler. La dernière l'invita à se tranquilliser, l'assurant que tant qu'elle voudrait rester avec elle, elle la traiterait comme sa propre fille. Antonia voyant que cette bonne femme avait pris pour elle une véritable affection, trouva quelque consolation à penser qu'elle avait du moins dans le monde une amie. On lui apporta alors une lettre adressée à Elvire. Elle reconnut l'écriture de Léonelle, et, l'ouvrant avec empressement, elle y trouva un récit détaillé de ce qui était arrivé à sa tante à Cordoue. Celle-ci apprenait à sa sœur qu'elle avait recueilli son legs ; mais qu'elle avait perdu son cœur, et qu'elle avait reçu en échange celui du plus aimable des apothicaires, passés, présens et à venir. Elle ajoutait que le mardi suivant elle serait à Madrid, et se proposait de lui présenter en cérémonie son cher époux. Quoique ce mariage fût loin de plaire à Antonia, elle fut cependant très aise du prochain retour de Léonelle. Elle fut flattée de penser qu'elle allait se retrouver sous la protection d'une parente. Elle sentait combien il était peu convenable, pour une jeune fille, de vivre parmi des étrangers, sans avoir personne pour régler sa conduite, ou pour la défendre des insultes auxquelles l'exposait sa situation isolée. Elle attendit donc avec impatience le mardi suivant.

Il arriva. Antonia écoutait avec inquiétude toutes les voitures qui passaient dans la rue : aucune ne s'arrêta. L'heure s'avançait ; il était déjà tard ; Léonelle ne paraissait point. Antonia résolut de ne se point coucher que sa tante ne fût arrivée ; malgré ses prières, Flore et madame Jacinthe voulurent en faire autant. Les heures s'écoulèrent lentement et tristement. Le départ de Lorenzo avait mis fin aux sérénades nocturnes. Antonio se flatta vainement d'entendre sous sa fenêtre le son des guitares. Elle prit la sienne et en pinça quelques notes ; mais la musique, ce jour-là, n'avait aucun charme pour elle, et elle remit l'instrument dans sa boîte. Elle s'assit à son métier, et essaya de broder ; mais tout allait de travers : ses couleurs n'étaient pas assorties, sa soie rompait à tout moment, et les aiguilles lui échappaient si subtilement, qu'on les aurait cru animées; enfin une goutte de cire tomba de la bougie voisine sur une guirlande de violettes travaillées avec soin. L'impatience la prit; elle jeta son aiguille, et quitta son métier. Il était décidé que ce soir-là rien ne pourrait l'amuser. Livrée à l'ennui, elle s'occupa à faire des souhaits inutiles pour l'arrivée de sa tante.

En se promenant çà et là dans la chambre, ses yeux tombèrent sur la porte qui conduisait à celle qu'avait occupée sa mère. Elle se souvint que la petite bibliothèque d'Elvire y était encore, et pensa qu'elle y pourrait trouver quelque livre pour s'amuser, en attendant l'arrivée de Léonelle. Elle prit, en conséquence, la lumière qui était sur la table, traversa le petit cabinet, et entra dans la pièce voisine. En regardant autour d'elle, la vue de cette chambre lui rappela mille souvenirs douloureux. C'était la première fois qu'elle y entrait depuis la mort de sa mère. Le silence qui régnait dans l'appartement, le lit dégarni de son coucher, le foyer obscur où se trouvait encore une lampe éteinte, et, sur la fenêtre, quelques plantes à demi desséchées, qu'on avait négligées depuis la mort d'Elvire, inspirèrent à Antonia une sorte de crainte religieuse. L'obscurité de la nuit ajoutait à ce sentiment mélancolique. Elle mit sa bougie sur la table, et s'assit dans un grand fauteuil, où mille fois elle avait vue sa mère assise. Hélas! elle ne pouvait plus l'y revoir. Des larmes involontaires coulèrent le long de ses joues; elle s'abandonna à une tristesse, qui d'un instant à l'autre devenait plus profonde.

Honteuse de sa faiblesse, elle se lève enfin, et va chercher ce qui l'avait amenée dans ce triste lieu. Les livres étaient en petit nombre, rangés sur quelques tablettes. Antonia les parcourut sans en trouver un qui lui promît de l'intéresser, jusqu'à ce qu'elle mît le main sur un volume de vieilles romances espagnoles. Ayant lu de l'une quelques stances qui excitèrent sa curiosité, elle prit le livre, et s'assit pour le feuilleter plus à son aise ; puis, ayant mouché la bougie, qui s'avançait vers sa fin, elle lut la romance suivante :

LE PREUX ALONZO

ET LA BELLE IMOGINE.

Il le faut, disait un guerrier
A la belle et tendre Imogine,
Il le faut ; je suis chevalier,
Et je pars pour la Palestine.

Tu me pleures dans ce moment :
Que ces pleurs ont pour moi de charmes !
Mais il viendra quelque autre amant,
Et sa main essuiera tes larmes.

Moi t'oublier ! Non, non, jamais,
Cher Alonzo ! répond la belle.
Mort ou vivant, je te promets
De te rester toujours fidelle.

Si j'étais parjure à ma foi,
Que le jour de mon mariage,
A table, assis auprès de moi,
Mes yeux revoient ton image !

Que le fantôme d'Alonzo
Atteste ses droits sur mon ame !
Qu'il m'entraîne dans le tombeau,
En criant : « Elle était ma femme ! »

Douze mois se sont écoulés....
Un baron de haute origine,
Par mille présens étalés
Demande la main d'Imogine.

L'éclat du nom et des bijoux
Eblouit la belle et l'enchante.
Il est accepté pour époux.
La fête arrive ; elle est brillante.

Joyeux festin va commencer ;
En chantant l'épouse nouvelle,
Chaque ami vient de se placer....
Un étranger est auprès d'elle.

Son air, son maintien, son aspect,
Et surtout sa taille imposante,
Semblent imprimer le respect
Et je ne sais quelle épouvante.

Son casque le couvrait si bien,
Que chacun en vain l'examine :
Immobile, il ne disait rien ;
Mais il regardait Imogine.

D'un ton qui marque sa frayeur,
A l'étranger elle s'adresse :
« Baissez votre casque, seigneur,
« Et partagez notre allégresse. »

Le guerrier se rend à ses vœux :
O ciel ! ô surprise effroyable !
Son casque ouvert, à tous les yeux
Présente un spectre épouvantable.

Pâle et debout, l'affreux géant
Dit à la tremblante Imogine,
« Reconnais-tu bien maintenant
Alonzo, mort en Palestine ?

Un jour, ta bouche lui jura
Qu'aux amans tu serais rebelle ;
Tu disais : Il me trouvera,
Mort ou vivant, toujours fidèle.

Si j'étais parjure à ma foi,
Que le jour de mon mariage,
A table, assis auprès de moi,
Mes yeux revoient ton image.

« Vois le fantôme d'Alonzo ;
Rends-moi mes droits, je les réclame

Suis-moi, je t'entraîne au tombeau...
Chevaliers, elle était ma femme ! »

Il saisit de ses bras hideux
Son infidèle, qui l'implore...
Ils avaient disparu tous deux,
Et ses cris s'entendaient encore.

Le baron, pleurant jours et nuits,
Ne survécut point à sa perte.
Du château nul n'osa depuis
Habiter l'enceinte déserte.

Imogine y vient tous les ans,
Dans ses habits de fiancée ;
Poussant toujours des cris perçans,
Toujours par le spectre embrassée.

La lecture de cette histoire n'était pas propre à dissiper la mélancolie d'Antonia : elle avait naturellement du goût pour le merveilleux ; et sa gouvernante, qui croit fermement aux apparitions, lui avait raconté, pendant son enfance, tant d'horribles aventures de cette espèce, que tous les efforts d'Elvire n'avaient pu effacer de son esprit ces impressions fâcheuses. Antonia avait conservé ce penchant à la superstition : elle était sujette à des terreurs qui, lorsqu'elle en découvrait la cause ridicule, la faisaient rougir elle-même de sa faiblesse. Dans cette disposition d'esprit, l'aventure qu'elle venait de lire suffisait pour éveiller ses craintes. L'heure et le lieu réunissaient pour les faire naître : la nuit était avancée : elle était seule, dans la chambre de sa mère, morte depuis peu. Il faisait un temps déplorable. Un vent affreux sifflait à toutes les issues de la maison. Les portes s'agitaient sur leurs gonds, et la pluie, battant avec violence contre les fenêtres, entrait au travers des châssis. On n'entendait aucun autre bruit. La bougie, brûlée jusque dans le flambeau, jetait de temps en temps des éclats de lumière, puis tout à coup sa flamme affaissée paraissait prête à s'éteindre. Le cœur d'Antonia palpitait de crainte. Ses yeux erraient avec effroi sur les objets qu'éclairait, par intervalle, une lueur vacillante. Elle essaya de se lever de dessus son siége ; mais ses membres tremblaient à tel point, qu'il lui fut impossible de se soutenir. Alors elle appela Flore, qui était dans une chambre peu éloignée ; mais sa voix, étouffée par la crainte, et ses cris expirèrent dans sa bouche.

Antonia passa dans cet état quelques minutes, après lesquelles ses terreurs commencèrent à diminuer. Elle tâcha de les surmonter, et fit un effort pour quitter la chambre. Tout à coup elle crut entendre un profond soupir poussé tout auprès d'elle. Cette idée la rejeta dans sa première faiblesse. Elle était debout, et déjà elle se disposait à prendre le flambeau sur la table. Ce bruit imaginaire l'arrêta. Elle retira son bras et s'appuya sur le dos d'une chaise. Tremblante, elle écoute : elle n'entend rien.

— Bon Dieu ! se dit-elle, que pouvait être ce bruit ? Me suis-je trompée, où l'ai-je réellement entendu ?

Ses réflexions furent interrompues par le son d'une voix venant du côté de la porte, et si faible qu'on avait peine à l'entendre ; on aurait cru que quelqu'un parlait tout bas. Les alarmes d'Antonia augmentèrent. Cependant, elle savait que le verrou était mis, et cette idée la rassurait un peu. Bientôt après, le loquet se leva, et la porte commença à se mouvoir doucement en avant et en arrière. L'excès de la crainte fournit alors à Antonia la force dont, jusqu'à ce moment, elle avait été privée. Elle quitta sa place et marcha, vers la porte du cabinet par où elle pouvait gagner promptement la pièce où étaient Flore et madame Jacinthe. A peine était-elle au milieu de la chambre, lorsqu'on leva le loquet une seconde fois, un mouvement involontaire lui fit tourner la tête. La porte s'ouvrait très lentement. Sur le seuil, elle aperçut une grande figure élancée, enveloppée d'un linceul, qui la couvrait de la tête aux pieds.

Cette vision enchaîna ses jambes. Elle resta comme pétrifiée au milieu de la chambre. La figure, d'un pas lent et grave, s'approcha de la table. Lorsqu'elle fut auprès, la bougie prête à finir, jeta une lueur pâle et bleuâtre. Il y avait sur la table une petite pendule dont l'aiguille marquait trois heures. La figure s'arrêta devant la pendule, et leva son bras droit, qu'elle dirigea vers le cadran. Antonia, qui était sans mouvement et sans paroles, attendait la fin de cette scène.

Quelques momens se passèrent ainsi. La pendule sonna ; et lorsqu'elle eut fini, l'étrangère fit quelques pas de plus vers Antonia.

— Dans trois jours, dit une voix faible, creuse et sépulcrale, dans trois jours nous nous reverrons.

Antonia frémit à ces paroles.

— Nous nous reverrons ! dit-elle enfin, en hésitant, où nous reverrons-nous ? qui verrai-je ?

La figure d'une main désigna la terre, et de l'autre leva le linceul qui lui couvrait la tête.

— Grand Dieu, c'est ma mère !

Antonia fit un cri, et tomba sans mouvement sur le parquet.

Madame Jacinthe, qui travaillait dans la chambre voisine, fut épouvantée de ce cri. Flore venait de descendre l'escalier pour aller chercher de l'huile pour la lampe qui les éclairait. Jacinthe courut donc seule au secours d'Antonia, et fut extrêmement surprise de la voir étendue par terre. Elle la prit dans ses bras, l'entraîna dans sa chambre et la plaça sur son lit, avant qu'elle eût recouvré l'usage de ses sens. Elle s'empressa de lui mouiller les tempes, de lui frapper dans les mains, et d'employer tous les moyens possibles pour la faire revenir. Elle y réussit avec peine. Antonia ouvrit les yeux, et les jetant, d'un air hagard, tout autour de la chambre :

— Où est-elle, s'écria-t-elle d'une voix tremblante. Est-elle partie? Suis-je en sûreté? Parlez-moi. Consolez-moi. Ah! parlez-moi, pour l'amour de Dieu.

— En sûreté? contre qui, mon enfant, répondit Jacinthe étonnée? Qui vous épouvante? De quoi avez-vous peur?

— Dans trois jours : elle m'a dit que nous nous reverrions dans trois jours, je l'ai entendue! Je l'ai vue, Jacinthe, je l'ai vue tout à l'heure.

Elle se jeta sur le sein d'Antonia.

— Vous l'avez vue? Qui, vue?

— L'ame de ma mère.

Doux Jésus! s'écria Jacinthe. Quittant vite le lit, elle laissa Antonia tomber sur l'oreiller, et toute épouvantée, courut hors de la chambre.

Comme elle descendait l'escalier à la hâte, elle rencontra Flore qui le remontait.

— Flore, lui dit-elle, allez vite à votre maîtresse. Il se passe d'étranges choses. Ah! je suis la plus malheureuse des femmes. Ma maison est pleine de morts, de revenans, et Dieu sait de quoi encore; et cependant personne n'aime moins que moi pareille compagnie. Mais passez votre chemin, Flore. Allez trouver donna Antonia, et laissez-moi continuer le mien.

Parlant ainsi, elle courut jusqu'à la porte de la rue qu'elle ouvrit, et sans se donner le temps de regarder derrière elle, alla tout d'un trait jusqu'au couvent des Dominicains. Cependant Flore était montée à la chambre de sa maîtresse, aussi surprise qu'effrayée de la consternation de Jacinthe. Elle trouva Antonia immobile sur son lit. Elle employa, pour la faire revenir, les mêmes moyens que Jacinthe avait déjà mis en usage, mais voyant qu'elle ne sortait d'un accès que pour retomber dans un autre, elle envoya vite quelqu'un chercher un médecin. En attendant son arrivée, elle déshabilla Antonia, et la mit au lit.

Hors d'elle-même, et sans faire aucune attention à l'orage, Jacinthe courut au travers des rues, et ne s'arrêta que lorsqu'elle fut arrivée au couvent. Elle sonna fortement à la porte, et sitôt que le portier parut, elle demanda à parler au père prieur. Ambrosio était alors avec Matilde, occupé des moyens de se procurer un accès auprès d'Antonia. La cause de la mort d'Elvire était restée secrète; il commençait à croire que la punition ne suivait pas le crime de si près que les religieux, ses maîtres, le lui avaient enseigné, et que lui-même l'avait cru jusqu'alors. Cette opinion lui avait fait résoudre la perte d'Antonia, pour qui les dangers et les difficultés ne faisaient qu'augmenter sa passion. Il avait déjà demandé à la voir; mais Flore l'avait refusé de manière à lui faire juger que tous ses efforts ultérieurs seraient inutiles. Elvire avait confié ses soupçons à cette fidèle domestique; elle l'avait priée de ne jamais laisser Ambrosio seul avec sa fille, et même de faire, s'il était possible, qu'il ne la revît jamais. Flore avait promis de lui obéir, et avait exécuté ses ordres à la lettre. Ce matin même elle avait refusé la porte à Ambrosio, sans le dire à Antonia. Il vit qu'il ne fallait pas penser à voir sa maîtresse par des moyens honnêtes; et Matilde et lui, avaient passé la nuit à tâcher de trouver quelque plan susceptible d'un succès plus heureux. Tel était leur emploi, lorsqu'un frère lai entra dans la chambre du prieur, et lui dit qu'une femme, qui disait s'appeler Jacinthe Zuniga, demandait à lui parler un instant.

Ambrosio n'était nullement disposé à recevoir cette visite. Il la refusa tout simplement, et dit au frère lai d'inviter l'étrangère à revenir le lendemain. Matilde l'interrompit:

— Voyez cette femme, lui dit-elle tout bas; j'ai mes raisons.

Le prieur lui obéit, et fit dire qu'il allait descendre au parloir. Le frère lai sortit avec cette réponse. Aussitôt qu'ils furent seuls, Ambrosio demanda à Matilde quelle raison elle avait pour vouloir qu'il vît cette Jacinthe.

— C'est l'hôtesse d'Antonia, reprit Matilde, elle peut

vous être utile. Il faut l'examiner, et savoir un peu ce qui l'amène ici.

Ils se rendirent ensemble au parloir, où Jacinthe attendait le prieur. Elle avait une grande opinion de sa piété et de sa vertu ; et lui croyant sur le diable une grande influence, elle supposait qu'il lui serait très facile d'envoyer l'ame d'Elvire dans la mer Rouge. C'était dans cette persuasion qu'elle s'était rendue au couvent. Aussitôt qu'elle vit le moine entrer dans le parloir, elle se jeta à genoux, et commença ainsi son histoire :

— Ah ! mon révérend père, quel accident, quelle aventure ! Je ne sais que devenir ; et à moins que vous ne veniez à mon secours, certainement je deviendrai folle. Jamais il n'y a eu de femme aussi malheureuse que moi. J'ai fait tout ce que j'ai pu pour éviter toutes ces horreurs, et tout a été inutile. A quoi sert, je vous prie, que je dise mon chapelet quatre fois par jour et que j'observe tous les jeûnes prescrits par le calendrier ? De quoi m'a servi d'avoir fait trois pèlerinages à Saint-Jacques de Compostel et d'avoir acheté autant d'indulgences qu'il en faudrait pour effacer le péché de Caïn ? Rien ne me réussit. J'ai le malheur, et Dieu sait si jamais les choses iront mieux. J'en fais juge votre révérence. Ma locataire meurt d'un accès de convulsions. Par pure bonté, je la fais enterrer à mes dépens. Non pas qu'elle fût ma parente ou que j'aie profité à sa mort d'un maravédis, je n'y ai rien gagné du tout. Ainsi, comme je dis, mon révérend père, qu'elle fût vivante ou morte, cela m'était absolument égal. (Mais cela ne fait rien à l'affaire, revenons à ce que je voulais vous dire.) J'ai donc fait faire son enterrement, et j'ai pris soin que tout cela se passât comme il faut. Dieu sait ce qu'il m'en a coûté. Or, comment croyez-vous que la chère dame me paie de ma bonté ? Quoi ! s'il vous plaît, en ne daignant pas dormir tranquille dans son bon cercueil de sapin, comme doit faire tout honnête mort, et en venant me tourmenter, moi qui ne veux jamais la revoir entre les deux yeux. Vraiment, il lui sied bien de revenir hanter la nuit dans ma maison, d'entrer par le trou de la serrure dans la chambre de sa fille, et d'épouvanter la pauvre enfant, de manière à lui faire perdre l'esprit ! Elle n'est guère polie, pour un revenant, de venir dans la maison de quelqu'un qui les aime aussi peu. Quant à moi, mon révérend père, le fait est que, si elle vient se promener dans ma maison, il faut que je la quitte, parce que je ne veux pas loger de pareils hôtes ; je ne le ferai pas. Ainsi votre révérence peut voir que, si vous ne venez pas à mon secours, je suis une femme ruinée et perdue pour toujours. Je suis obligée de quitter ma maison ; personne ne voudra la louer, quand on saura qu'il y revient ; et je serai bien avancée alors : malheureuse femme que je suis ! que faire ? que devenir ?

Ici elle pleura amèrement, et elle pria à main jointe le père prieur de lui donner quelques avis.

— Mais, ma bonne femme, lui dit-il, il me sera difficile de vous aider si je ne sais pas de quoi il est question. Vous avez oublié de me dire ce qui vous est arrivé et ce que vous me demandez.

— Ah ! vraiment, reprit Jacinthe, votre révérence a raison. Hé bien, voilà donc le fait en peu de mots : Une de mes locataires vient de mourir ; une très brave femme, je dois le dire, autant que je l'ai connue, quoiqu'il n'y eût pas long-temps ; elle se tenait à une certaine distance de moi, et dans la vérité elle était un peu glorieuse. Quand je me hasardais à lui parler, elle avait un regard qui m'en imposait toujours un peu. Dieu me pardonne si je dis cela : cependant, quoiqu'elle fût un peu fière, et qu'elle ne parût pas trop me regarder (et pourtant, si on ne m'a pas trompée, mes parens valent bien les siens ; car son père était cordonnier à Cordoue, et le mien était chapelier à Madrid, et un gros chapelier, j'ose le dire) ; quoique cela, malgré sa fierté, c'était une personne bien tranquille et de bonne conduite, et je n'ai jamais désiré une meilleure locataire : aussi je m'étonne de ce qu'elle ne se tient pas plus tranquille dans sa fosse. Mais on ne sait plus à qui se fier dans ce monde. Pour moi, je ne lui ai jamais rien vu faire de mal, si ce n'est le vendredi avant sa mort, que je fus bien scandalisée de lui voir manger une aile de poulet. Comment, madame Flore ! dis-je (Flore, ne déplaise à votre révérence, est le nom de la femme de chambre), votre maîtresse mange de la viande le vendredi ! Bien ! bien ! vous verrez ce qui en arrivera : souvenez-vous alors que madame Jacinthe vous en a avertie. Je lui dis cela en propres termes ; mais, hélas ! j'aurais aussi bien fait de le garder pour moi : personne ne m'écouta ; et Flore, qui est un peu arrogante (cela fait pitié, je vous dis), me répondit qu'il n'y avait pas plus de mal à manger un poulet qu'à manger un œuf d'où il était venu. Elle déclara même que si sa maîtresse y ajoutait une tranche de jambon, elle n'en serait pas pour cela d'un pouce plus près d'être damnée. Bonté divine ! pauvre ignorante pécheresse ! je jure à votre révérence que je tremblais de lui entendre prononcer de pareils blasphèmes, et que je m'attendais à tout moment à voir la terre s'entr'ouvrir pour les engloutir, le poulet et toute la famille : car vous saurez, mon révérend père, qu'en disant cela, elle tenait dans sa main le plat sur lequel était le poulet rôti ; une belle volaille, je vous assure, cuite à point, car je l'avais fait rôtir moi-même. C'était, parlant par respect, une géline que j'avais élevée chez nous. La chair en était blanche comme un œuf, comme me le dit madame Elvire elle-même : Dame Jacinthe, me dit-elle d'un air agréable, quoique pour dire vrai, elle me parlait toujours bien poliment...

Ici la patience échappa à Ambrosio. Empressé de savoir l'affaire de Jacinthe qui paraissait concerner Antonia, il ne pouvait plus tenir au bavardage de cette femme. Il l'interrompit, en l'assurant que si elle ne lui disait pas sur-le-champ de quoi il était question, et si elle n'en finissait pas, il allait quitter le parloir, et la laisserait se tirer d'embarras comme elle pourrait. Cette menace produisit l'effet qu'il désirait : Jacinthe raconta son affaire en aussi peu de mots qu'il lui fut possible ; mais son récit fut encore si prolixe, qu'Ambrosio eut besoin de toute sa patience pour l'entendre jusqu'à la fin.

— Si bien donc, votre révérence, dit-elle, après avoir rapporté jusqu'aux moindres circonstances de la mort et de l'enterrement d'Elvire ; si bien donc, en entendant ce cri, je laissai là mon ouvrage, et je courus à la chambre de donna Antonia. N'y trouvant personne, je passai dans l'autre ; mais je dois avouer que j'avais un peu de peur en y entrant, car c'était la pièce où couchait donna Elvire. J'y entrai pourtant, et j'aperçus la jeune personne tout de son long sur le carreau, froide comme une pierre et blanche comme sa chemise. Je fus bien étonnée, comme votre révérence peut croire. Mais, mon bon Dieu, combien je tremblai lorsque je vis près de moi une grande figure dont la tête touchait au plancher. C'était le visage d'Elvire, dans la vérité, mais de sa bouche sortaient des nuages de feu et de fumée. Ses bras étaient chargés de grosses chaînes qu'elle secouait d'une manière effrayante, et chacun de ses cheveux était un serpent aussi gros que mon bras. A cette vue, j'eus grand'peur, et je commençai à dire mon *Ave Maria:* mais le fantôme m'interrompant, fit trois grands gémissemens, et d'une voix terrible, se mit à dire : Ah ! cette aile de poulet ! mon ame est tourmentée à cause de cela. Aussitôt que cela fut dit, la terre s'entr'ouvrit, le spectre y entra. J'entendis un grand coup de tonnerre, et la chambre fut remplie d'une odeur de soufre. Quand je fus revenue de ma frayeur, et que j'eus fait revenir donna Antonia, elle me dit qu'elle avait crié en voyant le revenant (et certes, je le crois. Pauvre fille ! si j'avais été à ta place, j'aurais crié dix fois plus haut). Il m'est venu alors en pensée que si quelqu'un avait le pouvoir de tirer cette ame de peine, ce devait être votre révérence ; et c'est pourquoi je suis venue ici en diligence pour vous prier d'asperger ma maison d'eau bénite, et d'envoyer le revenant dans la mer Rouge.

Ambrosio fut surpris de cette étrange aventure, qu'il ne pouvait croire.

— Et donna Antonia a-t-elle vu le revenant? dit-il.

— Comme je vous vois, mon révérend père.

Ambrosio s'arrêta un moment. Ceci lui présentait une occasion de se rapprocher d'Antonia ; mais il balançait à en profiter. La réputation dont il jouissait dans Madrid lui était encore chère, et depuis qu'il avait perdu la réalité de la vertu, il semblait que son apparence lui en fût devenue plus précieuse. Il sentait qu'une infraction publique de la règle qu'il s'était faite de ne jamais sortir de l'enceinte de son couvent, serait une dérogation notable à l'austérité qu'on lui supposait. Dans ses visites à Elvire, il avait toujours pris soin de cacher ses traits aux domestiques : excepté Elvire, sa fille et la fidelle Flore, personne dans la maison ne le connaissait que sous le nom du père Jérôme. S'il accordait à Jacinthe ce qu'elle lui demandait, et s'il l'accompagnait chez elle, il savait que cette démarche ne pouvait rester secrète. Cependant son désir de voir Antonia l'emporta ; il se flatta même que la singularité de cette aventure le justifierait dans la ville. Mais, quoi qu'il en pût arriver, il résolut de profiter de l'occasion que le hasard lui offrait : un regard significatif de Matilde le confirma dans cette résolution.

— Bonne femme, dit-il à Jacinthe, ce que vous me racontez est si étrange, que j'ai peine à vous croire. Cependant je ferai ce que vous désirez : demain, après matines, vous pouvez m'attendre chez vous ; j'examinerai alors ce que je peux faire pour vous obliger ; et si cela est en mon pouvoir, je vous délivrerai de ces visites importunes. Retournez-vous-en chez vous, et que la paix du Seigneur soit avec vous.

— Chez moi! s'écria Jacinthe ; moi, m'en aller chez

moi ! Non, en vérité, je n'y veux pas remettre les pieds, à moins que ce ne soit sous votre protection. Bonté de Dieu ! le revenant pourrait me rencontrer sur l'escalier, et m'emmener avec lui à tous les diables. Ah ! si j'avais accepté les offres de Melchior Basco, j'aurais quelqu'un pour me protéger ; mais je suis une pauvre femme toute seule, et je ne rencontre que croix et malheurs. Dieu merci, il n'est pas trop tard encore pour me repentir ; il y a Simon Gonzalès qui me demande tous les jours, et si je vis jusqu'à demain, je l'épouserai tout de suite. Je veux avoir un mari, c'est décidé : car, à présent que le fantôme est dans ma maison, j'aurais trop peur de coucher seule. Mais, pour l'amour de Dieu, mon révérend père, venez avec moi tout de suite ; je n'aurai point de repos que la maison ne soit purifiée, ni la pauvre demoiselle non plus. La chère fille ! elle est dans un triste état ; je l'ai laissée dans de fortes convulsions, et je doute qu'elle revienne facilement à elle.

Le religieux effrayé l'interrompit.

— Dans des convulsions ! dites-vous ; Antonia en convulsions ! conduisez-moi, bonne femme, je vais avec vous.

Jacinthe insista sur ce qu'il se pourvût d'un vase plein d'eau bénite ; il y consentit. La vieille se croyant, sous sa protection, en sûreté contre des légions de démons, lui fit des remercîmens sans nombre, et ils partirent ensemble pour la rue Saint-Jago.

Le spectre avait fait sur Antonia une impression si vive, que, pendant deux ou trois heures, le médecin la crut en danger. Les accès enfin devenant moins fréquens, il changea d'avis : il dit qu'il n'y avait rien à faire qu'à la tenir tranquille ; il ordonna une potion destinée à calmer ses nerfs et à lui procurer le repos dont elle avait si grand besoin. La vue d'Ambrosio, qui parut alors avec Jacinthe à côté de son lit, contribua efficacement à rassurer son imagination effrayée. Elvire ne s'était pas expliquée avec sa fille, sur les desseins du moine, d'une manière assez claire pour faire comprendre à une jeune personne qui connaissait aussi peu le monde, combien cette liaison était dangereuse. Dans ce moment, effrayée de ce qui venait de lui arriver, et craignant d'arrêter sa pensée sur la prédiction qui lui avait été faite, elle avait besoin de tous les secours de la religion et de l'amitié. Antonia avait pour le prieur un double motif de partialité; elle sentait encore pour lui cette prévention favorable qu'elle avait éprouvée la première fois qu'elle l'avait vu; elle imaginait, sans savoir pourquoi, que sa présence la protégerait contre toute espèce de dangers, de malheur ou d'insulte. Elle le remercia tendrement de sa visite, et lui raconta l'aventure qui l'avait si sérieusement effrayée.

Le moine tâcha de la rassurer, et de lui persuader que tout cela n'était que le fruit d'une imagination échauffée. La solitude dans laquelle elle avait passé la soirée, l'obscurité de la nuit, la lecture qu'elle avait faite, et la chambre dans laquelle elle se trouvait, tout semblait disposé pour créer une vision de cette espèce. Il se moqua des revenans, et donna de fortes raisons pour détruire et ridiculiser ce système. Sa conversation la calma, la consola, mais ne la convainquit pas. Elle ne pouvait croire que le spectre n'eût existé que dans son imagination; toutes les circonstances de cette apparition l'avaient trop frappée pour lui permettre d'adopter une pareille idée : elle persista à assurer que réellement elle avait vu l'ame de sa mère, qu'elle l'avait entendue lui prédire sa mort, et elle soutint qu'elle ne sortirait pas vivante de son lit. Ambrosio l'engagea à ne pas se livrer à ces pensées; puis il quitta la chambre, lui promettant de renouveler le lendemain sa visite. Antonia reçut cette promesse avec une vive expression de satisfaction; mais le religieux s'aperçut que la suivante ne le regardait pas d'aussi bon œil. Flore obéissait scrupuleusement aux ordres d'Elvire; elle veillait avec inquiétude sur tout ce qui pouvait porter le moindre préjudice à sa jeune maîtresse.

Il y avait plusieurs années qu'elle lui était attachée : née à Cuba, elle avait suivi Elvire en Espagne, et aimait la jeune Antonia avec la tendresse d'une mère. Elle ne quitta pas la chambre pendant tout le temps qu'Ambrosio y resta ; elle observait ses actions, ses gestes, ses paroles. Il vit que son œil défiant était sans cesse attaché sur lui ; et sachant que ses projets n'étaient pas de nature à soutenir cette rigoureuse attention, il se sentit plusieurs fois déconcerté. Il n'ignorait pas qu'elle se défiait de la pureté de ses vues ; il prévoyait qu'elle ne voudrait jamais le laisser seul avec Antonia ; et voyant sa maîtresse défendue par ce vigilant Argus, il désespéra de trouver le moyen de satisfaire ses désirs.

Comme il sortait de sa maison, Jacinthe le rencontra, et le pria de faire dire quelques messes pour le repos de l'ame d'Elvire, qui, selon elle, était, sans aucun doute, en purgatoire,

Il promit de ne pas oublier sa demande ; mais il gagna complètement le cœur de la vieille, en lui promettant de veiller toute la nuit suivante dans la chambre où on avait vu le revenant. Jacinthe ne put trouver assez de termes pour exprimer sa reconnaissance, et le religieux partit chargé de ses bénédictions.

Il était grand jour avant qu'il rentrât au couvent. Son premier soin fut de communiquer à sa confidente ce qui venait de se passer. Il avait pour Antonia une passion trop ardente pour avoir pu entendre sans émotion la prédiction de sa mort prochaine, et il frémissait de l'idée de perdre un objet si cher. Matilde le rassura sur cet article. Elle confirma les raisonnemens que lui-même avait faits ; elle soutint qu'Antonia avait cédé aux illusions d'un cerveau exalté par la mélancolie, qui la dominait alors, et par la pente naturelle qu'avait son esprit vers la superstition et le merveilleux. Quant au récit de Jacinthe, il se réfutait de lui-même par son absurdité. Le prieur crut aisément que celle-ci avait fabriqué toute son histoire, soit par l'effet de la crainte, soit dans l'espoir de le déterminer plus facilement à faire ce qu'elle lui demandait. Ayant ainsi calmé les craintes d'Ambrosio, Matilde continua :

— La prédiction et le fantôme sont aussi faux l'un que l'autre. Mais il faut que vous vérifiiez la première ; dans trois jours, il faut qu'Antonia soit morte pour tout le monde ; mais elle vivra pour vous. Sa maladie actuelle, l'idée dont elle est frappée, favoriseront un plan que j'ai depuis longtemps dans la tête, mais qu'il était impossible d'exécuter, à moins que vous ne vous procurassiez un accès auprès d'Antonia. Elle sera à vous, non pas seulement pour une nuit, mais pour toujours. Toute la vigilance de sa duègne ne lui servira de rien. Vous jouirez en paix des charmes de votre maîtresse. Dès aujourd'hui, il faut exécuter ce projet, car vous n'avez pas de temps à perdre. Le neveu du duc de Médina-Celi se propose de demander Antonia en mariage. Dans quelques jours, on doit la conduire au palais de son parent, le marquis de Las Cisternas ; et là, elle sera en sûreté contre toutes vos tentatives. J'ai appris cela en votre absence, par les espions que j'occupe sans cesse à m'informer de tout ce qui peut vous intéresser. A présent, écoutez-moi. Il existe une liqueur, extraite de certaines herbes peu connues, dont l'effet est de mettre ceux qui la boivent dans un état qui ressemble absolument à la mort. Il faut en faire prendre à Antonia ; il vous sera facile d'en mettre quelques gouttes dans sa potion. Elle éprouvera pendant une heure de fortes convulsions ; après quoi, son sang cessera par degrés de circuler, et son cœur de battre. Une pâleur mortelle se répandra sur ses traits, et elle sera à tous les yeux comme un vrai cadavre. Elle n'a point d'amis qui l'entourent ; vous pouvez, sans vous rendre suspect, vous charger de son enterrement, et la faire mettre dans le caveau de Sainte-Claire. La solitude du souterrain, et la facilité que vous avez d'y entrer, le rendent propre à vos desseins. Donnez ce soir à Antonia la drogue soporifique ; quarante-huit heures après qu'elle l'aura bue, elle renaîtra à la vie. Elle sera alors absolument en votre pouvoir ; elle sentira que toute résistance sera devenue inutile, et la nécessité la forcera de vous recevoir dans ses bras.

— Antonia en mon pouvoir ! s'écria le moine ; Matilde, vous me transportez de joie. C'est alors que je serai heureux ! et ce bonheur sera un don de Matilde, un don de l'amitié. Je presserai Antonia dans mes bras, sans craindre aucun œil curieux, aucun témoin importun ! J'exhalerai mon ame sur son sein ; j'enseignerai à son jeune cœur les élémens du plaisir, et je parcourrai sans obstacle ses charmes divers, ses charmes les plus secrets. Quoi ! je jouirais de tant de bonheur? O Matilde ! comment vous exprimerai-je ma reconnaissance?

— En profitant de mes conseils, Ambrosio ; je ne vis que pour vous servir. Vos intérêts sont les miens ; je n'ai d'autre bonheur que le vôtre. Que votre personne soit à Antonia, mais votre cœur est à moi. Je réclame votre affection ; contribuer à vos plaisirs, voilà les miens. Si mes efforts peuvent réussir à vous satisfaire, je me croirai assez payée de ma peine. Mais ne perdons point de temps. La liqueur dont je parle ne se trouve que dans l'apothicairerie de Sainte-Claire. Allez vite trouver l'abbesse ; demandez-lui à entrer dans le laboratoire ; elle ne vous refusera pas. Il y a, tout au bas de la grande salle, un cabinet rempli de liqueurs de différentes couleurs et qualités. La bouteille en question est toute seule, sur le troisième rayon à gauche : elle contient une liqueur verdâtre. Tâchez, sans qu'on vous voie, d'en remplir une fiole, et Antonia est à vous.

Le moine n'hésita pas à adopter cet infâme plan. Ses désirs, qui déjà n'étaient que trop violens, avaient acquis une nouvelle force depuis qu'il avait vu Antonia. Assis à côté de son lit, il avait eu occasion d'entrevoir des charmes qui lui parurent encore plus parfaits qu'il ne les avait jugés, lors de l'inspection insolente qu'il en avait faite pendant son sommeil. Quelquefois un bras blanc et poli se découvrait en rangeant un oreiller ; quelquefois un mouvement subit laissait voir une partie de son sein arrondi. L'œil avide du religieux se fixait partout où il pouvait pénétrer. A peine était-il assez maître de lui pour cacher ses désirs à Antonia et à sa duègne attentive. Encore enflammé de ces souvenirs, il adopta sans hésiter le projet de Matilde.

Les matines ne furent pas plutôt dites, qu'il dirigea ses pas vers le couvent de Sainte-Claire. Son arrivée jeta toute la communauté dans le plus grand étonnement. L'abbesse, sensible à l'honneur qu'il faisait à sa maison, en lui accordant la première visite qu'il eût encore faite, tâcha, par toutes les attentions possibles, de lui témoigner sa reconnaissance. On le promena dans le jardin ; on lui montra toutes les reliques des saints et des martyrs ; on le traita avec autant de soins et d'égards que s'il eût été le pape lui-même. Ambrosio, de son côté, reçut de très-bonne grace les politesses de l'abbesse, et fit en sorte de diminuer la surprise qu'elle devait avoir de lui voir enfreindre sa résolution. Il prétendit que, parmi ses pénitens, plusieurs étaient trop malades pour sortir : c'étaient précisément les personnes qui avaient le plus besoin des consolations de la religion. On lui avait fait à ce sujet beaucoup de représentations, et, malgré son extrême répugnance, il avait cru nécessaire, pour le service de Dieu, de changer de résolution, et de quitter sa retraite chérie. La supérieure applaudit à son zèle pour sa profession, et à sa charité pour le prochain. Elle soutint que Madrid était heureux de posséder un homme si parfait. Tout en causant, le religieux parvint au laboratoire. Il trouva le cabinet ; la bouteille était à l'endroit que Matilde avait désigné. L'abbesse, distraite un moment, était à quelques pas ; il saisit l'instant, et, sans être vu de personne, remplit de la liqueur soporifique une fiole dont il s'était pourvu ; puis, ayant pris dans le réfectoire sa part d'une collation élégante, il sortit du couvent très-content de sa visite, et laissant les religieuses enchantées de l'honneur qu'il leur avait fait.

Il attendit jusqu'au soir ant de prendre le chemin de la demeure d'Antonia. Jaci he le reçut avec des transports de joie, et le pria de ne pas oublier la promesse qu'il lui avait faite de passer la nuit dans la chambre où l'esprit avait paru. Il répéta cette promesse. Antonia était assez bien; mais elle était toujours tourmentée de la prédiction du revenant. Flore ne quitta point le lit de sa maîtresse, et montra, par des symptômes encore moins équivoques que la veille, combien la présence du prieur lui était désagréable. Pendant qu'il causait avec Antonia, le médecin arriva. Il se faisait nuit; on demandade la lumière, et Flore fut obligée de descendre elle-même pour en aller chercher. Cependant, comme elle laissait un tiers dans la chambre, et qu'elle ne devait s'absenter que pour quelques minutes, elle crut ne rien risquer en quittant son poste. Elle ne fut pas plutôt hors de la chambre, qu'Ambrosio s'avança vers la table sur laquelle était la potion d'Antonia; elle était placée dans l'embrasure de la fenêtre. Le médecin assis dans un fauteuil, et occupé à questionner sa malade, ne faisait point attention aux mouvemens du moine. Celui-ci profita de l'occasion; il tira de sa poche la fiole fatale, et en versa quelques gouttes dans la potion. S'éloignant alors promptement de la table, il retourna prendre la place qu'il avait quittée. Lorsque Flore revin avec de la lumière, tout parut se retrouver exactement comme elle l'avait laissé.

Le médecin déclara qu'Antonia pourrait quitter la chambre le lendemain, sans aucun danger. Il lui recommanda de suite l'ordonnance qui, la veille, lui avait procuré une bonne nuit. Flore observa que la potion était prête sur la table. Il conseilla à la malade de la prendre sur-le-champ; puis il s'en alla. Flore mit la potion dans un verre, et la présenta à sa maîtresse. Dans ce moment, Ambrosio sentit son courage défaillir. Matilde ne pouvait-elle pas l'avoir trompé? La jalousie ne pouvait-elle pas l'avoir engagée à faire périr sa rivale, et à substituer un poison à un opium? Cette supposition lui parut si possible, qu'il fut sur le point d'empêcher Antonia d'avaler le breuvage; mais il se décida trop tard; le verre était déjà vide, et la malade l'avait rendu à Flore : il n'y avait plus de remède. Ambrosio ne put plus qu'attendre avec une mortelle impatience l'instant qui devoit decider de la vie ou de la mort d'Antonia, de son propre bonheur ou de son désespoir.

Craignant d'élever des soupçons par sa présence, ou de se trahir lui-même par l'agitation de son esprit, il prit congé de sa victime, et sortit de la chambre. Antonia lui dit adieu avec moins de bienveillance qu'à l'ordinaire. Flore avait observé à sa maîtresse que c'était désobéir aux ordres de sa mère, que de recevoir les visites de cet homme; elle lui avait peint le trouble dans lequel il était en entrant dans la chambre, et le feu qui sortait de ses yeux, lorsqu'il les fixait sur elle. Tout cela avait échappé à Antonia, mais non à la suivante, qui, expliquant alors à sa maîtresse un peu moins délicatement, mais beaucoup plus clairement que ne l'avait fait Elvire, et les desseins du moine, et les conséquences qui pouvaient en résulter, avait réussi à alarmer la jeune personne, et à lui persuader de le tenir à une plus grande distance qu'elle n'avait fait jusqu'alors. L'idée d'obéir à sa mère détermina tout d'un coup Antonia. Quoique affligée de se priver de la société d'Ambrosio, elle prit assez sur elle pour le recevoir avec réserve et froideur. Elle le remercia respectueusement de ses premières visites; mais elle ne l'invita point à les renouveler. Il n'était pas alors de l'intérêt du moine de demander à être admis chez elle, et il prit congé comme s'il ne se fût pas proposé de revenir. Flore, persuadée que la liaison qu'elle avait redoutée était ainsi tout à fait rompue, commença à douter de la justice de ses soupçons. En descendant avec lui l'escalier, elle le remercia d'avoir travaillé à détruire dans l'esprit de sa maîtresse les terreurs superstitieuses que lui inspirait la prédiction du revenant : elle ajouta que, comme il paraissait prendre intérêt au bien-être de donna Antonia, s'il survenait à sa situation quelque changement avantageux, elle aurait soin de l'en instruire. Le moine, en lui répondant, éleva la voix à dessein, espérant que Jacinthe l'entendrait. Cela lui réussit. Lorsqu'il fut au bas de l'escalier avec sa conductrice, l'hôtesse ne manqua pas de paraître..

— Quoi donc? dit-elle. Sûrement vous ne vous en allez pas, mon révérend père? Ne m'avez-vous pas promis de passer la nuit dans la chambre où il revient? Doux Jésus! vous allez me laisser seule avec le revenant, et je ferai une belle figure demain matin! Quelque chose que j'aie pu faire et dire, ce vieil imbécille de Simon Gonzalès n'a pas voulu m'épouser aujourd'hui, et avant qu'il soit demain je serai probablement mise en pièces par le revenant, les farfadets et tous les diables de l'enfer. Pour l'amour de Dieu, votre révérence, ne me laissez pas dans ce triste état ; je vous supplie à genoux de tenir votre parole. Passez la nuit dans la chambre où il revient ; envoyez l'esprit dans la mer Rouge, et Jacinthe se souviendra de vous dans ses prières jusqu'à la fin de sa vie.

Ambrosio s'attendait à cette prière, et la désirait. Cependant il affecta de faire quelques objections, et de ne vouloir pas tenir sa promesse. Il dit à Jacinthe que le revenant n'existait que dans sa tête, et qu'il était inutile et ridicule d'insister pour qu'il passât la nuit dans la maison. Jacinthe s'obstina ; elle ne voulut rien entendre ; elle le pressa si vivement de ne pas l'abandonner au diable, qu'enfin il se rendit à ses instances. Cette résistance apparente n'en imposa pas à Flore, qui était naturellement défiante. Elle soupçonna le moine de jouer un rôle contraire à son inclination, et présuma qu'il ne demandait pas mieux que de rester où il était.

Elle alla même jusqu'à croire que Jacinthe était d'accord avec lui, et la pauvre bonne femme ne lui parut pas autre chose qu'une entremetteuse. En s'applaudissant intérieurement d'avoir découvert ce complot formé contre l'honneur de sa maîtresse, elle résolut en secret de le rendre inutile.

— Ainsi donc, dit-elle au prieur avec un regard demi satirique et demi mécontent, ainsi vous vous proposez de passer ici la nuit! Ah mon Dieu! soit; personne ne vous en empêchera. Je veillerai aussi, moi; et Dieu veuille que je ne voie pas quelque chose de pire que des esprits. Je ne m'éloignerai pas de toute la nuit du lit de donna Antonia ; que quelqu'un ose entrer dans sa chambre, et quel qu'il soit, corps ou esprit, revenant, diable ou homme, je réponds qu'il se repentira d'en avoir touché le seuil.

Cet avis était assez clair, et Ambrosio le comprit; mais au lieu de s'apercevoir de ses soupçons, il répondit doucement qu'il approuvait la conduite de la duègne, et qu'il l'invitait à suivre son intention. Elle l'assura qu'elle n'y manquerait pas. Jacinthe le conduisit dans la chambre où le revenant avait paru, et Flore retourna dans la chambre de sa maîtresse.

Jacinthe ouvrit en tremblant la porte de l'appartement où Elvire était morte. A peine osa-t-elle y jeter un regard; mais pour tout l'or de l'Inde, elle ne se serait pas hasardée à y entrer. Elle donna la lumière au moine, lui souhaita une bonne nuit, et s'en alla bien vite. Ambrosio entra, ferma la porte au verrou, plaça la bougie sur la table, et s'assit dans le fauteuil, qui, deux jours auparavant, avait reçu Antonia. Malgré les assurances de Matilde, que le fantôme était imaginaire, son ame était frappée d'une espèce d'horreur religieuse; il essaya vainement de la surmonter. Le silence de la nuit, l'histoire de l'apparition, la chambre boisée en vieux panneaux de chêne enfumés, le souvenir d'Elvire qu'elle lui rappelait, et surtout l'incertitude où il était sur l'effet des gouttes qu'il avait données à Antonia, tout concourait à rendre pénible sa situation actuelle. Mais il pensait moins à l'esprit qu'au poison. S'il avait tué le seul objet qui lui faisait aimer la vie, si la prédiction du fantôme allait se trouver vraie, si dans trois jours Antonia n'était plus, et s'il avait le malheur d'être cause de sa mort... la supposition était trop horrible pour s'y arrêter. Il avait beau chasser ces tristes images, elles se présentaient toujours à lui. Matilde l'avait assuré que les effets de l'opium seraient rapides. Il écoutait, avec une crainte mêlée de désir, s'attendant toujours à entendre quelque tumulte dans la chambre voisine. Tout était tranquille : il en conclut que les gouttes n'avaient pas encore commencé à opérer. Il courait alors une terrible chance ; un moment allait décider de son malheur ou de sa félicité. Matilde lui avait indiqué le moyen de s'assurer que la vie n'était pas éteinte pour toujours. De ces épreuves dépendaient toutes ses espérances. Son impatience croissait à chaque instant. Ses terreurs devenaient de plus en plus vives, son inquiétude plus pressante. Ne pouvant supporter cet état d'incertitude, il tâcha de s'en distraire en pensant à quelque autre chose. Les livres, comme on l'a vu, étaient rangés sur des rayons auprès de la table. Celle-ci était en face du lit, qui était placé dans une alcôve auprès de la porte du cabinet. Ambrosio prit un volume, et en lut quelques lignes ; mais son esprit était bien loin des phrases qui étaient sous ses yeux. L'image d'Antonia et celle d'Elvire assassinée s'étaient emparées de son imagination et l'occupaient toujours. Il continua cependant à lire ; mais ses yeux seuls parcouraient les caractères, sans que leur signification parvînt à sa pensée.

Telle était son occupation, lorsqu'il crut entendre marcher quelqu'un ; il tourna la tête et ne vit personne : il reprit son livre. Quelques minutes après, le même bruit se répéta, et fut suivi d'une espèce de frôlement qui paraissait se faire tout auprès de lui. Se levant alors brusquement de dessus son siége, il regarde de tous côtés, et s'aperçoit que la porte du cabinet est entr'ouverte. Lorsqu'il était entré dans la chambre, il avait inutilement essayé de l'ouvrir, parce qu'elle était fermée en dehors.

— Qu'est-ce que ceci? se dit-il à lui-même : comment cette porte se trouve-t-elle ouverte?

Il avance de ce côté, pousse la porte, et regarde dans le cabinet. Il n'y avait personne; il écoute, incertain, et croit distinguer un gémissement dans la chambre voisine : c'était celle d'Antonia. Il présuma que les gouttes commençaient à opérer; mais, en écoutant plus attentivement, il reconnut que le bruit venait de madame Jacinthe, qui s'était endormie à côté du lit d'Antonia, et qui ronflait tout haut. Ambrosio se retira, et rentra dans l'autre pièce, en rêvant sur l'ouverture de la porte, qu'il tâchait en vain d'expliquer.

Il se promena quelque temps en silence; puis il s'arrêta, et ses regards tombèrent sur le lit. Le rideau de l'alcôve était à demi tiré; un soupir lui échappa.

— Ce lit, dit-il à voix basse, ce lit était celui d'Elvire : c'est là qu'elle a passé plusieurs nuits paisibles; car elle était bonne et innocente. Comme son sommeil doit avoir été tranquille! Et cependant, elle repose à présent encore plus tranquillement; mais est-il vrai qu'elle soit en repos? Ah! Dieu veuille que cela soit. Si elle allait sortir de son tombeau au milieu de cette nuit silencieuse! si elle s'échappait des liens de la mort, et qu'elle vînt présenter à mes yeux sa figure irritée! Ah! je ne pourrais supporter cet aspect. La revoir encore en proie aux dernières agonies, voir ses veines gonflées, son teint livide, ses yeux chassés de leur orbite! l'entendre m'annoncer les châtimens à venir, me menacer de la vengeance céleste, me reprocher les crimes que j'ai commis et ceux que je vais commettre!... Grand Dieu! qu'est-ce que ceci?

Ses yeux, fixés sur le lit, avaient vu le rideau s'agiter doucement en avant et en arrière. Ceci lui rappela l'apparition, et il crut presque qu'il voyait le fantôme d'Elvire couché sur son lit. Quelques momens de réflexion suffirent pour le rassurer.

— Ce n'était que le vent, dit-il en reprenant courage.

Il se promena encore en long et en large dans la chambre; mais un sentiment involontaire de crainte et d'inquiétude conduisait toujours ses regards vers l'alcôve; il s'en approcha en hésitant : il s'arrêta avant de monter quelques marches qui y conduisaient. Trois fois il avança la main pour tirer le rideau, trois fois il l'a retira prêt à y toucher.

— Terreurs absurdes! s'écria-t-il enfin, honteux de sa faiblesse.

Il monte les marches avec vivacité... Tout à coup, une figure vêtue de blanc sort brusquement de l'alcôve, et, glissant à côté de lui, s'avance avec précipitation vers le cabinet. La honte et le danger rendirent alors au moine le courage dont jusqu'alors il avait manqué; descendant promptement les marches, il poursuit la figure, et ose la saisir.

— Fantôme ou diable, qui que tu sois, je te tiens! s'écria-t-il en secouant le spectre par le bras.

— Jésus, mon Dieu! dit une voix grêle; révérend père, comme vous me serrez! Je vous jure que je ne voulais point faire de mal.

Ce discours, aussi bien que le bras qu'il tenait, convainquirent le prieur que le prétendu revenant était un composé très substantiel de chair et d'os. Il conduisit l'indiscrète vers la table, et, lui présentant la lumière au visage, il reconnut... mademoiselle Flore.

Furieux d'avoir été conduit par une cause si méprisable à des craintes ridicules, il lui demanda, d'un ton sévère, qu'elle affaire l'avait amenée dans cette chambre. Flore, honteuse d'être découverte, et effrayée de la sévérité des regards d'Ambrosio, tomba à genoux, et promit de lui faire un aveu complet.

— Je vous proteste, mon révérend père, s'écria-t-elle que je suis bien fâchée de vous avoir troublé; rien n'était plus loin de mon intention. Je me proposais de sortir de la chambre aussi tranquillement que j'y suis entrée, et si vous aviez ignoré que je vous eusse observé, vous savez bien que c'eût été la même chose que si je ne vous eusse pas observé du tout. Certainement j'ai eu tort de vous espionner; de cela, j'en conviens. Mais, bon Dieu! ne déplaise à votre révérence, voulez-vous qu'une pauvre fille résiste à la curiosité? J'en avais une si grande de savoir ce que vous faisiez, que je n'ai pu résister au désir de regarder un peu, sans que personne en sût rien : de façon que j'ai laissé madame Jacinthe assise à côté du lit de ma maîtresse, et j'ai hasardé d'entrer dans le cabinet. Ne voulant pas vous interrompre, je me suis d'abord contentée de regarder par le trou de la serrure; mais comme de cette manière je ne pouvais rien voir, j'ai tiré le verrou, et tandis que vous aviez le dos tourné à l'alcôve, je m'y suis glissée doucement et sans faire de bruit; j'y suis restée blottie derrière le rideau jusqu'au moment où votre révérence m'a trouvée et m'a saisie avant que j'entrasse dans le cabinet. Voilà toute la vérité, mon révérend père, je vous demande mille fois pardon de mon impertinence.

Pendant ce discours, le prieur avait eu le temps de se recueillir. Il se contenta de faire à la coupable un sermon sur les dangers auxquels expose la curiosité, et sur la bassesse de l'action dans laquelle elle avait été surprise. Flore déclara qu'elle reconnaissait son tort : elle promit de ne jamais retomber dans la même faute; et elle se retirait toute honteuse dans la chambre d'Antonia, lorsque tout à coup la porte du cabinet s'ouvrit avec violence, et Jacinthe entra toute hors d'haleine.

— Ah, mon père! mon père! s'écria-t-elle d'une voix presque étouffée par la terreur, que faire? mon Dieu! que faire? Voilà de cruelles choses! toujours des malheurs! toujours des morts et des mourans! Ah! j'en deviendrai folle! j'en deviendrai folle!

— Parlez, parlez donc! dirent à la fois Flore et le religieux : qu'est-il arrivé? qu'est-ce qu'il y a?

— Ah! je vais encore avoir un mort dans ma maison! Quelque sorcière a sûrement jeté un sort sur moi et sur tout ce qui m'appartient. Pauvre donna Antonia! la voilà dans des convulsions pareilles à celles qui ont tué sa mère. L'esprit lui a dit vrai; je suis sûre que le revenant lui a dit vrai.

Flore courut; elle vola vers la chambre de sa maîtresse. Ambrosio la suivit, palpitant de crainte et d'espérance; ils trouvèrent Antonia, comme Jacinthe le leur avait annoncé, en proie à des convulsions effroyables, dont ils cherchèrent en vain à la soulager. Le moine dépêcha vite Jacinthe au couvent, et la chargea d'amener avec elle le père Pablos, sans perdre un instant.

— Je vais le chercher, reprit Jacinthe, je lui dirai de venir; mais quant à le ramener, je n'en ferai rien; je suis sûre que la maison est ensorcelée, et je veux être brûlée si jamais j'y remets le pied.

Elle partit dans cette résolution pour le monastère, et transmit au père Pablos les ordres du prieur; elle se rendit de là à la maison de Simon Gonzalès, qu'elle résolut de ne point quitter qu'elle n'en eût fait son mari, et qu'elle n'eût établi chez lui son domicile.

Le père Pablos n'eût pas plus tôt vu Antonia, qu'il déclara qu'il n'y avait point de remède. Les convulsions continuèrent pendant une heure; ses tourmens, pendant cet espace de temps, furent moindres que ceux qui déchiraient le cœur d'Ambrosio. Chacun des gémissemens de l'infortunée était pour lui un coup de poignard, et il se maudit mille fois pour avoir adopté un projet si barbare. Au bout d'une heure, les accès devinrent moins fréquens; Antonia parut moins agitée : elle savait que sa fin approchait, et que rien ne pouvait la sauver.

— Digne Ambrosio, dit-elle d'une voix faible, en pressant sur ses lèvres la main du religieux, il m'est permis à présent de vous dire combien mon cœur est reconnaissant de vos attentions et de votre bonté pour moi. Me voici au lit de la mort; dans une heure, je ne serai plus. Je peux donc, en ce moment, vous avouer sans réserve combien il m'était pénible de perdre votre société; mais c'était la volonté de ma mère, et je n'osais y désobéir. Je meurs sans répugnance; peu de gens auront regret de me perdre : il en est peu aussi que je regrette de quitter. Dans ce petit nombre, il n'en est aucun que je regrette plus que vous; mais nous nous reverrons, Ambrosio; nous nous retrouverons un jour dans le ciel : là, notre amitié recommencera, et ma mère la verra avec plaisir.

Elle s'arrêta. Le moine trembla lorsqu'elle parla d'Elvire. Antonia attribua cette émotion à l'intérêt et à la pitié qu'elle lui inspirait.

— Je vous afflige, mon père, continua-t-elle. Ah! ne déplorez pas ma mort! je n'ai à me repentir d'aucun crime, d'aucun que je connaisse, du moins, et je rends mon ame, sans frayeur, à celui de qui je l'ai reçue. J'ai peu de choses à demander, j'espère qu'on me les accordera. Je désire que l'on dise une grand'messe pour le repos de mon ame, et une pour celui de l'ame de ma chère maman; non pas que je doute qu'elle ne repose en paix. Je suis à présent convaincue que mon imagination était égarée lorsque j'ai cru la voir, et la fausseté de la prédiction qui me laissait l'espoir de la revoir me démontre mon erreur. Chacun a ses péchés; ma mère peut en avoir commis quelques-uns, quoique je les ignore. Je souhaite donc qu'on dise pour elle une grand'messe, dont les frais seront pris sur le peu que je possède : je donne tout le reste à ma tante Léouelle. Lorsque je serai morte, qu'on fasse savoir au marquis de Las Cisternas que la malheureuse famille de son frère ne peut plus l'importuner. Mais le malheur me rend injuste : on m'a dit qu'il était malade, et peut-être, s'il l'avait pu, il m'aurait rendu service. Bornez-vous donc, mon père, à lui dire que je suis morte, et que, s'il a eu quelques torts envers moi, je les lui pardonne de tout mon cœur. Après cela, je n'ai plus rien à désirer qu'une part dans vos prières. Promettez-moi de vous souvenir de ce que je vous demande, et je quitterai la vie sans regrets et sans chagrin.

Ambrosio lui promit tout ce qu'elle voulut, puis il lui donna l'absolution. Chaque instant annonçait la fin d'Antonia. Sa vue s'affaiblissait, son cœur battait plus lentement; les extrémités, déjà froides, se roidissaient : à deux heures du matin elle expira sans jeter un soupir. Aussitôt qu'elle eut cessé de respirer, le père Pablos se retira sincèrement affecté de cette scène touchante. Flore, de son côté, se livra au chagrin le plus extrême. Des idées bien différentes occupaient Ambrosio; il cherchait le pouls, dont le mouvement, d'après ce que lui avait dit Matilde, devait prouver que la mort d'Antonia ne serait que passagère. Il le trouva, le pressa, sentit sous son doigt une légère palpitation, et son cœur fut rempli de joie. Cependant il cacha avec soin le plaisir que lui causait le succès de ses mesures. Prenant un air triste, il exhorta sérieusement Flore à ne se point trop livrer à un chagrin inutile; mais les larmes de la fidèle suivante étaient trop sincères pour qu'elle pût écouter ses conseils; elle continua à pleurer amèrement. Le moine se retira, promettant de donner lui-même les ordres nécessaires pour l'enterrement, qu'il aurait soin, dit-il, en considération de madame Jacinthe, de faire faire le plus tôt possible. Plongée dans la douleur de la perte de sa chère maîtresse, Flore faisait à peine attention à ce qu'il disait. Ambrosio se dépêcha de commander l'enterrement. Il obtint de l'abbesse la permission que le corps fût déposé dans le caveau de Sainte-Claire; et le vendredi matin, après les cérémonies d'usage, Antonia fut portée au tombeau.

Le même jour, Léonelle arriva à Madrid, se proposant

de présenter à Elvire son jeune époux. Différentes circonstances lui avaient fait retarder son voyage du mardi au vendredi, et elle n'avait pas eu d'occasion pour faire savoir ce changement à sa sœur. Comme elle avait le cœur véritablement bon, et qu'elle avait toujours été tendrement attachée à Elvire et à sa fille, sa surprise, en apprenant leur triste et soudaine mort, fut égale à sa douleur. Ambrosio l'envoya instruire du legs d'Antonia. Elle le pria, lorsqu'il aurait payé les petites dettes d'Elvire, de lui faire passer le reste. Cette affaire étant arrangée, comme elle n'avait plus rien à faire à Madrid, elle retourna en toute diligence à Cordoue.

CHAPITRE IX.

—

« Oh! s'il était permis de rendre un culte à
« quelque objet terrestre, réel ou imaginaire!
« Liberté sainte, tu recevrais mes vœux. Je t'é-
« leverais de ma main un autel; et sans confier à
« des mains mercenaires le soin de le décorer, je
« l'ornerais moi-même des plus belles fleurs cham-
« pêtres qui jamais aient paré la verdure ou parfu-
« mé les airs.

(Cowper.)

Lorenzo, uniquement occupé à livrer à la justice les assassins de sa sœur, ne se doutait pas de tous les malheurs qui, d'un autre côté, lui arrivaient à lui-même. Il n'arriva à Madrid que le soir du jour qu'Antonia avait été enterrée. Obligé de signifier au grand inquisiteur l'ordre du cardinal-duc, formalité essentielle dans un cas où il était question d'arrêter publiquement un membre de l'église, de communiquer son projet à son oncle et à don Ramirez, et d'assembler une suite assez nombreuse pour n'avoir à craindre aucune résistance, il n'eut pas un instant à perdre pendant le peu de temps qui lui restait jusqu'à minuit. Il ne put, en conséquence, s'informer des nouvelles de sa maîtresse, et il ignorait complètement la mort de la mère et celle de la fille.

Le marquis n'était pas, à beaucoup près, hors de danger.

Son délire était passé ; mais il lui restait un tel épuisement, que les médecins n'osaient prononcer sur ce qui pouvait en résulter. Quant à lui, il ne souhaitait rien tant que de rejoindre Agnès dans le tombeau. L'existence lui était devenue odieuse ; il ne voyait rien dans le monde qui méritât de l'occuper ; le seul espoir qui le flattât, était d'apprendre en même temps qu'Agnès était vengée, et que lui-même était condamné à mourir.

Accompagné de tous les vœux de don Raymond, Lorenzo était à la porte de Sainte-Claire une grande heure avant le moment indiqué par la mère Sainte-Ursule. Il avait avec lui son oncle don Ramirez de Mello, et une petite troupe d'archers choisis. Quoique leur nombre fût assez considérable, il n'étonna personne. Il y avait déjà devant la porte du couvent une grande foule qui s'y était rassemblée pour voir la procession. Il était naturel de supposer que Lorenzo et sa suite y étaient venus pour le même objet. Le peuple, ayant reconnu le duc de Médina, se retira, et laissa son groupe passer sur le devant. Lorenzo se plaça en face de la grande porte par laquelle devaient passer les pèlerins. Convaincu que la prieure ne pouvait lui échapper, il attendit patiemment qu'elle parût. On l'attendait à minuit précis.

Les religieuses étaient occupées à remplir les cérémonies instituées en l'honneur de Sainte-Claire, et auxquelles aucun profane n'était admis. Les fenêtres de la chapelle étaient fort éclairées. On entendait du dehors les sons harmonieux de l'orgue, qui, mêlés à plusieurs voix de femmes, perçaient le silence de la nuit. Ce chœur cessa, et l'on entendit une voix seule ; c'était celle de la personne destinée à faire dans la procession le rôle de Sainte-Claire. On choisissait toujours pour cet emploi la plus belle fille de Madrid, et celle sur qui le choix tombait le regardait comme un honneur insigne. Le peuple, attentif à la musique, dont les sons éloignés n'étaient que plus doux, gardait un silence religieux. Un recueillement profond régnait dans toute la foule.

Tous les cœurs étaient pénétrés de respect pour les saints mystères, tous, excepté celui de Lorenzo. Il se promettait de montrer au peuple, sous les plus vives couleurs, les abus honteux qui se pratiquaient trop souvent dans le secret des monastères, et de lui faire voir combien était mérité le respect dont on honorait, sans distinction, tout ce qui portait un habit religieux. Le service dura jusqu'à ce que la cloche du couvent annonçât minuit. Aussitôt qu'elle eut sonné, la musique cessa, les voix cessèrent par degrés de se faire entendre. Lorenzo, se voyant si près de l'exécution de son projet, sentit battre son cœur. Vu la superstition du peuple, il s'était préparé à quelque résistance; mais il se flattait que la mère Sainte-Ursule donnerait de bonnes raisons pour justifier sa démarche. Il avait avec lui assez de force pour repousser le premier effort de la populace, jusqu'à ce qu'il pût se faire entendre. Sa seule crainte était que la supérieure, soupçonnant son dessein, n'eût découragé la religieuse de la déposition de qui tout dépendait. Si la mère Sainte-Ursule n'était pas présente, il ne pouvait accuser la supérieure sur un simple soupçon, et cette réflexion lui donnait quelques craintes sur le succès de son entreprise. La tranquillité qui paraissait régner dans le couvent le rassurait en partie. Cependant il attendait avec inquiétude le moment où la présence de son alliée devait dissiper tous ses doutes.

Le couvent des dominicains n'était séparé de celui de Sainte-Claire que par le lieu de sépulture et le jardin. Les moines avaient été invités à assister à la procession : ils arrivèrent alors, marchant deux à deux, tenant à leur main des cierges allumés, et chantant des hymnes en l'honneur de Sainte-Claire. Le père Pablos était à leur tête, le prieur s'étant excusé d'y aller. Le peuple fit place à la troupe sainte, et les moines se placèrent, sur deux lignes, aux deux côtés de la grande porte. Quelques minutes suffirent pour arranger l'ordre de la procession. Lorsque tout fut disposé, les portes du couvent s'ouvrirent, et l'on recommença à entendre les religieuses chantant à plein chœur. D'abord parut une troupe de chantres ; aussitôt qu'ils furent passés, les moines partirent deux à deux, et suivirent à pas lents et mesurés. Les novices venaient ensuite ; elles ne portaient point de cierges comme les professes. Elles marchaient les yeux baissés, et paraissaient occupées à dire leur chappelet : à celles-ci succédait une jeune et aimable fille, qui représentait sainte Lucie ; elle tenait un bassin d'or, dans lequel étaient deux yeux ; les siens étaient couverts d'un bandeau de velours, et elle était conduite par une autre religieuse vêtue en ange. Suivait une sainte Catherine, tenant d'une main une branche de palmier, et de l'autre une épée ; elle était vêtue de blanc, et son front était orné d'un diadème éclatant. Après elle, paraissait sainte Geneviève entourée d'une foule de petits diablotins, qui, prenant mille postures grotesques, la tiraient par sa robe et faisaient autour d'elle mille bouffonneries, pour tâcher de distraire son attention d'un livre sur lequel ses yeux étaient constamment attachés. Ces démons espiègles amusaient fort les spectateurs, qui témoignèrent leur joie par de grands éclats de rire. L'abbesse avait eu soin de choisir pour ce rôle une religieuse naturellement froide et sérieuse. Elle eut lieu d'être satisfaite de son choix. Les singeries manquèrent complètement leur effet, et les muscles de sainte Geneviève parurent constamment immobiles. Entre chacune de ses saintes était un groupe de chanteuses qui, dans des hymnes, célébraient leurs louanges, respectives, et élevaient leurs mérites, qu'elles déclaraient toutefois être fort inférieurs à ceux de sainte Claire, patronne principale du couvent. Après cela parut une longue suite de religieuses, portant, comme les chantres, chacune un cierge. Venaient ensuite les reliques de sainte Claire, que renfermaient des vases, aussi précieux par le travail que par la matière. Toutes ces merveilles attiraient peu les regards de Lorenzo ; il n'était occupé que de la religieuse qui portait le cœur de la sainte. D'après la description de Théodore, il ne doutait point que ce ne fût la mère Sainte-Ursule. Elle paraissait regarder autour d'elle avec inquiétude : ses yeux rencontrèrent ceux de Lorenzo, qui était au premier rang d'une des haies entre lesquelles passait la procession : un mouvement de joie colora ses joues, remarquables jusqu'alors par leur pâleur. Elle se tourna avec vivacité vers sa compagne : Nous sommes sauvées, lui dit-elle tout bas, voilà son frère.

Lorenzo l'entendit, et son cœur étant désormais en repos, il regarda tranquillement le reste de la cérémonie. Alors parut ce qui en faisait le plus bel ornement : c'était une machine faite en forme de trône, enrichie de pierreries, et éblouissante de lumière; elle s'avançait sur des roues cachées, et paraissait conduite par d'aimables enfans, vêtus en séraphins. Le sommet était couvert de nuages argentés, sur lesquels reposait la plus belle figure qu'on eût jamais vue. C'était une jeune personne qui représentait sainte Claire; son habit était d'un prix inestimable : une guirlande de diamans formait autour de sa tête une gloire artificielle; mais l'éclat de tous ces ornemens le cédait à celui de ses charmes. A mesure qu'elle avançait, un murmure de plaisir parcourait les rangs de la foule étonnée. Lorenzo lui-même s'avoua en secret qu'il n'avait jamais vu une beauté plus parfaite; et si son cœur n'eût pas déjà appartenu à Antonia, il en eût fait hommage à cette belle vierge : mais dans l'état où se trouvait son ame, il ne la considéra que comme une belle statue; elle n'obtint de lui que le tribut d'une admiration insensible, et lorsqu'elle fut passée, il n'y pensa plus.

— Qui est-elle ? demanda un spectateur assez voisin de Lorenzo pour qu'il le pût entendre.

— C'est, répondit quelqu'un, une jeune personne dont vous avez souvent entendu vanter la beauté, elle s'appelle Virginie de Villa-Franca : c'est une pensionnaire du couvent de Sainte-Claire ; elle est parente de l'abbesse ; et on l'a choisie, avec raison, pour en faire l'ornement de la procession.

L'abbesse suivait le trône avec un air dévot et un maintien recueilli ; elle marchait à la tête du reste des religieuses qui fermaient la procession. Sa démarche était grave ; ses yeux étaient levés au ciel ; sa figure calme et tranquille annonçait le détachement de toutes les choses de ce monde. Aucun de ses traits ne trahissait l'orgueil secret avec lequel elle étalait la pompe et l'opulence de sa maison. Les prières du peuple la précédaient ; elle était suivie de ses bénédictions. Mais quelle fut sa surprise, quelle fut la confusion générale, lorsque don Ramirez, s'avançant vers elle, lui déclara qu'elle était sa prisonnière.

Immobile et muette d'étonnement, l'abbesse, après le premier moment, revint à elle-même, et criant au sacrilége, à l'impiété, invita le peuple à venir au secours des filles du Seigneur. On se préparait à lui obéir, lorsque don Ramirez, opposant ses archers à leur fureur, commanda aux plus avancés de l'arrêter, et les menaça de toutes les vengeances de l'inquisition. A ce nom redouté, tous les bras tombèrent, toutes les épées furent remises dans le fourreau : l'abbesse elle-même pâlissant, commença à trembler. Le silence général la convainquit qu'elle n'avait rien à espérer que de son innocence ; et, d'une voix troublée, elle pria don Ramirez de lui apprendre de quel crime elle était accusée.

— Vous le saurez, répondit-il, quand il en sera temps ; mais d'abord je dois m'assurer de la mère Sainte-Ursule.

— De la mère Sainte-Ursule ! répéta l'abbesse d'une voix troublée.

Et jetant alors les yeux autour de don Ramirez, elle vit Lorenzo et le duc qui avaient suivi cet officier.

— Grand Dieu ! s'écria-t-elle en joignant les mains avec l'air du désespoir, je suis trahie !

— Trahie! reprit la mère Sainte-Ursule, qui arriva alors, conduite par quelques uns des archers, et suivie de la religieuse qui l'accompagnait à la procession : non pas trahie, mais dénoncée. Reconnaissez en moi votre accusatrice. Vous ne savez pas jusqu'à quel point je suis instruite de vos crimes. Seigneur, continua-t-elle, s'adressant à don Ramirez, je me remets sous votre garde. J'accuse l'abbesse de Sainte-Claire d'assassinat, et je réponds, sur ma vie, de la vérité de l'accusation.

Un cri général de surprise s'éleva de toutes les parties de l'assistance. On demanda hautement une explication. Les religieuses, tremblantes, effrayées du bruit et du désordre, se dispersèrent, et s'enfuirent de côté et d'autre : quelques-unes regagnèrent le couvent; d'autres cherchèrent un asile dans la demeure de leurs parens. L'aimable Virginie fut une des premières à s'enfuir : elle avait laissé son trône vacant: et le peuple pour mieux entendre la mère Sainte-Ursule, voulut absolument qu'elle montât dessus pour le haranguer. La religieuse y consentit ; elle monta sur la brillante machine, et s'adressa en ces termes à la foule qui l'entourait :

« Quelque étrange, quelque peu convenable que puisse paraître ma conduite dans une femme, et surtout dans une religieuse, la nécessité me servira d'excuse. Un secret, un horrible secret pèse sur mon ame. Je ne peux jouir d'aucun repos que je ne l'aie révélé au monde entier, et que je n'aie apaisé le sang innocent qui me crie vengeance du fond de son tombeau. Il m'est donc permis enfin de faire un récit dont les circonstances glaceront d'horreur toutes les ames sensibles. Je prends à tâche de déchirer le voile de l'hypocrisie, et d'apprendre aux parens égarés à quels dangers est exposée la malheureuse femme qu'ils ont une fois soumise à l'empire d'un tyran monastique.

« Parmi les religieuses de Sainte-Claire, aucune n'était plus aimable, aucune n'était plus douce, qu'Agnès de Médina; je la connaissais parfaitement : j'étais son amie, sa confidente ; je n'étais pas la seule qui eût pour elle une tendre amitié : sa piété vraie, son empressement à obliger, son caractère angélique, la faisaient chérir de tout ce qu'il y avait d'estimable dans la communauté. L'abbesse elle-même, vaine, sévère et scrupuleuse, ne pouvait refuser à Agnès une approbation qu'elle n'accordait à personne. Chacun a quelque défaut. Hélas ! Agnès eut une faiblesse ; elle viola les lois de notre ordre, et encourut la haine de l'implacable abbesse. Les règles de Sainte-Claire sont sévères, mais antiques et négligées ; plusieurs, depuis quelques années, étaient restées dans l'oubli, ou, par un consentement général, avaient été remplacées par des dispositions plus douces. La peine attachée au crime d'Agnès était cruelle ; elle était barbare. La loi était, depuis long-temps, tombée en désuétude. Hélas ! elle existait encore ; et la vindicative abbesse se décida à la faire revivre. Cette loi ordonnait que la coupable fût plongée dans un cachot secret, sans autre nourriture que du pain et de l'eau, sans autre consolation que la facilité de donner un libre cours à ses larmes. »

L'indignation élevée par ce récit fut si violente, que, pendant quelques momens, elle interrompit la narration de la mère Sainte-Ursule. Lorsque l'agitation eut cessé, et que le silence eut recommencé à régner dans l'auditoire, elle reprit son discours, pendant lequel, à chaque phrase, les terreurs de l'abbesse paraissaient augmenter.

« On assembla un conseil de douze anciennes religieuses ; j'étais du nombre. La prieure peignit de couleurs exagérées les torts d'Agnès, et n'eut pas de scrupule de proposer la remise en vigueur de cette loi presque oubliée. Je dois le dire à la honte de notre sexe, ou le pouvoir de l'abbesse était si absolu dans le couvent, ou le malheur, la solitude et les austérités, avaient tellement endurci les cœurs de nos anciennes, et aigri leurs caractères, que cette barbare proposition obtint neuf voix sur douze. Je n'étais pas une des neuf : j'avais eu de fréquentes occasions de me convaincre des vertus d'Agnès; j'avais pour elle un tendre attachement; je compatissais à sa faiblesse, et j'avais pitié de son malheur. Les mères Berthe et Cornélie se mirent de mon côté; nous fîmes la plus forte opposition, et la supérieure se trouva forcée de changer de projet : quoique la majorité fût de son avis, elle craignait de braver le nôtre ouvertement. Elle savait que, soutenues par la famille de Médina, nous serions assez fortes pour l'emporter; elle n'ignorait pas non plus que c'en serait fait d'elle, si Agnès une fois enfermée et crue morte, venait à être découverte; elle renonça donc, quoiqu'avec beaucoup de répugnance, à son dessein. Elle demanda quelques jours pour trouver un genre de punition qui pût être approuvé de toute la communauté, et promit, aussitôt qu'elle aurait pris une résolution, de rassembler le même conseil. Deux jours se passèrent. Le soir du troisième, on annonça que le lendemain Agnès serait interrogée, et que, suivant la conduite qu'elle tiendrait en cette occasion, sa peine serait augmentée ou mitigée.

« Dans la nuit qui précéda cet examen, indignée, je me glissai dans la cellule d'Agnès à une heure où je supposais les autres religieuses endormies. Je la consolai autant qu'il m'était possible; je l'invitai à prendre courage : je lui dis de compter sur l'appui de ses amies, et je convins avec elle de certains signes, par lesquels je me proposais de l'engager à répondre, par oui ou par non, aux questions de l'abbesse; sachant que son ennemie chercherait à l'effrayer et à l'embarrasser, je craignais qu'on ne lui surprît quelque aveu préjudiciable à ses intérêts. Je voulais tenir ma visite secrète, et je restai peu de temps avec Agnès. Je la pressai de ne point se laisser abattre; mêlant mes larmes à celles qui inondaient son visage, je l'embrassai tendrement, et j'étais sur le point de me retirer, lorsque j'entendis marcher quelqu'un qui s'approchait de la cellule; je m'éloignai vite de la porte. Un rideau qui couvrait un grand crucifix m'offrait une retraite ; je courus me cacher derrière. La porte s'ouvrit, et l'abbesse entra, suivie de quatre autres religieuses; elles s'approchèrent du lit d'Agnès. L'abbesse lui reprocha sa faiblesse dans les termes les plus durs. Elle lui dit qu'elle déshonorait la maison, qu'un monstre comme elle ne méritait pas de vivre. Puis elle lui ordonna de boire la liqueur contenue dans un vase que lui présentait une des religieuses. Inquiète sur les effets de ce breuvage, et craignant de se trouver sur le bord de l'éternité, la malheureuse enfant tâcha, par les prières les plus touchantes, d'exciter la pitié de l'abbesse. Elle demanda la vie dans des termes qui auraient attendri le cœur d'un tigre ; elle promit de se soumettre avec résignation à toutes les punitions qu'on voudrait lui infliger : la honte, la prison, les tourmens, elle supporterait tout, pourvu qu'on lui accordât seulement un mois, une semaine, un jour. Son impitoyable ennemie écouta, sans se laisser émouvoir, ses instantes prières. Elle lui dit que d'abord elle s'était proposé de la laisser vivre, et que, si elle avait changé d'avis, elle n'avait à s'en prendre qu'aux amies qui l'avaient défendue. Elle continua d'insister pour qu'elle avalât la poison ; lui dit d'implorer la miséricorde de Dieu, et non la sienne, et l'assura que dans une heure elle ne serait plus du nombre des vivans. Voyant qu'il n'y avait aucun espoir de toucher cette femme insensible, Agnès essaya de se jeter à bas de son lit, et de demander du secours. Elle se flattait, si elle ne pouvait échapper au danger qui la menaçait, d'avoir au moins des témoins de la violence qu'on lui voulait faire. L'abbesse devina son intention ; elle la saisit avec force par le bras, et la rejeta sur son oreiller. En même temps, tirant un poignard, et en mettant la pointe sur le sein de la malheureuse Agnès, elle lui déclara que, si elle jetait un seul cri, ou si elle tardait encore un instant à boire le poison, elle allait le lui enfoncer dans le cœur. Déjà demi-morte de frayeur, elle ne put résister plus long-temps : la religieuse approcha avec le funeste vase. L'abbesse força Agnès de le prendre, et d'avaler le breuvage. La malheureuse le but, et le crime fut consommé. Les religieuses alors s'assirent près du lit ; aux gémissemens de l'infortunée, elles répondirent par des reproches. Elles interrompirent par des sarcasmes les prières par lesquelles elle se recommandait à la miséricorde divine ; elles la menaçaient de la colère de Dieu et de la damnation éternelle ; elles lui disaient qu'il n'y avait pour elle aucun espoir de pardon, et jonchaient ainsi d'épines la couche douloureuse de la mort. Telles furent les souffrances de cette jeune infortunée, jusqu'au moment où la mort vint la soustraire à la malice de ses persécutrices. Elle expira entre l'horreur pour le passé et la crainte pour l'avenir, et ses derniers momens furent si terribles, qu'ils dûrent amplement satisfaire la haine et la vengeance de ses ennemies. L'abbesse, aussitôt que sa victime eut cessé de respirer, sortit de la chambre ; ses complices la suivirent.

« Ce ne fut qu'alors que j'osai sortir de mon asile. Je n'avais point défendu ma malheureuse amie, sachant bien que, sans pouvoir la sauver, j'aurais subi le même sort. Frappée d'horreur et d'effroi, j'eus à peine la force de regagner ma cellule. Avant de passer la porte de celle d'Agnès, je jetai un dernier regard vers le lit où gisait, sans vie, cette fille naguère si aimable et si belle ; je fis, du fond de mon cœur, une prière pour le repos de son ame, et je jurai de venger sa mort par la honte et le châtiment de ses assassins. Il s'écoula bien du temps avant que je pusse instruire les parens d'Agnès de mon fatal secret. On fit courir le bruit que cette infortunée était morte subitement. Cette fable fut crue, non seulement par ses amis dans la ville, mais même par les personnes qui, dans le couvent, s'intéressaient à elle. Le poison n'avait laissé sur son corps aucune trace. Personne ne soupçonna la véritable cause de sa mort : elle resta inconnue à tout le monde, excepté à ses assassins et à moi. »

La mère Sainte-Ursule finit ainsi son récit ; il avait excité l'horreur et l'étonnement : mais, lorsqu'elle en fut à l'assassinat d'Agnès, l'indignation du peuple s'exprima si haut, qu'on eut bien de la peine à l'entendre jusqu'à la fin. Enfin des cris s'élevèrent de toutes parts, demandant qu'on livrât l'abbesse à la fureur de la multitude : don Ramirez s'y refusa avec courage ; Lorenzo lui-même observa au peuple que l'accusé n'était point jugée, et l'engagea à laisser à l'Inquisition le soin de la punir. Toutes les représentations furent inutiles ; le tumulte devint plus violent, et la populace plus irritée : don Ramirez tâcha vainement d'emmener sa prisonnière hors de la foule ; de quelque côté qu'il tournât, un attroupement lui fermait le passage, et demandait à grands cris l'abbesse. Ramirez ordonna à sa suite de se faire un chemin au travers de la multitude. Pressés par la foule, ses soldats ne purent pas même tirer leurs épées : il menaça les plus avancés de la vengeance de l'Inquisition ; mais l'effervescence était telle, que ce nom terrible ne produisit aucun effet. Lorenzo, malgré l'horreur que lui donnait pour l'abbesse le souvenir de sa sœur, ne pouvait sans pitié voir une femme dans une position si terrible. Mais, en dépit de ses efforts et de ceux du duc, malgré ceux de don Ramirez et de ses archers le peuple continuait à les serrer de plus près ; enfin, il se fit jour au travers des gardes qui protégeaient sa proie, l'arracha de cet asile, et se disposa à en faire une justice aussi prompte que terrible. Tremblante, égarée, sachant à peine ce qu'elle disait, la malheureuse femme demandait un instant de répit. Elle soutenait qu'elle n'était point coupable de la mort d'Agnès, et qu'elle pouvait se justifier d'une manière péremptoire. Elle ne put se faire entendre : tout entier à sa vengeance, le peuple ne l'écouta point. On lui fit toute sorte d'insultes, on la couvrit de boue et d'ordures ; on lui prodigua les noms les plus odieux : des hommes furieux se l'arrachaient les uns aux autres ; et le dernier était toujours plus barbare que celui qui venait de la quitter ; ils étouffaient, par leurs cris de rage, la faible voix dont les accens plaintifs imploraient leur pitié. Traînée au travers des rues, foulée aux pieds, accablée de coups, elle subit tous les tourmens que purent inventer la fureur et la vengeance. Enfin, un pavé lancé par une main vigoureuse, vint la frapper à la tempe ; elle tomba baignée dans son sang, et, quelques instans après, termina son sort et son supplice. Quoique devenue insensible aux insultes de la multitude, elle continua à en recevoir les outrages. La rage impuissante de ses meurtriers s'exerça sur son cadavre, et ne s'arrêta qu'après l'avoir mutilée, défigurée, de manière à lui ôter jusqu'à la forme d'une créature humaine.

Lorenzo et ses amis, hors d'état d'empêcher ce triste évenement, ne l'avaient vu qu'avec horreur : de nouveaux désastres vinrent les tirer de leur inactivité forcée. On attaquait le couvent de Sainte-Claire : le peuple, confondant l'innocent et le coupable, avait résolu d'immoler à sa fureur toutes les religieuses de la communauté, et de ne pas laisser une pierre sur l'autre de la maison qu'elles avaient occupée. Alarmés de cette nouvelle, ils coururent au couvent, déterminés à le défendre, s'il était possible, ou du moins à sauver ses habitans de la rage populaire. La plupart des religieuses avaient fui ; très peu étaient restées dans leur demeure ; mais la position de celles-ci était alarmante. Cependant, comme elles avaient pris la précaution de fermer les portes intérieures, Lorenzo se flatta de pouvoir contenir le peuple, jusqu'à ce que don Ramirez revint avec des forces suffisantes.

Le tumulte l'avait conduit à une certaine distance du couvent, il lui fallut quelques momens pour s'en approcher ; mais lorsqu'il y arriva, la foule environnante était si serrée, qu'il eut beaucoup de peine à gagner la porte. Cependant la populace assiégeait le bâtiment ; on renversait les murs, on jetait aux fenêtres des torches allumées, et de tous côtés on jurait qu'à la pointe du jour il ne resterait pas en vie une seule religieuse de Sainte-Claire. Lorenzo était parvenu à passer à travers de la foule, lorsqu'une des portes fut enfoncée. Le peuple à l'instant se répandit dans l'intérieur de la maison, et sacrifia à son aveugle vengeance tout ce qui se trouvait sur son passage. Il mit en pièces tous les meubles, déchira les tableaux, détruisit et profana les reliques, et insulta jusqu'à Sainte-Claire, par haine pour son indigne protégée. Les uns s'occupaient à chercher les religieuses, d'autres démolissaient des parties du couvent, et d'autres assemblaient, pour les jeter au feu, les tableaux et les meubles précieux qui se rencontraient sous leurs mains : le succès de leurs efforts fut plus prompt qu'eux-mêmes ne l'avaient désiré. Les flammes, s'élevant de divers points, atteignirent une partie de la maison, vieille et bâtie en bois. L'incendie se communiqua rapidement d'une chambre à l'autre. La chute des planches ébranla les murs ; les colonnes se renversèrent, et le toit, s'écroulant avec fracas, écrasa sous ses débris plusieurs des assaillans. On n'entendait de toutes parts que cris et gémissemens. Un nuage de flamme et de fumée couvrait toutes les maisons, et laissait voir au loin une scène de dévastation et d'horreur.

Lorenzo, désolé d'avoir été la cause innocente de cet affreux tumulte, tâchait de réparer sa faute en protégeant de son mieux les pauvres religieuses. Il était entré avec le peuple, et travaillait sans relâche à s'opposer à sa furie ; mais le progrès effrayant et soudain de l'incendie le força à songer à sa propre sûreté. La foule alors sortait de la maison avec plus de précipitation qu'elle n'était entrée ; les portes engorgées ne suffisant pas au nombre, et l'incendie croissant toujours, plusieurs périrent dévorés par les flammes, ou étouffés par la fumée. Le hasard avait conduit Lorenzo près d'une petite porte qui se trouvait dans un coin de l'église : le verrou était déjà tiré ; il ouvrit la porte et se trouva près des caveaux de Sainte-Claire.

Là, il s'arrêta pour respirer un moment ; le duc et quelques personnes de sa suite étaient avec lui. Se voyant en sûreté, ils conférèrent entre eux sur les moyens d'échapper à ce théâtre de désolation : mais leur délibération fut souvent interrompue par la vue des flammes, par le bruit des voûtes tombant en ruines, par les cris confondus des religieuses et des assaillans ; les uns suffoqués dans la foule, les autres engloutis par le feu, ou brisés sous le poids des bâtimens écroulés.

Lorenzo demanda où conduisait la petite porte qu'il apercevait ; on lui répondit qu'elle donnait sur le jardin des Dominicains : il examina la sortie de ce côté. Le duc leva le loquet de la porte en grillage, et passa dans la partie du lieu de sépulture appartenant aux Dominicains : les gardes le suivirent. Lorenzo, étant le dernier, était sur le point de passer la grille, lorsqu'il vit la porte du caveau s'entr'ouvrir tout doucement. Quelqu'un regarda par l'ouverture ; mais voyant des étrangers, poussa un grand cri, se rejeta vite en arrière, et descendit promptement l'escalier de marbre.

— Que veut dire ceci, dit Lorenzo ; il y a là-dessous quelque mystère. Amis, suivez-moi.

Parlant ainsi, il se précipita dans le caveau, et poursuivit la personne qui continuait de fuir devant lui. Le duc, qui n'avait rien vu, ne concevait pas la cause de cette exclamation ; mais, supposant que Lorenzo avait de bonnes raisons, il repassa la grille, et le suivit sans hésiter : les autres firent de même. Toute la troupe arriva au bas de l'escalier. On avait laissé la porte d'en haut ouverte, et les flammes du bâtiment jetaient assez de lumière pour permettre à Lorenzo d'apercevoir à l'extrémité d'une longue voûte au travers de plusieurs passages, la personne qu'il poursuivait ; mais ayant changé de direction, ce secours lui manqua tout à coup. Une obscurité totale remplaça cette faible lueur, et il ne put suivre l'objet de sa recherche qu'à l'aide du bruit que faisaient en marchant les pieds de celui-ci. Il fallut alors aller avec précaution. On crut reconnaître que la personne pursuivie en faisait autant, parce que ses pas se suivaient à de plus longs intervalles. Les poursuivans s'égarèrent enfin dans ce labyrinthe, et se dispersèrent dans différentes routes. Emporté par un désir ardent d'éclaircir ce mystère, qu'une vive curiosité le portait à approfondir, Lorenzo ne pensait point à ceux qui l'accompagnaient. Bientôt il se trouva dans une solitude absolue. Le bruit des pas avait cessé : un silence universel régnait autour de lui. Aucun fil ne se présentait pour le guider vers la personne qui avait fui devant lui. Il s'arrêta pour réfléchir sur les moyens de la rejoindre. Il jugeait bien que ce n'était pas un motif ordinaire qui avait pu porter quelqu'un à s'engager dans ce triste asile à une pareille heure. Le cri qu'il avait entendu lui avait paru l'accent de la terreur, et il était convaincu que cet événement cachait quelque secret. Après un instant d'hésitation, il continua à marcher, cherchant son chemin à tâtons le long des murs. Il avançait ainsi lentement, lorsqu'il aperçut à une assez grande distance une faible lumière. Guidé par cette lueur tremblante, et ayant mis l'épée à la main, il dirigea ses pas vers le lieu d'où les rayons lui semblaient partir.

Ils venaient de la lampe qui brûlait devant la statue de sainte Claire. Auprès étaient plusieurs femmes : leurs vêtemens blancs flottaient, agités par le vent qui murmurait le long des voûtes. Curieux de savoir ce qui les avait amenées dans ce triste séjour, Lorenzo s'avança doucement. Le groupe paraissait occupé d'une conversation intéressante; personne n'entendit marcher Lorenzo, et il s'approcha, sans être vu, assez prêt pour entendre ce qui se disait.

— Je vous jure, continua celle qui parlait quand il arriva, et que les autres écoutaient avec une grande attention, je vous jure que je les ai vus de mes propres yeux. J'ai vite descendu l'escalier; ils m'ont poursuivie, et j'ai eu bien de la peine à leur échapper. Sans la lampe, je ne vous aurais jamais trouvées.

— Et qui peut les avoir amenés là? dit une autre

toute tremblante, croyez-vous qu'ils nous cherchassent?

— Dieu veuille que je me trompe, reprit la première, mais je me doute que ce sont des assassins; s'ils nous découvrent, nous sommes perdues. Quant à moi, la mort est certaine; ma parenté avec l'abbesse suffira pour me condamner, et quoique ces souterrains m'aient défendue jusqu'à ce moment....

Ici, levant les yeux, elle aperçut Lorenzo, qui avait continué d'approcher sans faire de bruit.

— Les voilà! s'écria-t-elle.

Elle s'élança du piédestal de la statue sur lequel elle était assise, et essaya de s'enfuir. Ses compagnes alors jetèrent un cri d'épouvante, pendant que Lorenzo saisissait par le bras la fugitive. Effrayée, désespérée, elle se jeta à genoux devant lui.

— Épargnez-moi, s'écria-t-elle, pour l'amour de Dieu; épargnez-moi. Je suis innocente, je vous proteste que je suis innocente.

A peine pouvait-elle parler; la crainte étouffait sa voix; la lumière de la lampe portait sur son visage, dont le voile était tombé. Lorenzo reconnut la belle Virginie de Villa-Franca. Il s'empressa de la relever et de la rassurer. Il lui promit de la protéger contre les meurtriers; lui dit que sa retraite était encore ignorée, et qu'elle pouvait compter qu'il la défendrait jusqu'à la dernière goutte de son sang. Pendant cette conversation, les religieuses avaient pris différentes positions : l'une, à genoux, s'adressait au ciel; l'autre se cachait la tête dans le sein de sa voisine; quelques-unes, immobiles, écoutaient le prétendu assassin, tandis que d'autres embrassaient la statue de sainte Claire, et imploraient sa protection avec les cris les plus passionnés. S'apercevant de leur méprise, elles se pressèrent autour de Lorenzo, et lui prodiguèrent les bénédictions. Il apprit alors, qu'entendant les menaces du peuple, et épouvantées par les cruautés que, du clocher du couvent, elles avaient vu commettre contre l'abbesse, plusieurs des pensionnaires et des religieuses avaient cherché un asile dans le caveau. Du nombre des premières était l'aimable Virginie. Parente proche de l'abbesse, elle avait plus qu'une autre sujet de craindre la populace.

— Plût à Dieu, s'écria-t-elle, que je fusse tranquille entre les bras de ma mère! Resterons-nous donc encore long-temps ici? chaque instant que j'y passe est pour moi un supplice.

— J'espère que non, dit Lorenzo; mais jusqu'à ce que vous puissiez sortir, ce souterrain sera pour vous un asile impénétrable; vous ne courez aucun risque d'y être découvertes; et je serais d'avis que vous y restassiez encore deux ou trois heures.

— Deux ou trois heures! s'écria la sœur Hélène; si je reste une heure de plus dans ce sépulcre, j'y mourrai de peur. Pour tout l'or du monde, je ne voudrais pas recommencer à éprouver ce que j'ai souffert depuis que j'y suis. Sainte Vierge! me trouver en pleine nuit dans cet affreux endroit, entourée des corps de mes compagnes, trembler à chaque instant de me voir mettre en pièces par leurs ames errantes autour de nous, qui se plaignent, qui gémissent, et dont les funèbres accens me glacent d'effroi!

— Pardonnez-moi, reprit Lorenzo, si je vous témoigne quelque surprise de ce qu'étant ménacées de dangers très-réels, vous pouvez vous occuper ainsi de périls imaginaires. J'ai promis de vous protéger contre la populace; mais c'est à vous-même à vous défendre de la superstition. Il est ridicule de croire aux revenans; et si vous continuez à vous livrer à ces craintes chimériques....

— Chimériques! s'écrièrent toutes les religieuses à la fois! nous avons nous-mêmes entendu leurs cris; nous les avons toutes entendus. Ils se sont répétés souvent, et, à chaque fois, ils semblaient plus tristes et plus lugubres. Vous ne nous persuaderez pas que nous nous soyons toutes trompées. Non, non! c'est impossible. Si le bruit eût été imaginaire....

— Ecoutez, écoutez, interrompit Virginie d'une voix tremblante. Mon Dieu, ayez pitié de nous, voilà que cela recommence.

Les religieuses tombèrent à genoux, les mains jointes. Lorenzo regarda tout autour de lui. Il était près de partager la crainte qui déjà avait saisi toutes ces femmes. Tout était dans le plus profond silence. Il examina le caveau ; il n'aperçut rien. Il se préparait alors à reprocher aux religieuses leur puéril effroi, lorsque son oreille fut frappée d'un gémissement sourd, faible et prolongé.

— Qu'est-ce que ceci? s'écria-t-il étonné.

— Voilà! dit Hélène. Hé bien, à présent, êtes-vous convaincu? Vous avez vous-même entendu le bruit : jugez maintenant si nos craintes sont imaginaires. Depuis que nous sommes ici, ce gémissement se répète toutes les cinq minutes. Sans doute il vient de quelqu'ame en peine qui voudrait sortir du purgatoire; mais aucune de nous n'ose le lui demander. Quant à moi, s'il me fallait voir un esprit, je suis sûre que je mourrais de peur sur la place.

Comme elle achevait de parler, on entendit plus distinctement un second gémissement : les religieuses se signèrent, et répétèrent leurs prières contre les mauvais esprits. Lorenzo écoutait avec attention : il crut distinguer que les plaintes étaient articulées; mais le son arrivait confus, affaibli par la distance, et le long retentissement des voûtes le rendait inintelligible. Le bruit paraissait venir du milieu du petit caveau dans lequel étaient alors Lorenzo et les religieuses, et dont une multitude de chemins, qui venaient y aboutir, formaient une espèce d'étoile. La curiosité de Lorenzo, de plus en plus excitée, lui faisait désirer vivement l'éclaircissement de ce mystère. Il demanda qu'on gardât le silence. Les religieuses obéirent. Tout resta muet, jusqu'à ce que de nouveaux gémissemens, plusieurs fois pétés, vinssent exciter de nouvelles craintes. Lorenzo, en suivant la direction d'où le son paraissait venir, s'aperçut qu'il l'entendait mieux lors qu'il était auprès de la statue de sainte Claire.

— Le bruit vient de là, dit-il : quelle est cette statue ?

Hélène, à qui il adressait cette question, hésita un moment. Tout à coup elle dit, en joignant les deux mains :

— Ah! oui, cela doit être, et à présent je sais ce que veulent dire ces gémissemens. Les religieuses l'entourèrent, la priant de s'expliquer. Elle répondit gravement que, de tout temps, la statue avait eu la réputation d'opérer beaucoup de miracles. Elle en concluait que la sainte était affligée de l'incendie du couvent, et qu'elle exprimait son mécontentement par ses plaintes. Lorenzo, un peu moins crédule, ne fut pas aussi satisfait de cette solution que les bonnes nonnes, qui l'adoptèrent sans hésiter. Il était d'accord sur un point avec Hélène, c'est que les gémissemens venaient de la statue. Plus il écoutait, plus il se confirmait dans cette idée. Il s'approcha de la sainte avec l'intention de l'examiner de plus près ; mais les religieuses s'apercevant de son projet, le prièrent, pour l'amour de Dieu, de n'en rien faire, parce que, s'il touchait la statue, il était un homme mort.

— Et en quoi consiste le danger ? demanda-t-il.

— Mère de Dieu! en quoi? reprit Hélène toujours empressée de raconter quelque chose de merveilleux ; je voudrais que vous eussiez entendu la centième partie des histoires miraculeuses que madame l'abbesse nous faisait de cette statue. Elle nous a dit mille fois que si nous étions assez hardies pour la toucher du bout du doigt, nous courrions les plus grands risques. Pour l'amour de Dieu, renoncez à ce dessein, et ne vous exposez pas inutilement à une perte certaine.

Malgré leurs prières et leurs menaces, Lorenzo s'approcha de la statue, sauta par-dessus la grille de fer qui l'entourait, et examina la sainte avec attention. La statue lui avait paru être de pierre; en la regardant de plus près, il s'aperçut qu'elle n'était que de bois peint. Il la secoua pour tâcher de l'ébranler, mais il lui sembla qu'elle ne faisait avec elle qu'une seule pièce. Il l'examina encore de tous les côtés; mais il ne vit rien qui pût le conduire à la solution de ce mystère, dont les religieuses étaient devenues aussi curieuses que lui, quand elles eurent vu qu'il touchait impunément la statue. S'arrêtant alors, il écouta. Les gémissemens recommencèrent à se faire entendre par intervalles, et il fut convaincu qu'il n'en avait pas encore été si près. Rêvant sur cette étrange aventure, il tournait et retournait autour de la statue. Il lui vint à l'esprit qu'une défense si péremptoire de toucher le bras de la sainte n'avait pas été faite sans quelque motif particulier. Remontant donc sur le piédestal, il examina de nouveau cet endroit, et découvrit un petit bouton de fer caché entre les doigts de la sainte. Enchanté de cette découverte, il toucha ce bouton et le pressa avec force. A l'instant même, il entendit dans l'intérieur de la statue un bruit sourd, pareil à celui que ferait une chaîne fortement tendue, qui, relâchée tout à coup, se roulerait sur son axe. Frappées de ce son, les timides religieuses reculèrent d'effroi, et se préparèrent à s'enfuir à la première apparence de danger. Mais voyant que tout restait tranquille, elles se rapprochèrent de Lorenzo, et examinèrent avec curiosité tous ses mouvemens.

Cependant rien ne résultait de cette découverte : Lorenzo redescendit. En retirant son bras de dessus la sainte, il lui sembla qu'elle chancelait. Les spectatrices retombèrent dans leur frayeur, croyant la statue animée; Lorenzo avait une autre idée. Il concevait que le bruit qu'il avait entendu provenait de ce qu'il avait lâché une chaîne qui tenait la statue attachée au piédestal. Il essaya alors de l'ébranler sur sa base, et y réussit sans beaucoup d'effort. La posant donc par terre, il vit que le piédestal était creux, et que son ouverture était fermée par une grosse grille de fer.

La curiosité devint alors si générale, que les sœurs oublièrent leurs dangers réels et imaginaires. Lorenzo se disposa à lever la grille, et les religieuses l'aidèrent de toutes leurs forces dans cette opération. On en vint à bout assez facilement. Alors s'ouvrit à leurs yeux un abîme profond, dont l'œil cherchait en vain à pénétrer l'épaisse obscurité. La lumière de la lampe était trop faible pour être d'un grand secours. On ne distinguait rien, excepté les premières marches d'un escalier de grosses pierres qui descendait dans ce souterrain, et qui bientôt se perdait dans les ténèbres. On n'entendait plus de gémissemens ; mais tout le monde était persuadé qu'ils étaient venus de la caverne. En se penchant sur l'ouverture, Lorenzo crut distinguer quelque chose de brillant qui étincelait dans l'ombre. Il regarda avec attention le point où il l'avait aperçu, et se convainquit qu'une petite lumière y paraissait et disparaissait par intervalle. Les religieuses, auxquelles il fit part de cette observation, aperçurent aussi la lumière ; mais lorsqu'il leur annonça qu'il allait descendre dans cette cave, elles se réunirent pour s'opposer à son projet. Toutes leurs remontrances ne purent rien changer ; aucune d'elles n'eut assez de courage pour l'accompagner, et il ne pouvait se résoudre à les priver de la lampe. Il se prépara donc, seul et sans lumière, à tenter l'aventure, les religieuses se contentant de prier Dieu pour son succès.

L'escalier ressemblait à la pente d'un précipice. Les marches étaient étroites et grossièrement taillées. L'obscurité profonde contribuait à rendre les pas incertains. Lorenzo était obligé de descendre avec beaucoup de précaution, dans la crainte de manquer une marche et de tomber dans l'abîme. Plusieurs fois ce malheur pensa lui arriver ; cependant il se trouva en bas plus tôt qu'il ne s'y était attendu. Il reconnut alors que l'obscurité du lieu, et la vapeur épaisse qui régnait dans tout le souterrain, l'avaient trompé sur sa profondeur. Il parvint sans accident au bas de l'escalier. S'arrêtant alors, il chercha autour de lui la lumière qu'il avait vue d'en haut; mais il n'aperçut rien : tout était noir et désert. Il écouta pour voir s'il n'entendrait plus de gémissemens. Aucun bruit ne frappa son oreille; il n'entendit que le murmure éloigné des religieuses, qui, dans le haut, répétaient à voix basse leur *Ave Maria*. Incertain de quel côté tourner ses pas, à tout événement, il se décida à marcher, mais lentement d'abord, dans la crainte de s'éloigner de l'objet de ses recherches, au lieu de s'en approcher. Les gémissemens lui avaient paru annoncer quelque personne souffrante, ou du moins affligée, et il se flattait de pouvoir la soulager. Enfin, un son plaintif se fit entendre à peu de distance. Joyeux, il marche de ce côté. Le bruit devenait plus intelligible à mesure qu'il avançait. Bientôt il vit une faible lumière qu'un mur bas, qui se prolongeait devant lui, l'avait jusqu'alors empêché d'apercevoir.

Elle partait d'une petite lampe placée sur quelques pierres, et dont les faibles et tristes rayons servaient à montrer plutôt qu'à diminuer les horreurs du cachot, étroit et sombre, formé dans un côté du souterrain. Elle laissait voir aussi plusieurs autres enfoncemens d'une construction semblable, mais dont l'obscurité marquait la profondeur. La lumière tremblante parvenait à peine jusqu'aux murs verdâtres qui, couverts d'une éternelle humidité, la reflétaient faiblement. Un brouillard épais et malsain occupait le haut des voûtes. Lorenzo, au bout de quelques pas, sentit un froid perçant; les gémissemens répétés lui firent presser sa marche. Il tourna du côté d'où ils venaient, et à la lueur incertaine de la lampe, dans un coin de ce triste asile, il aperçut, étendue sur un lit de paille, une créature humaine, si maigre, si faible, si pâle, qu'il douta si c'était une femme. Elle était à demi nue, de longs cheveux épars étaient répandus en désordre sur son visage, et la couvraient presque entièrement. Un bras décharné s'alongeait sur un lambeau d'étoffe grossière qui servait de couverture à ses membres glacés et tremblans. L'autre était replié autour d'un petit paquet qu'elle pressait contre son sein ; près d'elle était un grand rosaire ; en face, un crucifix, sur lequel elle fixait ses yeux éteints ; à côté d'elle on voyait une corbeille et quelques vases de terre.

Lorenzo s'arrêta, saisi d'horreur ; il contemplait, avec une pitié mêlée de dégoût cette misérable créature. Ce spectacle le fit frissonner ; il sentit son cœur défaillir. Chancelant sur ses genoux, ne pouvant plus se soutenir, il s'appuya contre le petit mur auprès duquel il était, n'ayant ni la force d'avancer, ni celle de parler à cette infortunée. Elle jeta les yeux du côté de l'escalier. Le mur cachait Lorenzo ; elle ne l'aperçut point.

— Personne ne vient, dit-elle enfin. Sa voix était sépulcrale, et semblait partir du fond de sa poitrine : elle soupira amèrement.

— Personne ne vient, répéta-t-elle. Oh ! elles m'ont oubliée, elles ne viendront plus.

Elle s'arrêta, puis continuant tristement :

— Deux jours, deux grands jours entiers sans nourriture ; et point d'espoir, point de consolation ! Insensée ! comment puis-je désirer de prolonger une vie aussi malheureuse ! Cependant une mort si cruelle ! O mon Dieu ! périr d'une pareille mort ! souffrir encore long-temps ces maux horribles ! Ah ! je n'avais jamais su ce que c'était que la faim ! Écoutons : non, personne ne vient. Oh ! elles ne viendront plus.

— Elle se tut : son corps tremblait. Elle tira sur ses épaules le haillon qui la couvrait.

— J'ai bien froid, je ne suis pas encore accoutumée à l'humidité de ce cachot, cela est étrange, mais qu'importe ? je serai bientôt encore plus froide, et je ne le sentirai pas. Je serai froide, froide comme toi.

— Elle regardait, en disant cela, le paquet qu'elle tenait près d'elle ; elle se pencha dessus et le baisa ; puis elle le repoussa brusquement avec horreur.

— Il était si beau ! il aurait été si aimable ! il lui aurait ressemblé ; je l'ai perdu pour toujours. Comme peu de jours ont suffi pour le changer ! J'ai peine moi-même à le reconnaître, et pourtant il m'est encore cher, ah Dieu ! oui, bien cher. J'oublie ce qu'il est, pour ne me souvenir que de ce qu'il était ; et je l'aime autant que lorsqu'il était aimable et beau, autant que lorsqu'il lui ressemblait. Je croyais avoir épuisé toutes mes larmes. J'en sens encore une.

Elle s'essuya les yeux avec une tresse de ses cheveux. Etendant la main pour prendre le vase qui était près d'elle, elle le souleva avec peine, regarda dedans, sans paraître s'attendre à y rien trouver, fit un soupir, et le reposa sur la terre.

— Absolument vide ! Pas une goutte ! pas une seule goutte pour rafraîchir ma bouche brûlante ! Quels trésors je donnerais pour un verre d'eau ! Et ce sont des servantes de Dieu qui me font ainsi souffrir ? Elles se croient des saintes, tandis qu'elles me tourmentent comme des démons. Elles sont cruelles, impitoyables, et ce sont elles qui m'invitent au repentir ! ce sont elles qui me menacent de la damnation éternelle ! Divin Sauveur ! ce n'est pas là votre arrêt.

Reportant ses regards sur le crucifix, elle prit son rosaire. Ses doigts en parcouraient les grains, et le mouvement de ses lèvres faisait voir qu'elle priait avec ferveur.

Lorenzo, en écoutant ses tristes discours, était de plus en plus affecté. Revenu du premier choc qu'avait éprouvé sa sensibilité à l'aspect d'une créature si malheureuse, il s'avança vers la captive. Elle l'entendit marcher, et jetant un cri de joie, laissa tomber son rosaire.

— Voilà ! voilà ! s'écria-t-elle, quelqu'un qui vient.

Elle essaya de se soulever, mais elle n'en eut pas la force. Elle retomba sur la paille, et, dans ce mouvement, fit entendre le bruit de ses chaînes. Lorenzo s'approcha ; elle continua ainsi :

— Est-ce vous, Camille ? Vous voilà donc enfin ? Ah ! il

était temps. J'ai cru que vous m'aviez abandonnée, que j'étais condamnée à mourir de faim. Par pitié, Camille, donnez-moi à boire : je suis exténuée de besoin, et si faible, que je ne peux me lever de terre. Bonne Camille, donnez-moi à boire, ou je vais mourir devant vous.

Lorenzo craignait que la surprise ne fût dangereuse pour une personne aussi affaiblie : il ne savait comment l'aborder.

— Ce n'est pas Camille, dit-il enfin d'une voix aussi douce qu'il lui fut possible.

— Qui donc est-ce? reprit la malheureuse. Alix, peut-être, ou Violente? Mes yeux sont voilés, et j'ai la vue si trouble, que je ne peux distinguer vos traits. Mais qui que vous soyez, si votre cœur est susceptible de compassion, si vous n'êtes pas plus cruel que les tigres et les loups, ayez pitié de mes tourmens. Vous savez que je meurs de besoin. Voilà le troisième jour que je n'ai pris aucune nourriture. M'apportez-vous à manger, ou venez-vous seulement pour m'annoncer ma mort, et m'apprendre combien j'ai d'heures à passer dans cette horrible agonie?

— Vous vous méprenez, reprit Lorenzo, je ne suis point un agent de l'impitoyable abbesse. J'ai pitié de vos malheurs : je viens à votre secours.

— A mon secours! répéta la prisonnière, à mon secours!

Se soulevant en même temps de dessus la terre, et se soutenant sur ses mains, elle regardait avidement l'étranger.

— Grand Dieu? n'est-ce pas une illusion? Un homme! Parlez; qui êtes-vous? que venez-vous faire ici! Venez-vous pour me sauver, pour me rendre à la liberté, à la vie, à la lumière? Ah! parlez, parlez vite, pour que je ne me livre pas à un espoir qui me tuerait s'il était déçu.

— Calmez-vous, reprit Lorenzo d'une voix douce et tendre. L'abbesse dont vous accusez la cruauté, a déjà subi la peine de ses fautes : vous n'avez plus rien à craindre d'elle. Dans quelques minutes vous allez recouvrer votre liberté, et rentrer dans les bras des amis à qui vous avez été enlevée. Reposez-vous sur ma parole; donnez-moi votre main, et ne craignez rien. Je vais vous conduire en un lieu où vous puissiez recevoir les secours nécessaires à votre position.

— Ah! oui! oui! oui! s'écria la prisonnière avec l'accent de la joie. Il y a donc un Dieu, un Dieu juste et miséricordieux; ô joie! ô bonheur! Je vais donc respirer un air frais; je vais revoir le soleil et la majesté des cieux. Étranger, je vous suis. Dieu vous bénira pour avoir eu pitié d'une infortunée. Mais il faut que ceci vienne avec moi, ajouta-t-elle, en montrant le petit paquet qu'elle pressait sur son sein. Je ne peux me séparer de lui. Cela servira à apprendre à l'Univers combien sont terribles ces demeures que l'on suppose religieuses. Bon étranger, donnez-moi la main pour m'aider à me lever. Je suis affaiblie par le besoin, par le malheur et la maladie, et je n'ai plus aucune force. Bien, bien ainsi.

Les rayons de la lampe tombant alors directement sur le visage de Lorenzo:

— Dieu tout-puissant! s'écria-t-elle, est-il possible? — Ce regard, ces traits! Ah oui! c'est... c'est...

Elle étendit les bras pour les jeter autour de lui. Mais son corps exténué ne put suffire aux sentimens qui l'agitaient. Elle s'évanouit et retomba.

Lorenzo fut surpris de cette dernière exclamation. Il lui semblait bien avoir entendu quelque part des accens pareils à ceux de cette voix altérée; mais il n'en avait pas d'idée précise. Il sentit que les secours de la médecine étaient nécessaires dans une situation si dangereuse. S'empressant de la porter hors du cachot, il en fut empêché par une forte chaîne qui faisait le tour du corps de la prisonnière, et qui était scellée dans un mur voisin. Cependant, sa force naturelle s'augmentant par le désir de soulager l'infortunée, il eut bientôt rompu l'anneau auquel tenait un des bouts de la chaîne. Prenant ensuite la prisonnière entre ses bras, il marcha vers l'escalier. Les rayons de la lampe d'en haut, le bruit des femmes qui y étaient restées, dirigèrent ses pas. Il gagna l'escalier, et peu d'instans après parvint à la grille de fer.

Les religieuses, en son absence, avaient été cruellement tourmentées par la crainte et par la curiosité. Elles furent aussi surprises qu'enchantées de le voir tout à coup sortir de la caverne. Tous les cœurs furent émus de compassion pour la malheureuse qu'il tenait dans ses bras. Tandis que les dames, et particulièrement Virginie, s'occupaient à lui faire reprendre ses sens, Lorenzo leur raconta en peu de mots la manière dont il l'avait trouvée. Il leur observa ensuite que désormais le tumulte devait être apaisé, et qu'il pouvait à présent les conduirent en sûreté chez leurs parens. Toutes étaient empressées de quitter le souterrain. Cependant, pour prévenir toute possibilité d'être insultées, elles prièrent Lorenzo de sortir seul d'abord, et d'examiner si tout était tranquille. Il y consentit. Hélène lui offrit de le conduire à l'escalier. Ils étaient sur le point de se séparer, lorsque de vifs éclats de lumière se firent voir à la fois dans plusieurs des galeries voisines. On entendit en même temps les pas de plusieurs personnes qui s'approchaient, et dont le nombre paraissait considérable. Les religieuses, très alarmées, supposèrent que leur retraite avait été découverte, et que les assaillans arrivaient pour les saisir. Quittant vite la prisonnière, qui restait sans mouvement, elles se pressèrent autour de Lorenzo, et réclamèrent la promesse qu'il leur avait faite de les protéger. Virginie seule, oubliant son danger, n'était occupée qu'à soulager l'infortunée malade.

Les étrangers s'approchant, Lorenzo fut bientôt en état de dissiper les craintes des religieuses ; son nom, prononcé par plusieurs voix, parmi lesquelles il reconnut celle du duc, qui retentissait le long des galeries, lui apprit qu'il était l'objet de leurs recherches. Quelques momens après, don Ramirez et le duc parurent, accompagnés de gens de leur suite, qui portaient des torches allumées. Ils avaient cherché Lorenzo dans tout le souterrain, pour lui dire que la foule était dissipée, et l'émeute entièrement apaisée. Lorenzo leur raconta brièvement l'aventure de la caverne, leur fit comprendre combien l'inconnue avait besoin des secours de la médecine. Il pria le duc de prendre soin d'elle, aussi bien que des religieuses et des pensionnaires.

— Quant à moi, dit-il, d'autres devoirs appellent mon attention. Tandis qu'avec une partie des archers vous conduirez ces dames à leurs asiles respectifs, je désire que vous laissiez ici les autres avec moi ; j'examinerai la caverne inférieure, et je pénétrerai dans les recoins les plus cachés de ces tombeaux ; je ne serai pas tranquille, que je ne me sois assuré que cette malheureuse victime était la seule que la superstition eût ensevelie dans ces abîmes.

Le duc approuva son projet. Don Ramirez offrit de l'accompagner dans cette expédition : sa proposition fut acceptée avec reconnaissance. Les religieuses, après avoir remercié Lorenzo, furent par lui-même remises aux soins de son oncle, qui les conduisit hors du caveau. Virginie demanda qu'on voulût bien lui confier l'inconnue, et promit de faire savoir à Lorenzo quand elle serait assez rétablie pour recevoir sa visite. Cette offre n'était pas absolument désintéressée ; au désir d'obliger la malade, en lui faisant connaître son libérateur, se joignait peut-être celui de se ménager à elle-même une occasion de le revoir. Lorenzo était beau, brave et bien élevé ; Virginie mettait quelque intérêt à cultiver sa connaissance, et se flattait en secret d'attirer son attention. Belle et compatissante, elle avait excité son admiration ; elle aurait touché son cœur, si le souvenir d'Antonia ne l'eût forcé à tout autre sentiment.

Le duc ayant emmené les religieuses, conduisit chacune chez ses parens. La prisonnière délivrée était toujours privée de ses sens ; elle ne donnait d'autres signes de vie que des gémissemens qu'elle poussait par intervalles. On la porta sur un brancard ; tout faisait craindre qu'épuisée par la faim, ébranlée par le passage subit des chaînes à la liberté et de l'obscurité à la lumière, son tempérament ne pût supporter une émotion si vive.

Ramirez devait examiner le caveau inférieur, tandis que Lorenzo parcourrait le reste du souterrain. Cet arrangement fait, et les gens de don Ramirez ayant pris chacun un flambeau, celui-ci entra dans le caveau. Il en avait à peine descendu quelques marches, qu'il entendit des gens accourir précipitamment du fond des galeries les plus éloignées. Surpris de ce bruit, il remonte sur-le-champ. Entendez-vous marcher, lui dit Lorenzo? Allons de ce côté; c'est d'ici que le bruit paraît venir.

Dans ce moment, un cri perçant lui fit hâter le pas.

— Au secours, au secours, pour l'amour de Dieu! s'écriait une voix, dont le son mélodieux pénétra jusqu'au fond de l'ame de Lorenzo.

Il courut, avec la rapidité de la foudre, vers l'endroit d'où partait le cri, et don Ramirez le suivit avec la même vitesse.

CHAPITRE XI.

—

« Dieu tout-puissant ! combien est faible cet
« homme créé à ton image ! comme il se trahit
« lui-même ! Glorieux et confiant dans notre pro-
« pre force, oubliant trop l'ennemi qui nous sur-
« veille, nous errons gaiement sur les bords fleu-
« ris de l'abîme, croyant à notre gré pouvoir re-
« venir sur nos pas ; mais le vent terrible des pas-
« sions s'élève, la tempête nous dérobe la vue
« des cieux : rapidement entraînés dans le vaste
« océan, nous déplorons trop tard notre confiance
« étourdie ; les vagues irritées mugissent autour
« de nous, la terre s'éloigne, et l'onde nous en-
« gloutit. »

(Prior.)

Cependant, Ambrosio ignorait les événemens terribles qui se passaient au près de lui. L'exécution de ses desseins sur Antonia occupait toutes ses pensées ; il était, jusqu'alors, assez satisfait du succès de ses mesures ; Antonia avait bu l'opium ; on l'avait enterrée dans les caveaux de Sainte-Claire ; elle y était à sa disposition. Matilde, qui connaissait bien les effets et la nature de la liqueur soporifique, avait calculé qu'elle ne cesserait pas d'opérer avant une heure du matin : il attendait ce moment avec impatience. La fête de

Sainte-Claire lui présentait une occasion favorable pour consommer son crime. Certain que les moines et les religieuses seraient occupés de la cérémonie, et qu'il n'avait point à craindre d'être interrompu, il s'était excusé de paraître à la procession à la tête de ses religieux. Il ne doutait point qu'Antionia, loin de tout secours, séparée de l'univers entier, et absolument en son pouvoir, ne consentît à ses désirs. L'attachement qu'elle lui avait témoigné le confirmait dans cette persuasion. Mais il était résolu, si elle s'obstinait à le repousser, à n'écouter aucune considération; sûr de d'être point découvert, il ne craignait point d'employer la force; ou s'il s'y déterminait avec quelque répugnance, elle ne provenait pas d'un principe d'honneur ou de délicatesse, mais uniquement de ce qu'épris pour Antonia de la passion la plus vive, il aurait voulu ne devoir ses faveurs qu'à elle-même.

A minuit les moines quittèrent le couvent de Sainte-Claire. Matilde était parmi les musiciens, et conduisait le chant. Ambrosio, resté seul, se trouva en liberté de suivre son projet. Convaincu qu'il n'était resté personne pour épier ses démarches ou troubler ses plaisirs, il se hâta de gagner le côté occidental du jardin; son cœur palpitait, agité d'un espoir que troublait encore quelque crainte. Il traversa le jardin, ouvrit la porte qui conduisait au lieu de sépulture, et au bout de quelques minutes se trouva devant le caveau. Là, s'arrêtant, il observa de tous côtés, sentant bien que l'action dont il était occupé n'était pas propre à soutenir les regards.

Guidé par sa lampe, il parcourt les longues galeries dont Matilde lui avait enseigné les détours, et gagne le caveau particulier où reposait sa maîtresse ensevelie.

Il n'était pas aisé d'en découvrir l'entrée; mais cet obstacle n'en était pas un pour Ambrosio, qui, lors de l'enterrement d'Antonia, avait observé les lieux avec trop de soin pour ne les pas reconnaître. Il trouva la porte, l'ouvrit, et descendit dans le caveau qui renfermait Antonia. Il s'était pourvu d'une pince de fer et d'une hache; mais cette précaution ne lui fut pas nécessaire; la grille était négligemment fermée; il la leva, et plaçant sa lampe sur le bord, se pencha, sans rien dire, sur l'intérieur du tombeau. C'était entre trois autres cercueils que reposait la beauté endormie. Un rouge vif, avant-coureur de la vie prête à renaître était déjà répandu sur ses joues. N'ayant que la tête dégagée du linceul qui l'enveloppait, elle avait l'air de sourire aux objets funéraires dont elle était environnée. En regardant ces os desséchés, ces têtes défigurées, qui, peut-être, avaient été aussi belles, aussi fraîches que celle d'Antonia, Ambrosio pensa à Elvire, qu'il avait réduite à un sort semblable. Au souvenir de cette action horrible, une sombre horreur vint voiler son imagination; mais elle ne servit qu'à renforcer la résolution qu'il avait prise de satisfaire sa passion pour Antonia.

— C'est pour vous, beauté fatale, disait l'indigne religieux en contemplant sa proie, c'est pour l'amour de vous que j'ai commis ce meurtre, et que je me suis dévoué à des tourmens éternels. Enfin vous êtes en mon pouvoir, et du moins je jouirai du fruit de mon crime.

Il l'enleva, encore évanouie, inanimée, hors de sa tombe, s'assit sur un banc de pierre, et la soutenant entre ses bras, attendit avec impatience les symptômes indicatifs du réveil de ses sens. A peine était-il assez maître de lui pour ne pas en anticiper le retour. Naturellement luxurieux, ses désirs recevaient une double ardeur des obstacles qu'il rencontrait, et des privations auxquelles il était réduit; car Matilde, dès l'instant qu'elle avait cessé de prétendre à son amour, l'avait exilé de ses bras pour toujours.

—Ambrosio, lui avait-elle dit un jour que, dans l'ardeur de la volupté, il la sollicitait avec plus d'instance que de tendresse, je ne suis point une prostituée: j'ai cessé d'être votre amante, je ne serai point votre maîtresse. Ne me témoignez plus de désirs qui m'offensent : quand votre cœur était à moi, je m'honorais d'en être l'objet. Ces jours de gloire et de bonheur sont passés pour moi. Ma personne vous est devenue indifférente; ce n'est plus l'amant, c'est l'homme qui m'implore : je rougis d'exciter des sentimens de ce genre, et je mourrais plutôt que d'y céder.

Ainsi sevré tout à coup de jouissances dont l'habitude lui avait fait un besoin, son attrait pour le plaisir en avait pris plus de force et d'empire : son amour pour Antonia n'était plus qu'une passion brutale. Jeune, vigoureux, empressé de jouir, il était transporté d'une espèce de fureur : l'obscurité du lieu, le silence de la nuit, la résistance même à laquelle il s'attendait, ne faisaient qu'irriter son ardeur effrénée.

Il sentit par degré la chaleur ranimer le sein d'Antonia qu'il avait placé près du sien. Son cœur battait, son sang recommençait à couler, ses lèvres firent un mouvement; enfin elle ouvrit les yeux; mais encore assoupie par l'effet de l'opium, elle les referma sur le champ. Ambrosio l'observait avec attention; rien n'échappait à ses regards. Voyant qu'elle avait entièrement recouvré l'existence, il la serra avec transport entre ses bras, et appuya ses lèvres sur les siennes. La vivacité de son action suffit pour dissiper les vapeurs qui obscurcissaient encore l'intelligence d'Antonia : elle se leva brusquement, et jeta autour d'elle des regards étonnés sur les étranges objets qui s'offraient à ses yeux. Sa pensée errait confuse. Elle porta la main à sa tête, comme pour rasseoir son imagination égarée : enfin elle l'ôta, et jeta de nouveau les yeux de côté et d'autre; ils tombèrent sur la figure du prieur.

— Où suis-je? dit-elle tout à coup. Comment suis-je venue ici? Où est ma mère? il me semble que je l'ai vue. Ah! un songe, un songe terrible, épouvantable m'a présenté... Mais où suis-je donc? Allons, il ne faut pas rester ici.

Elle essaya de se lever : le moine l'en empêcha.

—Calmez-vous, aimable Antonia ; aucun danger ne vous menace : reposez-vous sur ma protection. Pourquoi me regardez-vous si fixement ? ne me reconnaissez-vous pas ! ne reconnaissez-vous pas votre ami Ambrosio !

— Ambrosio, mon ami ? Ah ! oui, oui, je me souviens... Mais pourquoi suis-je ici ? qui m'y a amenée ? Pourquoi êtes-vous avec moi ? Ah ! Flore m'a dit de prendre garde.... Je ne vois ici que des tombeaux ! Ce lieu m'effraie. Bon Ambrosio, emmenez-moi d'ici, cela me rappelle trop mon affreux songe. Il me semblait que j'étais morte..... qu'on m'avait mise dans le tombeau..... Bon Ambrosio, emmenez-moi d'ici..... Quoi ! est-ce que vous ne voulez pas m'emmener. Ah ! ne me regardez pas ainsi : vos yeux en feu m'épouvantent. Epargnez-moi, mon père ; ah ! épargnez-moi, pour l'amour de Dieu !

—Pourquoi ces terreurs, Antonia ? reprit le prieur, la pressant entre ses bras et la couvrant de baisers, qu'elle cherchait en vain à éviter. Que pouvez-vous craindre de moi, de celui qui vous adore ? Qu'importe le lieu où vous êtes ? Ces tombeaux sont pour moi le temple de l'amour.

En parlant ainsi, il renouvelait ses embrassemens. Les libertés les moins équivoques avertirent enfin l'ignorance d'Antonia. Sentant le danger, elle s'arracha de ses bras, et son linceul étant le seul vêtement qui pût la défendre, elle en serra les plis autour de son corps.

—Laissez-moi, mon père, lui dit-elle, la crainte et le danger adoucissent l'expression de la pudeur indignée ; pourquoi m'avez-vous amenée dans ce lieu, dont le seul aspect me glace d'effroi ? Emmenez-moi d'ici, si vous avez quelque sentiment de pitié et d'humanité. Conduisez-moi à la maison d'où je suis sortie, je ne sais comment ; je ne peux ni ne dois rester ici plus long-temps.

Le moine, un peu déconcerté du ton dont elle lui dit ces mots, fut cependant plus surpris que touché. Il lui prit la main, la força de s'asseoir sur son genou; et fixant sur elle des yeux avides, il lui répondit :

— Tranquillisez-vous, Antonia : toute résistance est inutile, et je ne veux plus vous déguiser ma passion. Vous passez pour morte. Vous êtes à jamais perdue pour la société. Vous n'existez plus qu'ici, plus que pour moi. Vous êtes absolument en mon pouvoir, et je brûle de désirs, qu'au péril de ma vie je suis déterminé à satisfaire; mais ce bonheur, que je peux saisir, je voudrais vous le devoir. Aimable fille, adorable Antonia! je veux vous donner les premières leçons de la volupté; vous enseigner le plaisir, et le recevoir de vous. Puérils efforts! ajouta-t-il, voyant qu'elle repoussait ses caresses et tâchait de lui échapper : aucun secours n'est à votre portée; ni le ciel ni la terre ne peuvent vous arracher de mes bras. Ne repoussez pas des plaisirs si doux. Personne ici ne peut nous voir; le monde entier ignorera nos amours. L'heure, l'occasion tout nous favorise, tout vous invite à céder à l'amant qui vous presse : ne lui résistez plus; entrelacez vos bras aux siens; approchez votre bouche de la sienne. Pourquoi ces regards supplians? Consultez vos charmes; ils vous diront que je dois être sourd aux prières. Puis-je négliger cette peau si fraîche, ce sein éblouissant, ces lèvres parfumées? Puis-je abandonner ces trésors à quelque autre? Non, Antonia, non, jamais! J'en jure par ce baiser, par celui-ci encore.

La passion du moine devenait de plus en plus ardente, et la terreur d'Antonia plus active. Elle fit pour se dégager de ses bras des efforts inutiles; et la hardiesse du moine augmentant, elle jeta des cris perçans pour appeler du secours. La vue du souterrain, la pâle lueur de la lampe, l'obscurité, les tombeaux, et les tristes débris de l'humanité tout autour d'elle était propre à la disposer à des sentimens contraires à ceux dont le moine était agité. Les caresses hardies qu'il lui prodiguait, ne lui inspiraient que de l'effroi. Ses craintes, au contraire, sa répugnance et ses efforts, ne faisaient qu'enflammer les désirs d'Ambrosio, et donner une nouvelle ardeur à sa brutalité. Elle ne cessa de crier, quoique personne n'entendît ses cris. Elle continua, sans succès, à tâcher de lui échapper, jusqu'à ce qu'enfin ses forces épuisées venant à lui manquer, elle se laissa tomber à genoux, et recourut de nouveau aux prières et aux larmes. Cette voie ne lui réussit pas mieux que la première fois. Prenant même avantage de sa situation et de son affaiblissement, il la saisit épouvantée; et sans pitié, sans ménagement, le barbare, malgré ses cris, ne quitta point sa proie qu'il n'eût consommé son crime et complété le déshonneur d'Antonia.

A peine avait-il accompli son dessein, qu'il eut horreur de lui-même et des moyens qu'il avait employés. La violence des désirs qu'il venait d'assouvir les convertit bientôt en dégoût, il sentait au fond de son cœur combien était vile et cruelle l'action qu'il avait commise. Il s'éloigna brusquement d'Antonia. Celle qui, l'instant d'auparavant, avait été l'objet de son culte, devint alors celui de son aversion. Il détournait les yeux, ou, s'il les arrêtait sur elle, c'était pour lui jeter des regards de haine et de mépris. L'infortunée, long-temps évanouie, ne reprit ses sens que pour apercevoir toute l'étendue de son malheur. Elle restait, étendue par terre, dans le silence du désespoir. Ses larmes coulaient lentement, et se succédaient sans interruption; son sein n'exhalait que des sanglots. Accablée par la douleur, elle passa quelque temps dans cette espèce d'engourdissement. Se levant enfin avec peine, et dirigeant vers la porte ses pas tremblans, elle se préparait à sortir du cachot.

Appuyé contre la tombe, Ambrosio regardait, sans les voir, les restes hideux qui s'y trouvaient. Le mouvement d'Antonia le réveilla tout à coup de sa sombre apathie. Il la poursuivit, et l'eut bientôt rejointe. La saisissant par le bras, il la repoussa avec violence dans le cachot.

Antonia fut épouvantée de la fureur qu'exprimaient ses traits.

— Que voulez-vous de plus, lui dit-elle timidement? Manque-t-il quelque chose à mon malheur? Ne suis-je pas perdue, perdue pour toujours? Votre cruauté n'est-elle pas satisfaite, et me reste-t-il quelque autre outrage à endurer? Laissez-moi m'éloigner, laissez-moi retourner dans ma retraite, et pleurer en liberté ma honte et ma misère.

— Retourner chez vous? reprit le moine avec un sourire amer et dédaigneux. Puis tout à coup, ses yeux étincelant de colère. Sans doute, afin que vous puissiez me dénoncer à l'univers, me déclarer un hypocrite, un ravisseur, un traître, un monstre de cruauté, de libertinage et d'ingratitude! Non, non, je connais trop bien mes torts, je sais trop combien vos plaintes seraient justes, et combien ma conduite est odieuse. Vous ne sortirez point d'ici, pour aller dire à tout Madrid que je suis un misérable, que ma conscience est chargée de crimes qui ne me permettent plus d'espérer en la miséricorde de Dieu. Fille infortunée! vous resterez ici avec moi, ici, au milieu de ces tombeaux solitaires, de ces sinistres images, de ces affreux débris de l'humanité. Vous resterez ici pour être le témoin de mes souffrances, pour y voir ce que c'est que de vivre en abomination à soi-même, et de mourir en désespéré au milieu des blasphèmes et des malédictions... Et à qui dois-je m'en prendre? qui m'a entraîné vers ces crimes, dont le seul souvenir me fait frissonner? Fatale enchanteresse! N'est-ce pas ta beauté, n'est-ce pas toi qui m'as plongé dans l'abîme de l'infamie? N'est-ce pas toi qui m'as rendu perfide, hypocrite et meurtrier? A présent même, ce regard céleste et ce maintien suppliant ne m'interdisent-ils pas tout espoir de pardon devant le trône de Dieu? Quand je subirai le jugement de sa majesté terrible, ce regard suffira pour me condamner. Ma perte alors sera certaine; alors aussi viendra le spectre de votre mère; il me saisira lui-même, il me précipitera dans l'éternel abîme, et me dévouera pour jamais aux flammes et aux furies. Et c'est vous qui m'accuserez ; c'est vous qui serez la cause de mon éternelle damnation ; c'est vous, misérable, vous, vous !

En prononçant ces mots d'une voix tonnante, il secouait avec violence le bras d'Antonia, et frappait la terre d'un air furieux.

L'infortunée le crut frappé de folie; elle tomba à genoux, épouvantée, et pouvant à peine articuler quelques mots.

— Epargnez-moi, épargnez-moi lui dit-elle faiblement.

— Silence ! lui cria le moine d'un ton terrible, la repoussant avec son pied, et la précipitant par terre.

Il s'éloigna d'elle, et, d'un air égaré, se mit à marcher dans le cachot. Ses yeux étaient effrayans. Antonia tremblait toutes les fois qu'ils tombaient sur elle. Il avait l'air de méditer quelque action horrible, et elle abandonna tout espoir de sortir vivante de ces tombeaux. Ce soupçon était injuste. Malgré l'horreur et le dégoût qui assiégeaient son cœur, il s'y trouvait encore de la pitié pour sa victime. La fougue de sa passion une fois assouvie, il aurait donné tout au monde pour ne s'être pas rendu coupable d'une telle infamie. Sa situation était si déplorable, son infortune si profonde, qu'il ne semblait pas au pouvoir d'aucune puissance humaine de la soulager. Que pouvait-il désormais faire pour elle? Plus de repos pour son ame, pas de ressource pour son honneur. Enlevée pour toujours à la société, il n'osait l'y replacer. Il prévoyait que, si elle reparaissait dans le monde, elle publierait son malheur, et qu'il en serait infailliblement la victime. A un homme aussi chargé de crimes la mort se présentait doublement affreuse ; et s'il consentait à la rendre à la lumière, et à courir les risques d'une dénonciation, quelle triste perspective se présentait devant elle ?

Dans cette effrayante alternative, un expédient, non moins triste, se présenta à l'esprit du moine, pour concilier sa sûreté avec ce qui lui restait d'humanité. Il prit le parti de la laisser dans le monde passer pour morte, et de la retenir captive dans cette prison odieuse. Il se proposait de l'y venir voir tous les soirs, de prendre lui-même le soin de l'y nourrir, et de mêler aux larmes de l'infortunée celles de son repentir. Il sentait combien cette résolution était injuste et cruelle; mais c'était le seul parti qui pût empêcher Antonia de publier son déshonneur et le crime qui en avait été la cause; en la relâchant, il ne pouvait compter sur son silence. Il l'avait trop cruellement offensée pour espérer qu'elle pût lui pardonner. D'ailleurs, sa rentrée dans le monde exciterait une curiosité universelle, et la violence de son affection ne lui permettrait pas d'en cacher les motifs. Il arrêta donc qu'Antonia resterait dans le cachot.

S'approchant d'elle, avec la confusion peinte sur le visage, il la souleva de terre. Sa main tremblait en la touchant, et il la retira brusquement, comme s'il eût touché un serpent. Entraîné vers elle, il sentait quelque chose qui l'en repoussait. Une secrète horreur le saisissait, lorsqu'il fixait ses yeux sur elle. Déjà sa conscience sentait toute la noirceur du crime dont sa raison ne pénétrait pas encore toute l'étendue. Enfin, d'une voix entrecoupée, qu'il s'efforçait de rendre aussi douce qu'il lui était possible, les yeux détournés, et parlant à peine assez haut pour être entendu, il tâcha de la consoler d'un malheur qui désormais paraissait sans remède. Il témoigna le plus profond repentir, et protesta qu'il voudrait racheter, par autant de gouttes de son sang, toutes les larmes qu'il avait eu la barbarie de lui faire répandre. Antonia l'écoutait dans un morne silence; mais lorsqu'il lui annonça qu'elle ne devait plus quitter ce caveau, cette effroyable destinée, cent fois pire que la mort, la fit sortir de sa stupeur. Traîner, parmi des tombeaux, une misérable vie dans un cachot infect; n'avoir de son existence d'autre témoin que son ravisseur! L'idée seule d'un pareil avenir lui parut insupportable. L'horreur qu'elle lui inspirait l'emporta sur celle qu'elle sentait pour le moine. Tombant encore une fois à genoux, elle implora sa pitié dans les termes les plus pressans. Elle promit s'il lui rendait la liberté, de cacher au monde entier ce qu'elle avait souffert, de donner à sa disparition tous les prétextes qu'il lui suggèrerait ; et afin d'éloigner de lui tout soupçon, elle offrit de quitter Madrid à l'instant. Ses instances étaient si touchantes, qu'elles firent quelque effet sur l'esprit du moine. Il fit réflexion que, comme elle ne lui inspirait plus aucun désir, il n'avait aucun intérêt à la tenir cachée, comme d'abord il se l'était proposé ; qu'en la retenant, il ajoutait un nouvel outrage à ceux qu'il lui avait faits ; et qu'après tout, si elle lui tenait sa promesse, il lui importait peu qu'elle fût libre ou enfermée.

Il balançait encore, lorsqu'il entendit les pas de quelqu'un qui s'approchait avec précipitation. On ouvrit avec violence la porte du caveau, et Matilde y entra ; la terreur et l'étonnement étaient peints sur tous ses traits.

En voyant entrer quelqu'un, Antonia jeta un cri de joie ; mais toute espérance de secours fut bientôt évanouie. Le novice supposé, sans paraître surpris de trouver une femme seule avec le prieur dans un lieu si étrange, et à une heure si avancée, dit à celui-ci sans perdre un instant :

— Qu'allons-nous faire, Ambrosio ? nous sommes perdus, à moins qu'on ne trouve promptement quelque moyen de dissiper l'émeute. Ambrosio, le feu est au couvent de Sainte-Claire. L'abbesse vient d'être massacrée par la populace en fureur. Déjà l'on menace de traiter de même notre couvent. Alarmés des projets du peuple, les religieux vous cherchent partout ; ils croient que votre crédit suffira pour apaiser ce tumulte. Personne ne sait ce que vous êtes devenu ; votre absence surprend et désespère tout le monde. J'ai profité de la confusion générale pour voler ici vers vous, et vous avertir du danger.

— Nous allons y porter remède, reprit Ambrosio ; je vais retourner vite à ma cellule. Une raison quelconque expliquera pourquoi on ne m'a pas trouvé.

— Impossible ! répliqua Matilde. Le caveau est rempli d'archers. Lorenzo de Médina, avec plusieurs officiers de l'inquisition fait la recherche du souterrain, et en parcourt toutes les galeries. Vous serez intercepté au passage ; on voudra savoir pourquoi vous êtes si tard ici : on trouvera Antonia et vous êtes perdu sans ressource.

— Lorenzo de Médina ! des officiers de l'inquisition ! Qui les amène ici ! me cherchent-ils ? suis-je donc soupçonné ? Parlez, Matilde, parlez ; par pitié, répondez-moi !

— Ils ne pensent pas encore à vous ; mais je crains que bientôt il n'en soit question. La seule chance que vous ayez pour leur échapper, repose sur la difficulté de trouver ce caveau. La porte en est bien cachée ; il est possible qu'ils ne l'aperçoivent point, et nous pouvons y rester jusqu'à ce que la recherche soit finie.

— Mais, Antonia ! si les inquisiteurs s'approchent, et qu'on entende ses cris ?

— Voici le moyen de s'en débarrasser, dit Matilde.

En même temps, tirant un poignard, elle s'avança vers la jeune infortunée.

— Arrêtez ! arrêtez ! s'écria Ambrosio, lui prenant le bras, et lui arrachant de la main le poignard déjà levé ; que voulez-vous faire, cruelle femme ? La malheureuse n'a déjà que trop souffert, grâces à vos funestes conseils. Plût à Dieu que je ne les eusse jamais suivis ! plût à Dieu que je ne vous eusse jamais connue !

Matilde lui lança un regard de mépris.

— Insensé ! s'écria-t-elle avec un air de colère et de dignité qui en imposa au moine, pouvez-vous craindre de lui ôter une vie que vous avez rendue misérable, en lui arrachant tout ce qui pouvait la faire aimer ? Mais à la bonne heure ; qu'elle vive pour vous convaincre de votre sottise. Je vous abandonne à votre mauvais sort : je renonce à votre alliance. Celui qui tremble de commettre un crime aussi léger, est indigne de ma protection. Ecoutez, écoutez !... Ambrosio; n'entendez-vous pas les archers? Les voilà qui viennent; votre perte est inévitable.

Dans ce moment, le prieur entendit parler quelques personnes dans le lointain. Il courut à la porte, du mystère de laquelle dépendait son salut, et que Matilde avait négligé de fermer. Avant qu'il y fut rendu, Antonia passa légèrement à côté de lui, se précipita par la porte ouverte, et, plus vite que la flèche, courut vers le bruit qu'on avait entendu. Elle avait écouté Matilde avec attention, et distingué le nom de Lorenzo. Résolue à tout risquer, pour se mettre sous la protection de ce seigneur, et convaincue par le bruit que faisaient les archers, qu'ils ne pouvaient être éloignés, elle avait rassemblé tout ce qui lui restait de forces pour s'enfuir. Ambrosio, revenu de sa première surprise, ne manqua pas de la poursuivre. Inutilement Antonia redoubla de vitesse. A chaque instant, son ennemi gagnait sur elle du terrain. Elle entendait ses pas prêts à se confondre aux siens; elle sentait sur son cou la chaleur de son haleine. Bientôt il l'atteignit, et, saisissant d'une main une poignée de ses cheveux épars, il essaya de l'entraîner avec lui dans le cachot. Antonia résista de toutes ses forces; entourant de ses bras un des piliers qui soutenaient la voute, elle se mit à crier. En vain le moine tâcha de lui imposer silence.

« Au secours ! continua-t-elle à crier; au secours, au secours pour l'amour de Dieu ! »

A ces cris, les pas qui s'étaient fait entendre parurent devenir plus vifs. Le prieur à tout moment croyait voir arriver les inquisiteurs. Antonia résistait, et criait toujours; enfin, il prit pour la faire taire un moyen horrible et infernal. Il avait encore à la main le poignard de Matilde; il le plongea deux fois dans le sein d'Antonia; elle tomba, en jetant un grand cri. Le moine essaya de l'entraîner; mais elle tenait toujours le pilier fortement embrassé. En ce moment, la lumière des torches qui s'approchaient brilla sur la muraille. Ambrosio, craignant d'être découvert, fut forcé d'abandonner sa victime, et se retira promptement dans le caveau où il avait laissé Matilde.

Don Ramirez, arrivant le premier, aperçut par terre une femme baignée dans son sang, et voyant fuir un homme dont l'épouvante faisait assez présumer qu'il était l'assassin, il poursuivit sur-le-champ le fugitif avec une partie des archers, tandis que les autres, avec Lorenzo, restèrent pour donner du secours à la personne blessée. Elle était évanouie; mais bientôt elle donna des signes de vie. Elle ouvrit les yeux; et lorsqu'en levant la tête, elle dégagea son front d'une forêt de cheveux blonds dont il était couvert :

— Dieu tout-puissant, s'écria Lorenzo, c'est Antonia!

Quoique poussé par une main égarée, le poignard n'avait que trop bien réussi. Les blessures étaient mortelles; Antonia sentit qu'elle ne pouvait en revenir. Cependant le peu de momens qui lui restaient à vivre furent des instans heureux. La douleur exprimée sur les traits de Lorenzo, les expressions de sa tendresse au désespoir, ses plaintes, ses questions, tout la convainquit qu'elle était aimée. Elle ne voulut pas qu'on la transportât hors du caveau, dans la crainte que le moindre mouvement ne lui causât la mort, et elle eût été fâchée de perdre des momens qu'elle pouvait employer à donner à Lorenzo des témoignages de son amour. Elle lui dit que, sans les outrages qu'elle avait reçus, elle pourrait regretter la vie; mais que, désormais dévouée à l'opprobre, elle était heureuse de mourir. Indigne du nom et de la main de Lorenzo, elle n'avait rien à regretter dans la vie. Elle l'invita à ne se point laisser abattre, à ne se point laisser abandonner à une inutile douleur, et lui déclara qu'il était au monde le seul objet qu'elle regrettât. Elle continua ainsi jusqu'aux derniers momens à déchirer le cœur de Lorenzo par les plus doux aveux. Enfin, sa voix s'affaiblit et s'embarrassa; ses yeux se couvrirent d'un nuage. Les mouvemens de son cœur se ralentirent, et tout lui annonça, que sa fin était proche.

Elle était couchée par terre, la tête appuyée sur Lorenzo ; ses lèvres murmuraient encore à son amant quelques paroles de consolation, lorsqu'elle entendit le son affaibli de l'horloge du couvent ; ses yeux tout à coup étincelèrent d'un feu céleste : tout son corps parut reprendre de la force et de la vie. Elle s'échappa des bras de Lorenzo.

— Trois heures ! dit-elle : ma mère, me voilà !

Elle joignit les mains et tomba morte. Lorenzo, au désespoir, se jeta par terre à côté d'elle ; il arrachait ses cheveux, se frappait la poitrine, et ne voulait point se séparer du cadavre. Alors épuisé de fatigue et de douleur, il se laissa transporter hors du caveau, et conduire au palais de Médina.

Ambrosio, poursuivi de près, réussit cependant à gagner le cachot ; il en avait déjà fermé la porte, lorsque don Ramirez arriva. Il se passa beaucoup de temps avant qu'on découvrît sa retraite ; enfin, la persévérante attention des archers en vint à bout. Ils enfoncèrent la porte et entrèrent dans le cachot, au grand effroi d'Ambrosio et de sa complice. La confusion du moine, le soin qu'il avait pris de se cacher, sa fuite rapide, et ses vêtemens maculés de sang, ne laissèrent aucun doute qu'il ne fût l'assassin d'Antonia. Mais lorsqu'on reconnut en lui le vénérable Ambrosio, le saint homme qui était l'idole de Madrid, les spectateurs confondus pouvaient à peine se persuader ce qu'ils voyaient. Le prieur ne chercha point à s'excuser ; il gardait un morne silence. On le saisit et on l'enchaîna, ainsi que Matilde. Le capuchon de celle-ci venant à se déranger, sa figure et ses cheveux apprirent quel était son sexe, et il en résulta une nouvelle surprise. On trouva encore le poignard dans la place où le moine l'avait jeté. Après avoir fait dans tout le souterrain une exacte recherche, on conduisit les deux coupables dans les prisons du Saint-Office.

Don Ramirez prit soin qu'on n'apprît au peuple ni le nom ni les crimes des prisonniers ; on craignait une répétition des événemens arrivés à Sainte-Claire ; on se contenta de faire dans le couvent des Dominicains une visite, qui ne produisit aucune découverte nouvelle ; les effets trouvés dans la cellule d'Ambrosio et celle de Matilde furent portés à l'inquisition, pour servir de pièce de conviction ; et tout dans Madrid rentra dans l'ordre accoutumé.

Le couvent de Sainte-Claire avait été complètement détruite par le pillage et l'incendie.

Virginie conduite chez son père, son premier soin avait été d'appeler les secours de la médecine auprès de l'infortunée dont elle s'était chargée. Ils produisirent d'abord peu d'effets sur un corps épuisé par tant de souffrances. Enfin la nourriture saine, les remèdes choisis, les attentions délicates, le bonheur, surtout la liberté et la joie, réussirent à la rendre à l'amour et à la vie. Virginie, de l'instant où elle l'avait vue, avait senti pour elle le plus tendre intérêt ; mais combien ce sentiment augmenta de chaleur et de vivacité, lorsque le temps et la santé eurent assez rétabli son aimable malade, pour qu'elle reconnût en elle la sœur de Lorenzo.

Cette victime de la tyrannie monastique n'était autre, en effet, que la malheureuse Agnès. Virginie l'avait bien connue au couvent de Sainte-Claire ; mais sa figure altérée, ses traits changés par le malheur, le bruit de sa mort universellement accrédité, ses cheveux prodigieusement alongés dans sa longue solitude, et répandus en désordre sur son visage, l'avaient empêchée de reconnaître une de ses plus chères amies. Vivement sollicitée par l'abbesse, sa tante, de prendre le voile dans le couvent de Sainte-Claire, Virginie n'avait été détournée d'y faire profession que par les conseils et l'exemple d'Agnès. Celle-ci, dans les fréquens épanchemens d'une étroite intimité, lui avait peint sous de vives couleurs les inconvéniens de la vie claustrale. Souvent elle lui avait témoigné le désir que son frère Lorenzo fût assez heureux pour attirer ses regards, et former, en l'épousant, un lien de plus qui les unit l'une à l'autre. Virginie n'avait point repoussé ses vœux, auxquels les avantages de Lorenzo pouvaient donner quelque prix. Les événemens avaient depuis éloigné une supposition, qui peu à peu s'était changée en espérance. D'autres circonstances, en replaçant tout à coup près de Virginie Agnès et Lorenzo, donnèrent un nouvel intérêt à des sentimens déjà plus vifs qu'il ne convenait à son repos. La position où se trouvait Lorenzo s'accordait mal avec de pareils projets. La mort soudaine et terrible de sa maîtresse lui avait porté un coup affreux. Tout entier à sa douleur, il ne voulait pas même supposer qu'il pût un jour se consoler. Son affliction était si profonde, si sincère, que le duc aurait craint de le blesser en lui proposant ouvertement ce qu'il espérait un jour obtenir du temps et des charmes de Virginie.

Agnès, de retour à la vie, n'avait pas manqué de demander des nouvelles de don Raymond. Quelque affligée qu'elle fût d'apprendre le triste état où il était réduit, flattée d'en être la cause, elle se félicitait d'être si tendrement aimée. Le duc se chargea lui-même d'apprendre au malade le bonheur qui venait de lui arriver. Avec quelques précautions qu'il prit le soin de l'en instruire, les transports de Raymond furent si vifs, qu'ils pensèrent lui être funestes. Mais la tranquillité d'ame et la présence d'Agnès, qui ne fut pas plutôt rétablie qu'elle vint avec la mère de Virginie le visiter, le mirent bientôt en état de surmonter son mal. Le calme de son ame se communiqua à son corps. Son rétablissement fut assez rapide pour étonner tout ce qui l'environnait.

Lorenzo, moins heureux, ne trouvait que dans la société d'Agnès quelque soulagement à sa douleur profonde; sentant combien elle lui était nécessaire, sa sœur ne quittait point sa chambre; elle écoutait avec patience ses plaintes répétées; sa compassion, sa douce sympathie charmaient sa douleur et adoucissaient son amertume. Par degrés il reprit des forces; mais ses progrès furent lents et douteux. Un soir, il semblait moins triste qu'à l'ordinaire. Agnès et son amant, le duc, Virginie et ses parens, étaient assis autour de lui. Pour la première fois, il pria sa sœur de lui apprendre comment elle avait échappé au poison que la mère Sainte-Ursule lui avait vu prendre. Agnès jusqu'alors avait craint, en lui racontant ces circonstances, de rappeler trop vivement à sa mémoire les tristes détails de la mort d'Antonia. Invitée par lui-même, et par ses amis, elle céda à leurs instances; après avoir rapporté les particularités qu'on a vues dans le récit de la mère Sainte-Ursule, elle continua en ces termes:

Fin de l'histoire d'Agnès de Médina.

« Ma mort supposée fut accompagnée des plus grandes douleurs. Ces momens, que je croyais être mes derniers, furent empoisonnés par les assurances de l'abbesse, que je ne pouvais échapper à l'éternelle perdition. En fermant les yeux, j'entendis sa rage s'exhaler en malédictions sur mes fautes. Il me serait difficile de vous rendre l'horreur de cette situation, de vous peindre combien était affreux ce lit de mort, dont tout espoir était banni, ce sommeil dont je ne devais sortir que pour me voir en proie aux flammes et aux furies : lorsque les sens me revinrent j'étais encore frappée de ces funestes images.

« Une heure s'écoula avant que je pusse considérer les objets dont j'étais entourée. Lorsque je les examinai, de quelle terreur je fus frappée! J'étais étendue sur une espèce de brancard; il était garni de six poignées, qui sans doute avaient servi aux religieuses à me porter au tombeau. J'étais couverte d'une toile; sur moi étaient éparses quelques fleurs flétries. D'un côté était un petit crucifix de bois, et de l'autre un rosaire à gros grains. J'étais enfermée entre quatre murs peu élevés, fort rapprochés les uns des autres. Une très petite clarté, qui passait au travers des barreaux, me permettait de distinguer les horreurs qui m'environnaient. Une odeur infecte me suffoquait; et voyant que la grille n'était pas fermée, je crus pouvoir m'échapper. En me soulevant à cet effet, j'aperçus près de moi un cercueil, que couvrait un simple voile; je le levai. Quelle fut ma surprise et mon épouvante, lorsque, à l'aide de ma mémoire, je pus reconnaître, malgré l'obscurité, la dépouille mortelle d'une de mes compagnes, dont j'avais vu les funérailles quelques semaines auparavant! Je me laissai retomber sans connaissance sur mon brancard.

« Lorsque le sentiment me revint, cette circonstance, et la conviction qu'elle me donnait que j'étais au milieu des morts, augmenta le désir que j'avais de m'enfuir. Je fis encore un mouvement vers la lumière. La grille était à ma portée; je la levai sans difficulté : probablement on l'avait laissée ouverte pour me donner la facilité de quitter le cachot. A l'aide de quelques pierres qui, dans les murs, s'avançaient un peu plus que les autres, je parvins à monter et à sortir de ma prison : je me trouvai alors dans une cave assez spacieuse. Plusieurs tombeaux, semblables en apparence à celui que je venais de quitter, étaient rangés le long des côtés, et paraissaient creusés assez avant dans la terre. Une lampe sépulcrale était suspendue à la voûte par une chaîne de fer, et jetait une clarté sombre dans tout le caveau. Chaque tombe était ornée d'un grand crucifix. Dans un coin était une statue de Sainte-Claire. Je ne fis pas d'abord attention à ces objets. Une porte, seule issue qui se présentât pour sortir du caveau, avait frappé mes yeux. J'y courus avec précipitation, m'enveloppant du linceul qui me couvrait. Je poussai la porte, et, à mon inexprimable douleur, je trouvai qu'elle était fermée en dehors.

« Je présumai alors que l'abbesse, se trompant sur la nature du breuvage qu'elle m'avait forcée de prendre, m'avait donné, au lieu de poison, un puissant narcotique ; j'en conclus que, paraissant morte aux yeux de tout le monde, j'avais subi toutes les cérémonies de l'enterrement, et que, ne pouvant instruire personne de mon existence, j'étais destinée à mourir de faim. Cette idée me fit frissonner, moins pour moi que pour l'innocente créature qui vivait encore dans mon sein. Je fis de nouveaux efforts pour ouvrir la porte ; ils furent inutiles. Je forçai ma voix pour appeler au secours ; aucune voix ne me répondit. Un triste et profond silence régnait dans tout le souterrain. Je désespérai de ma liberté. Depuis long-temps je n'avais point pris de nourriture ; la faim commença à se faire sentir, et les tourmens qu'elle me causa furent insupportables : ils augmentèrent d'heure en heure avec la crainte. Tantôt je m'arrachais les cheveux de désespoir, tantôt je retournais à la porte, essayant vainement de l'ouvrir, et criant de nouveau pour obtenir du secours. Plus d'une fois je fus tentée de me frapper aux tempes contre le coin aigu de quelque tombeau, et de mettre ainsi un terme à tous mes maux ; mais toujours le souvenir de mon enfant me retenait. J'exhalais alors ma douleur en sanglots et en lamentations, ou je restais dans un morne silence et les bras étendus, assise sur le pied de la statue de Sainte-Claire. Ainsi se passèrent plusieurs heures, pendant lesquelles je ne cessais d'implorer et d'attendre la mort, lorsque j'aperçus sur un tombeau voisin un petit panier, auquel je n'avais point encore fait attention. Je l'examinai ; il contenait un pain de l'espèce la plus grossière, et une petite bouteille d'eau. Le pain était dur, et l'eau malpropre ; cependant je me jetai avec avidité sur ces misérables alimens, et quand la première faim fut apaisée, je réfléchis sur cette nouvelle particularité. Était-ce pour moi qu'on avait placé là ce panier ? J'osai l'espérer. Cependant qui pouvait deviner que j'eusse besoin de ce secours ? Si l'on savait que j'étais encore vivante, pourquoi étais-je retenue dans ces sombres caveaux ? Si j'étais prisonnière, que signifiaient les cérémonies pratiquées à l'occasion de ma mort ; ou, si j'étais condamnée à périr de faim, à la pitié de qui étais-je redevable de ce secours ? Une amie n'aurait pas tenu dans le secret mon terrible châtiment ; il ne me paraissait pas probable qu'une ennemie m'eût fourni ces moyens d'existence. J'étais portée à espérer que quelques-unes des religieuses qui s'étaient déclarées en ma faveur, avaient trouvé moyen d'informer ma famille du traitement qu'on me faisait éprouver, et que peut-être il se tramait quelque heureux projet pour ma délivrance. Je fus bientôt frustrée de cet espoir par l'arrivée de l'abbesse, qui éclairée par une torche, et suivie des quatre religieuses qui avaient été témoins de ma mort supposée, entra en ce moment dans le caveau.

« L'abbesse approcha la torche de mon visage, me regarda quelques instants en silence, et ne montra aucune surprise de me trouver vivante : elle s'assit. J'étais tremblante et debout ; elle m'ordonna d'approcher : n'ayant pas la force de me soutenir, je tombai à ses genoux les mains jointes, et sans pouvoir prononcer une parole.

« Est-ce encore comme criminelle, ou est-ce comme pénitente, dit-elle, que vous implorez ma pitié ? Est-ce la contrition qui anime vos regards, ou la crainte du châtiment ? Je crains que ce ne soit ce dernier motif. Cependant prenez courage : je ne veux point votre mort, je ne désire que votre repentir. La potion que je vous ai fait prendre était de l'opium, et non pas du poison. Mon intention a été, en vous trompant, de vous faire sentir combien auraient été poignans les reproches de votre conscience, si la mort vous eût surprise avant l'expiation de vos crimes. Je vous ai fait sentir les pointes du remords ; je vous ai familiarisée avec la mort, et j'ose espérer que cette souffrance momentanée produira pour votre salut des effets éternellement heureux. Mon dessein n'est point de détruire votre ame immortelle ; non, ma fille. Je veux, au contraire, achever de la purifier par la mortification et la pénitence. Écoutez donc votre arrêt, dont je ne suis ici que l'organe. Le zèle mal entendu de vos amies en a jusqu'à ce moment différé l'exécution ; rien ne peut désc mais vous y soustraire. Votre famille est, ainsi que tout Madrid, persaudée de votre mort, et celles de nos sœurs qui se sont déclarées pour vous ont assisté à vos funérailles. Votre existence est désormais un mystère impénétrable. Renoncez donc à tout espoir de revoir le monde, dont vous êtes séparée pour l'éternité, et employez le peu de jours qui vous restent à vous préparer pour une autre vie. »

Cet exorde me glaça d'effroi. Je voulus parler ; un regard m'imposa silence. Elle continua :

« Au-dessous de ces caveaux, il existe des prisons réservées, par l'ordre exprès de notre fondatrice, aux malheureuses qui, comme vous, ont forfait à leurs vœux et à leur honneur. L'entrée de ces demeures est un secret, et vous allez y être descendue. On vous y fournira chaque jour la quantité de nourriture exactement nécessaire pour entretenir votre existence, et cette nourriture sera simple et même grossière. Pleurez, ma sœur, pleurez ; et arrosez votre lit de vos larmes. Dieu sait que vous avez sujet de vous affliger. Vous n'aurez plus désormais pour consolation que la religion, pour société que le repentir. Tels sont les ordres de Sainte-Claire. Ayez à vous y soumettre sans murmure, et suivez-moi.

« Frappée comme d'un coup de tonnerre en entendant ce barbare décret, le peu de force qui me restait m'abandonna ; je ne répondis à l'abbesse que par des torrens de larmes ; mais, insensible à mon affliction, elle se leva, et Marianne et Alix, obéissant à son signal, m'enlevèrent dans leurs bras : l'abbesse les suivit, appuyée sur Violente et précédée de Camille, qui portait la torche. Ainsi s'avança notre triste procession, dans un silence profond, qu'interrompaient seulement mes soupirs et mes gémissemens. Lorsque nous arrivâmes à la principale statue de Sainte-Claire, la figure fut, je ne sais par quel moyen, dérangée de dessus son piédestal. Les religieuses levèrent alors une grille de fer, qui, en se renversant, fit un bruit effroyable : ce bruit se répéta dans les caveaux, dont je voyais l'abîme ouvert sous mes yeux. Mes conductrices me descendirent par un escalier étroit et escarpé. A cette vue, je remplis l'air de mes cris; j'implorai leur compassion; j'appelai à mon secours le ciel et la terre. Ce fut en vain ; elles me firent entrer de force dans une des cellules souterraines de cette caverne.

« Je sentis mon sang se glacer ; le froid me saisit. L'humidité des murs, le lit de paille qui m'était destiné, la chaîne que j'entendis sonner, et surtout la vue des reptiles de toute espèce que je vis s'enfuir à leurs repaires, à mesure que la torche avançait, tous ces objets me pénétrèrent de terreur. M'arrachant de leurs mains, je me jetai de nouveau aux pieds de l'abbesse.

« Si ce n'est pas sur moi, lui dis-je, avec une douleur frénétique, daignez au moins jeter un regard de pitié sur l'innocente créature dont la vie est unie à la mienne. Mon crime est grand; mais mon enfant, mon pauvre enfant, doit-il l'expier? Il n'a point commis de fautes faudra-t-il qu'il souffre avant même qu'il soit né ? »

« L'abbesse fit un pas en arrière, et arracha son habit de mes mains, comme s'il eût été contagieux.

« Quoi ! s'écria-t-elle d'un air exaspéré, voulez-vous donc m'intéresser au produit de votre infamie ? Est-il à propos qu'on favorise la conservation d'un être conçu dans le parjure et l'incontinence ? Malheureuse, n'attends de moi aucune pitié ni pour toi ni pour ton bâtard. Priez plutôt le ciel qu'il daigne le faire périr avant sa naissance ; ou, s'il doit voir le jour, que ses yeux soient aussitôt après fermés pour jamais. Mettez donc au monde le fruit de votre crime ; nourrissez-le, enterrez-le vous-même ; je prierai le ciel qu'il en débarrasse cette enceinte plus tôt que plus tard.

« A cet excès d'inhumanité, frappée de ses menaces, et de ses vœux barbares pour la mort de mon enfant, je tombai évanouie aux pieds de mon implacable ennemie. J'ignore combien je restai de temps en cet état ; mais à mon réveil, je ne vis plus autour de moi, ni l'abbesse, ni les religieuses. Tout était dans le silence ; mais tout était horrible. Je me trouvai étendue sur une couche de paille, attachée par le milieu du corps à la chaîne pesante que j'avais déjà aperçue, et dont une extrémité était fixée dans le mur. La lueur sombre d'une lampe me laissait apercevoir toute l'horreur de ma nouvelle demeure. Point de porte à mon cachot, qui n'était séparé du reste de la caverne que par un mur à hauteur d'appui. Un crucifix de plomb était en face de mon lit. A côté de moi je vis un fouet, un chapelet, un cilice ; à quelque distance, un pot rempli d'eau, un panier contenant un pain noir, et une bouteille d'huile pour la lampe.

« Après tant et de si brillantes espérances, moi, la nièce du duc de Médina Céli ; moi l'amante, l'épouse du marquis de Las Cisternas, née et nourrie dans l'opulence, alliée aux plus nobles familles de l'Espagne ! Moi, riche surtout, ou au moins qui aurais dû l'être, en amis et en protecteurs, me trouver en cette situation, ensevelie vivante dans ce gouffre et chargée de chaînes ! Au premier instant je crus rêver ; mais le second ne me fit que trop sentir la réalité de mon sort.

« Tant de maux durent avancer le terme de ma grossesse. Je fus en effet délivrée, peu d'heures après ces événemens, de mon malheureux fardeau. Seule, sans aucun secours, sans amis, sans consolation, je mis au monde un enfant vivant ; mais qu'en pouvais-je faire ? Ignorant de quelle manière il aurait fallu s'y prendre pour conserver la vie à un être si délicat et si tendre, je ne savais, hélas ! que le baigner de mes larmes, le réchauffer dans mon sein, et adresser pour lui mes prières au ciel. Ce sentiment n'était pas sans quelque plaisir : j'en fus bientôt privée ; mon enfant mourut. Le défaut de moyens, l'air malsain de la caverne, le froid, la misère, eurent bientôt terminé la courte et pénible existence de mon joli enfant. Cependant, je ne m'en séparai point ; je l'enveloppai dans quelques morceaux déchirés de mes vêtemens, et placé sur mon sein, ses petits bras autour de mon cou, sa joue froide et pâle contre la mienne, je passais ainsi les jours et les nuits à le couvrir de baisers, à lui parler, à pleurer, à gémir. Camille entrait régulièrement une fois toutes les vingt-quatre heures pour m'apporter ma nourriture. Quoiqu'elle fût d'un naturel dur, elle ne put voir sans émotion un si triste spectacle ; elle craignit que l'excès de mon chagrin ne me rendît folle ; et, pour dire la vérité, je n'étais pas toujours en mon bon sens. Elle me pressa, par un motif de compassion, de me permettre qu'elle enterrât mon enfant. Je n'y voulus point consentir ; et quoique bientôt il ne fût plus qu'une masse informe et dégoûtante pour tout autre qu'une mère, je surmontai toute répugnance, je persistai à garder contre mon sein l'être infortuné qui avait été mon enfant, à tâcher, en le regardant de me rappeler ses traits. Cette triste occupation était mon seul plaisir, et je n'y ai renoncé, même après ma délivrance, que vaincue par les sollicitations de deux bonnes amies. (Ici Agnès porta alternativement à ses lèvres les mains de la marquise et de Virginie.) J'ai consenti alors que sa dépouille mortelle fut déposée en terre sainte.

« Camille venait chaque jour, comme je l'ai dit, m'apporter ma nourriture. Elle ne cherchait point à aigrir mes chagrins ; elle ne me laissait, à la vérité, concevoir aucun espoir de liberté, mais elle m'encourageait à supporter patiemment mes maux, et à chercher des consolations dans la religion.

« Quant à l'abbesse, son courroux ne se ralentit point, à compter du moment où ma faute et mon projet de fuite lui furent révélés par le prieur des Dominicains. Une seule fois elle prit la peine de me rendre visite ; ce fut pour m'accabler de nouveaux reproches, et sans me laisser voir le plus léger signe de pitié. Femme insensible! mais je ne veux point écouter mon ressentiment ; elle a expié, par sa mort terrible et inattendue, ses torts envers moi. Cependant, quel qu'ait été son sort, ses souffrances ne sont guère comparables aux miennes. Elle n'a pas été, comme moi, glacée par le froid perçant ; elle n'a pas respiré un air épais et pestilentiel ; elle n'a pas eu à endurer, pendant son sommeil, le froid lézard sur son visage ou dans les tresses de ses cheveux ; elle n'a pas senti, avec un mortel effroi, le crapaud hideux et gonflé de noirs venins se traîner pesamment contre son sein !.... Que le ciel fasse paix à son ame ! Puissent ses crimes lui être pardonnés, comme je lui pardonne mes souffrances !

« Telle était ma situation, lorsque Camille tomba tout à coup malade d'une fièvre que l'on dit être putride. Peut-être que Camille, moins jeune que moi, n'avait pu respirer impunément l'air du caveau. Retenue au lit, nulle autre que la sœur laïque, qu'on avait chargée de la veiller, n'osait l'approcher, de crainte de gagner la contagion. L'abbesse et les autres m'ayant totalement confiée aux soins de Camille, occupées d'ailleurs des préparatifs de la fête, ne songeaient point à moi ; c'est ainsi que la mère Sainte-Ursule m'a depuis expliqué leur négligence, dont j'étais loin alors de soupçonner la cause. Un jour se passa, le second encore, le troisième même arriva, sans que je visse entrer Camille, et sans qu'on m'apportât aucune nourriture. Je comptais les jours par la consommation de ma lampe, pour laquelle il me restait encore de l'huile à peu près pour une semaine. Je présumai que les religieuses m'avaient oubliée, ou que l'abbesse leur avait ordonné de me laisser périr. Mon corps n'était plus qu'un squelette à peine animé ; tous mes membres commençaient à s'engourdir ; je n'attendais plus enfin que le moment de ma dissolution,.... quand mon ange libérateur, mon frère arriva bien à propos pour me sauver. Ma vue était si faible, que d'abord je ne le reconnus point ; mais quand je pus distinguer ses traits, l'excès de ma joie, à la vue d'un ami si cher à mon cœur, m'eut bientôt ravi l'usage de mes sens.

« Vous savez déjà quelles sont mes obligations envers la famille de Villa-Franca ; mais ce que vous ne pouvez savoir, c'est l'étendue de ma reconnaissance, qui est infinie, comme la bonté de ceux qui m'ont obligée. Lorenzo ! Raymond ! noms si chers à mon cœur, aidez-moi à supporter ce passage subit du désespoir au bonheur. Captive naguère, chargée de chaînes, mourant de faim, souffrant tous les besoins à la fois, privée du jour et de la société, abandonnée, et me croyant oubliée de tout l'univers ; aujourd'hui, rendue à la liberté et à la vie, placée au milieu de toutes les jouissances que peuvent donner l'opulence et le repos, environnée de tous les êtres qui me sont chers, et sur le point d'épouser celui à qui mon cœur est depuis si long-temps engagé. Il ne me reste qu'un vœu à former, c'est de voir mon frère rétablir sa santé, et de ne plus penser, avec tant d'amertume, à sa chère Antonia : voilà désormais le seul objet de mes désirs.

« Raymond, la tendresse m'a perdue. Je me reposai trop sur mes forces ; mais je ne comptais pas moins sur votre bonheur que sur le mien. J'avais résolu de ne plus vous revoir ; sans les fatales suites de ce moment d'oubli, j'aurais tenu l'engagement que j'en avais pris avec moi-même. Le sort ne l'a pas permis, et je ne peux que me féliciter de sa décision. Je fus bien coupable cependant, et tout en essayant de me justifier, je rougis de mon imprudence. Laissons cet objet, Raymond ; ne nous souvenons du passé que pour mieux chérir l'avenir qui s'offre à nous, et que la conduite de votre femme ne vous rappelle jamais les erreurs de votre maîtresse. »

Ici finit Agnès. Le marquis lui répondit dans les termes les plus tendres. Lorenzo parut enchanté d'appartenir de si près à un homme pour lequel il avait la plus haute considération. Une bulle du pape avait relevé Agnès de ses vœux. Bientôt le mariage se fit ; les époux partirent, peu de temps après, pour le château qu'avait don Raymond en Andalousie. Lorenzo les accompagna, ainsi que la marquise de Villa-Franca et l'aimable Virginie. On n'a pas besoin de dire que Théodore y suivit son maître, et qu'il fut enchanté de son bonheur. Le marquis, avant son départ, pour expier, autant qu'il le pouvait, sa négligence envers Elvire, fit à Léonelle un beau présent. Jacinthe ne fut point oubliée, et bénit, dans sa reconnaissance, le jour où sa maison avait été ensorcelée.

Agnès, de son côté, eut soin de ses amies du couvent. La digne mère Sainte-Ursule, à qui elle devait sa liberté, fut nommée, par ses soins, supérieure des *Dames de la Charité*, maison considérable et respectée dans toute l'Espagne. Berthe et Cornélie, ne voulant pas quitter leur amie, la suivirent dans la même communauté. Quant aux religieuses qui avaient aidé l'abbesse à persécuter Agnès, Camille, retenue dans son lit par une indisposition, avait péri dans l'embrasement du couvent de Sainte-Claire. Marianne, Alix et Violente, ainsi que deux autres, avaient péri victimes de la fureur populaire. Les trois dernières de celles qui, dans le conseil, avaient soutenu l'avis de l'abbesse, furent sévèrement réprimandées par les supérieurs ecclésiastiques.

La fidèle Flore ne resta pas sans récompense. Consultée sur ses désirs, elle parut souhaiter de revoir son pays. En conséquence, on lui procura les moyens de partir pour Cuba, où elle se rendit, chargée des bienfaits de Raymond et de Lorenzo.

Après avoir acquitté les dettes de la reconnaissance, Agnès entreprit de payer celles de l'amitié, et de rendre le bonheur à l'amant d'Antonia. Habitant les mêmes lieux, Virginie et Lorenzo étaient sans cesse ensemble.

Lorenzo admirait la beauté de celle-ci, louait ses talens, et était enchanté de son caractère. Le sentiment qu'elle lui inspirait peu à peu ne ressemblait point cependant au feu dont il avait brûlé pour Antonia. L'image de cette aimable et malheureuse fille ne sortait point de son cœur : elle résistait à tous les efforts que faisait Virginie pour la supplanter. Cependant, lorsque le duc engagea son neveu à ce mariage, Lorenzo ne rejeta pas la proposition. Les instances de ses amis, le mérite de la jeune personne, vainquirent enfin la répugnance qu'il montrait à prendre de nouveaux engagemens ; il finit par se proposer lui-même au marquis de Villa-Franca, et fut accepté avec joie et reconnaissance. Virginie devint sa femme, et ne lui donna jamais lieu de se repentir de son choix. Sa considération pour elle augmenta de jour en jour. Elle recueillit le fruit des efforts continuels qu'elle faisait pour lui plaire. L'attachement qu'elle inspirait prit avec le temps un caractère plus vif et plus tendre. L'image d'Antonia cessa de troubler la pensée de Lorenzo ; et Virginie finit par posséder seule ce cœur, dans lequel elle était digne de régner sans partage.

Raymond et Agnès, Virginie et Lorenzo, jouirent pendant le reste de leurs jours de tout le bonheur dont ils étaient privés depuis si long-temps.

CHAPITRE XII.

« C'était un malin et cruel esprit. L'enfer n'a
« point d'hôte plus dangereux. Nourri d'orgueil,
« de haine et de fureur, il est ennemi des bons
« comme des méchans. »

(THOMPSON).

Le lendemain de la mort d'Antonia, tout Madrid fut surpris et consterné. Un archer, témoin de l'aventure des tombeaux, avait indiscrètement publié les détails de l'assassinat. Il en avait nommé l'auteur : les bonnes ames étaient confondues. La plupart des dévotes n'en voulurent rien croire, et vinrent elles-mêmes au couvent pour s'en instruire. Les religieux, voulant écarter l'opprobre de leur maison, disaient aux curieux qu'une indisposition était la seule cause qui empêchât Ambrosio de les recevoir comme à l'ordinaire. Cette excuse, trop souvent répétée, manqua son effet. L'histoire de l'archer prit de la consistance ; les partisans du prieur l'abandonnèrent. Personne ne douta plus de son crime ; et ceux qui l'avaient prôné avec le plus d'enthousiasme, devinrent les plus ardens à déclamer contre lui.

Tandis qu'on agitait avec chaleur dans Madrid la question de son innocence, Ambrosio était en proie aux tourmens du remords, et son ame était agitée par les terreurs du supplice; lorsqu'il contemplait l'élévation d'où il était déchu, lorsqu'il se rappelait combien il avait été honoré et respecté, lorsqu'il était en paix avec le monde et avec lui-même ; à peine pouvait-il croire qu'il fût le même homme qui tremblait aujourd'hui d'envisager ses crimes et sa destinée. A peine y avait-il quelques semaines que, pur et vertueux, il était recherché par les gens les plus sages et les plus distingués de Madrid, et regardé par le peuple avec une vénération qui approchait de l'idôlatrie. A présent, souillé des crimes les plus honteux, les plus horribles, il se voyait en exécration à l'univers, prisonnier de l'inquisition, et probablement destiné à subir le plus affreux des supplices. Il n'avait aucun espoir d'en imposer à ses juges : les preuves étaient contre lui trop évidentes. L'heure, le lieu où il avait été trouvé, le sang répandu sur lui, le poignard à ses côtés, sa fuite et son effroi, tout le désignait comme l'assassin d'Antonia. Il attendait, en tremblant, le jour de son jugement. Nulle ressource ne se présentait pour le consoler dans son malheur. La religion ne pouvait lui inspirer aucun courage. S'il jetait les yeux sur ses préceptes, s'il parcourait les livres saints qu'on lui avait laissés, il y trouvait partout sa condamnation. S'il essayait de prier, il se rappelait qu'il était indigne de la miséricorde divine. Ses crimes lui semblaient trop monstrueux pour ne pas surpasser la bonté infinie du Tout-Puissant. Pour tout autre pécheur, il pouvait, selon lui, y avoir quelque espoir ; mais il n'y en avait plus pour lui. Voyant le passé avec horreur, tourmenté par le présent et frémissant pour l'avenir, il passa ainsi le petit nombre de jours qui précédèrent celui de son interrogatoire.

Ce jour arriva. A neuf heures du matin on ouvrit la porte de sa prison, et son geolier y étant entré, lui ordonna de le suivre. Il obéit en tremblant. On le conduisit dans une grande salle tendue de drap noir. Devant une table étaient assis trois hommes, aussi vêtus de noir, d'un maintien grave et sévère. L'un d'eux était le grand inquisiteur, que l'importance de cette cause avait déterminé à l'examiner lui-même. Devant une table moins élevée, à une petite distance, était le secrétaire avec tout ce qui lui était nécessaire pour écrire. Ambrosio reçut ordre d'avancer, et de se placer au bout inférieur de la table. Jetant les yeux autour de lui, il aperçut par terre plusieurs morceaux de fer, d'une forme qui lui était inconnue. La crainte lui suggéra sur-le-champ que ce devaient être des instrumens de torture. Il pâlit et chancela.

Un profond silence régnait dans la salle, et n'était interrompu que lorsque les inquisiteurs se parlaient tout bas les uns aux autres. Près d'une heure se passa ainsi, pendant laquelle les craintes d'Ambrosio croissaient à chaque minute. Enfin une petite porte, opposée à celle par où il était entré, s'ouvrit en tournant pesamment sur ses gonds; un officier parut, suivi de la belle Matilde. Ses cheveux tombaient en désordre sur son visage; ses joues étaient pâles, ses yeux éteints et enfoncés. Elle jeta sur Ambrozio un coup d'œil triste et tendre. Il lui répondit par des regards où se peignaient la haine et le reproche. On la fit placer devant lui. Une horloge sonna trois heures; c'était l'instant marqué pour l'ouverture de l'audience : les inquisiteurs commencèrent leurs fonctions.

Dans ces procès, on n'énonce jamais ni l'accusation, ni le nom de l'accusateur : on demande seulement aux prisonniers s'ils veulent avouer. S'ils répondent que, n'ayant point commis de crime, ils n'ont point de confession à faire, on les met sur-le-champ à la torture. On recommence ainsi par intervalles, jusqu'à ce que les prévenus s'avouent coupables, ou que les examinateurs soient fatigués du spectacle de leurs tourmens; mais l'inquisition ne prononce jamais définitivement sur le sort des accusés, sans un aveu formel de leur part. En général, on laisse passer beaucoup de temps avant de les interroger. Mais le jugement d'Ambrosio avait été accéléré à cause d'un *auto-da-fé* solennel qui devait avoir lieu dans quelques jours, et dans lequel les inquisiteurs, pour faire preuve de vigilance, voulaient faire jouer un rôle à ce criminel distingué.

Le prieur n'était pas seulement prévenu de viol et d'assassinat, on l'accusait en outre, ainsi que Matilde, de sorcellerie. Elle avait été arrêtée comme complice de l'assassinat d'Antonia. On avait trouvé dans sa cellule des instrumens et des livres suspects qui déposaient contre elle. On produisit, à la charge du moine, le miroir constellé que Matilde avait, par hasard, laissé chez lui. Don Ramirez, en visitant sa cellule, avait été frappé des figures bizarres qui étaient gravées dessus; en conséquence, il l'avait emporté avec lui. On le montra au grand inquisiteur, qui, après l'avoir considéré avec attention, prit une petite croix d'or attachée à sa ceinture, et la mit sur le miroir. On entendit à l'instant un bruit pareil à un coup de tonnerre, et l'acier se brisa en mille morceaux. Cette circonstance confirma le soupçon que le moine s'était occupé de magie. On supposa même que sa grande faveur populaire était due à quelque sortilége.

Résolus à lui faire avouer, non seulement les crimes dont il était coupable, mais même ceux qu'il n'avait pas commis, les inquisiteurs commencèrent leurs procédures. Quoique aussi épouvanté de la torture, que de la mort qui devait le livrer aux tourmens éternels, le prieur soutint son innocence d'une voix ferme et hardie. Matilde suivit son exemple; mais elle tremblait, et sa voix était mal assurée. Ayant en vain exhorté Ambrosio à avouer, les inquisiteurs le firent appliquer à la torture. On exécuta l'ordre à l'instant. Le misérable souffrit les tourmens les plus cruels que la barbarie de l'homme ait jamais inventés. Cependant la mort est si terrible pour un coupable, qu'il eut assez de force pour persister dans son désaveu. On redoubla ses souffrances, et on ne se ralentit que lorsque, évanoui à force de douleur, l'insensibilité l'eut soustrait à la rage de ses bourreaux.

On ordonna ensuite de donner la torture à Matilde; mais, épouvantée par ce qu'elle avait vu souffrir au moine, le courage lui manqua. Elle se jeta à genoux, avoua ses intelligences avec les esprits infernaux, et convint qu'elle avait été témoin de l'assassinat d'Antonia. Quant au crime de sorcellerie, elle déclara qu'elle seule en était criminelle; et qu'Ambrosio était, à cet égard, parfaitement innocent. On ne crut point à cette dernière assertion. Le prieur avait recouvré ses sens assez tôt pour entendre l'aveu de sa complice. Il était trop affaibli par ce qu'il avait déjà souffert, pour qu'on lui fît subir de nouveaux tourmens. On le renvoya à sa prison, en lui disant qu'aussitôt qu'il aurait repris assez de force, on lui ferait subir un nouvel examen. Les inquisiteurs espéraient qu'alors il serait moins obstiné. On annonça à Matilde qu'elle expierait son crime par le feu au prochain *auto-da-fé*. Ses prières ni ses larmes ne purent rien changer à son sort. On l'entraîna de force hors de la salle.

Ambrosio, retourné dans son cachot, éprouvait dans son corps moins de douleurs que d'angoisses dans son ame. Ses membres disloqués, ses ongles arrachés des mains et des pieds, et ses doigts brisés par la pression des étaux, tout cela n'était rien en comparaison de l'agitation de son esprit et de la violence de ses craintes. Il voyait, qu'innocent ou coupable, ses juges étaient résolus à le condamner. Le souvenir de ce que lui avait coûté sa dénégation le faisait frémir de l'idée d'une nouvelle torture, et le déterminait presque à avouer ses crimes. Les suites de cet aveu se présentaient alors devant lui, et le rejetaient dans son irrésolution. Sa mort, en ce cas, était inévitable, et une mort du genre le plus terrible. Il avait entendu l'arrêt de Matilde; il ne doutait pas qu'on ne lui en réservât un semblable. Il frémissait de la proximité de l'*auto-da-fé*, de l'idée de périr dans les flammes, et de n'échapper à des tourmens passagers, que pour en aller subir d'éternels. Il mesurait avec effroi l'espace qui le séparait du tombeau, et ne pouvait se dissimuler combien il avait de raisons pour craindre la vengeance du ciel. Perdu dans ce labyrinthe de terreurs de tout genre, il aurait bien voulu se réfugier dans le gouffre de l'athéisme ; il aurait bien voulu douter de l'immortalité de l'ame, se persuader que ses yeux, une fois fermés, ne se rouvriraient plus, et qu'un même jour anéantirait son ame avec son corps. Cette triste ressource même lui était interdite. Il avait l'esprit trop juste, trop éclairé, pour ne pas sentir la fausseté de cette doctrine des scélérats. Il concevait, et sentait malgré lui l'existence d'un Dieu. Ces vérités, qui jadis faisaient sa consolation et son espoir, se représentaient à lui plus claires et plus frappantes, et leur souvenir alors était un supplice ; elles renversaient toute supposition d'impunité. Dissipées par l'irrésistible clarté de l'évidence, les vaines illusions de la philosophie s'évanouissaient comme un songe.

En proie à des souffrances plus grandes qu'une créature humaine ne semble pouvoir en supporter, il attendait le jour où il devait subir son second examen ; il s'occupait à faire d'inutiles projets pour échapper aux châtimens présens et à venir. Quant aux premiers, il n'y avait nulle possibilité ; et le désespoir lui faisait négliger les seuls moyens d'éviter les seconds. En même temps que la raison le forçait à reconnaître l'existence d'un Dieu, sa conscience coupable le faisait douter de son infinie miséricorde. Il ne pouvait croire qu'un pécheur comme lui pût trouver grace. Ce n'était pas par erreur qu'il avait failli : l'ignorance ne pouvait lui servir de prétexte. Avant de commettre ses crimes, il les avait pesés à loisir, il en avait connu toute l'énormité, et cette conviction ne l'en avait pas détourné.

— Un pardon ! s'écriait-il dans un accès de rage. Il n'y a point de pardon pour moi.

Dans cette horrible persuasion, au lieu de s'humilier dans

le repentir, au lieu de déplorer ses fautes, et d'employer le peu d'heures qui lui restaient à conjurer la colère de Dieu, il s'abandonnait aux transports du désespoir ; il s'affligeait de la punition, et non du crime ; il exhalait sa douleur en vains soupirs, en inutiles lamentations, en malédictions et en blasphèmes. Lorsqu'au peu de jour, qui, à travers les barreaux de sa fenêtre, éclairait sa chambre, succédait la clarté douteuse d'une mauvaise lampe, ses terreurs redoublaient, ses idées devenaient plus sombres et plus fâcheuses ; il redoutait l'approche du sommeil ; ses yeux, fatigués de veiller et de pleurer, n'étaient pas plutôt fermés, que son imagination réalisait les fantômes dont il s'était occupé pendant le jour. Il se trouvait au milieu des sulfureux abîmes, dans des fournaises ardentes qu'attisaient des spectres horribles, qui prenaient, l'un après l'autre, plaisir à l'y précipiter. Parmi ces fantômes, il voyait errer l'ombre d'Elvire et celle de sa fille ; elles lui reprochaient leur mort, racontaient ses crimes aux démons épouvantés, et les invitaient à trouver, pour le punir, quelques supplices nouveaux. Ces sinistres objets le poursuivaient pendant tout le temps de son sommeil, et ne le quittaient que lorsque l'excès de sa douleur mettait fin à son repos. Il se levait brusquement de la terre sur laquelle il était couché, le visage décomposé, les yeux égarés, et le front couvert d'une sueur froide. Une triste réalité remplissait alors ces illusions affreuses. Il se promenait à grands pas dans son cachot, contemplant avec horreur l'obscurité qui régnait autour de lui, et souvent il criait :

— Oh ! que les nuits d'un criminel sont affreuses !

Le jour de son second examen était proche. On l'avait forcé d'avaler des cordiaux, destinés à lui rendre des forces, et à le mettre en état de soutenir la question plus longtemps. Le soir qui précéda ce terrible jour, ses craintes du lendemain ne lui avaient point permis de dormir : sa frayeur avait presque éteint ses facultés morales. Enseveli dans une morne stupeur, il était assis près d'une table sur laquelle sa lampe était posée, désespoir lui ôtait jusqu'à la pensée et il passa ainsi quelques heures sans pouvoir ni parler, ni se mouvoir, ni réfléchir.

— Lève les yeux, Ambrosio, lui dit une voix dont le son lui était familier.

Le moine surpris jette un triste regard : il aperçoit Matilde. Elle avait quitté son habit religieux, pour prendre un habit de femme aussi riche qu'élégant. Son vêtement était éclatant de pierreries, et ses cheveux étaient retenus par une guirlande de roses. Dans la main droite elle portait un petit livre. Une vive expression de plaisir brillait sur tous ses traits ; mais il s'y mêlait une sorte de dignité farouche qui en imposait au moine, et tempérait la joie qu'il éprouvait à la revoir.

— Vous ici, Matilde ! lui dit-il enfin ; comment y êtes-vous entrée ? où sont vos fers ? que veut dire cette magnificence, et que signifie cette joie qui éclate dans vos yeux ? Nos juges s'apaisent-ils ? y a-t-il quelque espoir d'échapper ? Répondez-moi, par pitié, et dites-moi ce que je dois craindre ou espérer.

— Ambrosio, répondit-elle avec une gravité dédaigneuse, j'ai éludé les fureurs de l'inquisition : je suis libre. Quelques instans vont mettre des espaces immenses entre moi et ces cachots. Mais j'ai payé cher ma liberté ; je l'ai achetée à un prix terrible. Osez-vous en donner un semblable ? Ambrosio, osez-vous franchir sans crainte les bornes qui séparent l'homme des êtres incorporels ? Vous vous taisez, vous me regardez avec des yeux inquiets et soupçonneux ; je lis dans votre pensée. Vous ne vous trompez pas. Il est vrai, Ambrosio, j'ai tout sacrifié pour la vie et la liberté. Je n'ai plus de prétention au ciel ; j'ai renoncé au service de Dieu ; je me suis enrôlée sous la bannière de ses ennemis. La chose est sans remède ; et s'il m'était possible de revenir sur mes pas, je ne voudrais pas le faire. Ah ! mon ami ! expirer dans ces affreux supplices, mourir au milieu des malédictions et des injures, endurer les outrages d'une populace furieuse, subir toutes les humiliations de la honte et de l'infamie! qui peut penser, sans frémir, à une pareille destinée? Certes, je me félicite de mon marché; j'ai acquis, au prix d'un avenir douteux et éloigné, un bonheur présent et certain. J'ai conservé une vie que j'allais perdre dans les tourmens, et je me suis procuré le moyen de rendre à mon gré cette vie délicieuse. Les esprits infernaux m'obéissent comme à leur chef. Par leurs soins, je vais passer le reste de mes jours dans l'ivresse de la volupté; je vais jouir sans contrainte de tous les plaisirs des sens; je satisferai tous mes goûts; et s'ils viennent à s'émousser par la satiété, je commanderai à mes esclaves d'inventer de nouvelles jouissances, et de me donner de nouveaux besoins. Je suis impatiente d'exercer mon empire; je brûle de me voir en liberté. Rien n'aurait pu me retenir un instant dans ces tristes demeures que l'espoir de vous engager à suivre mon exemple. Ambrosio, je vous aime toujours; nos fautes, nos périls communs, vous ont rendu plus cher à mon cœur, et je voudrais vous arracher à l'inévitable danger qui vous menace. Appelez donc à votre aide tout ce que vous avez de résolution; renoncez, pour des avantages prochains et indubitables, à l'espoir d'un salut incertain et difficile, impossible peut-être. Dépouillez-vous des préjugés vulgaires; abandonnez un Dieu qui vous a abandonné, et élevez-vous à la dignité des êtres supérieurs.

Elle se tut pour attendre la réponse du moine. Il hésita.

— Matilde, dit-il après un long silence, d'une voix basse et mal assurée, quel prix avez-vous donné pour obtenir votre liberté?

Elle lui répondit d'un ton ferme et délibéré :

— Mon ame, Ambrosio.

— Malheureuse femme! qu'avez-vous fait? Vous avez quelques années à vivre; et après quels seront vos tourmens!

— Homme faible, vous avez une nuit à passer ; et après, quels seront les vôtres ? Vous souvenez-vous de ce que vous avez déjà souffert ? demain vos douleurs seront une fois plus vives. Songez-vous aux horreurs du feu ? Dans deux jours on va vous attacher au fatal poteau ; que deviendrez-vous alors ? Osez-vous donc bien compter sur le pardon de Dieu ? vous faites-vous encore illusion sur votre salut ? Pensez à vos crimes ! pensez à votre libertinage, à votre cruauté, à votre hypocrisie ! pensez au sang innocent qui crie vengeance contre vous devant le trône du Seigneur ! Et puis croyez à sa miséricorde ! flattez-vous encore d'aller au ciel, et d'y nager dans les plaisirs, à l'ombre des bosquets éternels ! Insensé ! ouvrez les yeux, Ambrosio, et soyez sage. L'enfer vous attend, vous êtes condamné ; déjà les abîmes enflammés sont ouverts pour vous recevoir au sortir du tombeau. Voulez-vous donc vous presser d'arriver à cet enfer inévitable ? voulez-vous hâter votre malheur, au lieu de reculer ? voulez-vous courir au devant de ces flammes, quand vous pouvez encore, pendant quelque temps, les éviter ? C'est de la folie. Non, non ! Ambrosio, fuyons plutôt la vengeance divine, au lieu de l'accélérer ; croyez-moi, achetez, par l'effort d'un moment, le bonheur de plusieurs années. Jouissez du présent, et oubliez qu'un avenir nous poursuit.

— Matilde, vos conseils sont dangereux ; je ne peux je n'ose les suivre. Je ne veux point renoncer à mes droits au salut ; mes crimes sont grands, mais Dieu est miséricordieux, et je ne désespère point de mon pardon.

— Voilà donc votre résolution ? je n'ai plus rien à dire ; je revole vers la joie et la liberté, et je vous abandonne à la mort et aux supplices éternels.

— Encore un moment, Matilde. Vous commandez aux esprits infernaux ; vous pouvez ouvrir les portes de ce cachot, vous pouvez briser mes chaînes : sauvez-moi, je vous en conjure, emmenez-moi de ces terribles lieux.

— Vous me demandez la seule chose qui me soit impossible. Il ne m'est pas permis de secourir un ecclésiastique ni un serviteur de Dieu. Renoncez à ces titres et disposez de moi.

— Je ne veux pas dévouer mon ame à la damnation éternelle.

— Persistez dans votre obstination ; quand vous serez sur le bûcher, vous reconnaîtrez votre erreur, et, vous repentant trop tard, vous voudrez échapper lorsqu'il ne sera plus temps. Je vous quitte. Cependant, en cas que la raison vous revienne avant l'heure fatale, apprenez le moyen de réparer votre faute. Je vous laisse ce livre ; lisez les quatre premières lignes de la septième page ; l'esprit que vous avez déjà vu une fois vous apparaîtra à l'instant. Si vous êtes sage, nous nous reverrons ; sinon, adieu pour toujours.

Elle laissa le livre tomber par terre ; un nuage de flamme bleuâtre se répandit autour d'elle ; elle fit de la main un signe à Ambrosio, et disparut. L'éclat momentané que les flammes avaient jeté dans le cachot, se dissipant tout à coup, sembla en redoubler l'obscurité. La lampe solitaire donnait à peine assez de clarté pour permettre au moine de gagner une chaise. Il se jeta sur son siége, se croisa les bras, et appuyant sa tête sur la table, s'abîma dans des réflexions sans ordre.

Il était encore dans cette attitude, lorsque quelqu'un, ouvrant sa porte, le fit sortir de son engourdissement. On le somma de paraître devant le grand inquisiteur. Il se leva, et suivit à pas lents son geolier. Il fut conduit dans la même salle que la première fois, placé devant les mêmes examinateurs, et on lui demanda encore s'il voulait avouer. Il répéta que, n'ayant commis aucun crime, il n'en avait point à avouer ; mais lorsqu'on eut donné l'ordre de le remettre à la question, lorsqu'il vit les instrumens préparés et les bourreaux prêts, et qu'il se rappela tout le mal qu'on lui avait déjà fait, tout son courage l'abandonna. Oubliant le suites auxquelles il s'exposait, et ne songeant qu'à échapper aux douleurs qui le menaçaient, il fit un ample aveu de tout ce qui s'était passé. Il avoua, non seulement le crime dont il était accusé, mais ceux même dont jamais on ne l'avait soupçonné. Interrogé sur l'évasion de Matilde, dont on avait été fort surpris, il avoua qu'elle s'était vendue à Satan, et qu'elle était redevable de sa fuite à l'esprit malin. Il assura encore ses juges que, quant à lui, il n'était jamais entré dans aucun pacte avec les esprits infernaux. Mais de nouvelles menaces de la torture lui firent déclarer qu'il était sorcier, hérétique, et tout ce que voulurent les inquisiteurs. En conséquence de ces aveux, on prononça sur le champ sa sentence. On lui dit de se préparer à périr dans l'*auto-da-fé* qui devait avoir lieu, le même soir, à minuit. On avait choisi cette heure, dans l'idée que l'horreur des flammes étant augmentée par l'obscurité de la nuit, l'exécution en ferait plus d'effet sur l'esprit du peuple.

Ambrosio, plus mort que vif, fut laissé seul dans son cachot. Le moment où on lui prononça ce terrible arrêt, avait pensé être celui de sa mort. Il ne pouvait, sans frissonner, songer à ce qu'il deviendrait le lendemain. Minuit approchait, et ses terreurs augmentaient. Quelquefois il gardait un morne silence; dans d'autres momens, il devenait furieux, se tordait les mains, et maudissait le jour où il était né. Dans un de ces momens, ses yeux tombèrent sur le don mystérieux de Matilde. A l'instant ses transports se calmèrent; il regarda fixement le livre, le ramassa, puis tout à coup le jeta loin de lui en frémissant. Il se mit à marcher à grands pas dans le cachot, puis s'arrêta. Jetant de nouveau les yeux sur l'endroit où le livre était tombé; il s'arrêta encore, et le prit une seconde fois. Il resta quelque temps incertain et tremblant, désirant d'essayer le charme, et en redoutant les effets. Il ouvrit le livre; mais son trouble était si grand, qu'il chercha d'abord inutilement la page indiquée par Matilde. Étonné de sa faiblesse, il rappela son courage, tourna la septième page, et commença à lire haut ; mais ses yeux se détournaient souvent du livre, en errant autour de lui, pour y chercher l'esprit qu'il désirait et qu'il craignait de voir. Il persista pourtant dans son dessein. D'une voix chancelante et souvent interrompue, il vint à bout de lire les quatre premières lignes de la page.

Elles étaient écrites dans un langage qui lui était absolument inconnu. A peine avait-il prononcé les derniers mots, que l'effet du charme se fit sentir. On entendit un grand coup de tonnerre. La prison fut ébranlée jusque dans ses fondemens ; un éclair brilla dans la chambre ; l'instant d'après, au milieu d'un tourbillon de vapeurs sulfureuses, Lucifer parut devant lui ; mais il ne se montra pas tel qu'Ambrosio l'avait déjà vu, lorsque, sur l'invitation de Matilde, il avait pris, pour le tromper, la forme d'un ange de lumière. Il parut dans toute la laideur qui, depuis sa chute du ciel, a été son partage. Ses membres brûlés portaient encore les marques de la foudre du Tout-Puissant. Un brun basané s'étendait sur tous ses traits ; de longues griffes armaient ses mains et ses pieds ; ses yeux étincelaient d'un feu sombre qui aurait glacé d'effroi le cœur le plus ferme. A ses énormes épaules étaient attachées deux grandes ailes noires ; et sur sa tête, au lieu de cheveux, étaient des serpens vivans qui s'agitaient autour de son front avec des sifflemens affreux. D'une main il tenait un rouleau de parchemin, et de l'autre une plume de fer. Les éclairs brillaient autour de lui ; le tonnerre, par des éclats répétés, semblait annoncer la dissolution de la nature.

Épouvanté d'une apparition si différente de celle qu'il attendait, Ambrosio, les yeux fixés sur l'esprit malin, ne pouvait prononcer une parole. Le tonnerre avait cessé de gronder ; un silence absolu régnait dans la prison.

— Pourquoi suis-je mandé ? dit le démon d'une voix rauque et sourde.

A ces mots, tout trembla. Une violente secousse ébranla

la terre : l'on entendit un coup de tonnerre encore plus violent que le premier.

Ambrosio fut long-temps sans pouvoir répondre à la question de l'ange des ténèbres.

— Je suis condamné à mourir, dit-il enfin d'une voix faible, sentant son sang se glacer dans ses veines toutes les fois qu'il regardait le terrible étranger : Sauvez-moi, emportez-moi d'ici.

— Serai-je payé de ma peine ? osez-vous embrasser ma cause ? serez-vous à moi, corps et ame ? êtes-vous prêt à renoncer à celui qui vous a créé, et qui est mort pour vous ? Répondez seulement oui, et Lucifer est à vos ordres.

— Ne sauriez-vous vous contenter d'un moindre prix ? rien ne peut-il vous satisfaire que ma perte éternelle ! Esprit, vous en demandez trop. Cependant, tirez-moi de ce cachot; servez-moi pendant une heure, et je serai à vous pendant mille ans. Cela vous suffit-il !

— Non, il faut que votre ame soit à moi, pour toujours à moi.

— Insatiable démon ! je ne veux pas me condamner à des tourmens éternels ; je ne veux pas renoncer à l'espoir d'obtenir un jour mon pardon.

— Vous ne voulez pas ? sur quelle chimère reposent donc vos espérances ? Aveugle mortel ! misérable insensé ! n'êtes-vous pas coupable ? n'êtes-vous pas infâme aux yeux des anges et des hommes ? Des crimes de cette espèce peuvent-ils se pardonner ? espérez-vous m'échapper ? Votre sort est déjà décidé. L'Éternel vous a abandonné. Vous êtes marqué dans le livre du Destin pour m'appartenir : il faut que vous m'apparteniez.

— Cela est faux, Satan ; la bonté de Dieu est infinie, et celui qui se repent obtient son pardon. Mes crimes sont grands ; mais je ne désespère point. Peut-être un jour, lorsqu'ils auront été assez expiés....

— Expiés ! est-ce donc pour de pareils crimes qu'est fait le purgatoire ? Espérez-vous que vos péchés soient effacés par les patenôtres de quelques moines et de quelques dévotes ? Ambrosio, soyez sage. Vous êtes à moi, vous êtes destiné aux flammes éternelles; mais vous pouvez éloigner l'instant d'y tomber. Signez ce parchemin ; je vous emporterai hors d'ici, et vous pourrez passer le reste de vos ans dans l'aisance, le repos et la liberté. Jouissez de votre existence : livrez-vous aux plaisirs qui peuvent vous satisfaire ; mais souvenez-vous que votre ame m'appartient au sortir de votre corps, et que je ne me la laisserai pas enlever.

Le moine se taisait ; mais ses regards faisaient voir que les mots du tentateur n'étaient pas perdus. La proposition lui faisait horreur; d'un autre côté, il se croyait destiné à l'enfer, et pensait qu'en refusant les offres du démon, il ne faisait qu'accélérer des tourmens inévitables. L'esprit malin vit qu'il était ébranlé. Il renouvela ses instances. Pour tâcher de fixer son indécision, il lui peignit des couleurs les plus terribles les angoisses de la mort qu'il allait souffrir. Il profita si bien du désespoir et des craintes d'Ambrosio, qu'il le décida à prendre le parchemin. De sa plume de fer, il piqua le moine à une veine de la main gauche, et en tira assez de sang pour écrire. La blessure ne fit aucun mal à Ambrosio. Le diable lui remit la plume. Le malheureux plaça le parchemin sur la table qui était devant lui, et se prépara à le signer; puis, soudain il retira sa main, se leva brusquement, et jeta la plume sur la table.

— Que fais-je ? s'écria-t-il. Se tournant ensuite vers l'esprit, avec l'air du désespoir : Laisse-moi, va-t-en. Je ne signerai pas ce parchemin.

— Insolent ! s'écria le démon mécontent, et lui lançant des regards propres à le pénétrer d'horreur, c'est ainsi que tu me joues ! Hé bien, soit ! va mourir dans les supplices ; expire dans un accès de rage. Tu apprendras alors à compter sur la bonté de l'Eternel; mais prends garde de te moquer de moi davantage. Ne me rappelle pas que tu ne sois décidé à accepter mes offres; si tu me fais revenir une seconde fois pour rien, ces griffes te déchireront en mille pièces. Parle : veux-tu signer le parchemin?

— Non. Laisse-moi; va-t-en.

Le tonnerre à l'instant recommença à gronder, et la terre à trembler avec violence; le cachot retentit de cris horribles; le démon s'enfuit en prononçant mille malédictions.

Dans le premier moment, le moine se réjouit d'avoir résisté aux artifices du séducteur, et triomphé de l'ennemi du genre humain; mais l'heure du supplice approchait, et les terreurs recommencèrent. Leur courte interruption semblait leur avoir donné une vigueur nouvelle. Plus le moment était proche, plus il craignait de paraître devant le trône de l'Eternel. Il frissonnait, en songeant qu'il allait tomber dans l'abîme de l'éternité; qu'il allait avoir à soutenir les regards irrités du Dieu juste qu'il avait tant offensé. L'horloge sonna minuit : c'était l'instant où on devait le conduire au bûcher. En entendant le premier coup, le prieur sentit tout son sang s'arrêter. La mort et la douleur semblaient résonner dans chacun des onze autres coups. Il crut voir arriver les archers, et sitôt que l'horloge eut fini de sonner, il saisit dans un mouvement de désespoir le magique volume; il l'ouvrit, en tourna rapidement les feuillets jusqu'à la septième page; et, comme s'il eût craint de se donner le temps de réfléchir, il parcourut à la hâte les quatre lignes fatales. Lucifer, aussi terrible qu'à sa première visite, parut à l'instant devant lui.

— Vous m'avez appelé, dit Satan; êtes-vous devenu sage? acceptez-vous mes conditions? vous les connaissez déjà. Renoncez à tous vos droits à la rédemption. Abandonnez-moi votre ame, et je vous emporte à l'instant de ce cachot. Il est encore temps, décidez-vous, ou il va être trop tard. Voulez-vous signer le parchemin?

25.

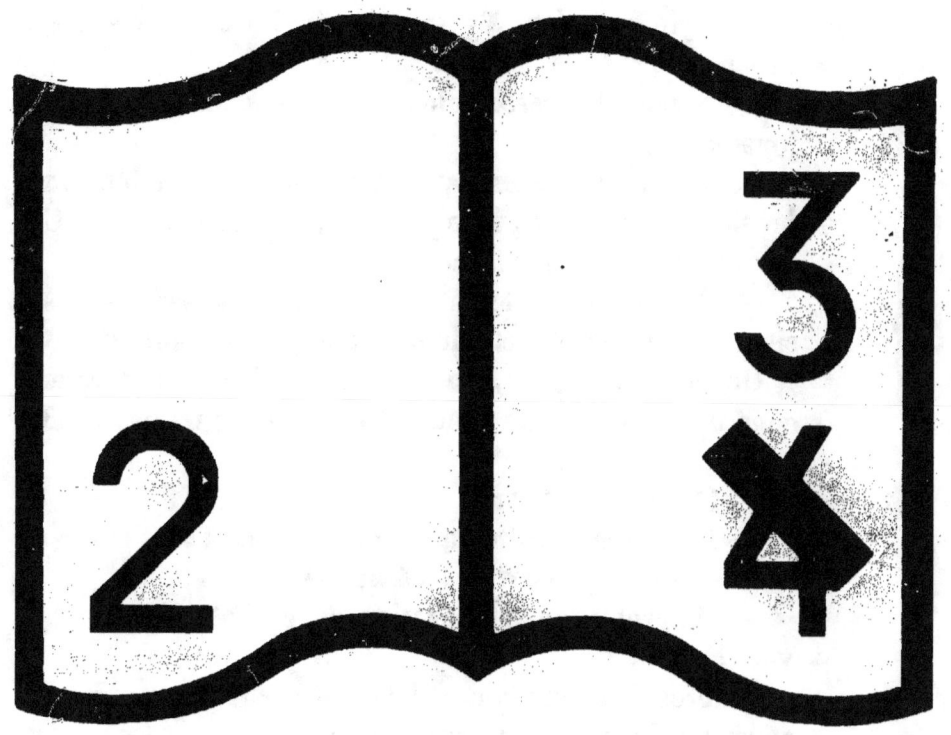

Pagination incorrecte — date incorrecte

NF Z 43-120-12

— Il le faut bien. J'y suis forcé. J'accepte vos conditions.

— Signez le parchemin, reprit le démon d'un ton joyeux.

Le contrat et la plume sanglante étaient sur la table. Ambrosio s'en approcha; il se prépara à signer son nom. Un instant de réflexion le fit hésiter.

— Ecoutez, dit le tentateur, on vient; dépêchez-vous; signez le parchemin, et sur-le-champ je vous emporte.

On entendait venir, en effet, les archers qui devaient conduire Ambrosio au bûcher. Le bruit de leurs pas décida le moine.

— Que porte cet écrit? dit-il.

— Il me donne votre ame pour toujours et sans réserve.

— Que dois-je recevoir en échange?

— Ma protection, et l'évasion du cachot. Signez, et je vous enlève.

Ambrosio prit la plume; il la mit sur le parchemin. Le courage lui manqua encore; il sentit son cœur glacé d'une terreur secrète, et jeta encore une fois la plume sur la table.

— Homme lâche et stupide, s'écria le diable furieux, finissez ces sottises: signez l'écrit à l'instant, ou je vous sacrifie à ma colère.

Dans ce moment, on tira les verroux de la porte extérieure: le prisonnier distingua le bruit des chaînes; il entendit tomber la lourde barre: les archers étaient sur le point d'entrer. Poussé jusqu'à la frénésie par l'urgence du péché, frémissant de l'approche de la mort, épouvanté par les menaces du démon, et ne voyant point d'autre moyen d'échapper à sa perte, le misérable céda. Il signa le contrat fatal, et le remit entre les mains du mauvais esprit, dont les yeux, en le recevant, étincelèrent d'une maligne joie.

— Tenez, dit le malheureux; à présent sauvez-moi! emmenez moi d'ici!

heurs, puissances de l'enfer, combien vous serez flattés de ma conquête !

Il s'arrêta ; puis, s'adressant au moine.

— Vous conduire vers Matilde ! continua-t-il en répétant les paroles d'Ambrosio : misérable ! vous serez bientôt avec elle, vous méritez bien d'être placé près d'elle ; car l'enfer n'a pas de plus grand pécheur que vous. Ecoutez, Ambrosio, je vais vous dévoiler vos crimes : vous avez versé le sang de deux innocentes, Antonia et Elvire ont péri de votre main. Cette Antonia que vous avez violée, était votre sœur, cette Elvire que vous avez tuée, c'était votre mère. Tremblez, odieux hypocrite, cruel parricide, ravisseur incestueux, tremblez de l'étendue de vos forfaits. Et c'est vous qui vous croyez à l'épreuve des tentations, au-dessus des faiblesses humaines, et exempt de vices et d'erreurs ! L'orgueil est-il donc une vertu ? L'humanité n'est-elle pas un vice ?

Apprenez, homme petit et vain, que je vous avais depuis long-temps désigné pour devenir ma proie : je voyais que vous n'étiez vertueux que par vanité, et non par principe ; et j'ai saisi le moment propice pour vous séduire : j'avais observé votre aveugle idolâtrie pour le portrait de la Madone. Je commandai à un esprit du second ordre, mais adroit et rusé, de prendre une figure semblable à ce portrait ; vous cédâtes facilement aux artifices de Matilde. Votre vanité fut touchée de ses flatteries ; votre luxure n'attendait qu'une occasion pour se montrer ; vous tombâtes aveuglément dans le piége, et vous commîtes sans scrupule une faute que, dans un autre, vous blâmiez sans pitié. J'avais peine à vous proposer des crimes aussi vite que vous les commettiez. C'est moi qui ai placé Matilde sur votre chemin ; c'est moi qui vous ai aidé à entrer dans la chambre d'Antonia ; c'est moi qui vous ai mis à la main le poignard avec lequel vous avez assassiné votre sœur ; c'est moi aussi qui, dans un songe, avertis Elvire de vos desseins sur sa fille; et, vous empêchant ainsi de profiter du sommeil d'Antonia, vous forçai d'ajouter le meurtre et l'inceste à la liste de vos crimes. Écoutez! écoutez! Ambrosio, si vous m'aviez résisté une seule minute de plus, vous auriez sauvé votre corps et votre ame. Les gardes que vous avez entendus à la porte de votre prison, venaient pour vous signifier votre grâce; mais j'avais déjà vaincu : mon projet était consommé. Vous êtes à moi; le ciel lui-même ne peut vous arracher de mes mains. N'espérez pas que votre repentir annulle un jour notre marché : le voilà signé de votre sang; vous avez abandonné toute prétention à la miséricorde divine, et rien ne peut vous rendre des droits auxquels vous avez si formellement renoncé. Croyez-vous que vos arrière-pensées m'aient échappé? Non! non! je les connais toutes : vous comptiez bien avoir encore le temps de vous repentir. J'ai vu votre artifice, j'en connaissais l'erreur, et j'ai pris plaisir à tromper le trompeur; vous êtes à moi sans retour : je suis pressé de jouir de ce qui m'appartient; vous ne quitterez point vivant ces montagnes.

Pendant ce discours, Ambrosio, stupide d'étonnement et de crainte, n'avait pas osé parler. Ces derniers mots le réveillèrent.

— Je ne quitterai pas vivant ces montagnes! Perfide, que voulez-vous dire? Avez-vous oublié notre marché?

L'esprit malin répondit par un sourire de dédain.

— Notre marché! n'ai-je pas rempli mon engagement? vous ai-je promis autre chose que de vous sauver de votre prison? ne lai-je pas fait? n'êtes-vous pas en sûreté contre l'Inquisition, en sûreté contre tout le monde, excepté contre moi? Insensé que vous fûtes de vous fier au Diable; pour quoi n'avez-vous pas stipulé, pour avoir la vie, le pouvoir et le plaisir! je vous les aurais accordés alors. A présent, vos réflexions viennent trop tard.... Scélérat, préparez-vous à la mort; vous n'avez pas long-temps à vivre.

— Un moment ; renoncez-vous librement et absolument à votre Créateur et à son fils ?

— Oui, oui, j'y renonce.

— M'abandonnez-vous votre ame pour toujours ?

— Pour toujours.

— Sans réserve, sans subterfuge ? sans recours futur à la miséricorde divine ?

La dernière chaîne tomba de la porte du cachot ; on entendit la clé entrer dans la serrure.

— Je suis à vous irrévocablement et pour toujours, s'écrie le moine égaré par la frayeur. J'abandonne tout droit à la rédemption ; je ne connais plus de pouvoir que le vôtre. Ecoutez, écoutez : les voilà qui entrent ! Sauvez-moi donc ; emportez-moi.

— J'ai vaincu ; vous êtes à moi sans retour, et je remplis ma promesse.

Pendant qu'il parlait, la porte s'ouvrit. A l'instant le démon saisit un des bras d'Ambrosio, étendit ses larges ailes, et s'éleva avec lui dans les airs. La voûte s'ouvrit pour les laisser passer, et se ferma lorsqu'ils furent hors du cachot.

Cependant le geôlier fut étrangement surpris de ne plus trouver son prisonnier : quoique ni lui ni les archers ne fussent entrés assez tôt pour voir le moine s'échapper, une odeur de soufre, répandue dans le cachot, leur apprit assez à qui il devait son évasion. Ils se hâtèrent de faire leur rapport au grand inquisiteur. Bientôt le bruit se répandit dans la ville qu'un sorcier avait été emporté par le diable. Pendant quelques jours tout Madrid ne parla d'autre chose. Peu à peu on cessa de s'en entretenir ; d'autres événemens survinrent, et occupèrent à leur tour la conversation. Bientôt Ambrosio fut aussi oublié que s'il n'eût jamais existé.

Tandis que cela se passait, le moine, soutenu par son guide infernal, traversait les airs avec la rapidité d'une flèche; au bout de quelques momens, il se trouva déposé sur le bord du précipice le plus escarpé de la Sierra Morena.

Quoique arraché des griffes de l'inquisition, Ambrosio ne goûtait point le bonheur d'être libre. Le funeste contrat pesait sur son imagination : tout ce qui lui était arrivé lui avait fait tant d'impression, que son ame en était bouleversée. Les objets qui l'environnaient, et que la lune, brillant de temps à autre au travers des nuages, lui permettait d'entrevoir, n'étaient pas propres à lui inspirer le calme dont il avait si grand besoin; le désordre de son imagination s'augmentait par celui des lieux où il se trouvait. Il ne voyait de tous côtés que sombres cavernes, que rochers escarpés, s'élevant les uns au-dessus des autres, et cachant leurs sommets dans les nues. Quelques arbres solitaires étaient dispersés de loin en loin; le vent passant avec peine au travers de leur épais feuillage, faisait entendre un sifflement monotone, qu'accompagnait, par intervalles, l'aigre cri des aigles nourris dans ces déserts; les torrens, gonflés par la fonte des neiges, mugissaient en se précipitant dans les abîmes, et venaient se répandre dans un lac étroit dont les profondes eaux réfléchissaient les rayons de la lune au pied du rocher sur lequel était Ambrosio. Le misérable jeta autour de lui des yeux étonnés. A ses côtés était son sinistre conducteur, qui lançait sur lui des regards de malice, de joie et de mépris.

— Où m'avez-vous conduit? dit enfin le moine d'une voix tremblante; pourquoi suis-je dans ces tristes lieux? Emmenez-moi, conduisez-moi vers Matilde.

L'esprit, sans répondre, continua à le contempler en silence.

— Je l'ai donc en ma puissance, ce modèle de piété, cet être sans reproche, ce mortel qui mettait ses vertus sublimes de niveau avec celles des anges! Il est à moi irrévocablement, éternellement à moi! Compagnons de mes mal-

A cet arrêt, le malheureux accablé tomba sur ses genoux et leva les mains au ciel. Le malin lut dans sa pensée, et la prévint.

— Quoi! s'écria-t-il, lui jetant un regard de fureur, osez-vous bien encore implorer la miséricorde de Dieu? Allez-vous feindre le repentir et recommencer le rôle d'hypocrite? Misérable, abandonnez tout espoir de pardon. Voilà comme je m'assure de ma proie.

Parlant ainsi, il enfonça ses griffes dans la tonsure du prieur, et s'enleva avec lui de dessus le rocher. Les cris d'Ambrosio retentirent au loin dans la montagne. Le démon s'élevait rapidement. Parvenu à une hauteur immense, il lâcha sa victime. Le moine, abandonné dans les airs, vint tomber sur la pointe alongée d'un rocher : il roula de précipice en précipice, jusqu'à ce que, brisé, froissé, mutilé, il s'arrêtât sur le bord d'une rivière. La vie n'était pas encore éteinte dans son corps déchiré. Vainement il essaya de se relever, ses membres disjoints et rompus lui refusèrent leur office; il ne put quitter le lieu où il était tombé.

Le soleil venait de paraître sur l'horizon : ses rayons brûlans tombaient à plomb sur la tête du pécheur expirant; des milions d'insectes, éveillés par la chaleur, vinrent sucer le sang qui coulait des blessures d'Ambrosio. Il ne pouvait se mouvoir pour les chasser. Ils s'acharnèrent sur ses plaies, lui en firent de nouvelles, le couvrirent de leur multitude, et lui firent souffrir autant de supplices que de morsures. Les aigles de la montagne déchirèrent sa chair en lambeaux, leurs becs crochus arrachèrent les prunelles de ses yeux. Dévoré d'une soif ardente, il entendait le murmure des eaux coulant à ses côtés, et ne put jamais se traîner vers la rivière. Aveugle, furieux, désespéré, exhalant sa rage en exécrations et en blasphèmes, maudissant son existence, et pourtant, redoutant la mort qui devait le livrer à des tourmens plus grands encore, il languit ainsi pendant six jours entiers. Le septième, il s'éleva une tempête;

les vents en fureur ébranlèrent les rochers et renversèrent les forêts. Les cieux se couvrirent de nuages enflammés ; la pluie en torrens inonda la terre ; la rivière grossie surpassa ses rives ; les flots gagnèrent le lieu où était Ambrosio, et leur cours entraîna vers l'Océan le cadavre du malheureux moine.

FIN.

En Vente :

... ...
LES ORPHANS DE L'ABBAYE, 4 vol. in-8.

A la même Librairie.

... BLANC, par H. Bonnellier, 2 vol in-8...
... de Mademoiselle Quinault aînée, de ...
... ..., duchesse de Nevers, 1745 à 17.. ...

... par Madame A. Tastu. 2 vol. in-8.
... ... dix ans sous Napoléon, par ...
... ... 4 vol. in-8.
... ET ..., ou l'aimable ...
... ...
... par les auteurs ...
... in-8.
... WALTER, par Laurence ...

www.ingramcontent.com/pod-product-compliance
Lightning Source LLC
Chambersburg PA
CBHW052043230426

43671CB00011B/1772